한말 외국인 기록 08

고요한 아침의 나라 조선 / 조선풍물지

이 책의 맞춤법과 띄어쓰기는 역주자의 의견을 기준으로 했습니다.

개정판
한말 외국인 기록 08
고요한 아침의 나라 조선 / 조선풍물지
1999년 10월 20일 초판 1판 1쇄
2019년 11월 1일 개정판 1판 1쇄
2023년 3월 20일 개정판 1판 2쇄

저자 | A. H. 새비지-랜도어 / W. R. 칼스
역주자 | 신복룡 · 장우영 / 신복룡
발행인 | 임동규
발행처 | **(주)집문당**
등록 | 1971. 3. 23. 제2012-000069호
주소 | 03134 서울시 종로구 돈화문로 82, 5층
전화 | +82-1811-7567
이메일 | sale@jipmoon.com
홈페이지 | www.jipmoon.com

편 집 | 장이지
디자인 | 임용우

ISBN 978-89-303-1839-6 04900
978-89-303-1831-0(세트)

가격 25,000원

(주)집문당 이순신돋움체B (저작권자 아산시, 무료글꼴)

고요한 아침의 나라 조선

Corea or Cho-sen :
The Land of the Morning Calm

A. H. 새비지-랜도어 지음/신복룡 · 장우영 역주

집문당

Corea or Cho-sen : The Land of the Morning Calm

by

A. Henry Savage-Landor

William Heinemann, London
1895

아놀드 새비지-랜도어와 그의 사인

역주자 서문

구한말에 한국을 거쳐 간 외국인들이 한국을 표현하는 말로 가장 흔히 썼던 용어는 아마도 "고요한 아침의 나라"가 아닌가 싶다. 조선(朝鮮)을 글자 그대로 표현한 이 용어는 그 후 붙박이가 되었고 한국인들도 그러한 명칭에 대해 싫은 내색을 하지 않았다. 그런데 이 용어를 처음 쓴 것은 미국의 천체 물리학자였던 로웰(Percival Lowell)[1]이 지은 『고요한 아침의 나라』(*Chosun : the Land of Morning Calm*, 1888)에서 비롯되었다. 그 후 바로 랜도어(Arnold H. Savage-Landor)의 이 책이 출간됨으로써 이 명칭은 더욱 인구에 회자되었다.

아놀드 새비지-랜도어(Arnold H. Savage-Landor : 1865~1924)의 일생은 참으로 희한하다. 그의 일생을 이해하기 위해서는 우선 그의 할아버지였던 월터 랜도어(Walter Savage Landor : 1775~1864)의 생애를 살펴 볼 필요가 있다. 월터는 영국의 저명한 시인이자 작가였다. 그는 매우 고집스러웠고 남과 타협할 줄 모르는 고집쟁이였다.

그의 이름(middle name)이 Savage라는 것은 여러 가지로 의미하는 바가 있다. 그 괴벽스러운 성격 때문에 옥스포드 대학을 다니다가 정학을 맞은

---

1) 로웰(Percival Lowell : 1855~1916) : 미국의 천체물리학자로서 사업상, 그리고 여행을 즐겨 일본에 장기간(1877~1893) 머물렀다. 그는 이 기간 동안에 오히려 조선에 대한 관심이 많아 『고요한 아침의 나라 조선』(*Chosun : the Land of Morning Calm*, Ticknor And Co., Boston, 1888)을 썼고, 그 밖에 『극동의 정신』(*Soul of the Far East*, 1888)과 『일본의 신비』(*Occult Japan*, 1895)라는 책을 썼다. 그의 천문학적 업적으로는 명왕성을 발견했고, 아리조나주의 훌랙스태프(Flagstaff)에 천문대를 건설했다.

그는 가족과도 의절하고 남부 웨일스로 내려가 혼자 시를 쓰면 살았다. 그는 1808년에 스페인전쟁에 자원 입대했으며 퇴역한 후로는 몬마우스셔(Monmouthshire)에 사원을 구입하여 스스로 성주가 되었다. 그러나 그는 이웃 및 소작농들과 싸우고 이곳을 떠나 프랑스로 갔다. 그러나 이곳에서도 적응하지 못하고 다시 이탈리아의 플로렌스에 정착하였으나 아내와 싸우고 영국에 다시 돌아왔다가(1835) 다시 견디지 못하고 플로렌스로 돌아가(1858) 거기에서 일생을 마쳤다.

이런 과정에서 그의 손자인 아놀드가 태어났다. 조상의 핏줄을 속일 수 없었던지 아놀드 또한 방랑벽이 심했다. 그는 자기의 고향 플로렌스를 떠나 파리로 가서 거기에서 젊은 날을 보내며 공부했다. 이 책에 실린 모든 삽화가 그의 손으로 직접 그린 것이며, 여행할 때는 반드시 화구(畵具)를 들고 다녔다는 그의 고백으로 미루어 볼 때 그는 파리에서 미술을 공부한 것으로 보인다.

공부를 마친 그는 젊은 날에 미지의 세계를 보고 싶었다. 그가 우선 간 곳은 극동이었다. 그는 일본을 거쳐 중국과 조선을 돌아보았다. 그는 두 번에 걸쳐 조선에 왔는데 1890년 연말에 온 것이 두 번째였다. 이 글은 그때의 견문을 주로 자료로 하여 쓴 것이다. 조선의 여행을 마친 랜도어는 미국, 대서양의 아조레즈군도(Azores Is), 호주, 아프리카를 여행한 다음 민다나오를 탐험하면서 이곳에 백인종 만사카스(Mansakas)가 살고 있다는 사실을 바깥 세계에 알림으로써 세상을 놀라게 했다.

중국에서 의화단사건(Boxer Accident)이 일어나자 랜도어는 그리로 달려가 승전부대의 행렬에 참가했고, 이 대의 견문으로『중국과 이웃 나라들』(*China and the Allies*, 1901)을 썼다. 그 뒤 그는 다시 러시아로 건너가서 인도의 칼컷타에 이르는 지리를 탐험했고,(1902) 아프리카(1906)와 남미를 횡단했으며(1910~1912), 네팔의 룸파산(Mount Lumpa, 해발 23,490피트)을 등반했다. 제1차 세계 대전이 일어나자 그는 벨기에 정부에 고용되어 전령(dispatch rider)으로서 활약했다. 이때 그는 탱크와 비행선의 설계에 참여했다. 만년에는 플로렌스로 돌아와 자서전을 쓰면서 소일하다가 세상을 떠났다.

이상의 기록으로 볼 때 랜도어는 매우 기이한 여행자요, 탐험가요, 화가였다. 그는 자기의 성이 랜도어였음에도 불구하고 자신의 성을 Savage-Landor라고 쓰고 있다. 따라서 인명사전에서 그를 찾으려면 Savage-Landor가 아닌 Landor를 찾아야 한다. 그는 화가이면서도 미려한 문장을 구사하고 있다는 점에서도 특이하다. 이 책을 읽는 독자들은 그의 문재(文才)를 감탄하게 될 것이다. 따라서 이 글은 여타의 여행기보다 더 치밀하게 당시 조선의 모습을 독자들에게 보여 줄 것이다.

랜도어의 저작으로서는, 이 책 이외에, 『아이누족과 더불어』(*Alone with the Hairy Ainu*, 1893), 『금단의 나라』(*In the Forbidden Land*, 1898), 『중국과 이웃 나라들』(*China and the Allies*, 1901), 『탐욕의 땅』(*Across Coveted Lands*, 1902), 『동양의 보석』(*The Gems of the East*, 1904), 『티베트와 네팔 기행』(*Tibet and Nepal*, 1905), 『살아 있는 종족들』(*The Living Races of Mankind*, 1905), 『아프리카횡단기』(*Across Widest Africa*, 1907), 『티베트탐험기』(*An Explorer's Adventures in Tibet*, 1910), 『미지의 남미』(*Across Unknown South America*, 1913), 『한 탐험가의 생애』(*Everywhere, the Memoirs of an Explorer*, 1924)가 있다.

언제인가는 출판되겠지 하는 심정으로 한말 외국인 기록을 번역하기 시작한 지 벌써 30년은 흐른 것 같다. 이 책은 꽤 오래 전에 내가 건국대학교 대학원에서 강의할 당시 박사 과정에서 수강하던 분들이 초역(草譯)한 것이다. 당시 수강생으로는 조태기(趙泰基) 박사(지금은 인천전문대학 명예교수), 이동현(李東炫) 박사(지금은 목사), 강신창(姜信昌) 박사(선문대학 교수를 역임하고 타계), 고성준(高性俊) 박사(지금은 제주대학교 교수), 박문갑(朴文甲) 박사(지금은 서울교육대학 명예교수), 정성자(鄭聖子) 박사(잡지윤리위원회 전문위원에서 은퇴)가 초역을 맡았으며 건국대학교 대학원 박사 과정의 장우영(張又永) 군(지금은 대구가톨릭대학교 교수)이 원고 정리를 했다.

전집 21권을 번역해 두고 막연히 때가 오기만을 기다리던 가운데 이를 출판하겠다는 집문당의 임경환(林京煥) 사장님의 제의를 들었을 때 기쁘기도 했지만 너무도 엄청난 일이라 엄두를 낼 수가 없었다. 그러던 차에 이러한 고충을 들은 1998학년도 건국대학교 정치외교학 과목의 나의 수강생들 300명이 한 장씩 컴퓨터에 입력해 주겠다고 나섰을 때 나는 한없이 고마웠고 크게 용기를 얻었다.

나는 그 300명의 이름을 여기에 일일이 적을 수 없는 것이 미안하고 유감스럽다. 모두가 고생했고 고맙지만, 특히 이형구(李衡求) 군과 김(金)한길 군이 많은 몫을 타이핑했으며, 변영욱(邊泳旭) 군은 교정 작업을 하느라고 많은 고생을 했다. 사내답지 않게 수줍음이 많은 조교 박성진(朴城進) 군(지금은 한국학중앙연구원 선임연구원)은 마음이 넉넉지 못한 나의 방에서 마음고생이 많았으리라고 생각되며, 주석을 찾기 위해 각국의 대사관과 문화원을 찾아다니면서 싫은 내색 한 번 하지 않았다. 건국대학교 대학원 박사 과정의 고경민(高敬旼) 군(지금은 제주대학교 교수)과 석사 과정의 형은숙(邢恩淑) 양은 컴퓨터 작업을 하느라고 많은 고생을 했다. 그들의 고생이 단순한 고생으로 그치지 않고 앞날의 그들의 학문 생활에 좋은 경험이 될 수 있다면 나로서는 미안함을 덜 수 있을 것이다.

원판 사진의 복사를 허락해 준 호산방(壺山房)의 박대헌(朴大憲) 사장과 사진을 촬영해 준 건국대학교 홍보실의 이명호(李明浩) 선생에게도 감사한다. 앞서 말한 것처럼 필자는 영국인으로 이탈리아에서 태어나 프랑스에서 공부한 탓으로 본문이 영어로 씌어 있음에도 불구하고 프랑스어와 이탈리아어가 많이 나온다. 일면식도 없이 이들에 대한 질문을 친절하게 가르쳐 준 한국외국어대학교 이탈이아어과의 이름 모를 조교(女)에게도 깊이 감사한다. 끝으로 편집 교정과 출판 과정에서 고생하신 집문당의 우진주(禹軫柱) 상무님과 편집부 직원 여러분, 그리고 신세진 모든 분들에게 깊이 감사한다.

1998년 10월 28일
2019년 11월에 가필함
역주자 신복룡 씀

원저자 서문

나는 이 책에서 조선과 조선 사람에 관하여 독자들에게 사실 그대로를 전달하려고 노력했다. 나는 그 나라를 방문했을 때 그 나라가 나에게 안겨준 인상을 되도록 사실 그대로 정확하게 묘사하려고 노력했다. 그러나 나는 추호의 틀림도 없이 그들의 의견을 정확히 전달했다고 주장하는 것은 아니다. 내가 조선에 머문 것은 몇 달에 지나지 않지만, 그 시간 동안 그곳 주민들을 연구하는 일에 결코 소홀하지 않았다. 나는 그림과 글로서 내가 관찰한 바를 영구히 남기고 싶었다.

나는 이 글을 쓰면서 특별히 국왕의 고문이며 내부(Department of Home Affairs) 협판인 그레이트하우스(C. R. Greathouse)[1] 씨가 베풀어준 각별한 호의를 통하여 매우 귀중한 기회를 갖게 되었다. 나는 그가 나를 시골에 머무를 수 있도록 하고 도 체류 기간을 연장해 준 데 대하여 많은 빚을 지고 있다.

뿐만 아니라 국왕의 외부(Department of Foreign Affairs) 고문인 르 젠드르(LeGendre)[2] 장군이 베풀어준 도움으로 조선의 양반 사회를 관찰할 기회를 가질 수 있었다. 왕실의 건축 고문인 사바틴(Seradin Sabatin)[3] 씨

---

1) 그레이트하우스(Clarence Greathouse : 1846~1899) : 미국의 켄터키 출신. 법부의 고문으로 봉직하다가 한국에서 죽어 양화진 외국인 묘지에 묻혀 있다.

2) 르젠드로(Charles W. LeGendre, 李仙得 : 1829~1899) : 프랑스에서 귀화한 미국의 퇴역 장군. 남북전쟁 당시에 북군에 참전하였다가 귀국하지 않고 귀화함. 1866년에 아모이(廈門)의 미국총영사로 있으면서, 대만의 고산족을 탐사했고, 일본 외무성의 고문이 되어 일본의 대만 침략 당시에는 정보를 제공함. 1890년 데니(O. N. Denny)의 보좌관으로 부임하여 내부협판 정3품을 받고 갑오경장 이후에는 궁내부 고문이 되어 활약하다가 서울에서 사망함.

3) 사바틴(A. S. Sabatin) : 당시 조선에서 활약하던 러시아의 건축 기술자였음. 그는 을미사변 당시에 현장에 있던 중요 목격자로서 수기 『나는 명성황후 시해 사건의 목격자였다』라

와 서울 주차 독일 영사 크린(F. Krien)[4] 씨는 내가 서울에 처음 도착했을 때 많은 호의와 친절을 베풀어 주었다.

여기에 수록된 그림들은 내가 조선에 머무는 동안에 그린 것들은 옮겨 실은 것인데, 아마도 예술성은 좀 떨어질 것이다. 감히 바라건대 독자들은 이 그림을 통하여 한국의 특성을 읽었으면 좋겠다. 나는 독자들이 나의 글쓰기에 대하여 특별히 신경 쓰지 않기를 바란다. 나는 작가도 아니고 또 내가 작가라고 고백하고 싶지도 않다. 그러나 나는 나의 글이 단순하고 꾸밈없이 사실을 묘사하는 데 성공했다고 믿는다. 왜냐하면 당초부터 내가 바랐던 목표가 그런 것이기 때문이다.

A. 헨리 새비지-랜도어

는 수기를 남겼다. 월간 *Classe*, 1996년 2월호, pp. 404~411 참조.

4) 크린(F. Krien, 口麟 : ?) : 도쿄 주재 독일 공사관의 통역관으로 재직하다가 1887년 5월에 조선 주차 독일 영사 대리로 부임하여 영사(1889)가 되어 1890년 6월까지 봉직함.

차 례

역주자 서문 / vi

원저자 서문 / xi

제1장 조선으로 가는 배에서 보고들은 얘기들 ······ 1

제2장 제물포에서 ······ 16

제3장 서울의 풍물 ······ 31

제4장 한국인의 차림새 ······ 44

제5장 여 성 ······ 57

제6장 어린이와 놀이 ······ 74

제7장 시골의 풍경 ······ 86

제8장 유 적 ······ 117

제9장 주 거 ······ 129

제10장 결 혼 ······ 141

제11장 초상화 그리기 ······ 153

제12장 왕 실 ······ 170

제13장 문 화 ······ 190

제14장 종 교 ······ 199

제15장 형 법(1) ······ 215

제16장 형 법(2) ······ 224

제17장 군 제 237
제18장 격투기 243
제19장 서울의 화재 250
제20장 북한산성 255
제21장 성 품 259

역주자 참고문헌 / 270
찾아보기 / 273

제 1 장 조선으로 가는 배에서 보고들은 얘기들

크리스마스 파티

내가 조선을 향해 출항한 것은 1890년 크리스마스였다. 나는 일본유선회사 소속의 소형 증기선인 히고마루를 기다리느라고 나가사키에 이미 여러 날 머물러 있었다. 나의 생각으로는 그 배가 블라디보스토크로부터 오게 되어 있었다. 그 배는 그때 항구에 정박해 있었고 그날 오후에 쓰시마와 고토열도 그리고 조선의 항구 등을 향해 항해할 것이라는 전갈이 있었다. 내가 승선하자 배는 4시경에 닻을 올리고 곧 바텐베르그섬[1]을 지나 그림 같은 항구인 나가사키를 뒤로 하며 항해하고 있었다. 이것이 내가 일본을 마지막 본 것이었다.

소형 선박인 히고마루는 꽤 좋은 기선이었다. 왜냐하면 선주는 어떤 사람의 좋은 충고를 받아들여 그 배에 회전하는 가로 들보를 설치했기 때문이다. 그러나 흔들리지 않는 것도 아니며 시속 20노트의 속력으로 헤쳐 나가는 것 같지도 않았으나 어떻든 그 배는 쾌속정이었다. 선장은 노르웨이인으

---

1) 바텐베르그섬(Batenberg Island) : 문맥으로 미루어 볼 때 나가사키 앞바다 어느 섬의 서양식 표기인 것으로 보임.

제물포항

로서 재미있는 친구였으며 식당에서 일하는 두 명의 변발을 한 중국인 웨이터를 제외하고는 모든 선원이 일본인들이었다. 내가 선실을 정리하느라 바쁘게 돌아가고 있는데 그 중국인은 나에게 타이르듯 엉터리 영어로 다음과 같이 말했다.

"손님, 오늘 밤은 멋진 크리스마스 저녁 식사가 준비됐습니다. 수프도 있구요, 생선도 있구요, 구운 칠면조도 있구요, 따끈따끈한 넙적 빵도 있습니다. 모든 게 영국 본토 것과 꼭 같습죠. 오늘밤 실컷 마실 수 있굽쇼, 다 무료입죠, 조개도 먹을 수 있고, 포도주도 마실 수 있굽쇼, 포르투갈 원산의 붉은 포도주, 샴페인, 브랜디도 모두 마실 수 잇습죠, 그런데 모두 무료올시다."

선장이 우리를 위해 정성껏 준비해 두었다던 그 성찬에 대한 얘기를 들었을 때 내가 크리스마스 날 여행을 떠났던 것이 무척이나 잘했다는 느낌이 드는 것을 나는 말하지 않을 수 없다. 나와 미국인인 듯한 단 한 명의 유럽인을 제외하고는 몇몇 일본인 승객이 동승하고 있었는데 아주 즐거운 친구들이었다. 그는 전 요코하마 주재 미국 총영사였던 그레이트하우스(Clarence

R. Greathouse) 씨였는데 내가 요코하마에서 처음으로 만나는 기쁨을 얻게 된 사람이었다.

그는 지금 조선으로 가는 길이었는데 조선 조정에 의해 국제 문제에 대한 왕의 법률 고문 겸 내부협판이라는 중책을 맡도록 이미 요청을 받은 터였다. 기이하게도 내가 같은 배로 여행을 하고 있다는 것을 그는 채 알아채지 못했고 나 역시 여행하면서 그렇게 훌륭하고 즐거운 친구를 만나리라고는 생각조차 못했다. 그렇지 않았더라면 그 여행을 얼마나 지루했겠는가? 따라서 우리가 우연히 히고마루 갑판에서 다시 만났을 때 전혀 예상하지도 못했을 만큼 우리는 서로 흡족해 있었다.

물결은 약간 거칠었다. 그렇지만 웨이터가 최고급 비단 가운과 조끼를 입고 만면에 웃음을 띠며 갑판 승강기 계단에 나타나 힘껏 만찬의 종을 울릴 때 우리들은 그 종소리에 반갑게 응답하고 아래로 내려갔다. 참으로 멋진 크리스마스 만찬이군! 식탁과 벽들은 온통 작은 종이 깃발과 사람의 생각으로 고안해 낼 수 있는 가장 화려한 색깔로 만들어진 꽃으로 장식되어 있었으며 짙은 청자색 편도 나무로 만든 접시들이 식탁의 한 가운데에 자리 잡고 있었다. 이 접시들에는 조그만 깃발들이 꽂혀 있었다.

한 가운데 있는 커다란 케이크는 끈으로 조심스럽게 식탁에 묶어 놓아 배가 흔들릴 때에도 그 자리에 그대로 가지런히 있도록 했으며 접시와 잔들이 제자리에 있도록 다른 예방 조치도 취하고 있었다. 우리의 파티에는 여덟 명이 참석했다. 한번은 우리의 다리가 맞은 편 사람의 머리만큼 위로 올라가기도 했고 상대방의 장화가 우리의 머리보다 더 높게 올라가기도 했다.

식탁이 잘 꾸며진 것을 보는 것은 늘 멋진 일이다. 더구나 그것이 잘 꾸며져 있을 뿐만 아니라 생기발랄해 있을 때면 더욱 멋져 보인다. 접시와 소금병이 당신에게서 천천히 멀어졌다가 다시 서서히 당신에게 다가 오는 것을 보고 당신이 포크와 나이프를 사용하기에 앞서 그것을 좇아가야만 할 때 그 즐거움은 더욱 클 것이다.

"실례합니다."

한 일본인 신사가 다급한 태도로 말하더니 황급히 그의 선실로 사라졌다. 두세 명의 다른 일본인들도 만찬 도중에 그를 뒤따랐고 수많은 메뉴가 줄을 이었다. 그래서 그 자리에 남은 우리들은 그야말로 멋진 시간을 가지게 되었다. 상당한 시간이 흐르자 이름도 알 수 없는 상표의 샴페인 병들이 일제히 터지면서 멀리 있는 친구나 친척들을 위해 수없이 건배를 들었다.

다른 서구인들처럼 그레이트하우스 씨도 우스갯소리에 대해 천부적인 재질을 가지고 있어서 끊임없이 그의 얘기 때문에 우리는 저녁 내내, 실은 밤새껏, 붙잡혀 있었다. 그래서 우리는 고토 열도[2]와 쓰시마를 지날 때도 여전히 깨어서 그의 양키 기질의 미덥지 않은 허풍을 즐기고 있는 중이었다.

부산항

다음날 우리 일행은 조선의 부산항에 도착했다. 우리가 그 아름다운 항구에 입항하여 닻을 내릴 수 있는 곳에 다가 갔을 때 해안가를 따라 언덕 위로 꼬불꼬불 올라가는 길 위에 천천히 움직이는 수많은 하얀 점을 보고 내가 얼마나 넋을 잃고 있었는지 지금도 잘 회상이 된다. 우리가 점점 다가가자 그 흰 점들은 점점 더 커지고 더욱 더 사람의 형태를 드러냈다. 그 광경이 어찌나 유령 같은 형상을 띠었는지 그것은 지금도 나의 마음속에 생생하게 새겨 있을 정도이다.

부산에는 일본인 거주지뿐만 아니라 중국인 거주지도 있다. 항만으로부터 약 25마일 떨어진 곳에는 토담으로 된 마을과 성곽이 빤히 보였으며 저 멀리 관찰사가 살고 있는 동래의 성곽을 알아볼 수 있었다. 만일 내 기억이

2) 고토 열도(五島列島) : 일본 나가사키 서쪽 앞바다에 있는 섬들.

틀리지 않다면 이 항구에서 일하고 있는 유럽인의 숫자는 겨우 3-4명 정도로서 주로 중국 세관에 고용되어 있었다.

도굴범

우리의 배가 멈추자 곧 보트를 타고 우리 기선을 마중하러 왔던 얄궂게 보이는 사람이 배의 우현에 매달려 있는 밧줄 사다리로 갑판에 올라 왔다. 그는 유럽인이었다.

"당신은 저 사람을 보고 있소? 그는 송장 도둑이오."

라고 어떤 사람이 내 귀에 대고 속삭였다.

"웃기지 마시오. 당신은 지금 나한테 농담하고 있소? 무슨 소릴."

하고 나는 말했다.

"아니오, 나는 농담하는 것이 아니오. 당신이 원한다면 내가 점심때 그의 이야기를 들려드리리다."

그래서 "점심"보다는 "송장 도둑"의 이야기를 들을 더 좋은 시간을 찾을 수 있었으면 좋겠다고 생각했다. 그러는 동안에 나는 기회를 놓치지 않았다. 누군가와 이야기하는 동안 그 송장 도둑은 그야말로 나의 스케치북에 그 자신이 "도둑맞은" 꼴이 되었다. 날이면 날마다 그런 사람을 만날 수 있는 것은 아닌데! 나는 그에게 말을 붙이러 갔다. 그가 실제로 송장을 괴롭혔는지 아닌지에 관계없이 그는 적어도 산 사람에게는 그래도 겸손하고 예의 바르게 행동했다고 나는 고백할 수밖에 없다.

물론 때로는 그의 얼굴에 재난을 일으킬 듯한 표정이 어느 정도 나타난 것도 사실이다. 그의 불안스러운 눈빛만 없었더라면 당신은 그를 거의 선교사쯤으로 여겼을 것이다. 그는 부산에서 대구가 무진장 잡히며 곡물 수출은 거의 전적으로 일본인에 의해 이루어지는 반면에 잡화 물품의 수입은 전적으로 중국인의 손에 달려 있다는 정보를 귀띔해 주었다.

경상도

부산은 경상도의 남서쪽 가장 끝에 위치하고 있는데 경상도란 말은 영어로 번역하면 "예의바른 찬사"란 뜻이다.[3] 우리는 여기서 조선 왕국이 여덟 개의 도로 나누어져 있음을 집고 넘어가기로 하자. 그 이름은 경상도, 전라도, 충청도, 경기도, 강원도, 황해도, 평안도, 함경도이다. 부산이 위치하고 있는 이 도는 누가 뭐래도 조선에서 전라도 다음으로 가장 부유한 도이다. 왜냐하면 기후는 온화하고 토질이 비옥하기 때문이다.

이러한 여건으로 말미암아 대부분의 북부 지역보다 인구가 더 많으며 일본 해안이 가까워 주로 범선으로 이루어지는 일정 양의 장사는 해협 넘어 일본의 미카도[4]의 백성들과 끝임 없이 이루어졌다는 사실은 그리 놀라운 것이 아니다. 부산은 비록 일본과의 무역 개항을 협약으로 공식화한 것이 1876년이지만 훨씬 그 이전부터 명목상 일본인의 손에 놓여 있었다.

거주 지역은 높은 산들의 그림같이 아름다운 배경과 항만에 여기 저기 마치 푸른 반점처럼 떠 있는 수많은 작은 섬들과 더불어 아름답기 그지없다. 거주지의 바로 건너편에 있는 가장 큰 섬인 목도[5]는 매우 작은 규모의 말 사육장으로 사용되고 있고, 높은 언덕 위에는 푸른 풀밭을 가지고 있다.

조선과 일본 사이의 관계사에서 보면 경상도는 조선 왕국의 어느 다른 도보다도 일본 해안에 가장 가까이 있기 때문에 매우 중요한 역할을 담당하고 있다. 두 국가 사이의 가장 가까운 곳은 약 130마일쯤 떨어져 있다고 나는 믿는다. 특히 송도라고 불리던 개성이 수도였던 고려 시대에는 침략이 빈번했었다. 오늘날의 수도인 서울과 마찬가지로 개성은 가장 잘 요새화되어 있

---

3) 이 점에 있어서는 필자가 오해하고 있다. 경상도는 도내의 양대 도시인 경주와 상주의 두 음을 따서 지은 이름이다.

4) 미카도(帝) : 일본의 천황을 의미함.

5) 목도(牧島) : 절영도를 의미함. 예로부터 이곳에 목장이 있었기 때문에 목도라고 불렀다.

고 성곽으로 둘러 싸여 있으며 상업적인 구실을 하는 것처럼 보이며 학업의 터전일 뿐 아니라 이 나라의 주요 군사 요충지였다.

송도는 서울의 동북쪽으로 약 25마일 떨어진 지점에 있으며 사실상 뱃길로도 거의 같은 거리에 자리 잡고 있다.[6] 몇 백 년 동안 송도는 조선의 수도 가운데 하나였으며, 이미 조선반도의 남부를 정복했던 부여족의 무사이며 열렬한 불교도였던 왕건이 그곳을 수도로 잡은 이후 조정이 서울로 옮겨졌던 1392년까지 수도로 남아 있었다.

목화 재배

이제 부산과 경상도로 다시 돌아가자. 경작된 주요 산품은 목화라고 말할 수 있다. 물론 이것은 조선 반도 전체에 걸쳐 주요 산업이 되고 있는데 경작 면적은 줄잡아 80~90만 에이커로 추정되며 연간 원면 생산 양은 12억 파운드로 추정된다. 최근의 보고에 따르면 부산 세관의 감독관은 연간 면사의 소비를 3억 파운드로 보고 있다. 상당 양의 목화는 의복을 만들기 위한 천으로, 그리고 조선 고유의 겨울옷에 채워 넣는 데 쓰인다.

경상도에서는 천이 60피트의 길이로 만들어지고 있는 반면에 넓이는 단지 14인치이며, 무게는 3~4파운드이다. 특히 경상도와 전라도에서 생산되는 목화의 질은 조선 사람들 사이에 평판이 아주 좋으며 일본이나 중국에서 생산되는 것보다 더욱 오래가고 더욱 따뜻하다고들 말한다. 만일에 경작에 더욱 실용적인 제도가 이용되고 방백 수령이 백성들을 그렇게 쥐어짜지만 않는다면 목화 생산이 더욱 증산되리라는 것은 더 말할 나위도 없다.

관리들이 수탈하고 돈벌이를 한다는 것은 돈을 벌기 위해서 뼈빠지게 일

---

6) 서울과 개성의 거리는 약 60마일이다. 그리고 방위는 동북쪽이 아니라 서북쪽이다.

하는 가난한 조선 사람들을 낙심시키고 있다. 그래서 "일용할 양식"[7]이 아니라 벌어먹고 사는 일 이상으로는 별로 노력을 하지 않는다. 그들은 "일용할 양식"을 위해 먹는 것이 아니라 하루의 끼니를 위해서 먹는다. 현재에도 전혀 이용하지 않고 있는 옥토가 얼마든지 있다. 일단 땅에 씨를 뿌리기만 하면 별로 돌보지도 않고 별로 기술을 활용하지도 않는다. 극단적 나태를 지칭하는 것으로 범세계적으로 평판이 나 있는 라차로니[8]가 조선의 농민들에게도 견주어 볼 만한 것이다.

여자들은 온갖 노역을 강요당하고 있다. 그들이 목화를 수확하고, 구식의 씨아로 낱알 씨앗을 골라내는 일들을 하고 있다. 세관원들의 보고에 따르면 한 여자가 씨아를 가지고 12파운드의 목화에서 겨우 3파운드의 정제된 면사를 뽑는다고 한다. 그와는 달리 목화씨를 골라내는 데 현대 기계를 사용하는 근면한 일본인은 같은 시간에 140파운드의 목화에서 35파운드의 솜을 얻을 수 있다.

옷감을 짜기에 앞서 면사는 중국이나 일본에서 아주 유사한 방법으로 가공된다. 면사는 실을 뽑아내려고 바람에 건조시킨다. 그러나 조선에서 보통 사용되는 물레는 동시에 단지 한 오라기의 실만을 뽑아낸다. 대개 8월에 농작물을 거두며 마른 줄기는 연료로 사용되는가 하면 재는 아주 좋은 비료가 된다. 순면의 생산량은 한 에이커당 약 85파운드이며 목화의 양은 한 에이커당 345파운드이다.

오페르트 사건

이제 내 이야기로 돌아가면 점심시간이 되어서 내가 무릎에 냅킨을 펴고

7) 주기도문의 한 귀절 : 『마태오복음』 6 : 9~13.
8) 라차로니(lazzaroni) : 나폴리의 구걸하는 사람들.

있을 때야 나의 귀에 그 이상야릇한 말을 속삭였던 사람의 약속이 기억났다.

"그렇지요."

하고 그가 조심스럽게 주위를 두리번거리면서 말을 계속했다.

"당신에게 그의 얘기를 해 드려야겠군요. 잘 들어보세요. 조금 전에 당신이 말을 걸었던 사람은 단지 그런 사람들 가운데 한 사람에 불과합니다. 그는 그 잔인무도한 일의 주요 인물은 아니지요. 더욱이 그는 자신이 그 범죄 행위에 상당한 역할을 했었다고들 그런다는 거예요. 탐험의 상세한 세목이 누구에게도 결코 완전히 알려진 바 없기 때문에 내가 지금 당신에게 말씀드리고자 하는 사건의 내막은 오로지 과장스럽게 묘사되고 있다는 사실을 잊지 마세요. 내가 알기로는 아마 이 사람은 자신에게 불리하게 진술된 모든 것에 대해 완전히 결백할지도 모르는 일이요."

"계속하시지요. 그 이상 더 어떤 변명도 하지 마시고 당신의 얘기를 계속하세요."

나는 호기심이 굉장히 발동해서 이렇게 말했다.

"좋습니다. 탐험대가 조선을 향해 상해를 떠난 것은 1867년 4월 30일이었습니다. 대장의 마음속에도 별로 어떤 신념이 없었던 것처럼 탐험대의 목적은 그 배가 출발했던 항구의 많은 외국인 주민들에게도 오히려 애매모호했던 것 같습니다. 대원들이 떠날 때까지 그들의 역할을 잘 수행했다는 것을 말해야만 합니다. 그 당시만 하더라도 조선은 사실상 폐쇄된 나라였습니다."

"그런 이유로 해서 기묘한 의상을 입고 투명한 말총 모자를 쓴 3~4명의 조선 사람이 걸어 다니는 모습과 리델[9]이라는 프랑스 주교에 의해 여기 저기 소개된 모습들을 목격하게 되자 상해에서 이미 대단한 호기심이 생겼었

---

9) 리델(Felix-Clain Ridel : 1830~1884) : 프랑스의 신부. 한국명은 이복명. 파리외방전교회 소속 조선교구 대리주교로서 1861년에 입국하여 병인사옥 때 탈출 1877년에 다시 입국했다가 추방되어 일본에서 죽었다.

지요. 며칠 뒤 미국영사관의 통역관이었다던 젠킨스(Jenkins)라든가 하는 한 미국 시민이 자기 비용으로 배를 빌려 탐험을 위한 장비를 마련하고 자기 휘하에 모두가 다소는 수상쩍기만 한 8명의 다른 유럽인과 뱃사공과 탐험의 무장 호위 요원이 될 개항지의 천민들인 약 150명의 중국인과 마닐라인들을 고용했다는 소식을 들었을 때 외국인 거주자의 호기심은 더욱 고조되었습니다."

"북독일의 유대인이며 장사꾼을 가장한 투기꾼이라고 모두가 믿고 있었던 오페르트(E. Oppert)라는 사람이 그 함대를 지휘하고 있었지요. 내 기억이 옳다면 약 700톤의 화물을 실은 차이나라고 부르는 기선과 50톤이 약간 넘는 거룻배를 실은 그레타라고 부르는 기선으로 구성되어 있었습니다. 오페르트는 독일 깃발을 나부끼며 정해진 순서에 따라 출항 명령을 내렸습니다."

"자, 지금까지는 잘 들었는데, 당신은 주교 리델이 고용한 네 명의 조선 사람과 송장을 도굴하는 당신의 친구들 사이의 관계에 대해서는 말하지 않았군요."

라고 나는 말을 가로막았다.

"그렇군요. 당신도 알다시피, 그 미국인과 오페르트는 상해에서 그들의 용모를 이용해 그들은 왕이 보낸 고위직 인사라는 것을 사람들에게 믿게 하려는 속셈이었습니다. 그런데 왕은 그 나라에서 일어났던 외국인 학살을 설명하고 가능하다면 여러 유럽의 군주들과 조약을 체결할 목적으로 유럽 여러 왕실에 대사를 몹시 보내고 싶어 했습니다. 실은 외국 무역을 위해 자기 나라를 개방하기 위한 것이었지요. 왕의 수줍은 성격을 알고 있었던 사람에게는 그것이 어딘가 지나친 요구처럼 보였지요, 그러나 매사가 너무 빨리 진행되어 탐험대가 출항하고서야 사람들은 그 문제의 진상을 조사할 시간을 갖게 되었습니다."

"내가 말한 대로 그 함대는 즉시 출발했습니다. 그러고 나가사키에 들려 무장 호위를 위한 소총, 소화기 및 총탄을 구입한 뒤 한강 어구로 뱃머리를 돌렸지요. 그 배에 승선하고 있던 8명의 수상쩍은 유럽인 가운데에는 스스로 파루(Farout)라고 불렸던 가톨릭 예수회 신부인 프랑스인이 있었는데 그의 진짜 이름은 페롱[10]이었습니다. 그는 해적질을 하는 데 중요한 역할을 했으며 지난날에 조선에 얼마간 산 적이 있었기 때문에 조선말에 능통했습니다. 그밖에도 그는 한강변을 따라 많은 여행을 했기 때문에 송장 도굴범들의 통역 안내원으로서 중요한 직책을 맡았습니다."

"선교사로서는 묘한 직책을 맡았군요."

라고 나는 말했다.

"그래요. 그들은 5월 8일 제롬만[11]에 도착했고 다음날 이러한 여건 속에서 탐험을 목적으로 보다 적은 나룻배로 갈아타는 것이 바람직하다고 여겨지는 곳까지 한강[12]을 거슬러 천천히 그리고 안전하게 계속 올라갔습니다."

"이 계획은 성공적으로 수행되었고, 밤새껏 오페르트의 지휘와 완전 무장한 약탈자들의 엄호를 받으면서 상륙 지점으로 권유해 주었던 페롱 신부가 그 지점까지 접근해 갔습니다. 바로 그곳에서 그들의 계획된 의도를 드러내면서 그들은 그 고을 사람들을 학대했으며 그들의 허름한 오두막집들을 마구 약탈했고 그런 뒤 섭정 대원군이 숭배의 뜻으로 산더미 같은 금과 보석을 묻어 두었으리라고 생각되었던 무덤에까지 진군해 갔습니다.

그 뻔뻔스러운 계획을 요약해 말하면 그 고을 사람들을 기습해서 영면해 있어야 할 무덤 속에서 재빨리 시신을 캐내고 무덤 속에서 발견될 수 있는

---

10) 페롱(Stanistas Féron : 1827~1903) : 파리 외방전교회소속 신부로서 1856년에 조선에 입국하여 병인박해(1866) 때 산동으로 탈출했다가 남연군묘 도굴에 가담하고 다시 인도로 건너가 그곳에서 죽었다.

11) 제롬만(Prince Jerome's Gulf)은 지금의 아산만과 남양만을 함께 의미함. W. E. Griffis, Corea : The Hermit Nation(New York, Charles Scribner's Sons, 1907), p, 188 및 신복룡(역주), 『은자의 나라 한국』(서울 : 집문당, 2019) 참조.

12) 이곳은 한강이라고 표현한 것은 증언자나 필자의 잘못이며, 이들이 들어간 곳은 지금의 삽교천이다.

것 가운데 가치 있는 것이면 무엇이든지를 가져가자는 것이었습니다. 불행한 왕족의 흩어져 있는 뼈를 갑판으로 옮겨 놓고 그의 선조의 귀중한 시신의 뼈를 돌려받고자 어떤 액수이건 지불하리라고 생각했던 섭정으로부터 상당한 몸값을 우려내려는 심산이었습니다."

"상륙 지점으로부터 무덤으로 가는 행군은 기대했던 것보다 오랜 시간이 걸렸으며 한편으로는 놀라고 또 한편으로는 분노한 본토 사람들이 무장 선원들의 행렬을 뒤따랐습니다. 드디어 뱃사람들이 목표했던 곳에 도착했는데 그 곳은 기묘하게 생긴 반구 모양의 흙더미로 되어 있었고 양쪽에 몇 개의 사람 모습과 조랑말의 석상이 조각되어 있었으며 두 개의 평판으로 된 돌이 망을 보고 있는 모습이었습니다."

"특히 그 가운데에서도 그 계획의 추진자였다고 일컬어진 신부는 일이 매우 성공적으로 진행되었음을 보고 오페르트 및 젠킨스와 함께 기쁨을 감추지 못하면서 날품팔이꾼들에게 곧 무덤을 파헤치라고 명령했습니다. 삽과 가래를 가져왔고 그 자그마한 반구모양의 흙덩이가 곧 평평하게 되는 동안에 그곳에 모였던 격분한 조선 사람들은 점점 더 위협적이었습니다. 이것은 마치 자석에 딸려 사방에서 몇 백 명이 튀어나오는 듯이 보였고 시체 도굴범들은 열배 이상의 사람들에 의해 압도당했습니다."

"무덤을 파헤친다는 것은 조선 사람들에게는 더 없는 모독이요 불명예일 수밖에 없었습니다. 놀란 날품팔이꾼들의 떨리는 손이 삽질을 할 때마다 미칠 듯이 날뛰는 군중들로부터 저주하는 악담의 울부짖는 소리가 튀어 나왔으며 오페르트와 프랑스 신부는 비록 반쯤 놀라기는 했지만 그래도 숨겨진 보물을 찾느라 눈이 벌겋게 되었습니다. 그들은 한편으로 그들의 총을 들이대고 독촉하는가 하면 또 한편으로는 댓가를 약속하면서 무덤을 파는 이들을 고무시켰습니다. 결국 땅에 큰 구멍을 파헤친 뒤 그들의 삽이 거대한 평판의 돌에 맞닿았습니다. 그것은 석관의 덮개인 듯이 보였습니다."

"그 세 사람은 어떠한 소리를 들어도 싸다고 나는 생각하오."

라고 나는 말했다.

"아니오, 그들은 분을 못 참아 광란하고 있었습니다. 그리고 그들의 부하들이 모든 힘을 합쳐서도 그 돌을 한 인치도 움직이지 못했을 때 더욱 그랬어요, 그때까지 단지 소란만을 피웠던 군중들이 이제는 그 외국 악마의 낯짝을 보자 도를 넘지 않을 수 없을 정도로 격분하게 되고 그 해적들을 향해 난폭하게 공격하게 되었어요. 돌멩이가 비 오듯이 날아왔고 격분한 본토인들은 그들에게 달려들었어요."

"그러나 아! 슬프게도 그들의 공격은 총탄의 일제 사격을 유발하고 말았습니다. 이 이상한 무기의 살인적 결과에 놀란 나머지 그들은 얼마 동안은 물러났으나 결국 그 공격에 대해 점차로 새로운 열정으로 대응하기에 이르렀습니다. 그들의 무장 호송을 위해 구성했던 악당의 용기와 성실성을 별로 믿을 것이 없게 되고 모든 노력이 그 축복의 돌을 움직이기에는 별로 소용이 없다는 것을 알게 된 시체 도굴범들은 모선의 부속선으로 후퇴하는 것이 더욱 바람직하다고 생각하게 되었습니다. 어떻든 재빨리 효과가 날 수 있는 후퇴여야 했습니다. 이렇게 해서 그들은 전속력으로 강의 하구로 내려갔고 차이나 호의 갑판에 섰을 때야 다시 한 번 마음의 평온을 느끼기 시작했습니다."

"그들은 강화도 건너편에 정박해서 사흘 동안 그곳에 머물렀습니다. 그래서 그들이 영종도[13] 근처의 육지에서 협상을 하고 있을 때 격노한 군중이 또다시 그들을 공격했습니다. 그들의 격분한 행동에 대한 소식이 사방으로 퍼져 나갔으며 두세 명의 부하가 사살되었습니다. 그래서 그들의 계획을 실천하는 것이 불가능함을 깨닫고 시체도굴범들은 상해로 돌아갔으나 놀랄 만한 사건이 그들을 기다리고 있었습니다."

---

13) Tricauld Island는 영종도를 의미함. 『고종실록』 무진(1868) 4월 23일자 영종 첨사 신효철 장계 참조.

"그들은 모두 체포되어 재판을 받았습니다. 그런데 그들에게 불리한 증거가 별로 없었고 앞뒤가 엇갈리는 점도 없어서 그들은 모두 무죄로 방면되었습니다. 그렇지만 오페르트는 그의 조국에서 투옥되었고 심지어, 그는 자기의 해적 탐험을 서술한 서적[14]을 출판했습니다."

"그래요, 당신의 얘기는 매우 멋진 것이군요. 그러나 이 특수한 인물이 이제 부산에서는 약탈 계획에 무슨 역할을 담당했나요?"

"아, 나로서는 정확히 알지 못해요. 실은 어느 누구도 더 이상 알지는 못하지요. 그는 오페르트를 동반했던 여덟 명의 유럽인들 가운데 한 사람이었을 뿐이지요. 여기 부산에서는 모든 외국인 거주자들이 그를 멸시하기 때문에 어떤 배가 우연히 기항할 때 이 지방에 속한 어느 누구도 그에게 말을 건네는 사람이 없어 유럽어로 몇 마디 말을 하기 위해 승선하는 것이 그의 유일한 즐거움입니다."

나는 가능하다면 차이나호의 모험적인 여행에 관한 얼마간의 흥미롭고 상세한 세목을 수집하려고 그 약탈자를 찾으려 갑판으로 갔다. 그러나 그는 이미 가 버리고 없었고 제물포로 향해 닻을 막 올리려는 찰나였다.

인천항

12월 27일, 우리는 지난날 영국에 의해 점령되었던 거문도를 통과했다. 그곳에는 축대와 방파제가 세워져 있었다. 그 뒤 영국은 이 섬을 포기했으며, 그래서 향후 어느 다른 강대국도 거문도나 또는 조선왕국에 있는 어느 항구도 점유할 수 없도록 하는 조약이 영국과 중국 사이에 조인되기에 이르렀다.

---

14) E. Oppert. *A Forbidden Land : Voyage to the Corea*(New York : Putnam's Sons Co., 1880)을 의미함. 본 한말외국인기록(6) :『금단의 나라 조선』 참조.

그날 내내 우리는 다도해의 몇 백 개 그림같이 아름다운 작은 섬들 사이에 서 내해를 따라 여행했으며 28일 오후 인천항[15]으로 입항했다. 간조기여서 우리는 저녁 늦게까지 외항에 머무르다가 겨우 해질 무렵에야 서해에 아름다운 섬들로 둘려 쌓여 있는 내항에 입항할 수가 있었다. 나는 호탕한 선장과 같은 배에 탔던 동료들을 작별하고 트랩을 내려 두 번째로 조선 땅을 밟게 되었다.

15) W. E. Griffis. *Corea : The Hermit Nation*, p. 188 및 신복룡(역주), 『은자의 나라』, 참조.

제 2 장 제물포에서

나는 지금 이 새로운 나라에 발을 디디면서 어떤 미지의 세계라는 이상한 느낌에 사로잡혀 있다. 그러나 아마도 이러한 감정을 느끼는 것은 나만이 아닐 것이다. 비록 원주민들의 얼굴 표정 때문이긴 그러나 내 생각에는 그 느낌이란 어느 정도 우리와 친면이 없고 아마도 완전히 이해하지 못하는 낯선 환경의 탓이라고 여겨진다. 우리는 단지 매우 미숙한 방법으로 인품이나 인간성을 배워가는 존재일지도 모른다. 그래서 별로 큰 어려움이 없이도 눈매나 또는 아랫입술이 떨리는 것을 보고 한 인간이 즐거워하고 있는지 아니면 괴로워하고 있는지를 짐작할 수 있다.

그러나 낯선 나라에 가게 되면 누구나 처음에는 흔히 허울만 보고 잘못 믿게 되는 경향이 있는 법이며 나의 경우처럼 만일 그 여행자가 허울만 보고 믿은 결과에서 오는 어떤 난처한 입장에 빠지게 되면 그는 오히려 상당한 조심성과 심지어는 상당한 의구심을 가지고 모든 것을 보게 되는 경향마저 있게 된다. 나도 제물포에 발을 디뎠을 때, 이와 같은 감정을 가지고 있었다.

히고마루에 실을 곡식을 등에 짊어지고 해안을 따라 이리 뛰고 저리 뛰는 몇 백 명의 날품팔이꾼은, 만일 당신이 방해가 될 때 당신을 쓰러뜨리더라도 한 가닥의 미안한 생각조차 가지지 않는다. 그리고 한 떼의 호기심 많은 원주민 건달들은 어떠한 배든 새로 배가 입항하면 늘 즐거운 마음으로 우리

조선의 나귀

가 가는 곳이면 어디든지 떼 지어 따라다녔다.

소위 유럽형의 호텔

내가 제물포를 방문했을 때, 그 곳에는 사실상 세 곳의 유럽인 호텔이 있었다. 이 호텔들은 실재적인 면보다는 명목상으로 유럽식 호텔의 인상이 더 짙었다. 그러나 어쨌든 유럽인을 위한 호텔임에는 틀림이 없었다. 밤이 깊어지자 나는 몹시 피곤해서 어딘가를 선택해야만 했다.

중국인이 그 가운데 한 호텔을 경영하고 있었는데, 그 호텔의 소유주가 한때 미국 배의 웨이터를 했었다는 이유로 스튜어드 호텔이라고 불렀고 그때부터 스튜어드라는 단어는 성씨로 사용했다. 두 번째 호텔은 한국 호텔이라는 거창한 이름의 것으로서 헝가리인의 소유였고, 군함이 그 항구에 기항할 때 병사들을 위해 가장 인기 있는 휴식처가 되었다.

왜냐하면 한편으로는 모든 종류의 알코올 음료를 잘 갖추어 놓은 살롱이 그 호텔의 주요한 특징이었고, 또 한편으로는 터키어와 아랍어는 물론 조선말과 일본어에 이르기까지 이 지구상의 모든 언어를 유창하게 말할 수 있는 주인의 딸이며, 가장 매혹적인 나이 어린 숙녀이며, 가장 세련되고, 교양 있는 처녀가 술잔을 카운터 너머로 건네주기 때문이었다.

세 번째 호텔은 종업원들이 현대적 말씨를 사용하며, 고상한 맨션형으로서 아주 새로운 건물이었는데 일본인의 소유였다. 그가 휴식처라는 뜻으로 지은 이름은 대불 호텔인데 영어로는 거신이라는 뜻이었고, 일본 사람들은 다이브츠라고 발음한다. 그 이름이 주는 신성함과 아마도 그 건물의 겉모양의 깨끗함에 매혹되어 나는 운 좋게도 이 호텔을 본거지로 삼았다. 나는 천국에 관해 아는 것이 별로 없었지만 제물포에 바로 이 대불호텔보다 더 이 지상에서 하늘나라와 같은 거룩한 곳이 있다고 생각할 수 없었다.

그 건물은 분명히 새로 지은 건물이어서 방은 축축하게 냉기가 돌았다. 그래서 내가 침대를 살피러 다가가 보니 침대보가 다소는 의심할 정도로 깨끗함을 알 수 있었다.

"그것들은 아주 깨끗하죠, 단지 두 분 만이 손님보다 먼저 이 침대에서 주무셨으니까요"

라고 호텔 주인이 말했다. 새해가 가까웠기 때문에 그는 내 비위를 맞추려고 그것들을 바꿔 줄 만큼 친절했다. 나는 대단히 기쁜 마음으로 그의 요청을 새해 선물로 받아들였다.

그날 저녁에는 고기를 얻을 수 없으며, 상점에 있는 유일한 식료품은 작은 압착 우유 통조림뿐이라는 소식을 들었을 때 나는 깊은 한숨을 쉬면서 "오, 하나님!"이라고 탄식했을 뿐이었다.

"내일은 무엇이든지 있습니다만, 오늘밤은 손님, 아무 것도 없습니다."

보통 이럴 경우에 나는 철학자가 되기 때문에 캔 우유만으로 나의 현재의 갈망을 달랬으며 말할 것도 없이 그것을 다 비우고, 정찬은 다음날 밤까지

기다리는 수밖에 없었다.

누구나 알고 있듯이 조선은 너무 추운 나라여서 때로는 영하 70°F(21.1°C)나 심지어는 80°F(26.7°C)까지 내려가는 경우도 있다. 단지 덮을 수 있는 침대보와 이불은 둘 다 일종의 솜으로 된 것들인데, 내가 그것들을 덮고 얼마나 따스했던가를 독자들은 상상할 수 있을 것이다. 그런데 이런 경우 나는 몇 마디 덧붙여 일러둘 것이 있다. 나의 발과 목을 덮기에는 이불이 너무 짧아 머리를 써서 손발로 괴상한 숨바꼭질을 할 수밖에 없었다.

내가 냉수욕을 부탁하자 취침 전에 물과 대야가 방에 배달되었으나 일어나 뛰어들 준비를 하고 충분히 해면을 적시려 할 때 크고 딱딱한 얼음 덩어리만 있을 뿐, 얼음 덩어리 안에 물이 적절히 섞인 상태였다. 그곳에 벨이 있을 리가 없어서 하인을 부르려면 일본인들의 습관대로 손바닥을 치는 방법에 의존할 수밖에 없었다.

종종걸음으로 계단을 올라오면서 눈치를 살피던 하녀가 "하이" 하고 밑에서 대답했다. 그러나 하녀는 아주 약삭빠른 여인이어서 재빨리 사태를 알아차리고 우물에서 얼지 않은 새 물을 길러 급히 올라왔다. 그가 두 번째로 방을 떠나자마자 하녀가 가져 온 한 양동이의 물 표면에 다시 두꺼운 얼음 층이 형성되었다. 곤욕스러운 목욕이었다.

그러나 비록 정찬을 거르는 것이 그렇게 마음 쓰이는 것은 아니지만 아침에 냉수욕을 거르는 것은 결코 참을 수 없다. 내가 어떤 나라의 어떤 기후 아래에서도 전염병에 걸리지 않은 것은 바로 이러한 내 습관 덕분이다. 사실상 나의 삶은 이런 습성의 덕을 많이 본 셈이다. 나는 그 습성의 효과를 의심하지 않으며 장차 언젠가는 내가 죽는 것도 역시 그 덕분일 것이다.

그러나 조선의 혹한은 음식의 질과 다양성에 비하면 아무 것도 아니었다. 일주일의 대부분을 대불호텔에 머물고 있었기 때문에 하루는 로스비프 그리고 다음날은 무틴숍이라는 이름의 정체 모를 고기 조각을 이따금 볼 수 있을 뿐이었으나, 불행하게도 너무 질겨 세필드[1)]제의 칼로도 거의 자를 수가 없었으며, 사람의 치아나 턱이 아무리 날카롭고 강할 지라도 그 고기를 씹어 먹을 수가 없었다. 다행히도 나는 일주일에 한두 번 제물포에 거주하는 상인인 미국인 신사로부터 외식 초대를 받곤 했다. 그런 기회에 나는 그러지 않았으면 잃을 뻔했던 식도락을 보충했다.

제물포는 장래성 있는 항구였다. 일본인은 오히려 그 항구를 진센이라 부르기를 더 좋아하고 중국인은 "인치앙"이라 부르기를 더 좋아한다. 비록 너무 협로여서 큰 배는 들어 올 수 없으나 분명 아름다운 포구였다. 조수도 또한 그곳에서는 괴로운 단골손님이어서 28~29피트의 간만의 차이가 있다. 이런 이유로 말미암아 때로는 사람들이 발을 적시지 않고도 거주 지역 맞은편에 있는 섬으로 걸어서 건너갈 수 있다.

일본의 조차지[2)]

제물포의 기원은 다음과 같다고 전해지고 있다. 하나부사 요시모토[3)]라는 매우 유능하고 재치 있는 인물에게 서울의 대표부를 책임 지우고 있었던 일본 정부는 일본의 대한 무역을 위해 수도에 근접한 항구를 개항해 줄 것을 여러 차례 조선 왕에게 진언했었다. 왕은 개인적으로는 우호적으로 타협하고 싶었지만, 그런 계획을 들으려 조차도 하지 않는 많은 배타적 인사들이 있었다. 그러나 외교 수완이 능숙한 그 일본인이 압력을 가중했을 뿐만 아니라 왕의 논지가 설득력이 있어 여러 차례 비공식 예비 교섭을 통해 배타

---

1) 세필드(Sheffield) : 영국 잉글랜드 중부의 공업 도시.

2) 인천 개항을 결정한 것은 1880년 12월이며 실제로 개항한 것은 1882년 4월이었다.

3) 하나부사 요시모토(花房義質 : 1842~1917) : 일본의 외교관. 프랑스 · 영국 · 미국에 유학(1864~1868)했다가 외교계에 투신하여 1870년 조선 주차 일본 공사관 서기관으로 부임한 이래 대리공사 · 변리공사를 지냈으며 그 뒤 귀국하여 궁내부차관, 적십자사 사장을 지냈다. 자작.

적 인사들이 결국 양보하게 되었다.

많은 관료를 대동한 미카도의 외교 사절은 1880년 말경 수도로부터 인천만으로 가서 원래의 도시로부터 약간 떨어진 곳이지만 오늘날 번영하고 있는 조그마한 거류지를 세울 적당한 장소를 선택했다. 여러 해에 걸쳐 그 지역은 점점 커져 내가 그곳에 있었을 때 사실상 일본인 거류지가 있었고 그들 자신의 경찰관, 찻집, 그리고 미쯔비시와 일본다이이치국책은행 등 두 개의 은행이 있었다. 또한 빼놓을 수 없는 것은 그들이 없다면 일본인들이 살맛조차 잃어버린다고 할 정도의 우아한 가수와 빼어난 무희들인 게이샤[4] 들이 많이 있었다.

게이샤

일반적으로 멋진 승마 코스를 구획함으로써 도시를 만들기 시작하는 호주인들처럼 미카도제국 시대의 쾌활한 일본인들은 제일 먼저 삶의 필수적 쾌락을 위해 몇 명의 게이샤들을 들여다 놓음으로써 일을 시작한다. 바로 그 게이샤들은 색다른 노래로써 절망에 빠졌을 때 사람들에게 살맛을 나게 해주며 우리 영국 연예관에서 마지막 노래와 그 순간에 펼쳐지는 스커트 춤에 젊은이들이 자주 광란을 일으키는 것처럼, 연회나 만찬 때 그들의 묘한 부채춤을 춤으로써 황홀경에 이르게 해 준다.

게이샤란 결코 불량한 소녀들이 아니라는 것을 명심해 두어야 한다. 그들이 항상 "매우 온당하게" 살아간다고 말할 수는 없지만 그들에게는 잘못된 점이 없다. 그들은 보통 연기를 해 보임으로써 시간제 보수를 받으며 그들이 받는 댓가는 다양하다. 물론 그들의 능력과 미모의 비율에 따르지만 시

4) 게이샤(藝者) : 일본의 기생.

간당 최저 20전(6펜스)에서 2~3원(dollars)을 받는다.

새해

신년 하례는 일본인들 간에는 가장 큰 축제이다. 새해가 거의 다가오면 제물포의 게이샤들은 아주 고단한 존재가 된다. 아침부터 밤까지 그리고 깊은 밤에서 새벽까지 고되게 일했다. 게이샤들은 이 집 저 집으로 불려 다니면서 잼 세션[5]과 고킨[6]에 맞춰 부르며, 나와 같은 유럽인들에게는 고문을 당하듯이 고역스러운 일이었지만, 하객들을 접대했다. 그러는 동안 그들은 사케와 양주에 만취한다.

나는 중심가를 거닐었다. "스콧트 만세!"(Great Scott!) 귀가 찢어질 듯한 저 소음! 이런 풍경에는 누구라도 미칠 지경이었다. 그 고장의 기후에 가까스로 견디는 종이 벽지를 바른 모든 집안은 통례적으로 큰 혼란이 일어난 듯이 보였다. 남녀들이 숯불이 이글이글 타고 있는 거대한 놋화로인 히바찌 주위에 웅크리고 앉아 마음껏 노래하고 고함치며 손뼉을 치며 즐기고 있었다. 그들은 본국에서의 그렇게나 우아했던 특징적 성품을 어떻든 잊은 듯했다.

그래서 가까이 가서 면밀히 들여다보니 그들이 추위를 견디려고 겹겹이 옷을 입고 있었는데 그것은 적어도 한 다스의 기모노인 것을 알았다. 그러니 사람이 그것의 절반 정도 되는 코트를 입고 있다고 상상만 해봐도 그 모습이 외형상 무척이나 어울리지 않으리라는 나의 의견에 의심 없이 동의할 것이다. 섣달 그믐날 저녁까지 그 소음은 점점 더해 갔고 결국 새해 아침 먼동이 텄을 때는 섬뜩할 정도의 일이 터졌다. 그것이 음성이었든 그 밖의 다른 형태였든 분위기는 꾸며낸 음률로 가득 차 있었으며 대불호텔에서도 역

5) 잼 세션(Jam Session) : 즉흥적으로 조직한 밴드.
6) 고킨(胡琴) : 일본의 비파.

시 거창한 축제가 밤새껏 계속되었다는 것은 더 말할 필요가 없었다.

나는 인간의 어리석은 짓들을 생각하면서 정월 초하룻날 침대에 벌렁 누워 있었다. 그때에 노크 소리가 들렸다. 시계를 보니 아침 7시 20분이었다. "들어오시오"라고 말하면서 나는 틀림없이 그 생각 깊은 하녀가 나의 간단한 목욕 준비물을 가지고 왔겠거니 생각하고 있었다. 그런데 그게 아니라 일본인들이 줄을 지어 들어오고 있었다.

그들은 태곳적의 기장이 길고 소매가 넓은 코트를 입고 선사 시대의 유럽풍의 모자를 썼는데 그 외국 풍의 매무새가 우스꽝스럽기 이를 데 없었다. 그들은 굉장한 존경의 표시로 굽실거리며 숨소리조차 제대로 못 쉬는 듯했다. 맨 앞에는 그 호텔의 뚱뚱보 주인이 서 있고 각자는 한 묶음의 명함들을 손에 쥐고 있더니 따로 따로 나의 침대에 쌓아 놓는 것이 아닌가. 열 번도 더 놀란 나는 팔꿈치로 턱을 받치고 그들을 응시하며 서 있었다.

아무개 벽돌공, 기와장이, 아무개 호텔 주인과 하역업자, 일본인 목수, 아무개 다다미쟁이, 아무개 장사꾼, 아무개 뱃사람 등등 내가 그 명함들을 하나하나 살펴보았을 때의 인물들이었다. 더 말할 필요도 없이 1891년이 D-의 학점으로 시작되었다는 생각이 나의 가슴에 치밀어 올랐다. 내가 그렇게나 이른 아침 시간에 일어나 이 직업적 신사들에게 음료수와 담배를 대접하면서 즐겁게 해 주어야 하다니.

그러나 그것은 그 뒤에 일어난 일과 대조하면 아무 것도 아니었다. 그들이 떠나자마자 냉수욕을 하기 위해 얼음을 막 깨고 있을 때 먼젓번보다 백 배나 더 시끄러운 또 다른 사건이 예고 없이 나의 방에서 일어났다. 양키들이 이름 붙인 대로 또 다른 명함 뭉치가 나의 얼어붙은 손에 쌓였는데 새해의 축하 인사인 만복이 깃들기를 비는 내용의 것이었다. 비록 나의 입장에서도 분명 지상에 서 있을 모든 행복을 그들에게 빌어주기는 했지만 실망한 나머지 나는 옷을 주어 입고 목적 없이 밖으로 나가 새해 방문객들이 찾아오지 못하게 아무 곳이나 배회하기로 했다.

그러나 시간은 몹시 길고 지루했다. 그래서 11시쯤 친절히도 나를 한두 번 식사에 초대했던 미국인 상인인 T 씨를 방문하러 갔다. 만일 내가 나를 찾아오는 성가심에 대해 불평을 털어놓을 만한 권한이 있다고 스스로 생각한다면 그는 면박할 수 있는 상당한 이유를 가지고 있음에 틀림없다. 그는 부상인 동시에 그 계통에 경험이 풍부했기 때문에 방문객들이 득실거렸다.

많은 방문객들은 어찌나 많이 취했던지 괴이한 방법이지만 품팔이 일꾼에 의해 사실상 들것에 의해 실려 들어올 정도였고 반면에 다른 부류의 방문객들은 술기운이 가실 때까지 구내에 침대를 마련해야 했다. 내 기억에는 저명한 젊은 일본 상인이 T 씨에게 허리를 넙죽이 굽혀 인사를 하려 할 때 균형을 잃은 나머지 탁자에 부딪혀 뼈가 거의 부러질 뻔한 일이 있었다. 누구나 일본인 거주 지역에 가면 어디든 술꾼들뿐이었고 큰 한길에는 비틀거리는 사람들로 꽉 메워 있었다.

중국인 거류지

그러나 영국 영사관 쪽으로 향해 몇 야드를 더 나가면 중국인 거주 지역에 이르는데 기이하게도 그곳은 완전히 정적에 쌓여 있었다. 그곳에서는 다른 경우에서와 마찬가지로 엄격하면서도 행실이 바른 주민들을 볼 수 있었으며 심지어는 그들의 표정에서 그들의 이웃들의 환희나 들떠 있는 분위기에 전혀 무관심함을 읽을 수 있었다. 이곳에서는 사업도 평상시와 다를 것이 없었고 그 무표정과 위엄 있는 태도는 여전했다. 비록 그들은 자신의 고유한 새해나 또는 다른 축제가 되었을 때 그 근엄한 태도를 누그러뜨릴 준비가 되어 있지만 이날의 주정뱅이들의 무리를 분명 멸시하는 것 같았다.

나는 그날 한 중국인이 나에게 보여주었던 모습에 무척이나 즐거웠다. 나는 그가 일본인들을 어떻게 생각하느냐고 물었다.

"피-"

그는 마치 그런 하찮은 문제는 시간만 허비하는 것이라고 생각하는 것처럼 그의 커다란 둥근 안경을 통해 나를 바라보면서 이야기를 계속했다. 그는 경멸하는 듯한 인상으로 개탄했다.

"일본인들은 사람 축에 들지도 않아요. 당신도 보다시피 일본인은 술에 취해 있거나 멀쩡하거나 내가 보기에는 꼭 같아요. 일본인은 진실을 말할 줄 모르며 정직한 사람이 될 수도 없습니다. 물건을 사되 결코 값을 낼 줄 모릅니다. 일본인은 정말 못돼먹은 인종(bad, bad, bad man)에 속하지요. 그들은 항상 거짓말투성이(lie, lie, lie, lie)지요. 그들은 코딱지만 한 것이라도 가지고 있으면 꽤나 허풍스럽게 떠벌립니다. 왜냐하면 그들은 내세울 만한 것이 없기 때문이지요."

그는 자기의 말을 강조하지 위해 마치 "일본인"이라는 깨끗지 못한 단어를 그의 입에서 정화하려는 듯이 세차게 침을 뱉었다. 그 당시에는 중국인과 일본인이 서로 사랑하고 있다고 해서 비난을 받을 수는 없었다.

중국인 거주 지역은 겉보기에 일본인 거주 지역만큼은 청결하지 못했다. 그러나 장사가 소규모라 하더라도 모두 신뢰와 정직을 바탕으로 형성된다. 제물포는 한강 어구에 위치하고는 있지만 별로 자연적인 잇점을 가지고 있지 못했다. 한강은 조선조의 수도인 서울에 닿아 뱀처럼 굽이쳐 흐르고 있다. 그러나 한편 수도에 근접해서 육로로 치면 25마일밖에 떨어져 있지 않을 뿐만 아니라 겨울에도 얼음에 갇히는 경우가 없다는 사실에 때문에 제물포는 훌륭한 발전을 이룩했다.

1883년쯤에는 겨우 한둘 되는 어부의 움막집이 그 항만에 있었을 뿐이었으나 1892년에 그 거주 지역은 가옥과 움막집으로 이루어진 아주 상당한 크기의 원주민 지역뿐만 아니라 20여 명의 유럽인, 28여 명이 넘는 일본인, 그리고 1천여 명의 중국인을 수용하기에 이르렀다. 내가 그 제물포를 방문했을 때는 그곳의 거주지 중심 지역은 상당한 돈을 벌어들였다. 우체국은 일본인의 소유였다. 그 일본인은 그의 사업을 비영리적이며 어설픈 방법으로

운영했으나 전신 사업은 중국인에 의해 운영되고 있었다.

그 당시 전쟁 중[청일전쟁]에 있었던 두 나라 사이의 상업적 경쟁은 그 뒤 상당한 기간에 걸쳐 조선에서 매우 심각했다. 성격이 느려 보이는 중국인이 어떻게 거의 모든 항구, 특히 그 가운데서 도 원산과 부산에서 젊은 일본의 발걸음을 따라 잡아 점차로 그의 정직한 상거래와 끈기를 통해 상당한 부문의 장사를 독점하게 되었는가를 눈여겨보는 것은 흥미 있는 일이다.

그러나 중국인들은 그들의 경쟁자가 숫적으로 많을 뿐만 아니라 돌격적인 자세를 취하는 일본인이 여러 해 앞서 그들을 압도했던 불리한 여건을 극복해야만 했다. 그러나 몇몇 일본인 상점들이 그들의 매판으로 중국인을 고용하고 있었다는 사실은 그들의 직책이 전적으로 신뢰에 바탕을 두고 있음을 의미한다. 이들은 돈과 수표를 수금하러 돌아다니는 것을 책임으로 수행하고 있으며 그래서 때로는 다량의 거금을 위탁받는 경우가 있는 자리에 고용되고 있다는 것은 매우 주목할 만한 점이다.

서구인의 거주 지역

이제 조선에서 곤궁에 빠져 있는 외국인들의 이야기로 돌아가자. 만일 당신이 외국인들을 따로따로 겪어 본다면 비록 세계의 다른 나라와 비교해서 물론 적어도 십 몇 년이 뒤떨어지기는 했지만 그들은 오히려 멋진 사람들이다. 그러나 공동체로 대해 본다면 그들은 당신을 미치게 만들기에 충분한 사람들이다. 한 거주민이 다른 거주민을 좋게 말하는 것을 듣는 행운이 흔히 있었다고 나는 생각지 않는다. 그들이 그렇게 살아가는 이유는, 감히 말하건대 그들이 서로를 너무도 잘 알고 있기 때문이다.

만일 당신이 우연히 단지 2류직에 소속한 사람을 만나게 되면 당신은 그 사람의 허세를 보고 그를 평가할 수도 있다. 어느 누구도 그러한 명사에게 감히 말을 걸러 드는 사람은 없을 것이다. 왜냐하면 그는 너무도 당당해서 자기를 낮추는 것이 두려워 당신에게 "안녕하십니까?"라고 말할 만큼 겸손하려 하지 않기 때문이다. 그 지역에는 단지 네 명의 사내들이 있는데 그들의 대화의 유일한 주제는 우월성과 에티켓을 어기는 짓에 관한 문제일 것이다. 그때 당신은 말하자면 바깥 세계로부터 그토록 멀리 떨어진 곳에서 그들은 모두 형제처럼 지낼 것이라고 상상할 수도 있을 것이다.

당신은 자신이 조선에 잘 상륙했다고 생각해야 한다. 그래서 외국인이나 외국 풍물이 조선에서 어떤 모습인가를 당신에게 설명해 주고자 나는 물론 단지 비유적이지만 아주 작은 조랑말을 당신에게 소개하지 않을 수 없다. 그 말은 이제까지 당신이 본 것 가운데 가장 작은 말일 것이다. 당신은 이제 나를 따라 그 왕국의 수도로 가게 되는데 이는 그 나라의 가장 완전한 특징으로서 흥밋거리라고 확신한다. 그러나 그에 앞서 한 가지 점을 분명히 해두는 편이 좋을 것이다.

코리아의 어원

당신은 Corea나 Korea라는 이름을 쓸모없는 것으로서 잊어버리거나 내버리는 것이 좋을 것이다. 왜냐하면 조선 사람에게는 그 말이 어떤 확정적인 개념을 주지 않을 뿐만 아니라 조선 사람은 그 말을 자기 나라의 이름으로 생각조차 하려 들지 않기 때문이다. 지금 쓰고 있는 원래의 국명은 조선이며 비록 자기 나랏말로는 때때로 고리라는 국명으로 통하거나 사문화된 용어인 "고라이"로 통용되고 있다. Corea라는 말의 어원은 "고라이"임에는 틀림없다.

그런데 고라이란 고구리의 준말이다.[7] 고구려는 백두산의 산악 지역에

7) 高麗나 高句麗를 "고려" 또는 "고구려"로 음독되기 시작한 것은 비교적 근대사의 일이며, 원래는 "고리" 또는 "고구리"로 읽는 것이 정확하다. 이에 대한 자세한 내용은 장삼식(편),

있던 작은 왕국이며 약간 북방에 위치하고 있는 부여라는 왕국과 접경하고 있었는데 그곳에서 용맹하고 호전적인 민족이 내려와 고조선을 정복했다. 중국 문헌의 주장에 따르는 조선 역사의 전문가는 조선의 현재의 민족이 부여인의 정통 후손이라고 한다. 고구려 왕국은 북방의 부여와 남방의 조선 사이에 위치하고 있었는데 부여로부터 몇 가구가 남방으로 이주하여 압록강 서쪽에 작은 왕국을 건설하고 그들의 왕으로 "고구리"라 부르는 사람을 천거했으며 그를 숭배하고 아마도 그 새로운 나라가 그 이름을 국호로 삼았으리라고 나는 생각한다.

그래서 인구가 증가하고 그들의 모험심이 증대함에 따라서 그들은 북·남·서쪽으로 영토를 확장하기 시작했으며 서쪽으로 쉽게 "위주"[8]라는 작은 왕국을 정복하는 데 성공한 뒤 대략 위도 38°30′에 위치하고 있는 대동강까지 이르는 남쪽까지 경계선을 확장하기에 이르렀다.

서기 220년에서 277년 사이의 중국의 삼국시대에 이웃 나라들의 약화로 말미암아 이익을 본 고구려족은 그 북쪽 변방 지역에 유격대의 준동도 별로 없자 남쪽으로의 이주를 계속하여 새 땅을 정복했으며 결국 대동강변의 평양에 그들의 수도를 세울 수 있게 되었다. 그러나 6세기말에 이르는 300년 남짓 동안 그들의 북방 족들과 비교적 평화로운 시기가 지난 뒤에 중국은 고구려 또는 "句"라는 발음이 빠져서 고려[9]라고 부르는 나라의 왕에 대해서 매우 동족살해적인 전쟁을 개시했다.

이 무렵의 먼 옛날에 중국인은 조선국에서 별 재미를 보지 못했던 듯이 보인다. 그래서 비록 여러 차례 몇 십만 명의 군대를 투입했지만 용감한 고려인들은 그들의 영토를 확보했다. 그들은 패배하고 정복되기는커녕 오히

『대한한사전』(서울 : 진현서관, 1981), p. 1812 : 「麗」자 참조.

8) 위주 : 위만조선을 의미하는 것으로 보인다.

9) 중국의 각종 고대 사서에는 "高句麗"가 "高麗"로 표기되어 있다. 『南齊書』(58) 「列傳」(39) 東夷傳; 同書(49) 「列傳」(41) 異域上; 『隋書』 (81) 「列傳」(46) 東夷傳 참조.

려 적을 나라 밖으로 몰아냈으며 후퇴하는 적을 몇 천 명씩 무자비하게 살해하고 한강에 이르기까지 조선 반도의 주인이 되었다

고려의 남쪽에는 신라와 백제라고 하는 나라가 있었다. 신라 · 백제와 고려 사이에 는 2세기 동안 거의 끊임없이 전쟁이 계속되다가 고려국이 위협적인 중국 침략자들의 손에 고통을 당하던 기간에만 간헐적으로 전쟁이 멎었다. 그러나 나는 고려라는 국호가 어디에서 연유했고 그 뒤 반도 전체에 적용되었느냐를 설명하고자 조선의 역사를 이처럼 대충 그리고 매우 불완전하게 묘사했기 때문에 이제 나머지 나라들이 어떻게 고려에 합병되었는지를 거칠게나마 계속 설명하지 않을 수 없다.

소사

중국(唐)에 합병된 뒤에 고려국은 그 나라가 받았던 심한 타격으로 말미암아 난국에 빠지게 되었다. 왜냐하면 임금 가운데 고구려 계열은 7세기 이상 동안 통치한 뒤에 모조리 축출되었기 때문이다. 그러나 결국 서북 지역에서 새로 이주해 온 사람들을 통해 다시 한 번 조그마하나마 국력을 얻을 수 있었으며 서기 920년대에 궁예라고 하는 한 불교 승려가 반란을 일으켜 스스로 왕임을 선언하고 개성에 조정을 세웠다.

그러나 고려 가문의 후손이라고 믿어지며 궁예의 신하 가운데 한 사람인 왕건이 그 왕실 승려를 제거하고 스스로 왕위에 올라 그 왕위야말로 자기 선조들의 것임을 주장했다. 열정적인 가문의 후예이며 중국이 내전으로 말미암아 약화되어 있음을 이용하여 왕건은 신라를 옛 고려에 통합하는 데 성공하고 한반도 전체를 유일하고도 통합된 왕국으로 만드는 데 성공했다.

우리가 제1장에서 이미 보았듯이 그는 송도라는 성곽 도시를 수도로 삼았다. 왕건은 서기 945년에 사망하고 그의 아들 무(武)가 왕위를 계승하게 되었다. 현명하게도 중국과 우호 관계를 수립한 그는 마치 자기가 봉국을 지

배하고 있다는 듯이 천자에게 조공을 바쳤다. 이런 정책의 결과로 2세 왕[혜종]의 상당한 기간 동안 고려는 위협적인 중국과 평화를 유지하게 되었다.

조선

그때 "조선"은 원주민들이 자기 나라를 부르는 오늘의 유일한 국명이 되었는데 이는 고려라는 국명이 오늘날 조선 사람들에 의해 전적으로 포기되었기 때문이다. 이 국호의 뜻은 매우 싯적인데 "조용한 아침의 나라"를 의미하며 현재의 조선 사람들에게 알맞은 표현이다. 왜냐하면 정말로 그들은 그들의 선조인 고구려의 정렬과 힘을 전적으로 상실한 듯이 보였기 때문이다.

나는 마르코 폴로가 이 나라를 Coria라고 불렀던 최초의 인물이라고 믿는다. 그 사람 다음으로 프란체스코회 선교사들이 이 나라에 왔다. 그러나 포르투갈인들이 이 괴이한 나라와 이 나라의 이상하고도 호전적인 민족에 대한 이상한 이야기들을 유럽 사회에 소개할 때까지만 해고 조선은 알려진 것이 별로 없었다. 전해 오는 바에 따르면 싯적 감정에 젖어 고려를 조선이라는 이름으로 명명한 사람은 어떤 중국의 현자[10]라는 것이다.

그러나 조선의 사학자는 그 이름이 이미 조선 반도의 북방과 만주의 어떤 곳에 사용되었던 것이며 그때가 1392년이었다고 알고 있다. 그때 고(구)려가 신라에 통합되고 백제가 병합되어 조선이 통일된 조선의 공식 지명이 되었다고 알고 있다. Corea라는 말은 분명히 부패한 시체를 의미할 뿐이며 Korai라는 말의 의미를 묻어버렸다.

---

10) 기자를 의미하는 것으로 보임.

제 3 장 서울의 풍물

나는 [1891년] 1월 2일 제물포를 떠났다. 그러나 그 왜소한 조랑말을 이용하지 않고 도보로 갔으며 나의 짐만 미리 그 조랑말에 실어 보냈다. 나는 홋카이도에서 온 털북숭이 사람들 사이에 서 다리에 입었던 상처 때문에 아직도 상당한 고통을 겪고 있었다. 그러나 긴 도보 여행이 나에게는 아마도 유익할지 모르며, 복사뼈에 아직 남아 있는 뻣뻣한 상태를 얼마간이라도 풀어 볼 생각이었다.

제물포에서 얼마 떨어지지 않은 곳에 몇 백 야드의 가파른 언덕에 이르러 바다에서 제물포의 배경을 이루는 언덕을 가로질러 넘어가면 그 반대쪽으로 내려가게 되는데 그곳으로부터 길은 수도에 이르기까지 내내 거의 평탄함을 알 수 있다. 그 길이 조선에서는 나쁜 편은 아니었으나, 물론 말을 타고 가기에 적합할 정도였지 어떤 크기의 차량으로도 접근하기에 거의 불가능함을 알 수 있을 것이다.

일본인은 수도와 거주 지역 사이를 이른바 사람의 힘으로 끄는 조그만 인력거를 운행하기 시작했다. 그러나 2~3명의 인력이 그 수송차와 승객을 목적지까지 운반하는 데 필요했고 울퉁불퉁한 길 위에서의 충돌이나 흔들리는 빈도수는 가히 소름이 끼칠 정도였다.

누구나 알고 있듯이 이 조그마한 운송 수단은 일반적으로 단지 한 사람만

서대문

을 운반할 뿐이다. 세로 나란히 선 두 사람이 이를 끄는 동안에 세 번째 사람은 뒤에서 인력거를 밀고 그 차량이 뒤집히지 않도록 어떤 위급 시에도 항상 대비되어 있다. 그러나 이런 식의 운송 수단이 조선 사람들 사이에 인기가 있는 듯이 보이지는 않았다. 그들은 이왕에 어디를 가려면 차라리 돌아다니기에 편하고 안락한 가마를 더 좋아하거나 그렇지 않고 서둘러야 할 경우와 장엄하고 화려하게 여행하기를 원치 않을 때는 조랑말이나 나귀를 타고 간다.

보통 유럽인들은 후자의 여행 방법을 택하는데 그 이유는 조선 사람의 의자가 긴 다리를 가진 외국인들에게는 지나치게 짧으며 몸을 움츠린 자세로 6~7시간씩 여행한다는 것이 때로는 그 외국인에게 답답한 느낌을 주는 경향이 있으며 특히 서양인의 골격이나 팔다리는 동양인들의 골격을 형성하고 있는 특징인 유연성을 일반적으로 가지고 있지 않고 있기 때문이다.

길을 따라 펼쳐 있는 풍경은 아름답다고 볼 수 없다. 무성한 뽕나무 밭을 제외한다면 메마르고 황폐한 모습을 통해 그 나라를 보게 되기 때문이다. 그러나 조선이라는 천진스럽고 완숙되지 못한 정부가 몇몇 외국인에 의해 좌지우지되어 뽕나무의 재배도 누에고치의 생산으로 조선을 부강케 만드는 것이 목적이었으나 결과적으로 완전한 실패로 끝남으로써 정부에게 많은 재정 적자를 안겨 주고 그 결과 고통만이 끝이 없게 되었구나 하는 가엾은 생각이 든다.

여기저기의 오두막집 근처에 부엌 마당으로 조그마한 땅 조각만이 밭갈이되어 있는 것을 볼 수 있을 뿐이며 그것마저 제외한다면 땅은 전혀 경작되는 것이 없었다. 그러나 단풍, 밤 그리고 전나무로 덮여 있는 언덕의 원경이 이러한 풍경의 단조로움을 다소 메워 주긴 했으나 지금은 불행히도 대부분 나뭇잎이 떨어지고 눈으로 덮여 있다. 왜냐하면 지금이 조선에서는 1년 가운데 가장 추운 계절이기 때문이다.

조선의 신작로의 이정표[장승]는 아주 이상하다. 만일 당신이 밤에 처음으로 우연히 그것을 보게 되면 당신이 잠들자마자 악몽에 시달릴 것임에 틀림없다. 이정표는 높이가 8피트쯤 되는 나무로 되어 있는데 그 맨 위쪽 부분에는 기다랗고 송장같이 무시무시한 얼굴이 멋대로 조각되어 있으며 흰색과 붉은 색으로 칠을 했으며 눈은 검고 빛난다.

얼굴의 주요 부분인 입은 크기가 굉장한데 떡 벌려 있고 뾰족한 이빨이 두 줄로 된 것을 보여주며 전 세계적으로 유명한 토레스해협[1]에 살고 있는 상어의 이빨을 연상케 한다. 머리의 양쪽에는 각각 삼각형의 나무 쐐기가 귀를 표상하고 있다. 거리가 얼마, 등등의 표지들은 머리 바로 밑에 새겨져 있고 한자로 표기된 그 글은 위에서 아래로, 우측에서 좌측으로 써 있었다.

---

1) 토레스해협(Torres Straight) : 호주와 뉴기니 사이에 있는 험난한 해협.

마부

셰틀랜드[2]종의 조랑말보다 더욱 작은 조랑말이 수없이 길을 따라 걸어간다. 덩치 큰 사람을 태우고 덧댄 옷을 걸치고 거대한 안장을 등에 얹고 꺼떡꺼떡 걸어가는 동안 양쪽에는 하인이 떠받치고 있으며 마부라는 또 다른 하인이 손으로 그 말을 끌고 가는 모습은 볼 만하다. 그 조랑말은 너무 작아 큰 사람(그들의 평균 신장은 5피트 4인치임)이 아닌 조선 사람도 높은 안장이 없으면 결코 탈 수 없으며 이 안장이 없으면 땅 위에 그들의 발을 질질 끌면서 가는 고통을 참아야만 한다.

조랑말의 잔등 위에서부터 약 20인치나 당신을 위로 끌어 올려놓은 이 높은 안장이 그 위에 올라가는 사람에게 어느 정도의 불안감을 주는 것은 당연하다. 그럴 경우 누구나 겪어야 하는 균형 잡는 능력은 보통 정도로는 안 된다. 극도로 위엄을 차리며 진흙탕에 떨어져 구르거나 조랑말의 작은 다리 사이로 떨어져 뒹굴기를 원치 않는 양반들은 그 옆에 두 명의 하인이 따라다니며 여행이 계속되는 동안 팔과 허리를 잡도록 함으로써 현명하게 위기에 대처하고 있다. 그러면서도 조선 사람의 매일매일의 삶에서 흔히 볼 수 있는 모습인 마부는 말을 잘 돌보며 마치 커다란 뉴펀들랜드의 개를 이끄는 것 같이 말을 잘 부린다.

조선에서의 마부는 "세빌리아의 이발사"에 나오는 피가로와 거의 같은 직책을 가지고 있다. 말을 끄는 동안에 마부는 당신의 하는 일에 가장 세심한 관심을 기울이며 여행을 마쳤을 때 몇 푼의 과외 "돈", 결국은 즉시로 노름판에 가서 결국 다 잃지만, 그것을 받으려고 당신이 싫어하리라고 생각되는 모든 것과 사람들에게 욕을 퍼붓고 당신이 아끼리라고 생각되는 것을 침이

---

2) 셰틀랜드(Shetland) : 스코틀랜드 북부 지방에 있는 도서로서 조랑말이 산지로 유명함.

마르도록 칭찬하면서 그의 머리에서 짜낼 수 있는 가능한 한 모든 화제에 관해 당신에게 말을 거는 것을 자기의 천직으로 생각하고 있다.

그는 마치 자기가 정치의 세계에 주축인 것처럼 정치에 관해서 이야기도 하며 당신이 단지 상인이라는 인상만 받으면 행정 책임자, 양반, 그리고 왕을 비판하며, 그와는 달리 만일 양반을 모시는 영광이라도 있는 날이면 장사꾼들의 비열함과 못된 작태를 나타내는 욕지거리를 마음껏 해대기도 한다. 이것이 바로 조선에서의 형편이다.

마부는 당신에게 노래도 들려주며 농담도 걸고, 당신과 당신의 종을 꾸짖는 말도 하며, 지나가는 거의 모든 마부에게 욕지거리도 한다. 자기 말이 모시고 가는 신사가 거물이면 거물일수록 그는 모든 사람에게 더 많은 말썽을 일으킨다. 길이 아무리 넓어도 그 길은 모두가 그의 것이다. 그는 마을 사람이나 포졸에게도 쉬지 않고 시비를 거는데 그 많은 못된 행실 등은 그의 보잘것없는 신분, 가난 그리고 무지라는 것 때문에 용서 받는 것이 보통이다.

조랑말

그렇지만 그들이 조그만 네발 동물을 훌륭하게 잘 다루고 있다는 말을 빼어놓을 수 없다. 그들은 보통 하루 세 번 먹이를 주는데 그 먹이는 작게 썬 볏짚과 콩을 함께 끓인 것이고 여름에는 풀을 준다. 당신은 겨우 열 뼘의 높이밖에 안 되는 이 작은 짐승을 늘 이런 여물과 함께 보게 되는데 옆에 있는 사람을 걷어차는 일을 관리만 잘하고, 등에 탄 사람의 다리만 물지 않는다면 쉬지 않고 재빨리 아장아장 걸으면서 등에 200파운드의 무게를 싣고도 하루에 25~30마일을 거뜬히 간다.

만일 당신이 영국 안장을 가지고 그 말을 탄다면 이 조랑말은 당신 밑에서 빠져나가는 재미있는 방법을 가지고 있다. 그 말은 당신이 땅에 발을 확실히 디딘 것을 볼 때까지는 다리를 구부린다. 그러고 나서 재빨리 뒤로 물러서면 당신은 다리를 딱 벌린 채 나뒹굴러져 바보처럼 서서 “조용한 아침의 나라”의 말이 얼마나 교활한 것인가를 곰곰이 생각하게 된다. 그 말은 내가 이제까지 본 그 작은 체구에 견주어 가장 꾀를 잘 부리는 작은 악마였다.

성질이 고약하고 싸움질 잘하는 것으로서 나는 이러한 기질을 더 잘 보여줄 수 있는 어떠한 말도 추천할 수 없다. 위에 설명한 그 동물의 평균 가격은 5실링으로부터 많게는 30실링에 이르기까지 다양하다.(멕시코 1달러당 2실링의 환율) 그러한 값의 차이는 우리들에게나 마찬가지로 혈통, 연령, 훈련 조건 등에 따른 것임은 더 말할 나위도 없다.

소

바퀴 달린 운송 수단을 위한 좋은 도로가 이 나라에 없기 때문에 조랑말은 이 왕국 어디서나 많이 이용되고 있다. 사실상 수도와 가장 중요한 항구 및 조선의 다른 지역의 도시 사이에 는 넓은 말이 다닐 수 있는 길이 주요한 연락 수단을 형성한다. 그 조랑말은 승마나 우리의 철도 화물 열차 칸의 선반처럼 오직 가벼운 물품을 나르는 말로서도 사용된다.

그러나 한곳에서 다른 곳으로 특히 장거리에 무거운 짐을 운반해야 할 경우에는 나약한 조랑말을 버리고 튼튼한 황소로 대치한다. 이 뿔 달린 운반용 소는 몸집이 매우 크며 타고날 때부터 분명히 좀 가늘고 거의 항상 검거나 진한 살색인 것만을 제외한다면 내가 볼 수 있었던 범위 내에서는 영국 소의 모습을 닮았다. 그러나 그들의 뿔은 오히려 짧은 편이다.

소는 잔등에 얹혀 있는 나무로 된 모난 안장 위에 무거운 짐을 나르며 짐을 싣고 있을 때는 변함없이 마부가 각 말마다 따르게 되어 있다. 사실상 조랑말의 경우, 사람들은 심지어 등에 자신과 그 말을 위한 음식을 나르는데 일반적으로 그 말이 자기 몫을 먹는 일에 우선권이 있다. 숙박 설비는 네발 동물과 두발 동물 사이에 원만하게 나누어 있으며 모든 것을 고려해 볼 때

둘 가운데 어느 편도 그들의 우정 어린 관계 때문에 어떤 일이 악화된다고 말할 수는 없다. 마부들은 그들의 아내나 아이들을 대하는 것보다 그들의 동물에게 무한히 그리고 더 호인답게 대한다고 나는 확신한다. 그들이 흔히 아내나 아이들을 잔인할 정도로 학대하는 것에 대해서는 앞으로 차차 알게 될 것이다.

노동자들

그러면 이제 서울로 향하는 우리의 여행을 계속 하기로 하자. 우리는 몇 명의 노동자들이 등에 무거운 짐을 지고 우리에게 다가 오는 것을 볼 수 있었다. 상관인 듯한 사람이 그들을 따라오고 있다. 그런데 이상한 광경이 벌어지고 있는 게 아닌가! 그들은 돈을 나르고 있는 것이다. 그렇지, 하나, 둘, 셋, 넷, 다섯, 여섯, 일곱, 여덟, 그들은 틀림없이 여덟 명인데 무거운 돈주머니 때문에 허리를 굽히고 있었다.

먼저 당신은 이 사람들이 자기의 전 재산을 나르고 있거니 생각할 것이다. 그러나 그 생각은 잘못된 것이다. 조선의 화폐는 전적으로 놋쇠로 되어 있으며 현찰로 통용된다. 이 동전은 반 페니의 크기쯤 되는 둥근 동전인데 가운데는 네모난 구멍이 있어 함께 줄줄이 끈으로 함께 꿰어 있으며 보통 한 번에 백 개를 꿸 수 있다. 이들은 보통 멕시코 달러 1개당 2천에서 2만 8천 개의 가치를 가지니까 현재로 봐서 약 2실링과 같은 값어치이다.

따라서 당신이 만일 그 정도의 조선 화폐를 페니 정도의 소액권으로 따진다면 그 사람의 돈지갑의 무게가 얼마만큼이나 무거우리라는 것을 상상할 수 있을 것이다. 그러니 당신이 이를테면 10파운드나 20파운드의 돈을 지불해야 한다면 두 필의 황소나 여섯 또는 여덟 명의 짐꾼의 고용이 절대적으로 필요할 것이다. 왜냐하면 영국은행의 지폐로 친다면 지갑도 못 채울 정도의 액수가 "조용한 아침의 나라"에서는 딱딱하고 무거운 금속으로 한 방을 가득히 채울 수밖에 없기 때문이다.

금화나 은화의 부족 때문에 이 왕국에는 상당한 고통을 겪었고 또 지금도 겪고 있다. 그러나 조선 사람들의 마음에는 금화를 만들어 나라 안에서 유통시키고 이를 해외에 유출시키는 일이야말로 그 나라가 소유하고 있는 보화의 조국을 의도적으로 가난하게 만들려고 하는 것과 같은 일에 해당된다. 그래서 비록 조선 안에서 부유한 금광을 발견할 수 있을지라도 귀한 금속의 동전을 만들지 않는다.

화폐

조선의 경제에 대해서는 할 말이 너무 많다. 현재 통용되고 있는 동전은 크기나 가치가 다양하다. 내 기억이 맞는다면 동전은 2냥에서 5냥에 이른다. 그리고 그 동전들을 한줌만 주어 자세히 살펴보면 그들이 다른 시기에 만들어졌음을 알 수 있다. 고려 시대만큼 오래된 동전뿐만 아니라 이른바 조선이 오늘날 사용하고 있는 좀 더 현대적인 동전이 있는가 하면 "동국"에서 만들어졌다고 보이는 또 다른 동전은 아마도 어떤 것 못지않게 오래 된 것으로서 아직도 이따금 사용되는 것을 볼 수 있다.

내가 이미 말한 바와 같이 동전은 끈으로 백 개씩 함께 꿰어 있다. 백 개가 차면 한 매듭을 표시하여 묶고 또 백 개가 차면 또 다른 매듭을 표시하여 묶는 식이어서 결국 몇 천 개가 때로는 한 끈에 꿰어지는 경우도 있다. 이와 같이 귀중한 짐 그 자체가 기이한 만큼 그것을 나르는 방법도 기이하다. 사실 조선의 모든 노동자들은 이 무거운 짐을 나르는 데 적응되어 있는 것이 이 나라의 풍습이며, 비정상적 체격을 가진 사람들이 이 짐을 나르다가 10명 가운데 9명은 몸을 망치는 것을 나는 흔히 보았기 때문에 이러한 사례는 위에 설명한 내용에 적정한 답이라 보인다.

지게("A" frame carrier)

짐을 나르는 원리는 스위스에서 짐꾼이 사용하는 원리와 아주 흡사하며 내가 잘못 본 것이 아니라면 홀랜드의 몇몇 항구에서도 사용되는 것이다. 삼각형의 나무로 된 기구가 어깨 위로 지나가 팔을 빙 감는 두 줄의 가죽 끈이나 밧줄로써 그 사람에 어깨에 매달리게 된다. 이들로부터 두 개의 막대기가 뻗어 나오게 되는데 길이는 약 35인치이며 이 막대기 위에 짐을 얹고 그 짐의 무게의 압력 또는 높이에 따라 몸을 보다 낮추거나 또는 높은 각을 이루어 구부림으로써 완전히 균형을 잡게 되며 짐꾼의 힘은 상당히 줄어들

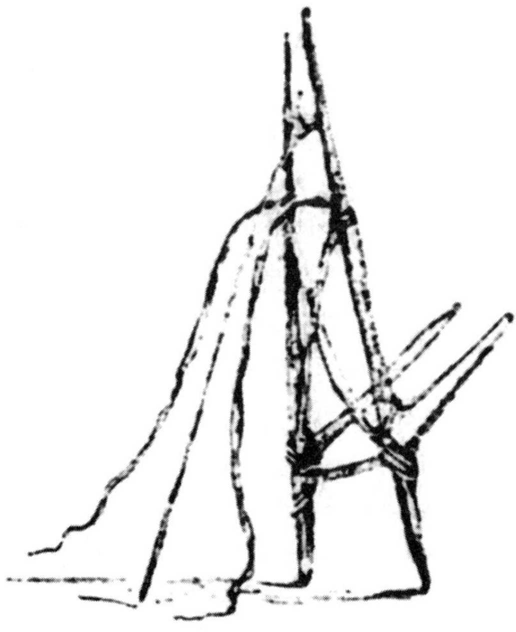

지게

게 된다.

예컨대 나무와 같은 무거운 짐을 지려면 짐 싣는 절차부터가 기이하다. 지게를 땅 위에 고정시켜 세워서 꼭대기 부분에 지게꾼이 가지고 있는 지팡이를 대고 약 45°의 각을 이루어 경사지게 함으로써 그 위치대를 균형 있게 만든다. 위치가 고정되면 짐을 얹고 필요하다면 끈으로 묶는다. 그때 짐의 위치가 흐트러지지 않게 하고자 얌전히 몸을 웅크려서 조심성 있게 그 지팡이를 빼고 지게꾼은 재빨리 그의 팔을 가죽 끈 속으로 넣어 등에 물건을 멜빵으로 매며 지팡이는 이제 그 물건을 넘어뜨리거나 떨어지지 않도록 그의 힘든 위치로부터 이동함으로써 그 사람이 일어서는 데 도움을 주도록 사용한다.

일단 일어나면 그는 안정이 된다. 이 불쌍한 가난뱅이가 그러한 인내와 육체적 힘을 가지고 있다니 얼마나 놀라운 사실인가? 왜냐하면 그들은 한 가닥 피곤의 기색도 보이지 않으면서 몇 마일을 걸어 이 거대한 짐을 나를 수 있으니 말이다. 그들은 눈에 띌 정도로 짧게 발을 디디며 재빨리 걸어간다. 그들은 이따금 지팡이의 윗부분 끝에 그들의 손을 대고 쉬거나 그것을 가슴과 땅에 대고 힘껏 밀면서 그 지팡이를 근거로 삼는다.

짐꾼의 도덕적 품성에 관해 한마디 해야겠다. 그들은 이 점에서는 나폴리의 거지들과 아주 흡사하다. 사실상 나는 이탈리아의 마카로니를 먹는 사람들의 가치 있는 경쟁자로 견줄 만한 동아세의 어떤 개인도 아는 바가 없다. 그 짐꾼은 배고플 때는 열심히 일하며 일을 성실히 잘 해내지만 그가 수지가 맞는 날이면 곧 나폴리만에 있는 그의 친구들처럼 그가 받은 급료의 거의 전부를 들고 술을 마시러 달려가는 것이 일쑤이다.

술에 거나하게 취하게 되면 그는 나머지 돈으로 도박을 한다. 그러고 나서 그는 대자로 누워 24시간 동안 숙면하고 다음 날 12시쯤 땅 위에 쪼그리고 앉아 그의 지게 옆에서 햇볕을 쬔다. 그는 아직도 반쯤 졸린 눈으로 자기의 어리석음을 곰곰이 생각하며, 짐을 나를 인간 짐승의 봉사를 요구할지도 모를 행인으로부터의 새로운 주문을 찾게 된다. 그때 당신은 길가 주막집 근처에서 거의 길이가 3피트나 되는 담뱃대로 담배를 피우거나 담배를 피우지 않으면 그 담뱃대를 목으로부터 저고리 속에 푹 꽂거나 아니면 거의 살에 맞닿을 정도로 바지 속에 꽂고서 줄줄이 앉아 있는 모습을 보게 된다.

한강

나는 빠른 걸음으로 달려가 두 읍내의 중간쯤에 있는 여인숙에 다다랐다. 그 여인숙은 특징 있게 건축된 한옥으로, 전에는 여인숙으로 쓰다가 지금은 일본인이 세 들어 있는 집이었다. 차와 얼마간의 식사로 요기를 하고 나는 도성을 향해 도보 여행을 계속했다. 이제 한강에 점점 가까이 옴에 따라 이 나라의 사람들이 경작에 더 많은 관심을 기울이고 있는 듯이 보였다.

곡물의 주요 생산품은 주로 메밀, 콩 그리고 조나 수수이며 물가에는 얼마간의 논을 볼 수 있었다. 강가에 도착하여 나룻배 사공에게 나를 태워 달라고 30분쯤 소리를 지르고 나서야 강 건너 적당한 곳에 닿을 수 있었다. 한강은 내포와 이 지점 사이에 가장 훌륭한 우회로가 된다.

강을 뒤로하고 걸어가다 보니 초가지붕을 한 비참하고도 불결한 토담집 안에 살고 있는 많은 주민들을 볼 수 있었다. 음식물을 파는 가게와 낮은 신분의 사람들의 술집이 서로 연이어 즐비하게 있었다. 조랑말, 사람, 그리고 황소들이 떼 지어 있는 것을 보니 이제 도성에 거의 가까이 왔음을 알겠다. 한강을 나룻배로 건너는 곳인 마포와 약 3마일쯤 떨어져 있는 이곳 사이에 거의 모든 곳에는 더욱 불결한 토담집을 끼고 지저분하고 좁은 길을 꼬불꼬불 걷고 나니 드디어 서울의 성곽인 서대문 앞에 이르게 되었다.

거의 닫혀 있는 도성

나는 저 멀리 도시의 중심으로부터 천천히 울려 퍼지는 종소리를 아주 분명히 들을 수 있었다. 남녀노소들이 걷거나 말을 타고 두 방향으로 그 대문을 통해 황급히 오가고 있었다. 그 분망한 사람들의 물결을 자세히 살피려고 잠시 멈추었을 때 나는 제물포에서 들었던 이야기가 문득 떠올랐다. 곧 "인경"이라고 부르는 큰 종의 서글픈 소리가 나면 쇠막대기가 줄줄이 달린 무거운 나무 대문이 닫히며 그 뒤에는 어느 누구도 그 도시에 출입할 수 없다는 생각이었다. 태양은 바로 지평선 위로 그의 마지막 이글거리는 햇빛을 비치고 있었다. 그 종소리가 점점 더 희미해지면서 흥분은 점점 더 커 갔다. 흥분한 사람들과 짐승들이 함께 뒤범벅이 되어 길거리는 마치 노도처럼 강어귀에 닥쳐오는 밀물에 비교될 수 있었다.

나도 떼 지어 들어가는 사람들 속으로 처박혀 지나가는 조랑말에 발을 밟히고 사람끼리 부딪치며 때로는 황소와 얼굴을 맞대고 끝내 안으로 겨우 들어갔다. 문지기들이 시간이 다 됐으며, 도읍지의 관할 구역 안으로 들어가도록 지친 여행자들을 재촉하는 소리를 고래고래 지를 때의 그 컬컬하고 쉰 듯한 목소리를 지금도 생생하게 기억하고 있다. 나는 그들에 휩싸여 그들의 행동을 바라보며 서 있었을 때 그들이 얼마나 소리치고 발길질을 하면서 들이밀려 성깔 나쁘게 굴었는지를 지금도 회상할 수 있다.

마지막 사람들이 통과하고 나면 거대하고 녹슨 돌쩌귀 위의 큰 대문에 빗장을 지르고 결국 그 대문은 다음날 해 뜰 때까지 잠근다. 밖에 있는 너무 늦은 사람들이 안으로 들여보내 달라고 애걸하는 고함 소리만 못들은 체 메아리친다. 거창한 맹꽁이자물쇠와 빗장은 철저하게 잠겨 있으며 서울은 다음날 아침까지 외부 세계와 격리되어 있었다. 그 대문에 인접하여 문지기의 집이 있고 그 집의 문 앞에는 줄줄이 서 있는 몇 개의 녹슬고 쓸모없는 창들이 널려 있는 선반이 그 도시와 주민들을 돌보도록 마련되어 있었다.

그와는 달리 파수꾼들은 그 날의 임무를 마무리 짓고 일몰 때문에 잠시 중단되었던, 그리고 이제까지 근무 시간을 채웠던 놀이나 도박을 다시 시작하려고 따뜻한 방안으로 되돌아갔다. 해가 지자 정적이 깃들었다. 선량한 시민들은 집으로 돌아가고 나 또한 남이 하는 대로 하는 것이 바람직하다고 생각했다.

서울에는 매우 지저분한 토속 주막집은 있었지만 호텔이라고는 없었다. 그러나 다행히도 나는 가족과 함께 서울에 살고 있는 러시아 신사[Sabatin]를 제물포에서 만났다. 그는 서울에서 조선의 왕실의 건축가로 고용되어 있었으며 며칠간 자기 집에 기거하도록 나를 아주 정중히 초청했다. 나는 그의 친절한 호의의 덕택으로 서울에서의 첫 방문의 밤을 안락하게 지낼 수 있었으며 머무르는 기간에 그의 안내를 받아 서울을 두루 살피며 편력할 수 있었다.

제 4 장 한국인의 차림새

이제 서울에 얼마간 머물렀기에 나는 한 국민으로서가 아니라 개인으로서의 한국인에 관해 반드시 알아야 할 것을 소개하지 않을 수 없다. 한국인은 곧 중국인이어서 체격이나 용모가 서로 꼭 닮았으며, 만일 중국인을 닮지 않았다면, 다른 이웃인 일본인을 닮았다는 것이 지배적인 생각이었다. 그런데 사실상 그들은 그 어느 편도 닮지 않았다.

물론 이 나라에 중국인과 일본인의 일반적인 용모가 스쳐 간 분명한 흔적을 남기기는 했다. 내가 구별하려는 특성은 백인과 흑인 사이의 특성만큼 그렇게 두드러진 것은 아니다. 왜냐하면 일반적으로 말하면 한국인은 분명 몽골족의 다른 나라 국민들과 어떤 유사점을 가지고 있기 때문이다. 비록 몽골 종족에 속해 있기는 하지만, 조선 사람들은 그 종족 가운데에서도 완전히 특징 있는 지파를 형성하고 있다.

그뿐만이 아니라 당신이 한 무리의 한국인들을 눈여겨보면 그들 사이에 거의 백인과 같은 사람과 그 특징이 아리안족에 아주 근사한 사람들이 있음을 보고 놀랄 것이다. 그런데 이 아리안족은 그 나라에서 상류 계층에 속하고 있다. 보다 더 공통적인 형은 비스듬한 눈매, 튀어나온 광대뼈, 두텁고 처진 입술을 가진 황색 피부의 얼굴이다. 그러나 당신은 다시 티베트족과 힌두족을 많이 닮은 얼굴들을 목격할 것이며 만일 당신이 더욱 관찰을 넓혀 보면 막노동자 계층에 속한 사람들 가운데 대부분이 아프리카인이나 소아시아 사람만큼 얼굴색이 검은 인종들을 이 나라의 도처에서 찾아 볼 수 있을 것이다.

체격과 혼혈에 관심이 있는 사람에게는 조선만큼 흥미를 끄는 나라가 없으리라 여겨진다. 그것은 마치 아시아에 거주하고 있는 거의 모든 인종의 표본이 이 조그만 반도에 정착한 것처럼 보이는데, 이러한 사실은 모든 이주민은 동쪽에서 서쪽으로, 북쪽에서 남쪽으로 이동해 왔으며 결코 그 반대는 아니라는 이론을 어느 정도 반증해 줄 것이다.

얼굴과 두상

만일 당신이 조선의 왕족을 예로 든다면 왕과 왕비 그리고 모든 왕족, 특히 왕비 가문인 민씨 집안은 코카사스족과 같은 백인이며 그들의 눈은 전혀 치켜 올라가지 않았고, 우리의 눈매와 같이 아주 직선으로 되어 있음을 알 것이다. 고관대작의 가문 가운데 일부도 역시 유럽인으로 여겨질 정도이다. 물론 중류 계층은 비록 중국인이나 일본인의 평상 표본보다는 약간 더 세련되고 체격이 강하지만 몽골리안 형인 것은 사실이다. 그러나 북방의 이웃인 만주족처럼 그렇게 강인하고 키가 크지는 않으나 많은 면에서 공통적이다. 우리가 알고 있듯이 고구려인과 부여족에 의한 빈번한 침략이 이러한 사실을 설명해 주고 있다.

어떻든 종합해 보면 한국인은 잘 생긴 인종이다. 그들의 얼굴은 타원형이고, 얼굴 전체를 보면, 일반적으로 길지만 옆모습은 약간 오목한 편이고, 코는 미간이 약간 평평한 편이며, 콧구멍은 넓은 편이다. 턱은 일반적으로 작고 좁으며 아래로 처진 반면에 보통 한국인의 얼굴의 약점인 입술은 대부분 무겁고 윗입술은 치켜 올라간 편이다.

치아가 드러나 보이고 아랫입술은 처져 있어서 겉으로 보기에 성품의 강

상투 튼 머리

총각의 두발

인함을 거의 또는 전혀 찾아볼 수 없다. 그들은 튼튼한 치아를 가지고 있다. 그들의 치아는 아름다우리만큼 흰색인데 이는 흰 치아를 늘 보여주는 사람들이 그렇듯이 복 받은 점이다. 동양인의 눈매의 특징인 기묘한 모습에 싸인 편도 모양의 칠흑 같은 눈은 아마도 그들의 얼굴을 되살려 주는 부분이며, 그 속에 좋은 성품, 자존심 그리고 고운 마음씨가 젖어 있는 듯하다. 빈틈없고 재빠른 눈매를 자주 보지만 그것은 일반적으로 이런 형의 한 예외이며, 반면에 보다 하층 계급 사이에 는 검은 눈이 거의 주된 특징을 이루고 있다. 광대뼈는 튀어 나왔다.

뺨이나 턱과 입술의 아래와 위에는 수염이 별로 없는 편이지만 두상에는 머리숱이 아주 무성하다. 한국에는 머리를 어떻게 키우며 매만지느냐에 관해 아주 이상한 관습이 있고, 관습에 굉장한 중요성을 부여하고 있다. 만일 당신이 총각으로 보인다거나, 사실상 총각이라면, 한국에서 모든 사람이 당신을 무시하는 것을 참아야 한다.

총각은 머리를 길게 자라도록 해야 하고, 가르마를 타서 머리를 뒤쪽에 두터운 다발로 만들어야 하는데, 그러한 머리 손질은 총각임을 나타내는 것으로서 놀림의 대상이 된다. 왜냐하면 서구라파 사회에서는 종일 쉴 새 없는 사람들도 대체로 결혼을 하지만, "조용한 아침의 나라"에서는 바보이거나 먹고 살 돈이 없으면 결혼을 하지 못하기 때문이다.

한국인들이 생각하기에 당신이 불행하게도 총각으로 등급이 매겨지면, 나이야 어떻든 당신은 아이의 의상을 입으며, 국상을 당할 때에도 색깔 있는 옷을 입을 수 있다. 사실 내가 그곳을 방문했을 때, 대비[1]의 국상을 당해 모든 사람이 흰옷을 입어야 했는데, 만일 기혼자가 이 법을 즉시 따르지 않았다면 그것은 아마도 목이 잘리는 것을 의미했을 것이다. 따라서 비록 버림받은 사람이거나 혹은 천박하고 가엾은 녀석으로 무시당하긴 해도 총각은 얼마간의 특권을 즐길 수 있다. 여기 또 다른 예가 하나 있다. 총각은 결코 갓을 쓰지 않으며 더 나아가 한국인의 갓이 어떻게 생겼는지를 보면, 그러한 예외의 이유를 짐작할 수 있을 것이다.

성인의 머리

한국의 남자는 100명중 99명이 결혼을 했는데, 그들은 가장 멋진 형태로 머리를 치켜 올려 손질한다. 그들의 머리는 좀 잘렸기 때문에 총각의 두발만큼 길지는 않다. 그들은 두발을 아래로 늘어뜨린 채 부인들이 하는 것처

---

1) 조대비(趙大妃, 神貞王后 : 1808~1890)를 의미함. 조만영의 딸로써 익종의 비이자 헌종의 모후임.

럼 전통적인 형태로 빗질을 한다. 자기 스스로 빗고 나면 이마를 따라 왼손을 그 머리 아래로 집어넣어 두상의 한 가운데의 정수리에 잡아 묶는다. 이것이 만족할 만하게 이루어지면, 다른 손에 있는 나머지 머리카락은 소시지의 크기와 모양으로 둥글게 뒤틀어서 머리 꼭대기와 직각을 이루게 고추 세운다.

이는 "상투"라는 재치 있는 이름으로 자연스럽게 통용된다. 때로는 작은 은이나 금속 구슬을 상투의 꼭대기에 꽂는 경우도 있고, 작은 별갑의 장식을 이마 바로 위의 머리칼에 묶는 경우도 있다. 이로써 기혼 남자의 머리 손질이 완성된다. 그들은 늘 조심스럽게 머리를 손질하며 이렇게 해서 잘 손질된 검은머리는 그 두상을 아주 돋보이게 해준다.

앞면의 사진은 막노동을 하는 기혼 남자의 모습을 보여주는 것이다. 물론 막노동자도 다른 사람들과 똑같이 머리를 손질하며, 그것은 국가 전체의 관습으로 되어 있다. 물론 보다 부유한 사람들과 보다 멋쟁이들은 더욱 단정하게 손질을 그렇게 예술적으로 하지는 않는다.

망건

이밖에도 상류 계층의 사람들은 내가 위에서 묘사한 치장의 과정에 만족하지 않고, 검은 말총으로 짜서 만든 이상한 장식품인 머리띠[망건]로 앞이마, 관자놀이 그리고 뒷머리에 띠를 두른다. 그것은 원래의 머리카락을 빳빳하게 유지해 주고 바람에 날리지 않도록 해줄 뿐만 아니라 그들이 쓰고 있는 멋진 갓을 위해 더 단단한 바탕을 이루어 준다. 임금님이 의도하는 명예의 정도에 따라 비춰, 금 또는 은단추의 모양으로 된 장식품을 하사 받은 고관들은 이 장식품들을 온 몸에 두르거나, 귀 뒤에 꽂거나 망건에 죄어 묶는다.

이것으로써 한국인의 머리 장식에 대한 얘기는 다 된 것 같다. 나는 나의 사랑하는 독자들에게 한국인의 신체에 대한 묘사는 유보할 생각이다. 왜냐하면 다소간 잘 생긴 면도 있기는 하지만 항상 씻지 않는다는 사실을 제외하고는 다른 인종의 육체와 흡사하기 때문이다. 그 대신에 나는 당신들에게 더욱 흥미 있을 것이라고 기대되는 의류와 의복을 살펴보고자 한다. 이 일을 하려면 대체로 운송 기구의 왕래가 빈번한 도시의 간선 도로를 거닐면서 지나가는 사람들을 살펴보기로 하자.

한국의 의상

여기 아마도 상인인 듯한 부유한 사람이 있다 하자. 당신은 그에게서 두 가지 특징으로 곧 깊은 인상을 받을 것이다. 그의 모자인 갓과 신발 그리고 흰 솜을 넣은 묘한 의복이다. 그러나 그를 상세히 그리고 조심스럽게 관찰해 보자. 어디서부터 묘사해야 할지를 결정하는 것은 약간 어렵긴 하지만 머리에서 시작하여 그에게 가까이 접근해 가는 것이 관례라고 생각되어 그의 갓이 얼마나 기묘하게 만들어졌는지를 살펴보기로 하자.

모양으로 보아서는 웨일즈 여인의 모자와 아주 흡사하다. 바꿔 말하면 그림에서 볼 수 있듯이 평평한 접시 위에 놓인 화분과 같이 생겼다. 그러나 한국의 갓이 가지는 특출한 점은 그것이 아주 투명해서 우리가 알고 있는 모자로서 지녀야 할 장점이 전혀 없다는 것이다. 그것은 놀라우리만큼 예술적인 작품이다. 왜냐하면 말총으로 되어 있거나 아니면 더욱 널리 쓰이는 것으로서는 흰색의 말총처럼 섬세하게 자른 대나무로 만들어져서 위에서 설명한 바와 같은 모양으로 멋진 그물을 짜서 만들었기 때문이다. 가는 대쪽으로 된 그 틀은 그 모양을 잘 간직하며 단단한 힘을 주긴 하지만 비록 니스칠을 골고루 했어도 햇빛이나 비바람을 막지는 못한다.

심지어는 집안에서조차도 모자를 벗는 것이 한국에서는 예의에 어긋나는 일이다. 곧 벗거나 써야 할 필요가 없더라도 갓의 가운데 원추 양쪽에 두 개의 고리가 달려 있고 거기에 각각 흰 리본이 달려 있어 모자를 쓸 때 턱 아래로 묶어 놓도록 되어 있다. 바꿔 말하면 갓은 머리칼에 붙어 있는 것이 아니라 망건에 붙어 있는 셈이다. 이러한 형의 모자는 머리띠가 없이는 결코 쓸 수가 없다.

방금 설명한 모자는 "조용한 아침의 나라"에서 가장 보편적으로 쓰는 것이며 또 사실 대부분의 사람에게서 볼 수 있는 모습이다. 그러나 소를 몰고 가는 저 사람을 보자. 그는 집안 식구 전부라도 보호하기에 충분할 만큼 큰 모자를 쓰고 있다. 그것은 쪼갠 대나무의 바구니 세공품이나 혹은 엮은 갈대나 골풀로 만든 거대한 피라미드와 같은 것으로서, 허리까지 거의 덮을 정도였다. 죽음에 대한 개인적인 애도로서 그의 슬픔을 나타내기 위해 얼굴을 가린 것이다.

이제 다시 첫 번째의 것과 같은 투명한 모자를 쓴 또 다른 한사람을 보기로 하자. 윗부분이 뚫렸기 때문에 단지 씌워지기만 한 채로 머리를 빙 둘러 어깨 너머까지 늘어진 큰 두건이 혹심한 추위로부터 귀를 보호하고 있다. 두건에는 잘 다듬어진 부드러운 털이 달려 있으며 그렇게 썩 어울리지는 않지만 푹신하고 따사로운 감이 들었다.

아! 그런데 모자의 모습이 아주 미묘해지고 있다. 눈이 막 내리기 시작하자 속이 비치는 갓의 모양이 변하고 있는 것이다. 행인들을 보고 있으면 아마도 거의 모든 사람들이 속이 비치는 모자를 쓰고 허리띠 안에 부채와 흡사한 모양의 황색 기름종이로 만든 삼각형의 물체를 착용하고 있는 것이 관찰될 것이다.

자, 이제 그것이 무엇인지를 살펴보자. 한 노인이 고개를 들어 기후의 신의 의도를 살피더니 비를 뿌릴 듯한 구름의 모습에 그다지 만족스럽지 않다는 듯이 멈추어 서서 허리띠 안에서 부채 모양의 그 물건을 뽑아 펼친다. 그것은 직경이 약 2.5피트 정도로 끈이 달려 있으며 막대와 손잡이가 없는 작은 우산처럼 보인다. 그는 갓 위에 새 모자를 동여맸다. 그것은 "갓노"라는

갓 쓴 모습

것으로서 많이 주름 져 있으며 펼치면 원추형으로 바뀐다. 당신은 우산을 지니고 다녀야 하는 번거로움 없이도 이것을 소지할 수 있기 때문에 이러한 발상은 별로 나쁘지 않아 보인다. 그렇지 않은가?

누구나 다양한 계층과 그 조건의 차이 때문에 상당히 당황스럽지 않을 수 없다. 겉으로 보기에 어떤 사람은 다른 사람보다 더 너절하다는 그런 차이는 있지만 대부분의 사람들은 거의 같은 의복을 입고 있는 것처럼 보인다. 때때로 어떤 사람들은 덧옷을 입긴 하지만 그것이 전부이다. 처음에 언뜻 봐서는 그 사람의 신분이나 처지를 알기가 매우 어렵다. 그러나 조금만 인내하면 그 어려움은 곧 가시게 되리라.

남자들이 주로 입는 옷들은 대개 비슷하며 큰 차이가 있다면, 그 옷이 본드가[2]의 재단사의 솜씨인지 어느 시골 재단사의 솜씨인지를 금방 알아챌 수 있을 정도이다. 조선에서는 대개 아내가 곧 재단사이기 때문에 아내는 남편의 의복을 재단하고 바느질하고 안감을 누비는 모든 손질에 절대적으로 신임을 받는다. 따라서 남자들이 평상시에 십중팔구 헐렁한 바지를 입고 다니는 것이 당연한 일이다. 그러니 그 자체로 국민 복이 되어 버린 이 옷은 돋보이게 만들어야 할 체형을 오히려 볼품없게 만드는 경향이 있다고 고백하지 않을 수 없다.

우선 그 옷은 다리를 집어넣는 한쪽 통으로도 사람의 몸 전체가 쉽게 통과할 수 있을 정도로 넓은 솜바지이다. 바지의 속은 솜털로 누벼져 있으며 남자들은 따로 속옷을 입지 않는다. 이 옷은 매우 넓고 단아하게 주름져 턱에서 발까지 이른다. 이 바지를 입을 때에는 우선 이빨로 그것을 문 다음 술이 달린 예쁘고 긴 명주 리본으로 허리둘레나 그 주변에 동여매어 입는데, 리본은 보통 오른쪽으로 우아하고 길게 늘어뜨린다.

이 과정이 끝나면 걸어 다닐 때 그 "물건"이 바지 뒤로 처지는 것을 방지하려고 그것을 걷어 올린다. 상체에는 종 모양으로 어깨에 꽉 끼고 짧지만 넓은 소매가 달린 적삼을 입는다. 이 적삼도 바지처럼 솜으로 채워져 있으며 거의 허리까지 내려온다. 그것은 오른손 쪽으로 겹치게 되며 두 개의 긴 리본이 날개 모양의 단아한 매듭으로 묶여진다. 여름에는 팔뚝이 노출되어

2) 본드가(Bond Street) : 런던에 있는 거리로서 유행의 중심지임.

있지만 겨울에는 팔꿈치부터 연결되는 별도의 토시나 소매로 보호한다. 그리고 솜을 누빈 버선 속에 바지를 쑤셔 넣어 복사뼈 둘레를 댓님으로 동여 맨다.

신발

이제 마지막으로 구두를 한 번 살펴보자. 상류층이 신는 신발은 짐승의 가죽으로 제조했으며 바닥 부분은 못을 박은 가죽 신창이나 발가락이 위로 솟게 되어 있는 중국 신발처럼 나무 신창이 달려 있다. 그러나 겉치레를 위해서가 아니라 매일 걷기 위해서 신는 조선의 보통 신발은 참으로 특이한 형태이다. 그 신발의 특이할 만 한 점은 그것이 종이로 만들었다는 사실이다. 이 말은 분명히 거짓말이 아닌데도 거짓말처럼 들릴 것이다.

또 한 가지 놀라운 점은 누구든 그것을 신고 걸을 수 있다는 사실이다. 만일 당신이 이것을 믿지 못하겠다면 조선으로 배를 타고 가서 그 사실을 본인 스스로 확인하는 것이 당신이 해야 할 일이다. 대다수의 조선 사람들이 그것을 신으며 특히 마부들은 그것을 신고 상당한 거리를 누비고 다닌다.

그러나 그것은 사실상 신발이라고 볼 수는 없으며 사람들은 그것을 구두와 샌들의 절충형으로 분류한다. 왜냐하면 그것은 사실상 그런 형태이기 때문이다. 수많은 종이끈들이 거미줄처럼 엮여 신창과 뒷굽 그리고 신발 등을 형성하는데, 이것들도 또한 같은 종류의 더 단단하게 꽈서 엮은 종이 줄로 연결되어 있다.

조선 사람들은 불행한 사람들이다. 그들이 입는 옷에는 주머니가 없다. 따라서 조선 사람들은 손이 차가울 때는 그것을 허리띠 아래 바지 속으로 찔러 넣어 따뜻하게 만들고, 만약 사람들이 모여 있을 경우에는 반대편 소매 속에 손을 넣어 열기를 얻는다. 그들은 가지고 다녀야 하는 돈과 담배 때문에 작은 명주 주머니를 휴대할 수밖에 없는데, 이것은 허리띠나 그의 도포의 리본에 달고 다닌다. 이 주머니는 보통 오렌지색이거나 파란색인데, 이 때문에 언제나 흰색인 그들의 의상의 단조로움이 약간은 살아나게 된다.

내가 지금까지 묘사한 바로는 전체 복장에서 신발의 경우에는 예외가 있다. 상류층들은 집안에서 신발을 신고 있는 것이 관례이다. 그러나 관리들은 다른 형태의 모자 대신에 로마 교황의 삼층 관과 매우 흡사한 말총으로 만든 높은 정자관을 쓰며 실내에서는 일본의 일반적인 관습처럼 신을 신지 않고 문간에 벗어 놓고 방에 들어간다.

서민층의 사람들과 농부들은 무엇을 가지고 길에 나서는 일이 거의 눈에 띄지 않으며 마부나 막일꾼들이 담배를 피우지 않을 때 등에 꽂고 다니는 긴 담뱃대는 예외이다. 상인, 포졸, 양반들은 특히 겨울철에 무릎 아래까지 내려오는 긴 두루마기와 솜을 누빈 긴 명주 덧옷으로 성장(盛裝)하며 정부 관리나 그 밖의 공복들은 이런 옷을 입지 않거나 직위에 따라 앞뒤로 두 조각씩 네 조각의 긴 면이나 명주로 만든 소매 없는 의상을 입는다. 그 옷은 거의 발에까지 닿으며 허리 높이에서 앞뒤로 터져 있으며 허리를 둘러 리본이 매어 있다.

이상은 조선의 각 계층의 평상복들이다. 이밖에 각반이나 주머니와 같은 자잘한 부분들에 대해서 조금 더 언급할 수는 있지만 나는 위에 묘사한 이상으로 더 복잡한 복장을 하고 다니는 조선 사람을 본 적이 없다. 물론 별로 옷을 챙겨 입지 않고 다니는 사람들을 본 적은 여러 번 있다. 의복은 그것을 입는 자의 지위와 부에 따라 무명이나 명주로 만들어진다.

남녀를 가리지 않고 단추의 유용성을 이해하는 사람들이 없기 때문에 단추를 다는 것은 조선에서는 쓸모없는 사치이다. 오히려 조선 사람들은 멋진 의복에 몇 개의 구멍을 뚫는 어리석은 이국의 미개인들을 재미있어 하거나 조롱한다. 그들의 생각으로는 의복에 단춧구멍을 뚫는 것은 이해할 수 없는 실수이며 판단 부족이다.

고리 장식과 리본을 이용하여 치장하는 그들의 복식은 옷을 조화롭게 입는 우리의 복식보다 오히려 멋진 효과를 연출하는 것 같기도 하다. 결국 그것은 견해의 차이일 뿐이다. 내 경험에 비추어 볼 때, 조선의 주민들은 씻는 일에는 별 관심이 없어 보인다. 목욕에 대해서는 더욱 그렇다.

나는 그들이 손을 자주 씻고 이따금씩 세면하는 것을 보긴 했으나 단지 상당한 상류층에 속하는 사람들만이 매일 씻는다. 그러니 청결을 위해서 물을 거의 쓰지 않거나 불규칙적으로 쓰는 것을 보고 그들이 무척 지저분하리라 생각하겠지만 조금도 그렇지 않다. 그 지저분한 사람들이 그렇게나 깨끗하게 보였던 것이 나를 극도로 약 올리는 것이었다.

자, 지나가는 사람들을 한두 명 더 관찰하기로 하자. 눈이 펑펑 내리는 가운데 모든 사람들은 각자의 머리 위에 우산을 쓰고 있다. 사내아이들은 모자를 쓰고 있지 않으며 총각들과 마찬가지로 머리 크기에 맞는 대나무 살로 만들어진 우산을 가지고 있다.

마침 총각으로 보이는 한 남자가 다가오고 있다. 그는 아주 훤하게 생겼고 머리 가운데는 가르마를 탔으며 등 뒤에는 큰 머릿단이 달려 있다. 그는 남자의 용모라기보다는 여자의 용모에 가깝다. 이런 총각을 성급하게 여자로 어림짐작하는 외국인들이 이따금 저지르는 실수는 이해될 만하다. 그가 너무도 여자 같아 보이기 때문에 처음 보는 사람은 여간해서 여자인지 남자인지 분간하기가 어렵다.

안경

실제로 그렇든 그렇지 않든 똑똑하게 보이려는 것은 남자의 야심의 일부분이다. 따라서 지식을 갈구하는 분위기를 연출해 보이는 데 금이나 구갑으로 만든 테 안의 희미한 렌즈와 귀에 걸친 안경다리로 이루어진 크고 둥근 중국산 안경을 쓰는 것 이상으로 무엇이 더 필요하겠는가? 아, 얼마나 지적으로 보이는가! 그는 정말 그렇게 보이는군! 그가 변변치 못한 나귀를 타고 서울 거리를 지나갈 때 당신은 그의 거만한 자태를 볼 수 있을 것이다. 그는 체신을 잃을까봐 어느 쪽으로도 눈길을 돌리지 않고 하인들의 시중을 받으면서 동상처럼 나귀의 등위에 좌정하고 있다.

하인들은 "이랴, 이랴, 이랴"(비켜요, 비켜요)라고 외치며 군중들 속을 헤치고 나간다. 군중들은 자신을 내려다보는 이 영웅에게 변함없는 존경을 표시하며 기꺼이 복종할 준비가 되어 있다. 물론 관리의 직위가 낮을수록 분위기는 더 소란스러우며 만일 사람들이 그 관리와 나귀를 위해 재빨리 길을 터주지 않으면, 방해가 되는 사람들이 그의 하인들에 의해 어떻게 한쪽으로 떠밀리거나 발길질을 당하는지를 당신은 볼 수 있을 것이다. 그 관리의 덧옷은 차곡차곡 접혀져서 안장과 나귀의 등위의 한쪽에 조심스럽게 정돈되어 있다.

다른 나라에서처럼 조선에서도 대부분의 일이 그럴듯하게 보이기 위해 이루어진다. 그가 만일 그의 덧옷을 좌석 밑에 구겨지게끔 방치한 채로 나귀를 타고 간다면 얼마나 처량하게 보이겠는가! 만약 그렇다면 그것은 일생일대의 불행이요 후회 막급한 수치이기 때문에, 의심할 여지없이 그의 하인은 자신의 용서받지 못할 부주의로 말미암아 호된 매질을 겪는 댓가를 치르게 된다.

제 5 장 여 성

조선의 남성과 그의 복장에 대해서 대략 설명했으므로 훨씬 더 어려운 일이기는 하지만 이제 여성과 여성의 복장에 대해서도 대략적으로 설명을 하는 것이 적절할 것이라고 생각된다. 여성의 복장에 대해 설명하는 것이 훨씬 더 어렵다고 생각하는 것은 불행하게도 내가 여성의 복잡한 의상에 대해 대화를 나눌 만한 기회를 갖지 못했기 때문이다.

그러므로 내가 이 부분을 다루는 과정에서, 이 책의 다른 주제들에도 적용할 수 있는 적실한 용어를 일관되게 사용하지 못한다고 하더라도 양해해 주기 바란다. 이 점에 대해서는 독자들의 관용을 믿고 조선의 여성상에 대해 고찰해 보기로 하겠다. 여자는 보면 볼수록 알기 어렵다는 것이 늘 나의 회의적인 사고의 특징이었다. 따라서 나는 누구도 거의 만나보지 못한 조선의 여성들을 매우 잘 알아야 한다. 그렇다손 치더라도 그들에 대한 나의 인상을 진술해 보고자 한다.

하층 계급은 예외이긴 하지만, 대체로 어여쁘다고 알려진 조선의 여성들은 격리되어 생활하고 있다. 그들에게는 외출이 거의 허락되지 않는다. 외출할 때 그들은 몰타의 여성들이 쓰고 다니는 것과 매우 흡사한 모양의 희거나 푸른색의 장옷으로 자신들의 얼굴을 가린다. 그들은 남자나 특히 외국인을 만나면 수줍어하며, 누군가 근접해 오면, 특히 외길에서는 대개 숨어

버린다.

서울에서 처음으로 며칠 머무르는 동안 길거리에서 우연히 마주친 모든 여성들이 갑자기 문을 열고 집으로 들어가려고 했던 일 때문에 내가 얼마나 당황스러웠는지 기억난다. 내가 지나칠 때마다 내가 만난 처녀들이 집에 도착했다는 것이 너무나도 이상하게 느껴져, 나는 꿈을 꾸고 있거나 마을에 있는 모든 집들은 그 마을 여성들의 소유라는 생각이 들기 시작했다.

그러다 불현듯 그것은 남의 이목을 피하기 위한 단순한 속임수라는 생각이 스쳐 지나갔다. 나중에 조선 사람 친구에게 그 문제에 대해 묻고 나서야 조선의 여인은 외국인 남자와 마주치게 되면 어떤 집이든 문을 열고 들어갈 권리가 있다는 사실을 알게 되었다. 그것은 조선 여인의 도덕적 규범의식은 높았던 반면, 외국인 남성을 양귀로 보는 것이 세간의 인식이기 때문이었다.

주요 거리와 큰 도로에는 늘 사람들이 북적대고 있었기 때문에 여인들이 달아나지 않으므로 그들에게 접근할 수 있는 기회가 더 많다. 왜냐하면 다른 나라들과 마찬가지로 조선에서도 번잡한 곳이 안전하다는 말이 널리 퍼져 있기 때문이다. 내가 조선 처녀의 은신 방법과 진기한 복장에 대해서 처음으로 연구를 시작한 것도 바로 이와 같은 이유에서였다.

여성의 복식

복장은 정말로 독특해서 연구할 만한 가치가 있다. 조선의 여인들은 남자의 것과 비슷한 솜바지를 입으며 양말 또한 무명천으로 속을 누빈 것이다. 양말은 끈으로 바지의 발목 주위를 단단하게 동여매어 신는다. 그러나 당신은 조선의 귀부인들도 이와 같은 남성 복장을 하고 거리를 나다닌다고 생각해서는 안 된다. 그들은 이러한 바지 위에 꽉 조이는 짧은 치마를 허리 위까지 받쳐 입는다.

바지와 치마는 대체로 희고, 신분과 지위 그리고 그러한 의복을 입는 사람들의 사치 정도에 따라 명주나 무명으로 만들어진 것을 입는다. 보통 희거나 붉거나 푸른 작은 저고리로 대부분의 조선 여성의 의상은 완성된다. 그런데 의상의 한 가지 특징은 저고리가 너무 짧기 때문에 양쪽 가슴이 가려지지 않는다는 것이다. 그것은 우리가 이미 살펴본 대로 러시아나 심지어 캐나다보다 훨씬 더 추운 조선의 기후를 감안할 때, 기이하고 가장 비실용적인 옷차림이다.

숱이 많지 않은 여성들의 머리는 매우 단순하게 꾸며져 있는데, 불쾌한 냄새가 나는 일종의 기름을 잔뜩 발라 평평하게 붙였다. 머리의 가운데 부분은 가르마를 탔으며 머리 뒤에 비녀를 꽂아 어느 성직자 부인의 모습처럼 매우 아름다워 보인다. 무거워 보이는 은이나 금속 핀 또는 때때로 이 둘 모두가 장신구로서 비녀에 끼워 있는 것을 볼 수 있다.

나는 흔히 특히 겨울철에 처녀들과 부인들이 특이한 털모자[조바위]를 쓰고 다니는 것을 보았지만, 이것은 보편적으로 착용하는 것이라고는 말할 수 없다. 그 털모자는 솔방울을 잘라 낸 모양으로서 윗부분은 비단으로 덮여 있는 것과는 달리 중간 이하의 부분은 모자를 쓸 때 거의 땅에까지 닿을 정도로 뒤에 달려 있는 두 개의 긴 비단 리본으로 장식되어 있다.

모자의 윗부분은 신기할 정도로 넓게 트여 있고 이렇게 만든 구멍의 양쪽에는 대개 붉거나 검은 색의 두 개의 비단 술이 달려 있다. 단정하게 쓰면 이 모자는 잘 어울린다. 그러나 불행하게도 이것을 쓰든 쓰지 않든 조선의 정숙한 처녀는 작은 망토나 머리 씌우개로 사용하는 일종의 몸 전체를 덮는 길고 푸른 장옷으로 머리 전체를 감싸고 왼손으로는 얼굴을 덮어 가린다.

그렇다고 다른 곳에서처럼 조선에는 사내를 녹이는 여자들이 없다고 생각해서는 안 된다. 실제로 반반하게 생긴 여인들은 바람이 뒤에서 불어와 장옷을 날려 버린다거나 그것을 잡고 있던 손이 미끄러진 체 하는 등 그 외에도 늘 여러 가지 구실을 준비하고 있기 때문에, 자신이 얼마나 아름다운지를 과시할 수 있는 기회를 결코 놓치지 않는다.

특히 남자의 신분과 출신지 그리고 친교 관계를 알게 되었을 때는 더욱 그러하다. 물론 추한 여자들은 자신을 치켜세우는 여자들이다. 그리고 만약 당신이 거리에서 자신의 얼굴을 전혀 볼 수 없도록 가린 여인을 만나게 된다면, 그의 외모는 정말 추하며 그 자신도 그렇다고 인식하고 있는 경우라고 확신해도 좋다.

몇 달 동안 내가 날마다 거리에서 스케치하고 있는 것을 보고서 사람들은 나를 잘 알게 되었다. 그들 자신은 예술적이지 않더라도 예술을 매우 좋아한다. 나는 그들 가운데에서 많은 친구를 사귀었으며 인기를 누릴 때도 있었다. 자부심은 모든 사람들의 지배적인 특성이다. 이런 작은 약점에 따라 행동함으로써 나는 대부분의 우연한 여행자들보다 조선의 처녀를 더 많이 볼 수 있었다.

우리가 조선 여성의 매력을 분석하게 될 때 찬반양론에 부딪치는 것은 사실이지만, 평균적으로 조선 처녀들의 매력이 다른 나라보다 더 못하다고 말할 수는 없다. 그는 아름다울 수도 있고 추루할 수도 있다. 여성의 경우 남자들이 그의 매력에 흠뻑 도취될 만큼 그는 아름다워 보인다. 그렇지 않을 경우 그는 더 나빠 보이지는 않겠지만 죄지은 여인만큼이나 추루해 보인다.

일단 아름답게 생긴 한 처녀를 택하기로 하자. 슬픈 듯한 모습의 작은 달걀형의 얼굴을 가진 그를 보라. 그는 아치형의 눈썹과 긴 속눈썹 때문에 타원형의 새까만 눈이 부드러워 보인다. 약간 덜 편평한 것이 낫겠지만 그는 곧은 코와 달콤한 작은 입을 가지고 있으며 눈처럼 하얀 예쁜 아랫니를 드러내고 있다. 당신이 그를 처음 보게 된다면, 그의 행동을 상당히 고결하고 침착하게 느끼게 되어 그를 거의 작은 조상으로 여길 것이다. 그는 수줍음 때문에 거의 얼굴을 돌리거나 고개를 들어 당신을 쳐다보지 않을 것이다. 그는 웃음을 흘리려고 하지 않는 것처럼 보이는데, 바로 그것이 정숙함이다.

그러나 일단 그의 수줍음이 가시면, 그는 놀라울 정도로 밝아진다. 그의 화사한 얼굴과 부드럽고 애정 어린 눈길로 먼 곳을 응시하는 모습은 아무리

정장한 여인

가정의 여인

강직한 남자라고 애간장을 녹이기에 충분하다. 그는 청순하고 자연스러운데 주로 매력이 있다. 유럽 여인의 아름다움은 한국 여인의 아름다움에 견줄 바가 못 된다. 왜냐하면 그는 그렇게 키가 크지도 않고 체형이 빼어나지도 않지만, 내 생각에는 극동 민족의 여성들 가운데에서 보기 드문 세련된 미모를 갖추고 있기 때문이다.

사람들이 매우 흔히 들어온 일본 여성은 보다 예술적으로 차려입지만 조선의 비너스와는 비교가 되지 않는다. 밝은 살빛과 위에 열거한 특성들을 모두 고려해 볼 때, 조선의 여성은 나에게 유럽 여성의 아름다움의 표준에 가장 가깝게 근접해 있는 것처럼 보였다. 당신이 나의 서투른 묘사에서 판단했을 테지만 그의 의상은 우아하기보다 어색하고 딱 어울린다고 말할 수 없다. 그럼에도 불구하고 그러한 의상이 눈에 익을 무렵에는 그것을 입은 처녀가 매우 아름답게 느껴졌다.

나는 특별히 한 사람을 기억하는데, 그는 왕의 대신들 가운데 한 사람의 소실이었다. 운 좋게도 그는 내가 그림을 그릴 수 있도록 자리에 앉아 주었다. 그는 흔히 입는 것보다 훨씬 더 길고 푸른 너울을 입고 있었는데 전혀 어색해 보이지 않았다. 그 너울은 바로 발목 위까지 오는 흰 비단 바지와 그의 작은 발에 꼭 맞는 푸르고 흰 예쁜 신발을 가렸다. 그는 입고 있던 작고 붉은 저고리를 매우 자랑했다. 그리고 그는 파이프 담배를 피웠는데 내가 알기로 그의 나이는 단지 열일곱 살에 불과했다.

평민층의 여성들은 그들이 입은 초라한 옷과 머리 모양새를 통해 언제나 쉽게 알아볼 수 있다. 그들의 머리는 두 개의 긴 머릿단이 일종의 터번 속으로 머리 뒤에 감아 올려 있었기 때문에 여성으로서의 미용 기교는 없어 보였다. 그러나 그것은 매우 실용적이고 꾸밈없이 보여 상류 계층 여성의 무성한 머리숱과는 진기한 대조한 이루었다. 나는 땋아 올린 머리와 채워 넣는 머리가 여인들이 자신의 미용법을 제법 욕심내어 유행시키고자 애용된다고 들었다.

여성의 특권

한 가지 매우 이상한 조선의 관습은 어두워진 뒤 마을의 거리를 나다닐 수 있도록 여성들에게 부여된 특권이다. 그와는 달리 남자는 해가 지기 약한 시간 전부터는 집에 머물러야만 하는데 만약 “여성의 시간”에 거리를 돌아다니는 것이 발견되면, 그는 투옥과 태형으로 매우 엄중하게 처벌받는다. 따라서 여성은 거리를 활보하도록 허용되어 있어, 혹시 있을지도 모르는 남성들로부터의 어떤 치근거림에 대한 두려움 없이 매우 밤늦은 시간까지 자신의 부모나 친구를 방문할 수 있다.

그러나 그들은 거의 대부분 이와 같은 특권을 누리지 못한다. 왜냐하면 불행하게도 조선에는 많은 호랑이와 표범이 있기 때문이다. 이들은 성문이 일찍 닫힘에도 불구하고 손쉽게 높은 담을 뛰어 넘어 밤마다 마을을 배회하다가 도중에 발견하는 개와 심지어 사람까지도 잡아먹는다. 호랑이는 실제로 진흙집의 침입 받기 쉬운 종이 창문을 자신의 발톱으로 무참히 뚫고 들어온 다음, 잠에서 선뜻 깨어나 몸부림치는 몸뚱이를 잡아 끌어내 길 한복판에서 유유히 먹어 치운다고 알려져 있다.

따라서 달밤을 거닐다가 이와 같은 굶주린 야생 동물과 우연히 마주치는 것은 어딘가 섬뜩하므로, 야밤에 처녀가 자신에게 주어진 특권을 이용하는 것이 매우 드물다는 사실은 그리 놀라운 일이 아니다. 내가 이미 언급했듯이 여성은 조선에서 아무 것도 아닌 존재로 여겨지고 있다. 우리가 방금 살펴본 것처럼 그가 갖는 유일한 특권은 그가 합법적으로 외출할 때 사나운 짐승에게 갈기갈기 찢겨 먹힐 기회이며, 확실하게 말할 수 있는 것은 그것이 시기할 만한 특권은 아니라는 것이다.

가난한 여인은 이름도 없다. 그는 태어날 때부터 "아무개"의 딸이라는 모호한 명칭으로 불려진다. 가족 가운데 여러 명의 딸들이 있다면 혼란을 피하고자 편의상 이름을 부르기도 하지만 그것은 그가 결혼하는 순간부터 잊는데, 우리가 다음 장에서 살펴보겠지만 그런 일은 흔히 바로 결혼 초기에 발생한다. 그때부터 그는 "아무개"의 아내가 된다.

조선에서 여성은 다소 애처롭고 따분한 생활을 한다. 왜냐하면 4~5세경부터 그는 심지어 자신의 남자 형제들과도 떨어져 집안의 격리된 장소에서 양육되기 때문에, 그 때부터 그의 덜 성숙한 작은 머릿속에는 이성과 대화하거나 심지어 쳐다보는 것조차도 부도덕하다는 관념이 뿌리박히게 된다.

물론 상류 계층은 대부분 가장 엄격하게 예법을 지켜야 한다. 반면에 최하층의 여성들은 비교적 자유를 누린다. 그들은 신분이 매우 낮아 어떠한 주목도 받지 않기 때문에 마음 내키는 남성에게 말을 걸거나 심지어 너울을 쓰지 않고도 외출할 수 있다. 그러나 상류 계층은 매우 격식을 따지기 때문에 엄격하게 규칙을 지킨다.

조선에서 여성은 노예와 같다. 그는 쾌락과 노역을 위해 이용된다. 그는 이야기를 나누거나 자신의 어떠한 견해도 표명할 수 없으며 자신의 남편 외에 다른 남성을 쳐다볼 수도 없다. 그는 거리에서 통행의 권리를 가지며 남성들은 그에게 길을 양보한다. 남성들은 여자가 지나갈 공간을 만들어 줄 뿐만 아니라 그를 쳐다보지 않으려고 자신들의 얼굴을 옆으로 돌린다.

조선 문학에는 단순히 남자들이 쳐다보았다는 이유 때문에 사랑스러운 처녀가 자살했다거나 남편이나 남자 형제나 아버지에 의해 살해되는 등 비극적인 이야기가 수없이 많다. 그리고 심지어 오늘날까지도 자신의 아내가 자기 이외의 다른 남자와 말을 나누는 대죄를 저질렀기 때문에 그를 죽인다고 해도 현실적으로 그는 법적인 측면에서 정당하다고 간주될 것이다!

상류층의 과부는 재혼이 허용되지 않는다. 만약 그가 자신의 죽은 남편을 여전히 사랑하고 있다는 것을 보이고자 한다면, 그는 자문 곧 자신의 목을 찌르거나 날카로운 칼로 자신의 몸을 베는 식의 단순히 열녀라고 여겨지는 간명한 행동을 함으로써 가장 빠르고 용이하게 저 세상의 남편을 뒤쫓아 가는 노력을 해야 한다. 만약 당신이 그렇게 하는 방법을 알고자 한다면 사람들은 그것은 별 것이 아니라고 말할 것이다.

그러나 그런 종류의 사소한 게임을 실행하는 것이 결코 쉬운 문제가 아니라는 점이 나에게는 늘 충격적이다. 나는 여성들의 가치 있는 행동의 의미를 저하시킨 것은 바로 남편이라고 고백하지 않을 수 없다. 하류계층은 대단히 현실적이다. 이 계층의 여성들은 20명의 남편과 사별할지라도 결코 자신의 목숨을 끊는 생각을 잠시라도 하지 않고 곧바로 21번째 결혼 생활에 들어갈 것이다.

어쨌든 조선에서 여성은 귀하고 늘 상당한 수요가 있다. 품팔이 일꾼과 이와 비슷한 부류 또는 더 낮은 신분의 사람들은 여자 없이는 살 수가 없다.

왜냐하면 음식을 준비하고 빨래를 하며 바느질을 하는 역할은 다름 아닌 여성 자신이 해야 하기 때문이다. 그는 항상 매를 맞는다. 매우 흔히 그는 남자를 때리기도 한다. 왜냐하면 조선의 여자들도 때에 따라서는 성깔을 부리기 때문이다.

질투는 여자의 주요한 성격 가운데 하나이다. 나는 서울에서 다른 사람을 쥐어뜯으며 길길이 날뛰는 여자들을 본 적이 있다. 맙소사, 그들의 할퀴는 기술이 얼마나 대단하던지! 그와 같은 경우에 남자들은 그들 주위에 서서 싸움을 조장하고, 특히 남편은 관심이 덜한 다른 구경꾼들보다 더욱 흥미있게 즐긴다.

하류 계층의 여자들은 항상 흥분하고 성난 상태에 있는 것처럼 보인다. 그들은 항상 서로를 모욕하고 욕하거나 자신들의 어린 아이들을 학대하기까지 한다. 유럽인들에게는 한층 더 이상하게 들리겠지만, 나는 실제로 자기의 남편을 옹호하는 아내를 단 한 번 본 적이 있다. 그는 내가 쉽사리 잊지 못할 정도로 남편을 감쌌다.

여성의 의무

한 포졸이 한가하게 좁은 거리를 걷고 있었는데, 그 거리의 반은 일종의 도랑이었고 물길에는 얼음이 얼어 있었다. 그런데 한 사람이 집에서 나와 그를 불러 세웠다. 얼마 지나지 않아 그들의 대화가 격렬해지자 나는 내가 가진 유일한 미덕인 호기심 때문에 멈춰 서서 그 결과를 주시했다. 그 사람이 매우 성난 목소리로 말했다.

"당신은 내가 빌려준 돈을 갚아야 돼."

"나는 빌리지 않았어."

라고 포졸은 응수하면서 도망치려 했다. 그때 한 여자가 대문을 나오며 소리쳤다.

"뭐라고! 빌리지 않았다고?"

라고 소리쳤다. 그는 무거운 빨래 방망이로 그 포졸의 머리를 쉴 새 없이 두들겨 팼다.

이러한 예기치 않은 도움에 고무된 남편은 육탄으로 그 포졸을 공격하기 시작했다. 그들이 엎치락뒤치락하면서 서로 상대방을 때려눕히는 데에만 몰두하고 있는 동안에 성난 그 여자는 허둥대면서 정신없이 포졸을 두들겨 팼다. 그는 적어도 남편이 벌이는 싸움의 절반 정도를 대신 싸워 주는 인생의 반려자였다. 그가 어찌나 드세게 두들겨 팼던지 그 불쌍한 포졸은 쓰러져 실신했고 급기야는 필사적으로 도망치기 시작했다.

그러자 그 아내는 호랑이처럼 뒤쫓아 가 그의 멱살을 잡아챈 다음 배를 가격했다. 그 남자가 몸을 뒤틀자 그는 그를 얼음판 위에 때려눕혔다. 그리고서 그는 성난 얼굴로 그에게 덤벼들었다. 그는 분노한 나머지 빨래 방망이로는 그 남자의 등을 사정없이 때리고 동시에 발꿈치로 그의 머리를 걷어찼다.

"너는 나의 남편을 죽였어. 이 악당아!"

라고 포졸이 소리쳤다. 그러면서도 의욕을 상실한 포졸은 헛된 짓이지만 도망가려고 무던히 애를 썼다. 그 여인이 황소도 죽일 정도로 세게 그를 후려갈기려고 하던 찰나, 그는 다행히도 얼음판 위에 미끄러져 쓰러진 포졸 위에 내동댕이쳐졌다. 거의 반송장이 되다시피 한 포졸이 무릎을 세워 일어나려고 하자, 그는 악마 같은 모습으로 다시 일어나 그를 가장 부드럽게 껴안으면서 피가 줄줄 흐를 정도로 그의 뺨을 물어뜯었다.

나는 더 이상 참을 수 없어 미끄러운 얼음판을 제치고 가 그들을 떼어놓으려고 애썼지만, 그가 아직도 놀라울 정도로 재빠르게 휘두르는 나무 방망이에 보기 좋게 왼쪽 무릎을 얻어맞았기 때문에 도움이 불가능하게 되었다. 그 때문에 나는 싸움터 밖에서 중재자로서의 역할만을 해야 했다. 그뿐 아니라 "나의 눈에서 불이 날 정도로" 얻어맞은 고통이 너무 컸기 때문에 나는 다시 길을 걸을 때 껑충껑충 뛰다시피 했다.

나는 그들이 끝까지 싸우도록 내버려두고 내 길을 가는 일에만 전념하는 것이 현명한 일이라고 생각했다. 내가 그들의 시야에서 멀어졌을 때 나는 달걀의 크기만큼 부풀어 오른 무릎을 문지르면서 다짐했다.

“살아 있는 한 결코 다시는 남의 싸움에 끼어들지 않으리라. 이제는 결코 다른 사람들의 싸움에는 끼어들지 않겠다. 누가 이렇게 될 줄 알았겠는가? 더군다나 여자한테!”

실제로 사건이 터지고 난 뒤 철학자가 되기는 쉽지만, 사람들이 원주민을 성나게 하거나 괴롭힐 어떤 사소한 의도도 없이 문제를 일으켜 봉변을 당하는 일이 얼마나 잦은지 알 수 없다.

내가 몇 달 전에 『포트나이트 리뷰』에 게재한 다른 일화는 조선의 하류계층의 여성들의 난폭한 성질을 더욱 생생하게 보여준다. 조선 사람들은, 특히 여성들은 때로 지극히 미신에 젖어 있는 면모를 보여준다. 이것은 다만 아무 것도 아닌 일로부터 불거져 고의적인 영아 살해와 같은 가장 극단적인 사례로 비화되는 폭력 사태를 부분적으로는 설명해 주고 있다. 다음은 그 사건의 전말이다.

나는 어느 날 평소대로 서울의 동대문 밖에서 많은 조선 사람들에게 둘러싸여 스케치를 하고 있었다. 그런데 온화한 풍모의 마음씨 좋아 보이는 한 노인이 나의 시선을 끌었다. 그는 말의 갈기로 만든 투명한 모자를 쓴 예쁜 어린 아이를 안고 있었는데, 나에게 그렇게 차려입은 어린 아이를 그리고 싶은 용의는 없는지 물어 보았다. 나는 그의 제의에 구미가 당겨 새 화판을 끄집어 내 예쁘고 붉은 저고리에 솜을 채워 넣은 작은 버선을 신고 특별히 큰 모자를 쓴 나의 새로운 모델을 단숨에 스케치하기 시작했다.

그림이 점점 실물에 가까워지자 구경꾼들은 경탄을 감추지 못하고 나의 붓놀림 하나하나에 주목하며 황홀경에 빠져들었다. 일본인들처럼 조선 사람들도 드로잉과 묘화를 이해하는 속도가 매우 빠르다. 나는 구경꾼들이 보여준 관심에 대단히 만족했다. 왜냐하면 나의 작품을 보고서 그렇게 기뻐하는 사람들을 지난날에 결코 본 적이 없기 때문이었다. 홋카이도의 털북숭이 야만인들을 그렸던 것이 나의 마지막 스케치 경험이었다. 그들에게는 예술에 대한 식견이 거의 없었으며 관대하게 받아들여지지 조차 않았다.

초상화는 일종의 모험적인 행위였다. 그렇기 때문에 돌 세례를 받는 대신에 칭찬을 받아 기분이 으쓱해져 능력이 닿는 데까지 열심히 스케치를 하게 되는 것은 지극히 당연한 일이었다. 누군가 감탄하며 말했다.

"대단하군!"

그러자 다른 사람이 맞장구를 쳤다.

"굉장히 훌륭한데!"

내가 완성된 그림을 들어 올려 보이자 그들은 이구동성으로 외쳤다.

"실물하고 똑같아." 그런데 갑작스러운 변화가 일어났다. 마치 시체와 같이 창백한 얼굴을 한 여자가 무서운 눈빛으로 쏘아보며 인근의 어느 집 계단 앞에 나타나, 큰 재앙을 당한 것처럼 손으로 이마를 짚고 이쪽으로 다가왔다.

"내 아이는 어디 있지!"

그는 노여움과 절망에 찬 목소리로 외쳤다.

"그 아이는 여기 있어요."

라고 구경꾼들 가운데 한 사람이 대답했다.

"외국인이 그 아이의 그림을 그리고 있어요."

날카로운 고함소리가 들렸다. 그 창백한 여인이 나를 노려보았기 때문에 나는 스케치와 손에 쥐고 있던 붓과 팔레트를 떨어뜨렸다. 어쩌면 저런 표정을 지을 수 있다니! 부르르! 내가 정말 얼마나 떨었는지. 곧 그는 처음보다 열 배나 더 날카롭게 소리치며 구경꾼들 속으로 뛰어들어 어린 아이를 낚아채려 했다. 나는 사람들이 내가 불안해하고 있다고 말하는 소리를 들었다. 그것은 실제로 내가 그 상황에서 눈치를 보며 거의 정신없이 벌벌 떨고 있었기 때문이다.

구경꾼들은 내 그림에 매우 관심이 있었기 때문에 그 어린 아이를 보내 달라는 그의 말에 아랑곳하지 않았다. 아이의 어머니는 구경꾼들에게 무시당하고 떠밀렸기 때문에 자신의 대담한 시도를 성공시키지 못했다. 그러나 그는 재차 대담하게 공격을 시도하며 구경꾼들 속에 뛰어들어 아이의 머리와 한 쪽 팔을 잡으려고 애썼다.

이것이 사태를 몹시 불행하게 만들었다. 왜냐하면 성난 어머니는 자신의 사랑스러운 자식을 끌어내려고 사력을 다해 잡아당긴 반면에, 구경꾼들은 아이의 다른 쪽 팔과 다리를 힘껏 잡아당겼기 때문이었다. 그래서 울어대는 불쌍한 꼬마는 거의 찢겨질 뻔했다. 그리고 나의 충고는 이와 같은 인간적이면서도 동시에 매우 비인간적인 줄다리기에 아무런 영향도 줄 수 없었다.

어머니가 자식을 포기한 것은 사지가 찢겨 나갈 뻔했던 아이에게는 다행스러운 일이었다. 그러나 확실히 다른 사람들을 위해서는 그렇지 못했다. 왜냐하면 조선의 여인들이 할 수 있는 흔한 방식대로 그가 주위의 가능한 모든 사람들의 얼굴을 할퀴었기 때문이었다. 그 성난 어머니가 할퀼 수 있는 범위 안에 있었던 나로서도 그가 끌려 나갔던 것은 퍽 다행스러운 일이었다. 그는 자신의 집으로 되돌아가면서 이와 같은 비극적이면서도 일면 희극적인 사건에 대한 의미 있는 종결의 표시로 나를 향해 자신의 주먹을 흔들고 혀를 내밀었다.

그러나 나는 독자들이 조선에 있는 모든 여성이 이와 같다고 생각하지 않기를 바란다. 왜냐하면 실제로 그들은 그렇지 않기 때문이다.

사실 그들 대다수가 고통스러울 정도로 일을 많이 하고 있는 것을 감안한다면 예의바를 뿐만 아니라 본성이 온순하다고 말할 수 있다. 당신은 가장 추운 날의 겨울밤에 강과 도랑의 두꺼운 얼음장을 깨 그 찬물에 자신의 손을 담가 아마도 집에서 한가롭게 잠에 취해 있을 자신의 남편과 주인의 옷을 빨며 시간을 보내는 불쌍한 존재를 기억해야 한다. 또 당신은 조선의 가정에는 아직도 알려지지 않은 사치품인 비누로 젖은 무명옷의 때를 벗기려고 곤봉과 같은 짧은 나무로 만든 방망이를 두들기고 있는 그들을 기억해야 한다.

집에서 빨래할 수 있는 여건이 되지 못하는 더 가엾은 여성들은 개울로 가야 한다. 그런데 옷은 낮에 입어야 하기 때문에 빨래는 밤에 해야 한다. 때때로 셋 혹은 그 이상이 함께 무리 지어 빨래를 하는데, 그것은 찬 돌 위에 무릎을 꿇고 앉아 손목 주위에 끊임없이 생겨나는 얼음을 깨뜨리며 때가 깨끗하게 빠질 때까지 옷을 두드려야 하는 단조로움을 어느 정도 없애 준다. 부유층의 여성들은 집에서 빨래를 한다.

만약 당신이 밤에 서울 거리를 걷노라면 당신은 많은 집에서 시계 소리와 같이 박자에 맞춰 규칙적으로 빠르게 울리는 똑딱똑딱하는 소리에 곧 익숙하게 될 것이다. 특히 이 소리는 모든 사람이 나들이옷을 입고 외출하고 싶어 할 때인 어떤 잔치나 공공 행렬 전날 밤에 더욱 부산하다. 만약 서구의 여성들이 옷 한 벌을 적당히 빠는 데에 두 시간 정도 걸리는 몹시 힘든 이와 비슷한 상황과 정신 상태에서 빨래터로 내몰린다면, 잔혹하고 그를 냉대하는 남편에게 이혼을 요구할 것이라고 나는 확신한다.

그러나 조선의 여성은 그것을 아무렇지 않게 생각한다. 자신이 복종해야만 하는 남자를 기쁘게 하는 것이라면, 그는 기꺼이 그리고 아무런 불평 없이 그런 일을 한다. 사실 나는 조선 여성은 순교자가 되고 싶어 한다고 믿는다. 왜냐하면 만약 그가 고생하지 않는다면 더 개화된 다른 나라의 여성들처럼 그는 자신을 매우 행복하다고 생각하지 않기 때문이다!

그것은 우습고 이치에 맞지 않지만 실제로 그렇다. 조선의 여성을 연구하는 동안 그가 의무적으로 무거운 짐과 고달픈 일을 감수할 수 있다는 것을 보여주는 기회보다 그를 더 행복하게 하는 것은 없으리라는 이전의 생각은 나의 머릿속에 깊이 뿌리 박혔다. 만약 거기에다가 그가 냉대에 대한 불평을 더할 수만 있다면 그의 행복은 무한할 것이다.

내 생각에 조선 여성은 아마도 아시아에 있는 어느 다른 여성보다 생활에서 즐거움을 덜 누린다. 이와 같은 생활에는 불행, 침묵 그리고 심지어 일정한 나이가 되면 그의 어린 아이들, 곧 남편의 아이들로부터의 분리가 포함되어 있다. 무엇이 그를 이보다 더 불행하게 만들 수 있을까?

여전히 그는 그런 모든 것들을 훌륭하게 인내하여 심지어는 이와 같은 슬픔을 즐기기까지 하는 것처럼 보인다. 사람은 자신이 하는 일에 길들여 있는 것을 항상 즐기기 마련이라고 생각한다. 그렇지 않다면 내가 이러한 현상을 어떻게 설명할 수 있을지 알 수 없다.

기생

여성의 특별한 계층에 대해 몇 마디 덧붙여야겠다. 일본에서처럼 가수들은 다른 여성과는 현실적으로 구별되는 동업 집단이다. 일본의 게이샤와 유사한 표현이 이와 같은 발랄하고 재치 있는 젊은 여성들에게 적용될 수 있을 것이다. 고관들과 벼슬아치들은 노래와 음악으로 연회의 분위기를 돋우고자 그들을 흔히 부른다. 그들은 대체로 매우 가난한 계층의 출신이다. 출중한 외모와 어느 정도의 재치 그리고 음악적인 재능은 성공적인 가수가 되기 위해 갖추어야 할 항목들이다.

기생들은 즉석에서 시를 짓거나 옛 민요를 불러 자기도취적이고 살찐 관리들을 기쁘게 한다. 만약 호평을 받는다면 그들은 손님들의 잔에 정겹게 술을 따르고 다과를 건넬 수도 있다. 만약 아름답고 재능이 있다면 "조선의 예술인들"은 자신들의 직업을 통해 매우 부유한 생활을 누릴 수 있으며, 자신이 노력한 댓가만큼 많은 돈을 벌 수도 있다. 그러나 만약 조물주가 은덕을 베푼다면, 그들은 어떤 부유한 벼슬아치나 관리의 내연의 여자가 됨으로써 옛 생활을 청산한다.

이러한 여성들은 얼굴에 분을 바르고 입술을 칠하며 가장 비싼 비단옷을

기생

입는다. 그리고 천한 신분으로 태어나 자신보다 더 높은 사람들 사이에 끼이게 된 사람들처럼 으스대는 태도와 역겨운 자부심을 갖게 된다. 그들은 다른 조선 사람들을 명령하고 많은 찬사를 받는다. 돈 때문에 마음이 돌변하는 이와 같은 창기들로 말미암아 많은 사람들이 희생되는 음모와 스캔들이 일어났다.

이와 같은 음악은 평범한 유럽인의 귀에는 오히려 악마적이다. 그 이유는 음조, 발음 그리고 음계의 음정이 유럽의 음악과는 상당히 다르기 때문인데, 내 개인적으로는 그들의 가락에 친숙해져 있었다. 나는 오히려 이러한 기묘하고 독창적인 음악을 좋아한다. 일단 이러한 음악을 이해하게 되면, 그것을 감상할 수도 있게 된다.

그러나 나는 어떤 사람이 조선의 음악 연주를 처음 들으면 음악가들을 살해하고 그들이 사용하는 악기들을 부수려는 마음이 일어난다는 것을 인정하지 않을 수 없다. 그들은 현악기와 관악기, 북, 심벌즈 그리고 그 외의 다른 종류의 타악기를 포함해서 많은 종류의 악기들을 가지고 있다. 피리는 아마도 모든 관악기들 가운데에서 가장 기묘할 것이다.

비록 끊임없이 반복되는 연주 때문에 결과적으로 다소 단조롭지만 음조는 경쾌하고 매혹적이다. 그리고 만약 내 기억이 맞는다면 다섯 개의 줄을 가진 하프와 스물다섯 개의 줄을 가진 루트[1]류의 더 복잡한 악기들 가운데 큰 기타는 거문고이고 작은 것은 자주 연주되고 있는 가야금일 것이다. 이와 같은 악기들의 대부분은 여자가 연주하지만, 피리의 경우는 남자가 연주한다.

1) 루트(Lute) : 14~17세기에 쓰던 현악기로서 기타와 비슷한 모습이다.

제 6 장 어린이와 놀이

조선의 일상에서 빼놓을 수 없는 이들은 바로 어린 아이들이다. 어떤 사람들은 조선에서 당신이 남자 아이를 거의 별로 보지 못할 것이라고 말할지 모른다. 왜냐하면 소년 시절은 없어져 버리고 그는 유년기에서 곧바로 결혼해 의젓해진 남자로 도약하기 때문이다. 이것은 놀랄 만한 이야기이지만 틀림없는 사실이다. 사내아이가 약 8~9세가 되면 대체로 그의 자유로운 생활은 끝나게 된다. 뒤에서 살펴보겠지만 열 살이 되면 그는 명목상으로는 기혼자가 된다. 그러나 여기에서는 그의 미혼 시절에 국한해서 살펴보기로 하자.

조선에서는 사내아이가 여자 아이보다 훨씬 더 귀하게 여겨지며 한 가족 가운데 여러 명의 아이가 있다면, 더 어린 아이가 더 잘 생기고 더 영리하며 더 학문에 정진한다고 하더라도 연장의 사내아이가 그의 어린 동생보다 더 소중한 대접을 받는다는 것은 널리 알려진 사실이다. 아버지가 죽게 되면, 장자는 가장의 권한을 떠맡으며 그의 동생들은 생전에 자신들의 아버지에게 했던 것처럼 형에게 의탁한다. 장자는 상속받은 재산을 나머지 가족들과 같은 몫으로 나누거나 그렇지 않으면 선친이 했던 것처럼 그것들을 보전해야 하는 것이 일반적이지만, 가족의 재산과 거의 모든 돈을 물려받는 사람은 바로 장자이다.

조선의 가족은 대부분 함께 모여 산다. 대부분의 사람들은 조선이 매우 많은 씨족들, 말하자면 씨족의 한 부분을 이루는 다양한 친족들을 가진 각각의 가족으로 나누어져 있다고 말할 것이다. 가족의 유대는 조용한 아침의 나라에서 매우 중시되며, 가족의 행복과 안녕에 결부된 이해 관계는 먼 친족들까지도 단합시킨다. 더구나 만약 씨족의 어떤 구성원이 경제적인 어려움에 놓여 있다면, 그를 돕고자 모든 친족이 동원된다.

한층 더 놀라운 사실은 그들이 아무런 불평 없이 기꺼이 그 일을 감당한다는 것이다. 조선 사람은 본디 호의를 잘 베풀지만 친족에게는 훨씬 더욱 그러하다. 어떤 한 친족에게 속한 집은 실제로 다른 친족에게도 속한다. 근래 없이 부유하게 된 어느 한 친족이 숙식 비용과 성가심 때문에 오랫동안 머무르던 식객을 자신의 집에서 공손하게 내쫓을 수밖에 없을 정도로 속이 상한다 하더라도 어느 "소중한 친족"이 몇 년 동안 그의 집에 체류하는 것은 이상한 일이 아니다. 만약 그가 자신의 방문객을 내쫓는다면, 그는 조선의 예법에 따라 만들어진 환대의 엄격한 규칙을 위반하는 것이다.

식객

심지어 전혀 낯선 사람들도 흔히 부유한 사람들의 집을 찾아가 머무른다. 그들은 더 좋은 숙식이 기대되는 어느 다른 부잣집으로 거처를 스스로 옮길 때까지 그 집에서 몇 달 동안 머무른다. 식객들의 험담보다 조선 사람이 더 두려워하는 것은 없다. 특히 이것은 조선의 귀족이 항상 골치를 싸매는 걱정거리인데, 차라리 약탈자들이라고 할 수 있는 이 식객들은 이런 사정을 이용한다.

다모클레스의 칼[1] 밑에 앉아 있는 것처럼 머리가 어깨까지 처진 고관들

1) 다모클레스(Damocles)의 칼 : 디오니시우스왕이 신하인 다모클레스의 머리 위에 머리카락 한 올로 칼을 매달아 놓고 왕위가 얼마나 위험한가를 설명한 데서 유래함.

은 이와 같은 약탈자들에게 매우 시달린다. 만약 그들이 호의를 베풀기를 거절한다면, 그들에게 독기 어린 험담과 중상모략이 쏟아진다. 때로는 궁중에까지 확산되는 음모적인 스캔들의 결과로 그들의 머리가 잘려 땅바닥에 구르는 사태로까지 번지게 되는데, 이것은 확실히 유쾌한 장면은 아니다.

그럼에도 불구하고 그들을 공평하게 평가하자면, 이와 같은 인간 거머리들도 이따금 양심을 가지고 있다고 인정해야 한다. 몇 달 동안 그들에게 친절을 베풀어주면 그들은 대체로 새로운 먹이를 찾아 떠날 것이다. 조선 사람들은 남에게 극진하게 호의를 베푸는데, 그러한 사실은 외국인에게도 역시 똑같다. 왜냐하면 내가 가장 가난한 사람들의 집을 방문했을 때, 나는 항상 음식과 마실 것을 대접받았기 때문이다. 당신도 그들과 함께 식객노릇을 해보라는 권유를 수없이 들을 것이다.

가족

그러면 조선의 가족으로 되돌아가 보자. 실제로 어머니는 처음부터 가정에서 아무런 존재도 아니다. 그는 남편의 신분에 따라 일종의 가구나 짐을 끄는 가축 또는 가정의 장식품으로 여겨지며, 아들은 어머니를 더 별 볼일도 아닌 존재로 취급한다. 만약 그에게 딸이 있다면 딸은 오히려 어머니와 외로운 시간을 함께 나누고 그의 일을 도와주는 벗이 된다. 여자는 자신의 남편이 베푸는 만찬과 연회에 결코 참여할 수 없으며, 포도주나 술을 마시는 것도 허락되지 않는다. 그러나 그는 담배를 피울 수 있다.

어린 아이가 일정한 나이가 되면 남자는 여자와 격리되는데, 남자는 항상 아버지의 동무가 되는 반면에 여자는 우리가 살펴본 대로 어머니의 처연한 운명을 함께 나눈다. 사내아이가 가르침을 받는 첫 번째 항목은 지배자에 대한 사랑과 깊은 외경 그리고 복종이며 이를 통해 그는 대개 일가의 전형이 된다. 만약 아버지가 편찮으시면 부친의 곁에 온종일 앉아 그를 간호하

열두 살 난 신랑

고 용기를 북돋워 드려야 한다. 그리고 만약 어떤 불행이 그에게 닥치면 그 아픔을 자신의 아버지와 함께 나누는 것이 효자의 의무이다.

조선의 어린 아이는 즐겁게 노는 시간을 갖는지 그리고 잘 보살펴지는지의 두 문제에 대해 의견이 분분하여, 사실 이 점에 관해서 나는 결론을 내릴 수가 없다. 대체로 귀족과 부유층의 어린 아이들은 엄격하고 심지어 가혹하게 양육되지만 내 생각에 학대를 받는다고 할 수 없다. 그러나 더 가난한 이의 자식들은 흔히 무자비하게 매를 맞는다.

나는 어떤 아버지가 다섯 살 난 자기 아들을 매우 혹독하게 때리는 것을 본 기억이 있는데, 그 아이는 가슴이 메어지도록 슬프게 울어댔다. 마치 그것으로도 부족하다는 듯이 그는 아이의 작은 머리채를 붙잡아 난폭하게 흔들었고 주먹으로 머리를 쥐어박았다. 다른 나라의 아이들에게 그렇게 했다면 십중팔구 그들은 죽거나 적어도 까무러쳤을 것이다.

그러나 내가 더욱 놀란 것은 때리다 지친 아버지가 집으로 돌아가자 손등으로 흐르는 눈물을 연신 닦아 내고 마음을 가라앉힌 작은 생쥐가 조용히 땅에 앉아서 마치 아무 일도 없었던 것처럼 모래를 가지고 놀기 시작한 것을 보았을 때이다. 나는 당황한 나머지 선 채로 그 어린 영웅을 바라보면서 한 말을 기억하고 있다.

"정말이지! 만약 내가 지켜보지 않았다면 저 아이가 그렇게 흠씬 두들겨 맞았다고 누가 생각하겠는가!"

장난감

정말 단단한 머리와 고통에 대한 무감각성에서 나는 조선 사람을 능가하는 사람들을 당신에게 추천할 수 없다. 조선의 어린 아이들이 아주 신나게 노는 것처럼 보이는 때가 있는데, 예를 들면 밖에서 팽이를 채찍으로 쳐서 돌리는 것이 유행하는 1월이 바로 그때이다. 마치 소형 인간처럼 솜을 넣은 커다란 바지와 붉거나 초록색뿐인 짧은 외투를 입고 등에 매달린 한 두 개의 머릿단을 긴 비단 리본으로 묶은 모든 어린 아이들은 이 계절에 커다란 팽이와 채찍을 가지고 있음을 당신은 볼 수 있을 것이다. 이것을 가지고 그는 혼자서 또는 친구들과 어울려 아침부터 밤늦게까지 채찍을 휘두르며 즐긴다. 힘이 다 빠져 지치면 자신의 아버지 옆에서 녹초가 된 작은 몸을 쉬고자 집에 돌아갈 때까지, 그는 온종일 자신을 그토록 기쁘게 해주는 장난감에 매달린다.

조선의 아이들은 천성적으로 조용하다. 처신에 관한 한 태어난 순간부터 실제로 작은 한 성인이다. 그는 다른 아이들과 함께 있을 때에도 별로 다투지 않으며, 오히려 수줍음을 타고 말수가 적은 편이다. 그는 조용히 자기의 장난감을 가지고 즐겁게 놀며, 그의 최고의 즐거움은 자기 아버지의 행동을 따라 하는 것이다. 소년들은 늘 아버지처럼 그렇게 살도록 고무를 받는다. 능력이 닿는 사람들은 아이들의 세계에서 사용되도록 물체를 좀 더 작게 만든 장난감을 아이들에게 제공한다.

그는 작은 활과 화살, 칼 그리고 짚으로 만든 작은 허수아비를 가지고 논다. 허수아비를 가지고 놀며 거기에 대고 활을 쏘기도 하다가 싫증이 나면 언제든지 그는 그 목을 베면서 즐거워한다. 그는 낚싯대를 가지고 있으며, 바람이 부는 날이면 어린 아이들 또래에서 세계적으로 친근한 장난감인, 큰 종이로 만든 바람개비를 가지고 달음박질치면서 논다.

가마와 휠체어 같은 운반의 국민적인 운송 수단은 물론이고 여러 악기들 또한 당연히 조선의 장난감 제조업자의 주목을 벗어나지 못했다. 그들은 물론 크기에서는 실물보다 상당히 축소하긴 했지만 모든 면에서 완벽할 정도로 정교하게 모방하고 있다고 한다. 가정에서 보통 사용되는 다른 여러 가지 물품들도 흔히 비슷한 방법으로 다시 만들어진다.

연

그러나 어린 아이들이 가장 즐거워하는 놀이는 집밖의 놀이일 것이다. 그 가운데서 연날리기는 아마도 가장 중요한 놀이일 것이다. 실제로 그것은 조선에서 거의 하나의 기술로 여겨지는데, 어린 아이들도 그것을 널리 좋아할 뿐만 아니라 심지어 어른들도 이와 같은 아이들 놀이에 적극적으로 참여하고 있다. 조선의 연은 폭이 14인치, 길이가 20인치 정도로 매우 작다는 점에서 비교적 일본이나 중국 것과는 다르다.

더구나 조선의 연은 구조가 평평하지 않고 아치형이다. 조선 사람들에 따르면 연을 아치형으로 만듦으로써 훨씬 더 멀리 날려 보낼 수 있다고 한다. 줄은 막대기에 붙어 있는 얼레에 둥글게 감겨 있다. 얼레는 연을 날리는 이의 의도에 따라 손에서 회전하거나 멈춘다. 연은 대체로 북풍이 불 때 날린다. 이와 같은 종이비행기들끼리 벌이는 질서정연한 경쟁과 전투를 구경하는 것은 적어도 그때만큼은 너무도 호기심 나는 일이다.

연이 일상적인 방법으로 땅에서 떠오르면서 조선의 소년들이 가장 즐겨 사용하는 전술이 매우 흥미진진하게 펼쳐지기 시작한다. 그는 연이 바람에 실릴 때까지 날린 다음 재미있는 방법으로 연을 별안간 확 잡아당긴다. 그는 자신의 왼쪽 무릎 위에 있는 얼레를 가볍게 툭툭 치면서 연을 아주 높이 날려 보내려고 애쓴다. 이때에는 흔히 몇 백 야드의 줄이 사용된다.

연은 충분히 높이 올라가 다른 몇 백 개의 연들 사이를 즐겁게 비행하다가, 호전적인 전술을 구사하기 시작하면 가장 가까이에 있는 연을 공격하기 시작한다. 조선 사람이 자신의 비행 기구를 조종하여 가장 훌륭한 비행술을 보여주는 것은 바로 이 대목에서부터이다. 그는 줄을 천천히 끌다가 홱 잡아당기거나 비틂으로써 요령껏 연을 상승시키거나 하강시키면서 마음대로 적에 대한 공격과 후퇴를 거듭한다.

당신이 목이 부러질 정도로 그들을 쳐다보고 있노라면 마치 두 사람이 서로 싸우는 것처럼, 당신 머리 위로 몇 백 야드 되는 하늘 한 가운데에서 서로 가까이 접근하기도 하고 전진과 후퇴를 거듭하는 두 개의 작은 네모난 종이를 발견하게 된다. 갑자기 한 연이 다른 연을 향해 돌격해 올 때 재치 있게 기습하여 상대 연을 찢으면 그 연은 땅으로 급격히 추락하는 운명에 놓이게 된다.

이렇게 승리한 연은 으쓱거리며 계속해서 다음 연을 공격한다. 그러면 그

연도 즉시 응전한다. 그러나 이번에 연은 숫자가 셋이다. 그 가운데서 지도자는 두 개의 연 끝에서 지휘를 했는데 그의 적보다 더 낮은 곳에 있으면서 영리한 방법으로 상대편 가까이에 접근한다. 줄이 엉킬 때 단단히 잡아당김으로써 셋 가운데 하나의 연 줄이 끊어진다.

그러면 그것은 하늘에서 천천히 흔들거리거나 회전하면서 점잖게 자기 주인으로부터 멀찍한 곳에 떨어진다. 이때 이와 같은 행복한 순간을 보려고 몇 시간 동안 학수고대하며 친구들과 함께 연싸움을 구경하며 기다려 온 연이 없는 어느 가여운 꼬마가 재빨리 그것을 가로챈다. 깨진 유리 조각의 가루는 상대 연의 줄을 자르는 데에 큰 도움을 주기 때문에 흔히 연줄 여기저기에 바른다.

조선 사람들은 영국인이 경마에 대해 대단한 관심을 갖고 있듯이 연날리기에 그만한 흥미를 갖고 있는 것처럼 보인다. 어른들은 전투원과 자유롭게 내기를 한다. 또한 공중에서 시작된 전투가 바람이 덜 부는 지역에서 확실한 일격으로 끝나 한 연이 추락하는 것을 보고 흥분하는 것은 당연한 일이다. 도시의 높은 담장 위에 서서 이와 같이 흥미 있는 놀이에 몇 시간씩 시간을 보내는, 작고 붉은 조끼를 입은 어린 아이들의 행렬을 보는 것은 색다른 재미를 준다.

담이 2피트 넓이도 채 안되기 때문에 그들이 딛고 설만 한 틈이 거의 없다. 쉴 새 없이 줄을 끌고 잡아당기는 데에 몰두하면서도 어린 아이들은 높이가 30피트 정도 되는 담장 곳곳에서 겨우 발만을 딛고도 결코 떨어지지 않는 것이 나로서는 항상 놀라울 따름이었다. 나는 그들 가운데 하나가 다칠지도 모른다는 생각으로 몇 시간 동안 그들을 지켜보았지만 나에게는 유감스럽게도 그들은 결코 다치지 않았다!

딸들의 모습

열 살도 채 안된 어린 소녀들은 매우 예쁘다. 이마의 가운데 부분을 차분하게 가른 다음 뒤에서 두 갈래로 묶은 머리와 작은 초록색 조끼와 붉은 색의 긴 치마를 입은 그들의 모습은 참으로 멋스러워 보인다. 당신은 그들이 얼마나 품행이 단정하고 수수한지를 알아야 한다. 그는 한 번도 미소를 짓지 않는다.

당신은 그에게 사탕이나 장난감 혹은 당신이 마음 내키는 어떤 것을 줄 수는 있지만, “고맙소”라는 가장 힘없는 한 마디가 당신이 들을 수 있는 전부이다. 그리고 그는 자신의 어머니에게 선물을 보여 드리려고 달아난다. 그는 당신 앞에서 홍겹게 떠드는 행동을 거의 하지 않지만, 물론 그의 기쁨이 때로는 그의 반짝이는 눈가에 나타나기도 한다. 그는 자신이 받은 장난감의 수에서 남동생보다 더 불행하다.

딸을 엄격하게 기르지는 않지만, 어렸을 때부터 고된 일과 잡일을 시작한다. 가녀린 손가락을 놀릴 줄 알게 된 순간부터 그는 바느질과 싸우지 않으면 안 된다. 그의 연약한 팔이 점점 더 강해지면 어머니의 빨래를 거든다. 그 때부터 그에게는 일어나서 잠자리에 들 때까지 노예처럼 천대 받고 남자에게 충절을 바치는 사고방식이 자연스럽게 각인되기 시작한다.

입양

일본에서처럼 역시 조선에서도 자식 없는 부모가 사내아이들을 양자로 삼는 관습이 성행하고 있다. 양자로 선택된 어린 아이들은 대개 더 가난한 친구나 입양시킬 여력이 있는 친족의 아이들이다. 일단 양자 결연이 이루어지면 국법으로 정한 모든 규정과 왕의 승인에 따라 양자는 친아들 노릇을 하며, 양어머니에 앞서 양아버지에 대한 상속과 고인의 모든 관계에 대한 완전한 권리를 상속한다.

조선의 사내아이는 매우 어렸을 때부터 공부를 시작한다. 만약 부자의 아들이라면 그는 가정 교사를 두지만, 그렇지 않은 경우 그는 한글과 한문을 가르치는 학교에 다닌다. 조선에서 모든 공식 서한은 한문으로 쓰는데, 모두들 알고 있듯이 일생 동안 한문을 완전히 습득하기란 불가능하다. 그와 달리 한글은 가장 실용적이고 쉬운 표음 방식의 문자이다. 나는 여러 가지 면에서 그것이 심지어 영어보다 더 실용적이지 않은가 하고 생각한다. 나는 뒤에서 독자 여러분들이 이에 대해 스스로 판단할 기회를 드릴 것이다. (13장 참조)

산수도 역시 주판이라고 하는 미끄러운 구슬로 된 덧셈판을 사용하는 조선의 어린이들의 작은 머릿속에 매우 친숙해져 있다. 그런데 이 주판은 일본과 중국에서도 역시 사용되는 대단히 훌륭한 고안물로서 빠른 계산을 하는 데에 말할 수 없는 도움을 준다. 어린 아이들은 열심히 공부할 수 있도록 되어 있다. 나는 한 조선 사람에게서 그들은 대체로 매우 부지런하고 학구적이라는 말을 늘 들어 왔다.

어떤 아버지가 어느 날 나에게 자기 아들은 가장 부지런하다. 그러나 자기는 가끔 그에게 따끔한 매질을 한다고 말했다.

"그렇지만 그것은 좋은 방법이 아닙니다. 당신은 왜 매질을 하죠?"

라고 내가 말했다.

"나는 내 아들이 훌륭한 사람이 되기를 바라기 때문입니다. 나는 내 자식이 공부하는 것이 만족스럽지만, 더욱 열심히 공부하도록 분발시키려고 매질을 하는 것입니다."

나는 내가 학교에 다닐 때 결코 이와 같은 방법으로 "분발되지 않았다는" 사실이 대단히 기뻤다. 내가 말했다.

"만약 당신이 그에게 충분히 매질을 한다면 그는 언젠가는 대단히 똑똑해져 이 땅의 어떤 사람도 그의 실력을 평가할 수 없게 될 것이라고 믿는다."

빈정거리는 나의 말을 즉시 알아차린 그 노인이 말했다.

"당신이 옳아요, 당신이 옳아. 나는 다시는 결코 아들을 때리지 않겠소."

노동자의 아이들은 대개 야학에 다니는데, 그 곳에서 그들은 매우 적은 비용이나 심지어 때로는 무상으로 효과적인 교육을 받는다.

나는 당신이 성수 세례가 아직 관습으로 자리 잡지 않은 이 조용한 아침의 나라에서 어떤 식으로 다른 아이의 이름이 지어지는지를 알고 싶어 하리라고 생각한다. 그러나 당신에게 솔직하게 고백하자면 나도 그런 일이 어떻게 이루어지는지 아직 확실히 모른다. 나는 오히려 조선 사람들조차도 그것을 알고 있는지 의심스럽다. 내가 입증할 수 있는 유일한 규칙은 모든 남성은 친가의 성을 따고 우리처럼 앞이 아니라 그 뒤에 하나의 다른 이름을 그리고 다시 그 뒤에 직위나 신분을 붙이는데, 그 외에는 전혀 아무런 규칙이 없다.

별명은 매우 일상적이고 그것을 갖지 않은 사람은 거의 없으며, 그의 실제 이름 대신에 그것으로 통한다. 외국인도 역시 외모나 의복의 어떤 특징적인 부분을 따서 부르는 것이 보통이다. 유럽식 의복을 입고 있었음에도 불구하고 항상 조선 사람으로 오인됐기 때문에 나는 "변장한 조선 사람"이라는 이름으로 불렸다. 그러나 나는 나의 새로운 이름이 매우 자랑스럽다고 말하지는 않을 것이다.

조선의 귀족들은 그들의 많은 여가 시간 동안 흔히 장기와 주사위 놀이와 바둑을 즐기며, 신사의 자격 요건의 일부로서 자식들에게 이와 같은 놀이들을 가르친다. 왕명으로 금지된 것들 외에 화투는 오직 천민들에게만 적합한, 저속하고 차원 낮은 놀이로 여겨진다. 병졸들은 화투치기나 주사위 던지기 그리고 그 밖의 다른 놀이들을 대단히 즐긴다.

잠재우기

그러면 이제 조선의 어린 아이들에게로 되돌아 가 보자. 당신은 황색 인종의 여인들이 자기 아이들을 재우려고 어떤 방법이 사용되는지 아는가? 그들은 조용히 아이들의 배를 쓰다듬는다! 아무리 시끄럽던 아이도 이와 같이 간단한 과정을 거쳐 곧 잠이 든다. 내가 그려보고 싶었던 갓난아기에게 그것을 한 번 시도해 보았기 때문에, 나는 경험으로 말할 수 있다. 그는 여간 설쳐대는 것이 아니었기 때문에 결코 좋은 모델은 아니었다. 그가 잠잠해지기 전까지 작업을 시작하는 것은 불가능했다.

그래서 나는 하루 이틀 전에 효과를 확인했던 쓰다듬기를 아기 모델에게 실험해 보기로 결심했다. 처음에 아기는 방금 전보다 10배는 더 생기가 넘쳤고, 마치 "이 악마 같은 당신은 무엇을 하고 있는 거요?"라고 말하는 것처럼 나를 쳐다보았다. 내가 10분 동안 그의 작은 배를 계속해서 쓰다듬자 졸기 시작하더니 거의 눈을 뜰 수 없을 정도가 되어 마침내 잠들어 버렸다! 하나님 감사 합니다! 나는 그가 정말로 깊은 잠이 들어 다시는 깨어나지 않을 것이라고 생각했다.

제 7 장 시골의 풍경

나는 서울에 몇 달 머무르는 동안 대부분의 시간을 집밖에서 보냈다. 왜냐하면 나는 조선 사람들의 풍속과 관습을 관찰하고 연구하려고 그들과 되도록이면 많이 어울렸기 때문이다. 나는 숙소 문제를 매우 운 좋게 해결했다. 처음에 나는 러시아 신사의 집에, 그 다음에는 독일 공사의 집에 머물렀다. 내가 조선의 수도에 도착한 처음의 몇 주일 동안 그들이 나에게 베풀어

씨뿌리는 농부 : 서울

준 호의에 대해, 나는 이와 같이 친절한 친구들에게 커다란 은혜를 입었다고 느꼈고 앞으로도 항상 감사하게 생각할 것이다.

특히 나는 조선의 내부협판인 그레이트하우스(C. R. Greathouse) 씨에게 감사를 드린다. 내가 대부분의 체류 기간을 보낸 그의 집은 대단히 컸는데 나는 그가 베푼 만큼이나 조선이라는 나라를 고맙게 여겼다. 그는 나를 편안하게 해주려고 무척 애썼으며 가능한 한 조선의 일상생활의 모든 면을 나에게 보여 주고자 최선을 다했다. 이에 대해 말이 필요 없겠지만, 그저 대단히 감사할 뿐이라고 전하는 바이다.

여인숙

나는 4년 전의 일에 관해 이야기하는 중인데, 조선의 수도를 방문하는 여행자들이 경험하는 커다란 어려움은 만약 그가 친구의 집에 머물도록 초대받지 않았을 경우에 숙박할 장소를 찾는 것이다. 병졸들과 날품팔이 일꾼들이 묵는 가장 수준 낮은 주점은 도박꾼과 강도의 소굴이다. 이곳을 제외하면 호텔은커녕 여인숙조차도 없다.

만약 그때 당신이 밤을 지새울 보금자리가 없다면, 당신은 속편하게 가장 훌륭해 보이는 집 대문을 두드려야만 한다. 숙식을 부탁하는 즉시 당신은 밤을 보낼 수 있는 숙소와 수북한 쌀밥을 기꺼이 대접받을 수 있을 것이다. 이렇게 되면 전혀 편하지 않을 뿐더러 무엇보다도 일신상의 안전마저 위협받는 어느 불결한 여인숙에 가려는 유혹도 사라져 버린다.

조선의 여인숙은 몇 개 되지도 않지만 최하층의 찌꺼기 같은 삶을 사는 하층 사람들만이 이용한다. 강도, 싸움, 혹은 살인이 있을 때마다 당신은 이와 같은 악의 소굴 가운데 한 곳에서 그런 일이 발생했다고 확신해도 좋다. 나는 주로 범죄자 등 다른 종류의 인간형들을 연구하려고 자발적으로 그러한 곳에서 흔히 여러 시간을 보낸 적이 있다. 이와 같은 장소에는 그런 유형의 사례가 풍부하다. 암살 계획이 꾸며지는 곳도 바로 이 곳이다. 그리고 모든 종류의 죄인이 경찰의 수색을 피해 피난처를 물색하는 곳도 바로 이 울타리 안이다.

서울의 모습

도시로서의 서울은 매력이 별로 없다. 서울에는 건물이 거의 없고 거리에는 오물이 넘쳐 나며 세계 곳곳을 유람하는 여행자들의 이목을 끌만한 명소도 없다. 서울의 도시 미관은 엉망이며 볼거리가 전혀 없다. 만약 당신이 독특하고 진기한 것을 찾으려 한다면 도시는 당신에게 별다른 흥미를 줄 수 없을 것이다. 그러면 이제 마을 주변을 둘러보자. 만약 당신의 코가 본래 민감하다면 당신은 가장 자극적인 술을 가져가는 것을 잊지 말아야 한다.

우리는 이미 서대문을 잘 알고 있기 때문에 이곳에서부터 우리의 여행을 출발할 것이다. 우리는 지금 서울의 간선 도로에 있다. 우리는 더 좁고 황량한 다른 거리들과 비교해 볼 때 많은 교통량 때문에 간선 도로에 있다는 것을 쉽게 깨달을 수 있다. 우리가 오래된 왕궁을 따라 내려갈 때 양편에 늘어서 있는 진흙집은 초라하고 더러웠으며, 전면으로 보이는 공간은 쌀과 마른 과일 등과 같은 식료품을 파는 상점으로 이용되었다. 서로 근접해 있는 기둥들로 지탱되는 초가지붕이 약간 돌출하여 있어서 햇볕과 눈발로부터 상품을 보호했다.

우리는 2백 야드 전방에 놓여 있는 작은 돌다리에 이른다. 그의 폭은 5피트 정도이고 난간은 없으며 아래는 하수구인데, 전면에는 작은 광장처럼 넓은 공간이 있다. 그런데 보시라! 당신은 저기 거적 위에 쭈그리고 앉아 있는 남자가 보이는가? 길고 흰색의 나풀거리는 헐거운 옷을 입고 있고 검은 얼굴에 크고 뾰족한 밀짚모자를 쓴 그가 마치 그림 같지 아니한가?

그가 햇볕과 눈에 의해 그을린 손을 내밀고 거기에 앉아 통행인에게 동냥을 구걸할 때, 그는 거의 아랍인으로 오인될 수 있다. 그는 얼굴이 매우 새까만 장님이다. 그는 서울 사람들 가운데 하나이다. 비가 오나 햇볕이 내리쬐나 당신은 항상 똑같은 태도로 같은 장소에 거적을 깔고 쪼그리고 앉아 있는 그를 볼 수 있다.

거지

조선에서 거지들을 보기란 매우 어렵다. 왜냐하면 거리가 꽉 차는 어떤 특별한 경우나 경축 행사를 제외하고 그들은 거리를 배회해서는 안 되기 때문이다. 적당한 액수의 돈을 주머니에서 꺼내려는 당신 앞에 가장 무시무시한 질병, 불행, 사고, 그리고 흉측한 몰골이 나타나는 것은 바로 그 때이다. 그렇다고 내가 그와 같은 광경에 쉽게 연민이 일어나 훨씬 덜 소름이 끼쳤다고는 말할 수 없다. 왜냐하면 그렇게 많은 것을 볼 수 있는 것은 일찍이 내 평생에 없었던 행운이었으므로 나는 그것들에 익숙해졌기 때문이었다.

그러나 나는 처음 조선의 거지를 봤을 때 사실은 무서웠다고 고백하지 않을 수 없다. 가장 무시무시한 상대가 나에게로 다가오는 것을 느꼈을 즈음에, 작은 돌다리에서 그다지 멀지 않은 전경을 스케치하고 있었다. 그 돌다리는 여전히 그대로 있을 것이다. 그 물체는 사람 같아 보였지만 사람은 아니었다. 그것이 더 가까이 다가왔을 때 나는 떨지 않을 수 없었다. 그는 발가락과 손가락이 없이 걸어 다니는 해골이었다. 그는 허리 주위에 걸친 몇 조각의 넝마를 제외하고는 거의 벌거벗다시피 했다.

뼈를 거의 덮었다고 볼 수 없는 그의 피부는 종기투성이였다. 그의 머리는 흉측했고 눈은 움푹 꺼졌기 때문에 페루의 미라는 그와 비교할 때 훨씬 미남일 것이다. 그는 코가 없는데, 서울에서 코가 없는 것은 축복이다. 그의 입 언저리에는 커다랗게 갈라진 틈이 있었으며, 그의 못생긴 턱도 역시 제자리에 붙어 있지 않았다. 누더기 조각을 걸친 몇 다발의 긴 머리 타래가 바

장님 거지의 모습

람에 날리자, 이 가장 매력적인 머리에 어울리는 형상이 완성되었다.

문둥이

아, 얼마나 소름끼치는 광경이던지! 그는 목발을 팔에 끼어 균형을 유지하면서 뼈대가 굵은 다리와 발가락 없는 발로 한 두 발자국씩 뛰어 오르며 나아갔다. 그는 나무로 만든 통을 줄에 묶어 목에 걸고 있었는데, 사람들은 거기에다 동냥을 베풀었다. 내 옆에 서서 점점 더 두려워하는 나의 표정을 주시하고 있던 한 조선 사람이 그는 문둥이라고 알려주었다.

그는 사람이라기보다는 차라리 허수아비였다. 그는 사람과는 거의 닮은 점이 없었다. 내 주위에 있었던 무리의 소리를 듣고 그는 비틀거리며 발을 질질 끌면서 내가 있는 쪽으로 아주 가까이 다가왔다. 그러고서는 그는 무서운 몰골을 한 머리를 앞으로 숙이고 마치 박쥐가 햇볕 가운데로 끌려나올 때 하는 행동처럼 보이려고 최선의 노력을 다했다.

아, 불쌍한 친구 같으니라구! 그는 역시 거의 앞을 보지 못했다. 무엇인가를 말하려는 그의 노력은 대단히 고통스러워 보였다. 기껏해야 조랑말의 울음과 같은 쉰 소리가 그의 목에서 나온 것의 전부였다. 연신 그가 이와 같은 소리를 내자 무리 가운데에서 낄낄 웃는 소리가 크게 났다. 가는 다리, 피부 상태 그리고 못생긴 그의 얼굴이 반 정도 사라진 것을 보고 우스운 농담과 빈정대는 말들이 자유롭게 터져 나왔다.

그렇게 한결같이 그를 조롱한 사람들이 그의 작은 통에 돈을 넣어 준 첫 번째 사람들임에는 틀림없었지만, 그러한 장면은 충격적이고 불쾌감을 일으켰다. 그러나 당신은 내가 당신의 머리카락을 쭈뼛 서게 하려고 이와 같은 이야기를 들려주었다고 생각해서는 안 된다. 왜냐하면 나는 전혀 그럴 의도가 없었기 때문이다. 단지 나는 당신에게 조선 사람이 무자비하다거나 오히려 우리에게 무자비하게 보일지라도, 실제로는 그렇지 않다는 면을 보여주기 위해서이다.

이것은 문제를 분석할 때 단편적으로 이해하는 사람들에게는 오히려 이상하게 들릴 것이라고 나는 생각한다. 그러나 내가 의미하고자 하는 것은, 사람들은 각기 다른 관습과 다른 사고방식을 가지고 있다는 것을 잊어서는 안 된다는 점이다. 그러므로 우리가 무섭다고 생각하는 것이 이 조용한 아침의 나라에서는 흔히 있다.

나는 며칠 전에 한 조선 사람이 따지는 것을 들었다.

"어째서 우리는 질병, 죽음, 그리고 흉측한 몰골을 비웃는가? 설령 당신이 그들을 동정한다 해도 그것이 그들의 상태를 호전시키지는 못한다. 오히려 그렇게 함으로써 당신은 단순히 그들의 고통을 더하고, 그들이 실제보다 더 비참하도록 느끼게 할 뿐이다. 더구나 질병은 우리의 인생을 완전하게 하는 데에 도움을 준다. 당신이 쾌락이라고 부르는 또 다른 것을 즐겁게 경험하듯이 질병을 이처럼 경험하는 것도 우리의 의무이다. 우리 조선 사람들은 질병, 사고 그리고 죽음을 불행으로서가 아니라 도움을 받지 않고 용감하게 견디어야만 하는 자연적인 현상으로 생각한다. 그렇다면 그것들을 비웃지 않고서 어떻게 더 좋아지게 할 수 있을까?"

내가 감히 끼어들었다.

"당신의 주장은 만약 어떤 사람이 자신의 불행을 비웃을 수가 있다고 해서 다른 사람들의 불행까지 비웃을 수 있는 정당한 권리가 있다는 말인가?"

그러자 그 조선 남자가 자신만만하게 대답했다.

"그렇다."

나는 만약 타인의 불행을 비웃는 것이 그에게 해로움을 끼치지 않았다손 치더라도 그것이 그를 결코 이롭게 하지는 않았다는 점을 인정하면서도, 내가 타인의 불행을 비웃음으로써 일어나는 많은 실제적인 해로움을 이해하지 못한 점에 대해서는 곧 그와 의견을 같이 했다. 그러나 내가 다른 사람의 불행에 대한 배려까지 결심할 수 있기에는 몇 분의 시간이 걸렸다는 것을 인정한다.

결국 나는 이 점에 대해서조차도 그와 의견을 같이 하지 않으면 안 되었다. 그는 나에게 이렇게 말했다.

"조선 사람은 본래 성품이 매우 착하고, 이타적이며 항상 친족과 이웃을 기꺼이 도우려고 할 뿐만 아니라 자신의 불편에 대해서조차 관대하려고 애씁니다."

그러나 이와 같은 착한 성품의 본질은 우리와 항상 같거나 아마도 우리보다 한 층 나을지 모르지만, 우리의 견해에서 볼 때 표현 방식이 부족하다. 그들은 훨씬 더 소박하며 그들의 위선은 아직 우리만큼 개명(開明)된 단계에까지 이르지는 않았다. 우리의 불쌍한 문둥이 친구의 경우에서 우리는 그를 조롱한 사람들이 그를 도와준 첫 번째 사람들이라는 것을 보았다.

그와는 달리, 나는 착한 기독교인이며 자비로운 우리들 가운데에 대다수는 비웃지 않을 것이라고 확신한다. 반대로 만약 기아에 허덕이고 있는 어떤 사람이 죽지 않게 된다면 그를 "무일푼인" 상태로 방치해 놓고 많은 사람들이 가장 가까운 교회로 달려가 그를 위해 기도할지에 대해서는 나는 확신할 수가 없다.

이제 장님과 문둥이를 뒤에 남겨 두고 우리의 걸음을 계속 옮겨 보도록 하자. 우리의 좌측 편에 붉은 나무로 제작된 커다란 대문이 있는데, 그것은 분명히 매우 웅장하지만 오히려 황폐해 보였다. 우리가 여기까지 왔으므로 들어가 보는 편이 낫겠다. 이 얼마나 장엄한가! 그것은 금방이라도 무너질 듯한 곳이다. 옛날에 그것은 왕의 궁전으로 사용되곤 했다.

만약 당신이 나를 따라온다면 당신은 엄청나게 넓은 마당을 볼 수 있을 것이다. 단순히 이곳에 악령이 자주 출몰한다는 소문이 널리 퍼졌다는 이유 때문에 이곳은 모든 부속 건물과 함께 궁정에서 폐기해 버렸다. 악령들이 마당과 왕실을 배회하는 것을 목격했다는 보고가 있은 뒤 왕이 그와 같은 것들과 가까이 있어서는 결코 안 될 일이므로 왕실은 막대한 비용을 들여 왕을 위한 새로운 거처를 지었다.

그렇기 때문에, 낡은 궁궐은 폐기되어 황폐해졌다. 아름다운 정원으로 가꾸어진 그 뜰은 오랜 세월이 지난 뒤에 뽕나무밭으로 사용되었다. 왕과 그의 나라를 풍요롭게 해줄 것이라는 한 외국인의 예상은 큰 오산으로 판명되었다. 뽕나무들은 아직도 거기에 심어져 있어 당신도 볼 수 있을 것이다.

내시

그러면 이제 이 언덕까지 좁은 길을 따라 올라가 이 큰 장소의 유일한 거주자이며 이 곳 주위를 안내하는 두 명의 환관을 방문해 보도록 하자. 이 환관들은 평방 약 10피트 정도 되고 내부 벽도 같은 높이인 작은 방에 거처하고 있다. 그들은 매우 예의바르다. 그들이 당신을 맞이하는 방식은 자신들의 손을 맞잡고 당신을 안으로 안내한 다음 마실 차와 담배를 대접하는 것이다.

가여운 이들 같으니라구! 그들 가운데 한 사람은 마치 퍼티[2]로 만들어진 것처럼 몸에 안 좋을 정도로 뚱뚱한데 유럽식 인사 방법을 배웠는지 몰라도 나에게 악수할 것을 고집했다. 그런데 어찌나 그것이 불쾌한지! 차갑고 뼈가 없는 것처럼 물컹거리는 손은 당신에게 마치 두꺼비를 쥐어 주는 것 같은 감촉을 줄 것이다.

그리고 그의 얼굴은 또 어떤가! 당신은 그의 어깨 위에 단단하게 달려 있는 것보다 더 우울하고 흉측하며 비인간적으로 생긴 두상을 전에 본 적이 있는가? 천연두를 앓아 새파랗게 질려 버린 안면에는 반점들이 남아 있는데, 그것은 확실히 그의 용모에 어떠한 보탬도 되지 않았다. 어쨌든 그의 눈은 머리에는 붙어 있는데 눈동자들이 제 멋대로 움직이는 것 같았다. 이와 혀를 드러내 놓고 있는 입 또한 그저 부스러기처럼 달려만 있어 보였다.

그의 동료는 상태가 조금은 더 나았다. 왜냐하면 그는 그나마 가느다랗고 빈약한 체형을 갖추고 있었기 때문이다. 비록 여성적이고 허약한 특성의 신체를 소유하긴 했지만 사람들은 적어도 그가 대다수의 사람들처럼 골격을 갖추고 있는 것을 볼 수 있다! 그러나 이와 같은 환관들의 특징은 그들의 목

---

2) 퍼티(putty) : 유리 등을 접합시킬 때 쓰는 접착제.

소리에 비하면 하찮은 것에 불과했다. 그는 다섯 살 난 소녀의 목소리처럼 깩깩거렸다.

특히 뚱뚱한 남자가 말했을 때에는 가느다란 목소리가 마치 땅 끝에서 기어 나오는 것 같았다. 따라서 그가 몇 분 동안 말하는 것을 알아들을 수가 없었다. 얼마 전에 내가 아는 어느 조선 사람 철학자의 설명 덕분에 나는 그저 이 가여운 악마들의 불행을 지켜보며 그들이 홍겹게 뽑아내는 절규에 몰입하려 했지만 실제로 그렇게 되기는 어려웠다.

고궁

그러면 이제 앞장선 이 환관들을 따라 궁궐의 황폐한 유적을 살펴보기로 하자. 작은 언덕의 꼭대기에는 붉은 색의 중국식 지붕을 올린 주요한 목조 건물이 서 있다. 이 내부의 알현실에는 각각의 벽면과 중앙에 세워진 나무 왕좌의 유품을 아직도 볼 수 있다. 그런데 거기에는 예술적인 면이나 수려함이란 조금도 없다. 고유의 자태와 노랗고 붉고 푸르게 장식되어 있는, 한때 틀림없이 아름다웠을 천장을 예외로 하면 주목할 만한 가치가 있는 것은 전혀 없다.

바깥에 조회 장소에 이르는 세 개의 계단은 특이한 모양으로 되어 있다. 왕 이외의 어떤 사람도 가운데 계단으로 올라가서는 안 된다. 물론 왕은 항상 가마를 탄다. 따라서 왕을 실어 나르는 사람들이 걸어야만 하는 양쪽 계단을 밟지 못하도록 하려고 중앙 계단의 가운데 부분에 조각된 돌 탁자는 바로 그 계단 위에 놓여 있다.

왕과 그 가족들이 살았던 집들은 기후와 습기로 말미암아 이제 거의 파손되었고 지붕의 대부분도 내려앉았다. 그들은 조선의 부유한 계층의 사람들이 사는 집보다 단지 한층 더 높으며 조금 더 좋았을 뿐 매우 단순했다. 담 안쪽으로부터 다시 나오면 경내의 여기저기에 흩어져 있는 탁자들과 다른 집들이 나타난다. 그리고 더 아래로 내려오면 우리는 석조로 된 커다란 배수로에 이르게 된다. 그러면 여기에서 당신에게 재미있는 이야기를 들려주겠다.

표범 사냥

당신도 알다시피 조용한 아침의 나라는 먹이를 찾아 마을에 나타나 배회하는 표범과 큰 호랑이 때문에 밤에 흔히 봉변을 겪는다. 날씨가 좋은 어느 날 유령이 출몰한다는 궁궐 마당을 거닐던 조선 사람들이 큰 표범을 발견했다. 당황하고 겁에 질린 채 무기를 지니지 않았던 조선 사람들 가운데 한 사람을 제외하고는 모두 필사적으로 도망쳤다. 그는 멀고 유리한 위치에서 표범이 방금 언급한 배수로로 들어가는 것을 지켜보았다.

그런데 그 즈음에 서울에 S씨라는 한 영국인이 머물고 있었다. 그는 총을 가지고 있었으며 황소의 눈을 정확히 명중시키는 기술로 흔히 조선 사람들을 놀라게 했다. 그래서 그들 모두가 공사관으로 그를 찾아가 네발 달린 이 반갑지 않은 방문객을 제거해 달라고 간곡히 부탁했다. 댓가를 요구하지 않고 S씨는 그날 밤에 당장 가기로 약속했다. 그는 자신의 충실한 조선 하인을 대동하고 금방이라도 표범이 뛰쳐나올 것 같은 구멍 가까이에 은신했다. 달빛이 아름답게 비추는 밤이었다.

적막한 침묵 속에 몇 시간이 지나갔다. 더 이상 총을 쏠 기회를 기다릴 필요가 없다는 생각이 들 무렵, 불현듯 하인에게 기막힌 생각이 떠올랐다. 표범이 거기에 더 이상 없을 것이라고 확신하고 자기의 따뜻한 방으로 되돌아가기를 바란 그는 다음과 같이 싯적으로 자기 주인에게 말했다.

"나리, 저는 용감한 사람입니다. 사람도 짐승도 두렵지 않습니다. 저는 나리의 하인입니다. 나리를 위해 제 목숨을 바칠 각오가 되어 있습니다. 제가 두 개의 긴 대나무를 가지고 왔으니, 배수로 구멍에 다가가 대나무 끝으로 찌르면 그 사나운 짐승이 화가 날 것입니다. 그 때 그 놈이 뛰어오르면 당신은 그 놈을 죽이십시오. 만약 나리를 위해 기꺼이 바칠 각오가 된 제가 목숨을 잃게 된다면 제 아내와 자식을 돌봐 주십시오."

불안과 추위에 오히려 지쳐 있던 영국인이 말했다.

"대단히 좋은 생각이오."

그도 그렇게 말을 하지는 않았지만, 표범이 사라졌다는 의견에는 공감하고 있었다. 이에 고무된 하인은 곧 두 개의 대나무를 묶은 다음 자기가 수행하려고 하는 용감한 행동을 재차 자기 주인에게 상기시키고 신중한 걸음으로 30야드 정도 떨어진 지점까지 나아갔다. 그는 서서 귀를 기울였다. 그리고 조심스럽게 안을 들여다 본 다음 다시 귀를 기울였다.

그는 아무 소리도 듣지 못했다. 그는 용기를 다하여 대나무를 쳐들고 배수관을 찌르기 시작했다. 그는 두세 번쯤 찌르다 끝에 부드러운 무엇이 닿는 감촉을 느꼈다. 그는 마치 달아오른 철을 집어 든 것처럼 대나무를 떨어뜨린 채 자신을 보호해 달라고 외치면서 사력을 다해 주인에게 뛰어갔다.

"있어요! 있어요! 죽여요, 주인 나리, 죽여요. 죽여요."

그는 주인의 옆에서 공포로 떨고 있었다.

"놀랐군, 겁쟁이 같으니라구. 아무 것도 없잖아, 다시 가 봐."

몇 분 뒤 배수관에 표범이 없고 자신이 겁쟁이인 것을 드러내 보였다는 것을 깨달은 충성스러운 하인은 마지못해 천천히 돌격을 시도하려고 대나무를 들어올렸다. 그는 다시 일어나면서 말했다.

"저는 두려움 때문이 아니라 추위 때문에 떨고 있어요. 이번에는 제가 배수관으로 들어가 그 동물의 화를 돋우겠습니다!"

그는 실제로 그렇게 했다. 그는 대나무를 움켜쥐고 걸을 적마다 잠깐씩 쉬면서 앞으로 나아갔다. 앞으로 나아갈수록 그는 점점 더 자신이 없어졌다. 배수관은 그가 등과 머리를 굽혀야 설 수 있을 정도로 깊었다. 그렇기 때문에 만약 얼룩무늬의 악마와 마주치게 될 경우 후퇴하기란 결코 쉬운 문제가 아니었을 것이다.

"주인 나리는 저를 매우 용감하다고 생각해야 합니다."

그는 혼자 중얼거리면서 숨죽인 발걸음을 옮겼다. 그때 그는 갑자기 심장이 거의 멎고 혈관의 피가 얼어붙는 것 같은 충격을 받았다. 그는 정말 대나무 끝에 부드러운 무엇이 닿는 감촉을 느꼈다. 그뿐만 아니라 그는 으르렁거리는 소리가 났다는 생각이 들었다. 재빨리 몸을 돌려 도망치려 하는 찰나 뭔가 그를 난폭하게 밀쳐 쓰러졌다. 그는 도처에 피를 흘렸으며 거의 의식을 잃었다.

바깥쪽에서 "빵!" 하는 날카로운 총소리가 울렸다.

"주인 나리, 아이구 아이구, 죽여요, 죽여요."

그의 절규가 배수관에서 울려 퍼졌다. 뒷다리를 다친 표범은 사납게 표호하면서 자신의 소굴로 되돌아가려고 애쓰다가 땅에 나뒹굴었다. 가여운 그 조선 사람은 아름다운 달빛으로 온 천지가 환한 가운데 그 광경을 보고 당황했다. 두세 번 총소리가 난 뒤 총에 맞은 표범이 배수관 구멍에 이르러 죽어 있는 것을 보자 그의 가슴은 기쁨으로 가득 찼다.

주인이 손에 총을 들고 나타나 죽은 짐승을 만졌을 때, 그의 용맹은 완전히 되살아났고 그는 배수관으로부터 나왔다. 아마도 표범의 발톱은 그의 온몸을 몹시 할퀴었을 것이다. 왜냐하면 대나무가 간지럽게 하는 순간 표범이 난폭하게 뛰쳐나왔기 때문이다. 만약 그렇지 않았더라면 그는 이보다 더 짜릿하게 목숨을 건질 수는 없었을 것이다.

기우제

이것이 그 배수관과 관련된 이야기의 마지막 부분이다. 당신도 보다시피 뜰은 도시의 성벽만큼 멀리 서쪽으로 뻗어 있다. 우리가 들어갔던 문에서 나와 좌측으로 가면 현관이 나타난다. 봄이 완연해질 무렵 현관 밑으로 며칠 동안 계속해서 악마 같은 소리가 흔히 들려온다. 만약 날씨가 매우 가문 때라면 당신은 여러 명의 남자와 수많은 아이들이 서너 개의 커다란 북을 두드리며 목청을 높여 비가 오기를 간구하는 장면을 볼 수 있을 것이다.

기우제는 그들이 악마 같은 소리를 지르며 기후의 신의 주목을 끌어내는 댓가로 지주들이 지불하는 비용으로 치러진다. 만약 구름 떼가 지평선 위로 떠오르지 않는다면 일출에서 일몰 때까지 이것은 계속된다. 현명하며 맑은 날씨를 흐리게 하고, 흐린 날씨를 맑게 바꾸는 자신의 비범한 능력을 사람들로 하여금 믿고 따르게 하는 한 점성가는 안경을 쓰고 자신의 신비로운 의식이 수행될 장소에 군중을 모으고자 구세군과 똑같은 방식으로 제등과 꽃 줄을 들고 말을 타고 수도의 간선 도로를 지나간다.

이제 시종들의 시봉을 받고 그가 높은 안장에서 내리는데, 그는 여전히 팔 아래를 부축 받고 있다. 이것은 대단히 위대한 사람은 혼자 힘으로 걸어서는 안 된다는 사고에서 비롯된 것이다. 이윽고 그는 매우 피곤한 모습으로 그 장소에 도착한다. 그를 숭배하는 조선 사람들은 이렇게 주장한다.

"그의 모든 지식을 운반하는 데 실제로 상당한 피로를 수반한다."

비가 오기를 기원할 때 이 점성가는 자신의 양손을 펼치고 가장 강력한 독설로 태양에 대한 그의 첫 번째 비난을 퍼붓는다. 그러고 나서 그가 태양을 향해 대노하자 참석한 모든 사람들은 고함을 내지르며 저주하듯이 북을 두드리기 시작한다. 비의 신은 자기 몫만큼의 모욕을 받고, 점성가는 즉흥적으로 비의 신을 격심하게 책망하며 자신의 일을 계속한다. 때로는 비의 신에게 간청하고 때로는 저주하는 이와 같은 악마적인 의식 행위는 비가 올 때까지 계속된다.

이와 같이 낡고 유령이 출몰하는 궁궐의 현관은 이러한 의식을 치르기에는 가장 적합한 장소였다. 내가 식객으로 머물고 있던 그레이트하우스(C. R. Greathouse) 씨의 집이 근처에 있었기 때문에 나는 이와 같은 광신자들에게 상당히 고통을 겪었다. 왜냐하면 그들이 내는 소리는 사람을 미치게 만들 정도로 난폭했으며 설령 그렇지 않다고 하더라도 온 세상을 파멸시키기에 충분했기 때문이다.

이제 간선 도로를 따라 우리의 여행을 계속해 보자. 벽을 따라 운반 기구를 가진 몇 십 명의 품팔이 일꾼이 발꿈치를 세우고 그 위에 쭈그리고 앉아 햇볕을 쬐고 있다. 저 멀리 있는 그들 가운데 한 사람은 마침 향토적인 음료수가 가득 찬 커다란 질그릇 병을 싣고 있다. 무게는 틀림없이 엄청날 것이다. 그러나 그가 운반 기구를 가지고 요령껏 얼마나 신속하고 영리하게 일어나는지를 보라. 무릎을 꿇은 자세에서 처음에 한 쪽 다리를 세워 일어나면 다른 한 쪽도 쉽게 일어날 수 있게 된다.

가마

계속 길을 따라 가다 보면 다시 호기심을 불러일으키는 다른 것이 있다. 그것은 두 사람이 등으로 운반하는 파란 가마이다. 그들은 바지를 무릎 위까지 걷어 올려 맨발로 재빠르게 걸어가고 있다. 이 가마꾼들은 같은 직종의 다른 사람들처럼 투명한 머리 덮개를 쓰지 않고 둥근 중절모자를 쓰고 있다. 구종 별배가 앞서고, 그 뒤를 몇 명의 사람들이 따른다. 행렬의 우두머리는 두 명의 남자인데, 그들은 거친 태도로 사람들을 밀어 제치며 큰 소리를 지른다.

"어이, 어이, 어이, 비키시오, 비키시오."

이는 이와 같이 난폭한 사람들이 자신들의 상관과 주인을 위해 길을 정리하려고 군중 속을 밀어 제치고 나아가면서 사람들을 이쪽저쪽으로 밀어붙일 때 사용하는 공손한 말이었다. 그들이 외쳐대는 고함소리를 들은 사람들은 단순한 대신이 아니라 왕이 행차한다고 생각했을 것이다.

몇 백 야드를 앞으로 나아가면 직선의 간선 도로로 접어들 수 있는 웅장한 대로가 좌측에 나타난다. 그것은 확실히 조선의 수도에서 가장 넓은 도로이다. 사실 그 도로는 매우 넓어 이엉 집들이 도로 한복판에 두 줄로 늘어서 있다. 말하자면 하나의 도로 안에 세 개의 나란한 도로가 만들어진 셈이다. 그렇지만 왕이 마을에서 몇 마일 떨어져 있는 왕릉을 방문하거나 중국의 사신들을 맞이하고자 거대한 행렬을 앞세워 궁궐에서 나왔다가 돌아가기 때문에 이러한 집들은 대체로 일 년에 한 두 번씩 헐린다.

바위가 많은 언덕에 나 있는 인공적인 횡단로 가까이에 반은 석조로, 반은 옻을 칠한 나무로 된 특이하게 만들어진 개선문[3]이 세워져 있다. 수도의 서문으로부터 그 곳으로 이어진 지름길은 앞서 말한 중국 사신들을 기념하고자 북경로라 부른다.

나는 이와 같은 왕의 행렬을 두세 번 목격했는데 이제 곧 당신에게 이에 대해 묘사하겠다. 그러나 당분간은 왕의 도로를 걸어 올라가 보자. 두 줄의 초가집이 헐렸기 때문에, 그 폭은 영국의 피커딜리[4] 폭의 열 배가 될 정도로 매우 엄청나다. 양쪽에 있는 집들은 귀족, 왕자, 그리고 장군이 사는 견고하고도 거대한 석조 저택이다. 그들은 각각 한 층 더 높으며 말아 올린 지붕의 여기저기에 군기가 휘날리는 것을 볼 수 있다.

우리가 다음 쪽에서 보게 되는 탑 모양의 건물은 두 개의 지붕, 곧 반은 석조로 그리고 제일 윗부분은 옻칠한 나무로 되어 있는데, 이 건물이 바로 왕궁으로 들어가는 정문이다. 돌로 거칠게 조각된 두 마리의 해태가 닫혀 있는 대문 앞에서 얼마 되지 않은 거리의 받침대 위에 서 있다. 그리고 거기에 쪼그리고 앉아 노름을 하거나 조는 몇 백 명의 가마꾼들과 병사들이 있다. 아직 왕궁에 들어가지 못한 채 임금을 알현하고자 몇 시간 혹은 며칠을 보내는 주인들 때문에, 그들은 호랑이나 표범가죽으로 덮여 늘어서 있는 가지각색의 가마들과 덮개 없는 의자들 옆에 죽치고 앉아 있다.

3) 이는 개선문이 아니라 영은문을 뜻하는 것임.
4) 피커딜리(Piccadilly) : 런던의 하이드 파트 코너와 하이마켓 사이에 있는 번화가.

외발바퀴 수레를 타고 입조하는 관리

다른 신분의 사람들은 색칠한 의자를 갖기 어렵다. 가마들 가운데 가장 좋은 것은 초록색 천으로 덮여 있고 네 명의 남자가 운반하는 것이다. 외국 영사와 왕의 법률 고문은 이와 같은 의자를 탈 수 있는 영예가 부여된다. 두 사람이 아닌 네 사람이 운반하는 특권은 높은 지위의 관리들에게만 주어진다. 덮개가 있는 가마는 사람들이 그 안에서 다리를 포개고 졸도록 하려고 만들어진 것이다. 다른 목적을 위해 사용되는 놋쇠 그릇이 운반 기구의 내부 한쪽 구석에 있다. 가마 가운데에 어떤 것들은 다른 것보다 약간 더 치장을 했고 비단이나 값비싼 가죽이 줄줄이 늘어져 있지만, 대체로 그들은 중국에서 흔히 사용하는 것처럼 그렇게 화려하지는 않다.

그러나 만약 당신이 실제로 기이한 광경을 보기를 원한다면, 마침내 여기에서 그것을 보게 될 것이다. 그것은 자신의 위엄 있는 단 하나의 바퀴가 달린 의자를 타고 궁궐로 들어가는 고관이다. 당신은 그의 둘둘 말린 상투와 그것을 덮은 덮개, 그리고 그 뒷부분의 양쪽에 달린 날개와 그가 쓰고 있는 특이한 실내 모자를 보고 그가 "어떤 사람"인가를 짐작할 수 있을 것이다. 그의 몸보다 훨씬 크게 만들어 늘어뜨린 비단 겉옷과 진귀한 직사각형의 보석이 박힌 딱딱한 허리띠는 그가 조선의 궁궐에서 높은 지위를 갖고 있다는 것을 상징한다.

일꾼은 그가 궁궐에 도착했을 때 입어야 할 궁정 예복이 들어 있는 상자를 등에 매고 앞서 걸어가고 있다. 이 옷들은 모두 상자 안에 조심스럽게 흰 양피지로 싸여 있다. 수많은 젊은 수행원들도 역시 그의 불안정한 수레 뒤를 따라 걷고 있다. 고관은 약 5피트 정도 되는 일종의 안락의자에 걸터앉아 있다. 그는 안락의자 위에 예술적으로 걸쳐진 아름다운 호랑이가죽 위에 다소 우아하게 앉은 채 머리를 뒤로 제치고 있다.

말하자면 다리가 없는 의자 아래에 두 개의 지지물이 있는데, 이와 같은 지지물보다 더 낮은 끝과 지지물 사이에 네 개의 살을 가진 무겁고 둥근 바퀴가 돌아가고 있다. 흔히 바퀴는 하나의 나무 덩어리로만 되어 있고 사방에 머리끝이 둥근 수많은 철 못으로 치장되어 있다. 두 운반자의 어깨 위에 얹힌 두 개의 긴 장대가 앞뒤로 하나씩 양쪽에 있고, 또 양쪽에 약간의 여분의 힘을 쓰는 버팀목이 있어 당신은 완전한 승마를 즐기게 된다.

우리 같은 미개인의 눈에는 그것이 전혀 편안하거나 안전하게 보이지 않지만, 당신이 보다시피 그와 같은 의자에 앉아 운반되는 것은 매우 큰 명예일 것이다. 인도의 고무 타이어, 더욱이 공기를 넣은 타이어는 아직 조선의 의자 제조업자에게 들어오지 않았다. 내가 보기에 수많은 손잡이들은 특히 돌이 많고 울퉁불퉁한 땅을 여행할 때 높은 위치에서 앞으로 쏠리는 것을 방지하는 데 필요한 것이었다.

가마를 탄 고관들의 얼굴 표정을 보고 판단하건대, 그들은 이와 같이 위험한 운반 기구에서 내릴 때를 기대하며 인내를 갖고 기다리는 것처럼 보였다. 확실히 모퉁이나 평평하지 않은 땅을 지날 때 나는 흔히 엄숙하고 침착한 조선 사람 관리를 제외하고 누구의 머리카락이든 쭈뼛 서게 할 만한 각도에서 그들을 쳐다보았다.

궁궐 문 앞에 다다르면 그들은 대개 가마의 더 낮은 앞부분으로 점잖게 내린 다음 안도의 한숨을 쉬고 발걸음을 옮긴다. 그의 수행원들은 즉시 그를 양쪽에서 부액하여 궁궐로 들어간다. 피곤한 마차꾼들은 바퀴가 하나 달린 의자를 벽에 기댄 채 밖에 남겨 두고 다른 귀족의 마차꾼들과 함께 쭈그리고 앉아 조용히 노름을 한다.

대문이 바로 우리의 면전에서 다시 닫히므로 여기에서 잠시 그를 잊도록 하자. 왕의 궁전은 높은 담으로 둘러싸여 있고 궁전의 모퉁이마다 보초를 서는 병사와 작은 초소들이 있다. 담의 각각의 구획에도 문이 있는데, 우리가 이미 묘사한 대로 역시 중요한 문들이다. 이제 우리는 왕의 가로수 길을 따라 오던 길을 되돌아 갈 터인데, 떠나기에 앞서 왕의 경내에 대해 다시 한 번 살펴봐야 한다.

그 곳의 광경은 그렇게까지 웅장하지는 않지만 왕궁의 뒤에 우뚝 솟은 높은 언덕을 바라보면 참으로 빼어나다. 궁전이 자리 잡고 있는 현재의 위치가 바로 도시 중앙이라는 점과 배경이 수려하다는 점에서 단연 서울에서 최상이다. 우리는 곧 왕의 경내를 살펴보겠다.

종

동문 쪽으로 계속해서 가다 보면 우리는 곧 우측 편에 있는 다른 큰 통행로에 이른다. 그 모퉁이에는 난간으로 둘러싸인 아름답고 오래된 누각이 있다. 이것은 "거대한 종"으로서 서울의 명소 가운데 하나이다. 그 종은 커다란 청동으로 만들었는데, 땅으로부터 약 1피트 정도 떨어져서 서 있다. 그 종을 치면 아름답고 풍부한 음색을 내지만, 멀리 울려 퍼지지는 않으며 소리가 낮아질수록 쓸쓸하고 단조롭게 들린다.

종직이가 큰 나무 봉으로 그것을 세게 쳐서 소리를 울리는데, 이른 아침에 그것이 처음 울리면 졸음이 가시지 않은 문지기들은 다시 수도와 외부 세계 사이에 교신할 준비를 한다. 해가 질 무렵 우울한 마지막 종소리가 바람의 파고를 타고 사라져 갈 때, 육중한 문은 닫힌다.

만약 남성이 심한 채찍질이나 심지어 사형 당할 위험으로부터 벗어나기를 원한다면, 앞으로 살펴보겠지만, 여성이 아닌 모든 남성은 다음 날 해가 지기 전까지 자신의 집으로 돌아가야만 한다. 이 법과 규율은 지난 몇 년 동안 매우 엄하게 시행되지는 않았지만, 어떤 사람도 지금까지 어두워진 뒤 거리를 나돌아 다니는 남자를 결코 본 적이 없다. 그에게 사형이 집행되지는 않았겠지만, 밤에 돌아다니다가 현행범으로 붙잡힌 조선 사람은 아마 매우 호된 매질을 그 댓가로 받았을 것이다. 그렇기 때문에 남자는 어두워진 뒤 남의 눈에 띄지 않도록 매우 조심한다.

그럼에도 불구하고 한두 가지 경우에 남성 사회는 밤에 배회하는 것이 허락되며, 그들은 마음껏 그것을 즐기는 것처럼 보인다. 이와 같은 커다란 사건의 주된 것은 "다리를 밟는"[답교놀이] 밤이다. 이 행사는 남자와 어린아이들의 참가가 허용된 축제로, 이 과정에서 그들은 거리를 배회하고 다리를 반복해서 건너는 데 온 밤을 보낸다. 이와 같은 시간에 거리는 요정에 관한 재미있는 이야기, 농담, 그리고 환상적인 연극으로 밤의 관광객들을 즐겁게 하는 이야기꾼, 요술쟁이, 그리고 익살꾼들로 활기에 찬다.

달빛이 비치는 밤은 항상 "다리를 밟는" 소풍의 밤으로 지정되는데, 이것은 사람들이 다리가 어떻게 생겼는지를 보려면 오히려 세심한 주의가 필요하기 때문에 그렇다. 물론 석조로 된 교각과 그 위에 사람들이 밟고 설 수 있는 크고 편평하며 널찍한 돌들이 놓여 있다. 다리의 폭은 대체로 약 6피트 정도이지만 통행인의 안전을 위한 어떤 종류의 난간이나 울타리도 설치되어 있지 않다.

세월과 날씨 때문에 이와 같은 돌들은 상당히 닳았고 여기저기에 따로따로 떨어져 있으며 더욱이 매우 미끄럽다. 그렇기 때문에 사람들은 심지어 환한 대낮에도 물이 흐르지 않는 강바닥에 빠지지 않으려고 튼튼한 줄을 솜씨 있게 다루는 일종의 수완을 발휘해야만 한다. 전체적으로 조선의 남성이 밤에 자유를 즐길 수 있는 날은 다섯 번이다.

일 년의 마지막 날은 아마도 더 많은 무리들이 거리를 바쁘게 활보하는 것을 볼 수 있는 날일 것이다. 왜냐하면 그날 밤과 다음 날 밤 동안에 자신의 모든 친족과 가장 친한 친구들을 방문하여 축원을 자유롭게 교환하고 과자 선물을 가져오고 기쁘게 받는 관습이 조선 사람들 사이에 널리 퍼져 있기 때문이다.

새 해의 밤도 역시 자유로운 밤이지만 집에 머무르는 것이 안전하다고 생각될 정도로 남성 사회의 대다수가 술과 흥분으로 매우 "흥청거린다." 그 밖에도 두 번의 자유로운 밤이 있는데, 하나는 정월의 14일과 보름, 그리고 유월, 곧 "반 년"의 날들 가운데 하루이다.

"거대한 종"이 있는 곳에서 작고 좁고 꼬불꼬불한 길을 따라 내려가다 보면 그리 멀지 않은 거리에 확실히 매우 오래된 예술 작품이 있는 장소에 도착하게 된다. 그것은 견고한 대리석으로 만들어진 탑으로서 꼭대기까지 줄곧 아름다운 조각으로 장식되어 있다. 나는 이 탑이 중국에 기원을 둔 것이라고 생각했다. 나는 어떤 연유로 이와 같은 기묘한 기념물이 조선의 수도에 세워지게 되었는가에 대해 심사숙고를 해보았다.

그러나 당장은 그 역사적인 가치에 관해 고려될 만한 믿을 만한 자료나 사실이 탑이 그 곳에 존재하게 된 이유를 만족할 만하게 설명해 주지 못했다. 그것이 얼마나 오래 된 것인지에 관한 생각과 거기에 새긴 기묘한 양각에 대한 찬사는 제쳐 두고 우리가 해야 할 일이 좀 더 있다. 그래서 이 탑이 있는 안마당에서 나와 우리는 고고학적인 견지에서 똑같이 진기한 다른 기념물을 조사하기 시작한다.[5)]

대리석탑

앞에 언급한 작은 탑에 대해 조선 사람들이 무지한 것이 기이하게 여겨질 수밖에 없다. 나는 그것을 "작다"고 부른다. 왜냐하면 나는 그것의 높이가 15에서 20피트 이상 된다고 생각하지 않기 때문이다. 서울에서 그의 존재를 알고 있는 사람은 50명 가운데 한사람 꼴 정도일 것이다. 그것이 조선의 작

5) 그림의 설명으로 미루어 볼 때 이 석탑은 파고다 공원의 석탑(원각사탑)을 의미하는 것이다.

품이 아니라는 점을 강조하는 것은 차치하고서라도 탑의 내력을 잘 아는 사람들도 그것에 관한 정보를 당신에게 줄 수 없다. 중국인과 조선 사람 사이에 어떤 우호적이거나 비우호적인 교류 도중에 이 탑을 중국에서 가져왔거나 보내 왔을 가능성이 있다.

동물숭배

다른 호기심은 등에 비석을 지니고 있는 커다란 돌 거북이다. 내가 이미 언급한 것처럼 조선 사람들은 여러 가지 방법으로 만주와 몽골 그리고 북·남 중국에서 일상화된 일단의 사상을 자신들의 나라로 옮겨와 자신의 것으로 만듦으로써 그들과 많은 면에서 닮았다. 이와 같은 사상 가운데에 물신과 조악하게 만들어진 동물의 형상을 숭배하지는 않는다손 치더라도 이들을 상당히 추앙하는 점을 예로 들 수 있으며, 이를 통해 그들은 모든 선이나 악의 화신으로 구체화되었다고 생각할 수 있다.

조선 사람은 호랑이를 초자연적인 힘의 상징으로 생각하며, 특히 그의 용기와 위엄을 특별히 숭배한다. 그러한 숭배가 만연해지기 시작하면, 동양인의 마음속에서 대체로 평범한 것은 비범한 것으로 승화하게 된다. 마치 호랑이는 인간사의 사악한 속성에 아직 물들지 않은 것처럼, 그것은 날아다니거나 불을 켜고 내뿜을 뿐만 아니라 자유자재하게 불 위를 걸으며 인간이 매일 사용하는 선풍기를 조정하는 것처럼 타는 불꽃을 조정할 수 있는 능력을 가지고 있는 천부적인 천재로 흔히 묘사된다. 조선의 예술가들은 깃발, 그림, 그리고 자수 위에 호랑이를 흔히 그린다.

호랑이 다음으로 조선 사람이 가장 숭앙하는 동물은 거북이다. 그것은 호랑이에게는 없는 모든 좋은 점들을 갖추고 있다. 예를 들어 신중함, 수줍음, 겸손, 온화함, 침착함 그리고 인내 등은 모두 이 껍질로 둘러싸인 수륙 양서 동물에 의해 상징화되었다. 그리고 뒤에 이 동물은 많은 동아시아인들의 마음속에 수학과 지혜의 기초 원리로 인식되었다. 조선에서 거북이 의미하는 주요한 특성은 장수이다. 따라서 그것은 고래로부터 현재까지 장수의 표상으로 후세에 전해졌다.

그러므로 이것은 우리가 지금 서 있는 곳 앞의 거북의 중요성을 설명한다. 등에 비석을 지도록 만들어진 거북은 대체로 어떤 자애로운 군주나 고결한 행정 관리를 기리고 추도하고자 세운다. 그 비석은 세상의 본보기가 될 만한 사람이 그의 덕성을 찬양 받을 수 있는 이유가 바로 거북이 가지고 있는 이유가 될 만한 훌륭한 성품을 따랐기 때문이라는 것을 나타내려고 이와 같이 마음에 드는 동물 위에 놓은 것이다.

조선에는 많은 종류의 반 신성한 거북들이 있는데, 모든 면에서 그들은 문제의 이 느릿한 양서 동물과 불을 내뿜는 용, 은빛 꼬리를 가진 불사조, 그리고 그 밖의 동물들 사이에 서 맺어져 탄생한 상상의 산물이다. 이러한 혼합된 가상의 형상들은 부자와 고관의 집 출입문에서 발견된다. 더 중요하게는 왕실의 옛 옥새에서도 이러한 동물들이 발견된다. 이것은 아래쪽에 옥새의 글자가 새겨진 대리석을 솜씨 있게 조각했는데, 거북의 형상으로 만들어져 있다.

조선에서 진기한 것을 보고자 하는 방문객들의 주목을 끄는 이와 같은 거북이 호랑이와 앞뒤를 다툴 정도로 조선 사람들의 숭배를 받고 있다고 할지라도, 실제로는 더 크고 사나운 동물들이 보다 자주 묘사된다. 예를 들어 서로 서로 차례로 기대고 있는 다섯 마리의 작은 호랑이의 조상이 도시의 가옥 입구의 지붕 구석에 부착되어 있는 것이 수없이 발견된다. 보다 큰 대다수의 건물에서도 역시 똑같은 것을 발견할 수 있다. 그러나 이와 같은 상황에서 거북이 발견되는 경우는 극히 드물다. 만약 거북의 조상이 부착될 경우, 그것은 대체로 건물 네 기둥의 주춧돌에서 발견된다.

마치 조선 사람들은 모든 생각에서 우리와 반대되기라도 한 것처럼 보일 만 한 묘한 점이 또 있다. 그것은 조선에서는 뱀을 몹시 숭배한다는 점이다.

만약 그것이 집에 들어오면 그것은 열렬한 환영을 받는다. 왜냐하면 이 파충류는 영원한 행복과 평화를 가져온다고 인식되기 때문이다. 이는 우리가 그에 대해 대체로 갖고 있는 개념과는 완전히 다른 것이다. 왜냐하면 만약 내가 실수하지 않는 것이라면, 그것은 대체로 우리의 마음에서 사악, 배반 그리고 불신과 관계가 있기 때문이다.

뱀에 대하여 조선 사람들이 영국의 상상력이 풍부한 사람들과 매우 흡사한 방향으로 자유롭게 상상의 나래를 펴, 뱀에게 하늘을 날 수 있도록 날개를 달아 주었을 뿐만 아니라 우리가 잘 알고 있는 것과 같은 먼 이동 지역은 아니지만 여행하는 바다를 여행하는 식으로 뱀과 친밀한 관계를 창안했다는 점은 주목할 만하다.

이제부터 그것은 잘 알려진, 반은 인간이며 반은 물고기인 존재인 해태로의 짧은 걸음을 내디딘 것에 불과하다. 그의 석상은 왕궁의 출입문에서 발견될 것이다. 바다 해태의 주요한 특징은 못생겼다는 점이다. 그것은 커다란 입, 예리한 두 줄의 이빨 그리고 갈기와 판에 박은 듯이 작은 몇 백 개의 곱슬곱슬한 털로 오그라드는 꼬리를 가진 모습으로 묘사된다. 만약 이와 같은 해태의 조상을 수직으로 세 부분으로 나눈다면, 머리가 한 부분의 전체를 차지할 것이다. 몸통은 단지 머리 크기의 두 배 정도일 뿐이다.

기린도 역시 조선의 신화에서 자주 발견되지만 이와 같은 공상적인 동물은 틀림없이 중국의 잘 알려진 기린으로부터 유래한 것으로, 반은 황소이고 반은 사슴이며 머리 중앙에 단 하나의 뿔이 달려 있다. 그것은 온순함과 행복의 상징이다. 이와 같은 식으로 탄생한 또 하나의 산물은 용이다. 이 괴물은 본디 천제와 그의 신하들에 의해서 숭앙을 받지만, 동양에서는 곳곳에서 대단히 귀하게 여겨지는 동물이다. 조용한 아침의 왕국에서 용이 인기 있다는 사실은 빈번한 중국의 침략과 중국과의 끊임없는 교류로 말미암아 생긴 매우 당연한 결과라고 나는 생각한다.

그러나 내가 믿기에, 조선과 같은 경우가 아니라면 그는 별로 기억에 남지 않았을 것이다. 왜냐하면 비록 내가 모두 언급한 다른 신비로운 동물들의 모든 좋은 덕성을 그가 소유하고 있다 하더라도, 확실히 그는 평온의 이름으로 통하는 매혹적인 능력을 부여받은 존재로는 결코 묘사되지 않기 때문이다.

정서가 매우 불안한 이 동양의 천재는 산을 뚫어 땅속으로 들어가고 구름 위를 뛰어 넘으며 번개와 천둥을 만들 뿐만 아니라 불과 물속을 통과하는 것으로 알려져 있다. 더구나 그것은 때에 따라 자신을 보이거나 안보이게 할 수 있다. 사실 그것은 조용히 있을 때를 제외하고는 자기의 의도대로 자기가 원하는 것을 할 수 있다.

용에는 많은 종류가 있지만 그 가운데에서 최상은 중국에서 보여주는 황룡이다. 그것은 중국의 깃발에 그려져 있다. 황룡 다음으로 인기가 있는 것은 청룡이다. 조선 사람들이 용을 그릴 때 그것은 커다란 도마뱀과 비슷하며 긴 못과 같은 발톱과 울부짖는 말의 머리와 같은 평평하고 긴 머리, 뿔, 그리고 불이나 번개 모양의 긴 갈기를 가지고 있다. 꼬리는 뱀처럼 생겼는데 다섯 개의 예리한 끝단이 추가되어 있다.

나라에 애도할 일이 없을 때 왕과 왕자들 그리고 최고위 관리들이 모든 불행을 확실히 치유할 수 있으리라는 생각에서, 머리에 보석을 씌우고 용의 형상을 가운데에 수놓은 정방형 자수의 의복을 입는다는 점을 주목하는 것도 역시 흥미롭다. 하위 관리들은 용 대신에 자부심, 우정 그리고 너그러운 통치력의 상징인 불사조를 수놓은 의복을 입는다. 불사조는 흔히 거북의 등에 있는 형태로 발견되는데, 이것은 이 두 신비로운 동물의 덕성을 상징적으로 결합한 것이다.

간선 도로로 되돌아오면서 우리는 모든 문 가운데 아마도 가장 큰 동대문에 이르기까지 건축물이나 기념비에서 어떤 흥미로운 특징을 발견하지 못한 채 먼 길을 걸어야 했다. 이 문의 특징 가운데 하나는 바깥으로 반원형의 보호벽을 가지고 있으며, 이 성벽에 있는 두 번째 문은 전시에 틀림없이 동대문을 두 배로 튼튼하게 만들 것이라는 점이다. 외곽 성벽은 매우 두터우며 도시가 포위될 경우 군사들을 배치할 수 있는 넓은 공간을 구비하고 있다.

만약 내 기억이 옳다면 서울에 있는 다른 문도 유사한 방어 보루가 마련되어 있다. 그러나 나는 이 점에 대해 확신할 수 없다. 왜냐하면 서울의 성벽을 묘사한 일기의 일부분을 유감스럽게도 찾기 힘든 데 두었기 때문이다. 위에서 언급한 문 가까이에는 크고 넓은 공간이 있고 그 중앙에 다소 황폐된 누각이 서 있다. 물어 보니 이 장소는 근위대의 훈련장이었다고 한다.

매우 중요한 경우에 왕과 교관들이 군대를 열병하러 갔을 때, 그들은 이 누각을 사용하곤 했다. 내가 알기로는 근년에 외국인 군사 교관에 의해 새로운 훈련장이 마련되었는데, 그것은 이 누각이 왜 썩어 문드러져 넘어지도록 내버려두었는가를 설명해 준다. (p. 86의 삽화 참조)

시구문

이미 언급한 것처럼 조선의 다른 도시의 문뿐만 아니라 서울의 모든 문도 해질녘에 닫힌다. 그러나 모든 규칙이 그렇듯이 한 가지 경우에는 예외이다. 곧 "시체의 문"(시구문)이라고 알려진 작은 문이 있는데, 이것은 밤늦은 시간까지 개방되어 있다. 그 이름이 그의 목적을 매우 잘 설명해 준다. 그러나 조선의 관습에 익숙하지 않은 사람들을 위해 내가 그 문제를 좀 더 분명하게 설명하는 것도 괜찮을 것이다.

조선에서 장례식은 거의 밤에 치르며, 시신은 늘 도시로부터 외곽으로 운반되어 묻힌다. 일생 동안 당신이 원하는 어떤 문을 통해서도 도시를 들어가거나 나오는 것이 허락되지만, 최종적인 출구가 결정되면 이와 같은 선택의 자유는 죽은 사람에게도 부여되지 않는다. 왜냐하면 그 이유는 시체는 방금 언급한 이 작은 문을 통해야 하기 때문이다.

모든 나라의 장례식이 나에게는 흥미로운 광경이지만 서울에서의 그것은 아마도 다른 지역보다 더 흥미로울 것이다. 왜냐하면 사정을 모르는 유럽인의 눈에 그것은 단지 장례식에 불과한 것처럼 비치기 때문이다. 두 사람이 행렬 선두에 서는데 그들은 각각 커다랗고 노란 우산을 들고 간다. 우산 막대기 중간쯤 되는 곳에 삼색의 매우 큰 공이 달려 있다.

다음으로 네 개의 긴 장대로 치켜 든 일종의 천개 밑에 관이 있는데, 망자의 사회적 신분에 따라 둘, 넷 혹은 그 이상의 사람들이 그것을 운반한다. 각기 장대로 버틴 종이 등을 든 수많은 사람들이 관 옆과 뒤에 바짝 붙어 따라온다. 그들은 만가를 부르거나 고인을 위해 기도와 찬양을 읊조리며 바삐 걸음을 옮긴다.

만약 고인이 악령들에게 장악되었거나 잡혀갔다고 판단될 경우나 친족도 그렇게 되는 것을 원치 않는다면, 불행한 고인이 살았던 집 근처에서 몇 날을 계속해 종을 치도록 사람을 고용한다. 그 날카로운 소리는 반갑지 않은 손님들인 악령에게 당신들의 존재가 드러났으니 합법적인 주인에게 집을 남겨 두고 돌아가는 것이 낫다는 것을 보여주는 능력을 가졌다고 조선 사람들은 인식하고 있다. 나는 이 소리가 울리는 몇 시간은 오히려 가장 착한 귀신을 악령으로 바꾸어 놓기에 실로 충분하다고 확신한다.

그러면 이제 장례식 행렬로 되돌아가 보자. “죽음의 문”에 이르면 이 행렬은 해산된다. 영구를 쫓아온 친구들은 불을 끄고 노래와 기도를 멈춘다. 가장 가까운 친족 중에 두세 사람만이 고용된 운반인들이 나르는 관을 계속해서 따라간다. 적당한 지점에 이르면 이들은 시신을 묻기 시작한다. 언덕진 땅은 대부분의 조선 사람들이 사랑스러운 사람의 뼈를 묻기 위한 마지막 안식처로서 선호하는 곳이다. 관이 묻히면 조그마한 흙 두 덩이를 그 위에 쌓는다.

매장지는 대게 고인이 묻힐 가장 적합한 위치를 알고 있다고 생각되는 지관의 충고에 따라 선택된다. 때때로 시체는 똑같은 지관의 충고에 따라 막대한 비용을 들여 발굴된다. 그는 이 세상과 저 세상의 영혼들과 직접 교통해 처음에 선택된 위치가 적합지 않다는 것을 안다. 이와 같은 상황에서는 신속한 이장이 요구된다. 물론 여기에는 걱정과 아울러 잘못 매장되었다는 정보에 대한 경비 지출과 특별 요금이 수반된다.

고인의 친지와 친구들은 계속해서 무덤 자리를 찾는다. 그리고 착한 아들들은 지하에 계신 부친이 요구하기 전에 아버지의 무덤을 몇 달 동안 돌보는 것으로 알려져 있다. 도시 주변의 언덕은 이와 같이 작은 봉분으로 단조롭게 덮여 있으며 조선 사람들은 모든 묘지에 대해 최고의 경의를 표한다. 시간이 경과하면서 많은 무덤이 비로 말미암아 씻겨 버리기도 하지만 사람들은 결단코 그것들을 훼손하지 않는다. 조선 사람들은 매우 미신적이며 망자를 대단히 두려워한다. 윤회는 그들의 마음속에, 특히 부유한 계층 사이에 일반화된 관념이다. 예를 들어 망자의 영혼은 때때로 새의 몸으로 들어간다고 그들은 생각한다. 이럴 경우에 친족은 날개 달린 고인의 계승자가 걸터앉을 수 있도록 무덤의 봉분 주위에 조심스럽게 반원형의 돌 난간을 만든다.

부유한 집안의 무덤은 특히 볼 만하다. 우선 일반적인 무덤처럼 가운데에 봉분이 있으며 그것은 가난한 자를 덮은 것의 거의 두 배나 되는 크기이다. 그 다음에 작은 길에서 떨어진 곳에 돌 난간이 있다. 이 난관과 봉분 사이에는 돌에 조각된 문무상과 말의 거친 석상이 사방에 두 줄로 서 있다. 부자의 경우에는 일반적으로 양쪽에 두 사람과 두 마리의 조랑말 그리고 끝에 작은 기둥을 세워 놓는다. 반면에 별로 저명하지 않은 사람의 경우에는 오직 하나의 말과 사람이 양쪽에 개별적으로 놓여 있다. 끝에 석판이 있는 작은 기둥은 늘 인상적이다.

그렇게 놓인 석상은 대체로 매우 서투르게 조각되었기 때문에 만약 사람들이 그것이 나타내려는 의도가 무엇인지에 대해 설명을 듣지 않는다면 정말로 알기 어렵다. 말은 특히 양이나 개 혹은 어떤 다른 동물로 쉽게 오인될 수 있는데, 이것은 토착 조랑말의 작은 키가 과장되게 이들의 형상에서 모방되었기 때문이다. 인간의 형상을 한 석상에 대해서 말하자면, 이것은 일종의 긴 가운 같은 옷을 입고 앞으로 팔짱을 끼고 있으며 이전에는 중국의 모든 고관들이 썼지만 아마도 유행이 전래되었기 때문에 오늘날까지도 조선의 관리들이 쓰는 말아 올린 두건으로 머리를 가리고 있다.

그다지 부유하지도 않고 그의 친구들도 사람과 동물의 조상을 많이 세워줄 수 없었던 사람들의 무덤에 대해 내가 가끔 눈여겨봤던 묘한 특징은 다음과 같은 것이었다. 만약 오직 한두 개의 기념물이 흙 두 덩이 옆에 세워져 있다면 이것들은 언제나 두 마리의 말이나 한 마리의 말과 숫양 중 어느 한 쪽의 석상이다. 그런데 내 판단이 옳았는지는 알 수 없지만 후자의 신원은 머리에 난 꼬부라진 끝의 뿔로 미루어 짐작한 것이다. 한편 만약 기념물이 둘 이상이었다면, 여느 때처럼 다른 것은 인간의 형상을 한 석상이었고 그 수는 다른 경우의 짐승의 숫자와 똑같았다.

이탈리아의 장송 합창과 매우 흡사한 의식이 고요한 아침의 나라에서 행해지는 것을 볼 수 있다. 나는 그들이 고인의 무덤으로 가 기도할 때 슬픔에 잠긴 부모와 함께 소풍을 즐기는 친족들을 의미하려는 것이다. 조선에서는 음력 초하루, 즉 설날에도 흔히 무덤에서 의례가 치러진다. 가족은 일몰 직후에 묘지로 가 기도를 올린 다음 긴 향을 사르면, 동양을 아는 모든 이들에게 매우 친숙한 향내가 사방에 그윽해진다. 결과적으로 기도로 시작해서 기도로 끝나는 이와 같은 원정에 참여한 문상객들은 대개 음식과 술을 가져와 먹는다. 3월에 유사한 연회가 다시 베풀어지는데, 어린아이들과 덜 활동적인 소풍객들이 유쾌히 떠드는 가운데 대개 무덤을 청소하고 수선하며 석상과 말들을 문질러 닦는다.

왕의 무덤은 주위에 묘당을 가지고 있다는 점을 제외하고는 가장 부유한 귀족의 무덤과 별로 차이가 없다. 지난날에는 왕의 시체가 들어 있는 관은 견고한 금으로 만들어졌다고 믿어졌다. 그러나 여기에 대해 잘 알고 있는 사람들은 왕의 무덤에 대한 이러한 말은 근거가 없으며 반대로 왕의 무덤도 거의 부유한 귀족의 무덤처럼 단순하다고 주장한다.

전화 가설

다시 얘기하겠지만 내가 사실로 받아들이고 있는, 이전에 들은 이상한 이야기가 하나 있다. 그 전말은 다음과 같다. 내가 서울을 방문하기 몇 달 전에 한 외국인이 전화 가설에 대한 주문을 간청하기 위해 왕을 방문했다. 이 신기한 발명품에 대한 이야기를 듣고 매우 놀라면서도 한편으로 흡족해진 왕은 거대한 비용을 들여 왕궁에서 몇 마일 떨어진 왕후의 무덤과 왕궁 간에 전화를 가설하기 시작했다! 임금과 그의 신하들은 전화 끝에서 나는 소리를 듣기 위해 하루에 몇 시간씩 소비했고 혹시나 왕후가 영원한 잠에서 깨어날 경우를 대비해 야경꾼으로 하여금 밤새 지키게 했지만, 말할 필요도 없이 어떠한 기별이나 음성은 물론 심지어 속삭임조차 들리지 않았다. 결과적으로 조선의 임금은 전화를 사기꾼이라 저주하게 되었다.

조선 사람 무덤의 매우 걸출한 표본은 언덕에 있는 동대문 밖에 약간 모여 있고 조금 더 작은 다른 것들은 서대문 밖 북경로 건너편에 얼마 되지 않는 거리에 있다는 것을 밝혀 둔다. 그리고 조선 사람 무덤의 근처에는 종종 나무들이 심어져 있고 비석도 세워져 있다는 것이 볼 만하다.

제 8 장 유 적

서울과 그 주변은 상당한 구릉으로 이뤄져 있다. 수도를 둘러싼 성은 거대한 뱀처럼 높은 절벽의 위아래로 펼쳐 있다. 그 벽을 살펴보면 인내심 있는 석공의 대단히 훌륭한 작품처럼 보이며 몇몇 꼭대기에 이르는 길은 너무 가파르기 때문에 걸어서 올라가는 것이 쉬운 일이 아니다. 높이는 모두 똑같지는 않지만 높은 곳은 30피트가 넘는다.

예를 들면 북문은 아래에 있는 도심보다 훨씬 더 높은 정도이며 그 곳에 가려면 가파른 길을 따라 올라 가야 한다. 그 곳에서는 서울의 위치를 아주 정확하게 관찰할 수 있다. 좁은 골짜기 아래를 바라보며 언덕으로 완전히 둘러싸인 서울이 있고 산들도 겨울 몇 달 동안은 두터운 눈으로 덮여 있다.

성벽과 부처

골짜기를 타고 내려간 서쪽을 제외하면 성은 도시보다 훨씬 높은 언덕을 넘어 7~8마일에 걸쳐 뻗어 있고 동대문에 이르기까지는 거의 지면과 같다. 성에는 활과 총으로 도시를 방어하고자 구멍을 뚫은 성벽이 있다. 또 도시를 가로지르는 개천의 물이 방류되도록 성에 낮은 문이 뚫려 있는데, 이 문으로 사람이 들어오지 못하도록 튼튼한 강철 막대와 단단한 쇠살대가 갖추어져 있다. 도시 밖으로는 돌다리들이 놓여 있다.

예를 들면 성내에서 약간 떨어진 곳에는 네 개의 문 가운데 하나에는 돌다리가 놓여 있는데 이것은 서울의 북쪽에 있는 강 골짜기를 막아 주는 성벽을 연장시켰다고 볼 수 있다. 이 다리에서 멀지 않은 곳에 빨간색과 녹색의 원주로 받히고 처마 끝이 올라간 지붕을 가진 암자와 작은 절이 있다. 절은 석벽에 붙어있는데, 그 표면에는 하얗게 칠한 커다란 부처의 얼굴이 새겨 있다. 그 얼굴 위로 햇살이 빛나며 얼어붙은 투명한 얼음 위에 반사되는 강 가까이에서 내가 그것을 보았을 때 그 광경은 한 폭의 그림 같았다.

남산

서울의 남쪽을 향하여 도시의 성안에 남산이라고 부르는 높은 언덕이 원추 모양으로 솟아 있다. 여러 가지 이유로 사람들은 이 언덕에 관해 흥미를

남산

느끼지 않을 수 없다. 첫째, 그것은 마치 그림 같다. 둘째, 남산처럼 도시 가운데 산이 솟아 있는 경우는 드문 일이다. 셋째, 이 특별한 언덕의 정상에서 온 왕국의 일상사가 늘 감시되고 있다.

봉화

세 번째에 언급한 봉화의 목적을 달성하는 방식은 간단하면서도 독특하다. 그것을 간단하게 설명하면 이렇다. 남산 꼭대기에 감시인이 살고 있는 보잘 것 없는 오두막집이 자리하고 있다. 이 앞에는 다섯 개의 돌무더기가 세워져 있는데 그 위로 횃불 신호의 수단을 통해 신호가 조선 왕국의 한쪽 끝단에서부터 다른 끝단까지 전달되었다. 말하자면 조용한 아침의 땅의 안전이 이 다섯 더미의 돌에 달려 있어 어두워진 뒤 밤의 적막 속에서 타오르는 돌 위의 불들을 지켜보는 것은 아름답고 기묘한 모습이었다.

조선의 모든 최고봉 위에는 이와 마찬가지로 지정된 장소들이 있어 다른 횃불 신호 방식으로 가장 먼 지방에서 신호를 보내면, 다시 그것을 전달하고 응답하는 식으로 몇 분 안에 궁궐에 있는 왕은 수도로부터 몇 백 마일 떨어진 곳에서 무엇이 일어나고 있는가를 계속 파악하고 있다. 먼저 불을 통해 신호가 발신되는 것은 궁전에서부터이고 다른 산꼭대기로부터 불을 통한 신호를 마지막으로 받는 곳도 역시 궁궐이다. 조선의 해안선을 따라서 주요 갑(岬)에 설치된 봉화대는 오랫동안 해안에 약탈자가 접근해 온다든가 그 밖의 침략이 있을 때 수도에 알려주기 위해 이용되었다.

최근까지 해안 마을과 도시들은 중국의 해적들에 의해 많은 고통을 받아왔다. 해적들은 붙잡히면 틀림없이 참수 당하는 처참한 입장에 놓이게 된다는 것을 잘 알면서도 밤을 틈타 빠른 범선을 타고 해안으로 접근한 뒤 기습하여 마을과 심지어는 소규모 도시들까지 약탈했다. 이들의 공격은 대개 매우 기습적으로 이루어지기 때문에 이 불쾌하고 탐욕스러운 침입자들의 공

봉화대와 사당

격에 대해 조선 사람들이 놀라움을 가라앉힐 무렵이면, 이 약삭빠른 중국인들은 전리품을 챙겨서 다시 바다로 달아났다.

불을 이용해서 신호하는 방법의 큰 결점은 신호가 오직 밤에만 명확하게 전달될 수 있다는 것이다. 필요할 경우 낮 시간에는 연기를 이용해서 신호를 전달했는데, 불을 이용한 것만큼 정확하지 않았다. 젖은 짚단 더미들을 태워 흰 연기를 날려 보내면, 이것은 나라가 위험에 놓여 있다는 경보가 된다. 그러나 연기 신호의 해독은 거의 한 가지 의미밖에는 전달할 수가 없다. 왜냐하면 봉화대가 아주 멀리 서로 떨어져 있지 않는 한 연기를 내뿜고 있는 횃불이 하나인지 아니면 그 이상인지 분간하기가 아주 불가능하기 때문이다.

바람이 불거나 비가 오는 날에는 남산에서는 그렇게 할 수 없다. 산에 있는 감시인들의 주의를 끌고자 신호를 보내기에 앞서 왕궁에 있는 종이 울린다. 그들은 낙화를 사용하는 매우 체계적인 방법을 가졌기 때문에 전체 암호는 단지 다섯 개의 봉화로 이루어져 있다. 나는 그보다 많은 불꽃을 본 적이 없었으며 대부분의 경우 그보다 숫자가 적었다.

내가 알기로는 다섯 개의 봉화를 동시에 올리는 신호는 나라가 긴급한 위험에 빠져 있다는 것을 알리는 것이다. 반란이 일어났을 경우에도 멀리 떨어진 지방의 행정 관리를 소환하고 그들에게 백성들로부터 비용을 갹출하라거나 군대의 급파와 소환 등을 명령하는 다른 신호들이 있다.

기자암(祈子巖)

남산 봉화대로부터 2~3야드 떨어진 아주 가까운 곳에 사당을 갖고 있는 그림 같은 붉은 색의 중국 절이 있다. 전설에 따르면 이 특별한 중국 절을 방문하면 아이를 쉽게 갖지 못하는 여자가 아이를 갖게 되는 놀라운 효과가 있다고 조선의 여인들은 믿고 있다. 만일 내 기억이 맞는다면 기도자가 몇 개의 돈 꾸러미를 준비하여 절에서 하룻밤 머무르는 것으로도 가족으로서의 의무를 충족시키는 충분한 봉사가 된다. 나는 많은 경우에 신탁이 아주 잘 먹혀 적당한 때에 어린애를 낳는 것으로 그 기복을 보상받게 된다고 분명히 들었다. 덧붙여 말하자면 그 중국 절의 관리인은 근육질의 건강하고 힘센 남자였다.

우리는 지금 새의 눈으로 도시를 조망할 수 있는 좋은 지점에 서 있으므로 도시를 한 번 죽 훑어보는 것도 괜찮을 성싶다. 목전에 두드러져 보이는 궁궐의 큰 담 뒤로는 외국인들이 거주하고 있는 건물들이 있다. 우선 남산의 언덕 기슭에는 작은 일본 공사관이 있고 그 아래로 일본인 촌이 보인다. 그 주변의 수많은 건물들 가운데에 중국 공사관이 있으며 현재 신축 가운데 있는 붉은 벽돌집은 영국 영사관이다. 그리고 그 옆에는 미국과 러시아 공사가 함께 거주하고 있는 구역이 있다.

궁궐 더 가까이에는 독일 영사관 위에 나부끼는 독일 국기가 보일 것이다. 독일 영사관은 유럽식으로 개조되어 매우 안락한 몇 채의 한옥들이 있는 담 안에 위치하고 있다. 그리고 내부협판이 살고 있는 집은 유리로 앞면을 채운 큰집인데, 그 집을 둘러싸고 있는 땅은 매우 제한되어 있다. 수녀원과 몇몇 선교사들의 집은 대개 일본인들의 집과 이웃하여 있었다.

외국인 촌

이제 우리가 내려가 볼 일본인 정착촌에서는 미카도의 신하들이 보여준 진취성과 상업 활동이 주목할 만하다. 또한 외래 문화의 일본적 수용이라는 센스와 난센스의 기묘한 공존을 지켜보는 것도 주목할 만한 일이다. 예를 들면 여러분들은 유럽식 의상을 입고 있는 그들의 보편성을 볼 것이다. 그러나 기후가 온화한 일본에서는 집안에 들어갈 때 긴 구두를 벗는 것이 적절하며 나도 동의하지만, 평균 영하 60°F(15.6°C)를 기록하는 한국과 같은 나라에서는 그렇지 않다.

그리고 외벽이 얇은 종이로 덮여 있는 일본의 가옥과는 달리 한국과 같은 기후에서 일본인들은 거의 적응하지 못하는 것처럼 보인다. 가냘프고 편평한 얼굴에 추위로 파랗게 질려 떨면서 등을 굽힌 채 놋쇠 화로 주위에 몸을 쪼그리고 앉아 있는 그들을 보고 있노라면 참으로 우습다. 그것을 보면 추운 날 동물원에 있는 수많은 원숭이 가족이 생각난다.

그럼에도 불구하고 가슴에 늑막염, 폐결핵, 감기를 앓으면서도 그들의 얼굴에는 행복감이 완연해 보인다. 물론 일본 여인들은 그들의 전통 의상인 기모노를 입는다. 목 아래의 가슴을 살짝 드러내는 일본의 의상과 마찬가지로 조선에서도 똑 같은 의복 양식이 들어왔는데, 그 결과 많은 사람들이 기관지염으로 사망했다.

일본인들

그러나 여러분들은 일본인들이 상거래나 식민지화 계획에서 때로는 지나치다 싶을 정도로 자신들의 가옥에 대한 청결함과 친절에 대해 감탄하지 않을 수 없다. 일본인들이 끓는 물로 매일 목욕하는 습관은 그들 조국에서와 마찬가지로 조선에서도 지속하고 있으나 나는 일본인들은 매우 불결한 국민이라고 단정한다. 이 말은 조리가 있어 보이지 않으므로 약간의 설명이 필요하지 않나 생각된다. 여러분들은 나에게 이렇게 응대할 것이다.

"만일 그들이 매일 목욕한다면 어떻게 그들이 불결하다고 할 수 있습니까? 나는 그들이 매우 청결하다고 생각합니다."

만약 깨끗한 물로 목욕한다면 그들은 틀림없이 깨끗할 것이다. 그러나 아둔한 내 생각으로는 목욕을 아예 하지 않는 편이 차라리 열 배는 더 청결해 보일 텐데 그들이 그렇게 더러운 대중탕의 물에서 몸을 씻다니 유감스럽지 않을 수 없다.

당신 차례가 오기 전에 당신 앞에 이미 몇 백 명까지는 아니더라도 몇 십 명의 사람들이 조그만 욕탕 속에서 몸을 씻은 결과 그 물위에 기름진 큰 "무늬"가 떠 있는 것을 직접 상상해 보라. 자 이것이 한 번에 적어도 30분 동안 바로 그의 코까지 모든 선량한 일본인들이 자신을 담그고자 하는 물이다. 나는 그 물에 몸을 담그고자 하는 그들의 용기에 감탄하지 않을 수 없다.

그러나 청결이라는 관점에서 보면 확실히 내 견해는 다르다. 왜냐하면 실제로 또 진실로 나는 그들의 "청결함"이 어디에서 비롯되는지 아는 데는 늘 실패했기 때문이다. 보다 부유한 계층에 속하는 사람들은 작은 개인 욕조를 가지고 있기 때문에, 가족들, 친구들, 어린 아이들, 그리고 하인들이 2-3일 동안 차례로 반복해서 김이 나는 뜨거운 물이 담긴 욕조를 사용할 것이다.

해가 떠오르는 나라[일본]에서 어느 날 저녁에 내가 어느 작은 마을을 방문했을 때, 나는 그들이 친절의 의미로 함께 목욕하자는 청을 받고는 얼마나 놀랐던가를 선명하게 기억하고 있다. 일본인들을 상대한 경험이 없었을 뿐더러 그들이 완곡하게 요청했기 때문에, 나는 그들에 대한 감사의 표시로 욕탕에 몸을 담갔다. 아. 그 광경이라니! 욕탕에는 "우아하지 못한" 세 사람의 여위고 늙은 여자들이 목을 수면 위로 내놓고 한 줄로 앉아 때를 불리고 있는 중이었다. 나는 그들을 그런 정도로까지 부를 수 있었다. 왜냐하면 그들에게는 도저히 "우아하다"는 표현을 붙일 수가 없었기 때문이었다. 당황해서 어쩔 줄 모르는 내 모습을 상상해 보라! 내가 이들, 늙은 세 도마뱀들과 같이 목욕을 하다니! 아니 안 돼. 난 싫어!

내가 황급히 문 쪽으로 달려 나갔기 때문에, 그들은 대단히 불쾌하여 나를 매우 불결하고 자신들의 정중한 초대를 무시한 놈으로 여겼다. 다음날 아침 내가 평소와 마찬가지로 맑고 깨끗한 우물물로 냉수욕을 하자 그들은 나를 불쌍한 미치광이라고 비난했다. 이러한 일들은 서로 다른 국민들 사이의 관습의 차이에서 비롯된 것이다.

북경로

서울을 방문한다면 서대문에서 1~2리가량 외곽에 위치해 있는 북경로는 반드시 둘러보아야 하는 곳이다. 이 길은 바위를 뚫어 서울에서 북경으로 놓여 있는데, 조선의 왕에게 조공을 요구하려고 대륙에서 건너오던 옛 관습을 좇아 중국의 사신들이 경유하는 길이다. 사실 조공을 바치는 관습은 거의 사라졌고 내가 알기로는 중국의 사신들이 북경에서 조선의 수도까지 길고 지루한 여행을 재개한 1890년까지는 몇 년 동안 한반도에 대한 종주권을 행사하지 않았다. 관례에 따라 조선 사람들이 극진하게 중국의 사신들을 영접하고 서울로 안내하던 장소가 바로 이 북경로였다. 왕이나 다른 대표들이 사신들을 영접하는 곳은 성벽에 둘러싸여 있는 길가의 큰 집이었다.

사신들은 수도로 안내되기에 앞서 바로 이 집에서 다과를 대접받으며 피

북경로

로를 회복했으며 조선의 백성들은 환호로 그들을 맞이했다. 이들은 진심으로 사신들을 환영했다. 북경로에서는 개선문이 보인다. 이 명칭에 관해서는 보다 적절한 표현이 필요하다. 개선문의 아랫부분은 석조로 되어 있고 윗부분은 옻칠을 입힌 목조이다.

이 문은 두 개의 원주가 전통적인 조선 풍의 묵중한 지붕을 떠받치고 있는 장엄한 건축물이었다. 지면으로부터 1/4에 해당하는 기둥 부분은 다소 투박하고 고풍스러운 투조로 장식되어 있었다. 겨울에 눈이 수북하게 쌓여 암석들로 둘러싸인 광장을 통해 우장[6]과 북경으로 향하는 길이 훤하게 드러날 때, 이 기념물은 참으로 인상적으로 보인다.

물장수

아름다움의 관점에서 볼 때, 매우 흥미로운 두 유형의 사람들이 있다. 물을 길어 파는 품팔이 일꾼과 도성문의 자물쇠와 열쇠를 가지고 다니는 사람이 그들이다. 교양 없고 거칠다는 점에서 물을 길어 파는 사람은 거의 마부와 같다. 노동량에 견주어 매우 낮은 수입을 올리지만 묵묵히 감내하는 그의 인내심은 확실히 대단하며 찬사를 받을 만하다. 그가 하는 일은 아침부터 밤까지 물을 원하는 사람 누구에게나 물을 배달해 주는 것이다.

이 일은 여름에는 그럭저럭 할 만하다. 그러나 겨울에는 문제가 다르다. 왜냐하면 이때가 되면 거의 모든 샘은 얼어붙어 버려 물을 우물에서 길어야 하기 때문이다. 그는 팔을 자유롭게 흔들 수 있도록 긴 막대를 가죽 끈으로 십자형으로 묶어 어깨뼈에 걸치도록 한 독특한 장비를 지고 다닌다. 이것은 한 번에 두 양동이의 물을 져 나를 수 있다는 것을 의미한다. 이 장비는 폴란드 여인들이 동일한 용도로 사용하거나 스위스의 여러 지방에서 우유를 운반하는 데 쓰는 것보다는 훨씬 복잡하긴 하지만 거의 비슷한 것이다.

겨울에는 물통이 우물에서 길어 올려오자 마자 얼음 통으로 바뀌어 그 추위로 손 전체가 트는 바람에 피가 나는 이들을 보면 참으로 가엾기 그지없다. 그들은 물을 졌을 때 상당한 속도로 달리며 그들의 보조와 시간을 맞추기 위해 "헤! 헤! 헤!" 하고 큰소리를 지르면서 충돌을 피하는 데 놀라운 판단력을 보여준다.

---

6) 우장(牛庄) : 중국 요녕성의 해성 서북쪽 50km에 있는 교통의 요충지.

물장수

그들은 왕국 내에서 최하의 신분으로 여겨지며 복장의 면에서 어린이나 미혼 남자와 같은 특권을 약간 누린다. 예를 들어 그들은 국상 기간에도 대개 밝고 푸른색 상의를 입는다. 그들은 일할 때에는 어떤 일이 있어도 모자를 쓰지 않으며 어떤 때에는 머리띠도 두르지 않고 대신 머리에 푸른 수건을 두른다. 그들은 마부들이 하는 것처럼 긴 파이프를 늘 등 뒤에 꽂고 다닌다.

수문장

이제 자물쇠를 가지고 다니는 사람을 보면, 적어도 내가 보기에 그들은 결코 조선에서 가장 불결한 사람들은 아니다. 그러나 그는 옷을 깨끗하게 입고 싶어도 기름과 먼지 때문에 그의 복장은 어쩔 수 없이 늘 지저분하다. 그는 정부가 고용했으므로 국상 때면 검은 옷을 입고 곡을 한다. 그는 얼굴과 신체의 절반이 가려질 정도로 큰 모자를 쓰고 있다. 그는 솜 양말과 신발을 거의 신어 본 적이 없으며 가장 추운 날에도 바지를 무릎까지 걷어 올린 채 맨발로 걸어 다닌다.

수문장은 오직 해 뜰 녘이나 해질 녘에만 볼 수 있는데, 그 무렵에 그는 자물쇠를 점검하고 열쇠를 가지러 오거나 가져가고자 성문 주위를 샅샅이 돌아본다. 그는 모양과 무게가 각각 다른 수많은 철제 도구들을 담은 테니스 가방처럼 생긴 큰 가죽 가방을 등에 메고 다닌다.

그는 무뚝뚝해 보이며 누구에게나 멸시를 받는다. 나는 그가 누구와도 말하는 것을 본 적이 없다. 나는 며칠 동안 세면을 하지 않은 채로 밤마다 이 성문에서 저 성문으로 성벽을 따라 돌고 있는 그가 매우 측은하게 느껴졌다. 이에 관한 일화로 나는 일전에 어느 조선 사람에게,

"참으로 도시의 안전이 저런 지저분한 자의 손에 맡겨져서는 안 된다,"

고 말했다가 그를 몹시 화나게 만든 적이 있었다.

제 9 장 주 거

이제 조선의 가족에 대해 알아보기에 앞서 한옥에 대해 먼저 살펴보자. 조선의 가옥은 양반의 집이 대체로 더 정결해 보인다는 것을 제외하고는 농부의 집과 거의 차이점이 없다. 조선의 가옥은 두 부류로 나눌 수 있다. 곧 그것은 볏짚을 엮어 지붕을 얹은 초가집과 기와와 돌과 석회로 지붕을 만든 집들이다. 기와로 지붕을 얹은 집들은 가장 좋은 집으로서 부유층들이 산다. 진흙과 돌로 외벽을 만들고 기와로 지붕을 얹는 경우에는 집의 한쪽 끝에서 다른 끝에 이르는 커다란 들보가 집을 지탱하고 있다.

지붕의 모서리는 대개 중국풍을 따라 말아 올렸다. 돌 슬라브는 지붕의 전면을 덮고 있으며 양쪽 끝에서 지붕의 상단 모서리를 향해 굽어졌다. 기와는 이 슬라브의 양측 면에 시멘트로 발랐으며 지붕의 하단 부분의 테두리도 마찬가지이다. 창문은 장방형인데, 지붕의 바로 아래 부분에 설치되어 있기 때문에 결과적으로 비를 잘 피할 수 있다.

한옥은 결코 단층 이상으로 짓지 않는다. 관리나 부유층의 집은 석벽이 둘러싸고 있으며 대문에는 작은 탑 모양의 지붕을 올려놓았다. 장군이나 왕족의 집들처럼 크게 멋을 부린 가옥의 경우에는 보통 두세 개씩 대문이 있어 본채에 도달하려면 연이어 이들을 통과해야 한다. 주택을 둘러싸고 있는 외벽의 높이는 6~8피트를 넘지 않으며, 벽의 위쪽에 기와 두 장 정도 넓이의 좁은 지붕이 죽 둘러져 있는 것이 이채롭다. 이 지붕은 물론 멋을 부리고자 장식된 것이지만 벽을 습기로부터 보호하는 실용적인 역할도 한다.

조선 사람들은 식물에 대해 비교적 관심이 없어 보이기 때문에, 그들을 훌륭한 정원사라고 부를 수는 없다. 대체로 부자들은 그들이 아끼는 한두 가지 종류의 꽃을 심은 아담한 화단을 가꾸고 있다. 그러나 진짜 장식용 정원은 조선에서 드물다. 조선에는 가난한 사람들의 집 근방에서도 쉽게 눈에 띌 정도로 채소밭이 많다.

문과 창

부유층이 사는 한옥은 대부분 창문을 통해 들어간다는 점이 독특하다. 이 창문들은 격자 모양의 창살에 창호지를 발랐는데, 일본의 쇼지(미닫이)처럼 양쪽으로 홈이 나 있다. 그리고 외풍을 더 잘 막고자 대개 창호지를 그대로 바르지 않고 먼저 기름에 담근 뒤에 바른다. 그러나 조선의 창문은 좀처럼 아귀가 맞지 않기 때문에 통풍이 잘 된다.

차양

여름에는 창문을 계속 열어 두거나 낮 동안에는 모두 떼어놓기도 한다. 그렇기 때문에 모든 조선 사람들은 자신들이 그토록 중시하는 사생활을 보호하고자 중요한 꾀를 내서, 돌출해 있는 지붕 끝 또는 창문이나 출입문 바로 앞으로 2피트 정도 떨어진 곳에 훌륭한 돗자리 모양의 발을 걸어 놓았다. 그 발은 가늘게 쪼갠 수많은 긴 대나무를 명주 끈으로 나란히 묶은 것인데 그 크기가 각기 다르다.

이런 커튼과 같은 발을 사용하면 몇 가지 잇점이 있다. 그 발은 귀찮은 방문객인 파리가 집에 들어오는 것을 막아 주며 통풍을 시키면서도 햇볕을 차단한다. 또한 집안에 있는 사람들은 발을 통해 노상에서 벌어지는 일을 쉽게 볼 수 있지만, 바깥에 있는 사람들은 아무도 안에 있는 사람들을 알아 볼 수 없고 또 집에서 무엇을 하고 있는지도 모른다. 좋은 발은 매우 비싸고 얻기도 어렵기 때문에 오직 부유층만이 그것을 사용한다. 가난한 사람들은 매우 거친 골풀로 만든 발로 만족해야 한다.

지방의 귀족들은 새해에 왕에게 몇 종류의 발을 선물하는 것이 관례이며, 그 가운데서 영국 여왕이 사용하는 인디언 숄과 같은 발들은 다시 왕이 왕족이나 고관에게 하사한다. 나는 운이 좋게도 왕과 가까운 한 고관으로부터 두 개의 발을 선물 받았다. 이 발은 마치 기계로 꼼꼼하게 제작한 것처럼, 놀라울 정도로 정밀하고 섬세한 제품이었다. 발의 길이는 약 6피트, 폭은 약 5피트 정도이며 제일 윗부분과 아랫부분에는 각각 검정, 빨강, 녹색의 줄무늬를 수놓았다. 가운데 부분에는 매우 예쁘고 단순한 띠 모양의 장식이 있고 그 안쪽에는 한글이 박혀 있다.

한옥은 외관상으로는 별로 마음에 안 들지 몰라도 실내를 둘러보면 덜해진다. 왜소한 방은 물론이거니와 가구나 그림이나 장식물이 놓여 있지 않기 때문에 별로 만족스럽지는 않다. 방의 길이는 8~10피트 정도이며 폭은 이보다 작고 높이는 약 7피트 정도로 마치 작은 상자 같다. 방은 노란빛이 도는 두꺼운 기름종이로 덮여 있는 바닥을 제외하고는 모두 흰색으로 덮여 있다. 가장 가난한 사람들이 사는 집에는 방이 오직 하나 뿐이다. 그와는 달리 제법 부유한 사람들의 집은 두세 개의, 대체로 세 개의 방을 가지고 있으며 물론 고관의 집에는 방이 훨씬 더 많다.

고래(坑)

한옥의 난방 과정은 약간 원시적이다. 그것은 동아시아의 대부분의 나라들에서 이용되고 있는 것인데, 내 생각으로는 그것이 조선 사람들이 간직하고 있는 유일한 원시적인 관습이다. 방바닥은 구들장으로 되어 있는데, 그 아래에는 방과 같은 크기의 큰 고래가 있어 겨울 동안에 주야로 장작을 태운다. 그 과정을 보면 불을 꺼뜨리지 않고 이 아궁이를 보살피는 임무를 맡은 한 하인이 귀찮은 나머지 나무와 마른 잎을 목까지 차도록 채워 불을 붙여 놓고는 그대로 잔다. 이것은 때때로 구들장을 덮고 있는 장판이 견딜 수 없을 만큼 달구어져서 맨발로는 그 위에 서 있지 못할 정도까지 뜨거워지는 것을 뜻한다.

방바닥에서 솜을 넣은 옷을 입고 목침을 베고 자는 것이 조선 사람들의 습관이다. 그러나 부유층은 비단 홑청으로 된 작고 얇은 이불을 덮는데, 밤에는 펴고 낮 동안에는 말아 둔다. 조선 사람들은 방바닥에서 자기 때문에 바닥이 너무 뜨거워 거의 데다시피 하는 일이 흔히 일어난다. 그러나 태평스러운 조선 사람들은 이것을 마다하기는커녕 오히려 즐기는 것 같았는데, 한 쪽이 잘 데워지면 다른 쪽으로 돌려서 몸을 고르게 데운다. 이러한 조선 사람들에게 감탄하면서도 내 자신이 그들처럼 하기는 매우 어려웠다.

나는 그 아궁이의 본래 이름인 갱을 직접 사용했던 첫 경험을 잘 기억하고 있다. 그 때 나로서는 그 아궁이가 너무 뜨거워 내가 실수를 저지르지는 않았나 하는 생각이 들었고 급기야는 잠자는 방이 아닌 화장터 아궁이에 들어 온 것이 아닌가 싶었다. 그런데 주먹으로 종이 창문에 구멍을 뚫어 통풍을 시킨 것이 일을 열 배나 그르치고 말았다. 왜냐하면 내 몸의 반은 데워지고 있었고, 나머지 반은 얼어붙고 있었기 때문이었다. 이날부터 고래를 사용한 사람들이 아침에 죽지 않고 일어나는 것이 나에게는 항상 놀랍고도 설명할 수 없는 사실로 각인되었다.

가구와 보석

가정의 가구들은 앞에서 언급한 대로 다양하지도 않고 호화롭지도 않다.

사실은 언뜻 봐서는 가구가 전혀 없다고 말하고 싶을 정도이다. 어쩌다가 응접실에 펼쳐 있는 호랑이나 표범 가죽을 볼 수 있을지도 모른다. 구석에는 투박한 작은 장이 있고 그 옆으로 작고 키가 낮은 상과 한 두 송이의 꽃이 꽂힌 작은 항아리가 그 위에 놓여 있을 수도 있다. 그러나 더 이상의 것을 보기는 어려울 것이다. 대개 침실에는 옷을 넣어 두는 장롱이 있다. 그러나 옷은 벽에 박힌 못에 걸어 두는 것이 관습이다. 장롱은 온통 놋쇠로 점점이 박힌 흰 양피지로 덮여 있으며 놋쇠 자물쇠와 두개의 손잡이가 달려 있다. 여행할 때 조선 사람들은 이것을 트렁크로 사용한다.

내가 언급한 방들 외에도 부자들은 보통 늘 잠가 둔 특별한 방을 하나 가지고 있는데, 그 안에 가보들을 보관하고 있다. 그 귀중품들은 일본의 카케모노(족자)와 같이 말려 있는 조선의 고서화들과 병풍 및 사츠마 도자기의 꽃병들이다. 이것을 만드는 기술은 한국인들이 일본인들에게 전수해 주었으나 지금은 예전의 명인들만큼 만들어 낼 수 없다.

그밖에도 어떤 조선 사람들은 매우 진귀한 칠기 제품을 소장하고 있는데, 이들은 중국산과 일본산에 견주어 세련미가 떨어진다. 그러나 그들은 이런 가보들을 결코 노출하지 않는다. 오직 혼인이나 초상 또는 국경일과 같은 큰 일이 있을 때에만 드물게 내놓는데, 기껏해야 한두 점을 낮 동안에 응접실에 선보였다가 밤이 되면 다시 조심스럽게 포장해서 넣어 둔다. 일본인들에게 만연되어 있는 사고방식들이 여기에서도 마찬가지로 통용된다.

그것은 자기가 가진 것을 자랑하는 것은 좋지 않다는 것이며, 그가 부자일수록 더욱 소박하게 살고 있다는 것을 보여야 하고 주위 사람들의 시기심을 자극해서는 안 된다는 것이다. 금욕과 절제라는 불편을 감내하는 것은 조선에서 크게 존중받는 미덕이다. 따라서 이런 면에서 양반들이 모범을 보이면 틀림없이 존경받고 다른 사람들이 본받는다. 왕족과 양반 그리고 고관들이 베푼 이러저러한 작은 자선 행위가 세간의 화젯거리가 되는 일은 매우 흔히 있다.

부엌

부엌도 빼먹지 말고 살펴봐야 한다. 부엌에 들어서서 가장 놀라는 것은 커다란 독들인데, 모양과 크기는 이탈리아의 오르카(범고래)와 비슷하며 조선 사람들은 그 속에 술과 물 그리고 보리와 쌀 등을 넣어 둔다. 그리고 부엌에는 각종 윤기 나는 놋쇠 그릇과 받침 접시 및 다양한 크기의 사발들이 놓여 있다.

사발은 한국인들이 식사 때 사용하는 것이다. 이 모두는 놋쇠로 만들었다. 가장 큰 사발에는 국과 밥을 담고 그 다음 크기의 사발에는 각각 술과 물을 담는다. 반면 더 작은 것에는 야채와 식사할 때 꼭 등장하는 간장을 담는다. 희한하게도 조선간장은 내 판단에 우리들이 즐겨 먹는 소스와 맛과 색깔이 꼭 같다.

조선 사람들은 식사할 때 젓가락을 사용하며 이웃하고 있는 중국인이나 일본인들의 습관과는 달리 숟가락도 사용한다. 젓가락은 아주 값싼 나무로 만들며 거의 매 식사 때마다 새 것을 사용한다. 조선 사람들이 즐겨 먹는 음식의 종류는 이웃 나라들보다 훨씬 다양하다. 그들은 집오리, 사슴, 생선, 소고기, 돼지고기, 닭고기, 달걀, 해초류들을 즐겨 먹는다. 과일은 조선 사람들 누구나 좋아하는 것 같다. 그 가운데서 그들이 가장 즐겨 먹는 것은 감인데, 그것을 그대로 먹거나 말려서 먹는다. 사과, 배, 자두도 그들이 즐겨 먹는 과일들이다.

음식

조선 사람들은 하루에 세끼를 먹는다. 첫 번째 식사는 이른 아침에 가족들이 모두 모여 아주 간소하게 먹는다. 그러고 나서 점심 식사는 실속 있는 것으로 하며, 마지막으로 저녁때 하는 만찬인 대식이 있는데 여기에서 조선 사람들의 엄청난 식성이 잘 드러난다. 기후가 일본보다 훨씬 춥기 때문에 조선 사람들이 일본인들보다 더 육식을 즐기고 살쪄야 하는 것은 자연스러운 일이다. 조선 사람들은 주로 후추와 식초로 흠뻑 양념해서 버무린 돼지고기와 소고기를 살짝 구워 먹는다.

조선 사람들은 이탈리아의 마카로니나 베르미첼리(가는 국수)와 아주 비슷한 국수를 먹고 있다. 이 음식들은 큰 접시에 담아 나오는데, 서울의 모든 음식점에서 흔히 맛볼 수 있다. 이 음식은 상류층보다는 하류층에서 보다 즐겨 먹는 것으로서 간장에 찍어 먹는다. 비록 그것이 나폴리의 거지처럼 먹는 모습이 그렇게 좋아 보이지는 않지만, 조선 사람들은 숟가락과 손가락을 이용해서 금세 많은 양을 먹어 치운다.

조선의 하류층들은 차를 거의 마셔 본 적이 없다. 대신에 그들은 밥을 짓고 생긴 숭늉을 마시는 것으로 만족하거나 인삼을 우려낸 물을 마신다. 그들은 또한 집에서 보리, 쌀과 겨를 발효시켜 각기 다른 농도와 맛을 내는 두세 종류의 주류를 양조한다. 쌀을 발효시켜 만든 막걸리는 전혀 불쾌하지 않으며 순한 포도주도 더없이 맛이 좋다. 그러나 나는 분명히 술에 대한 전문가는 아니며 또 거의 모든 시간은 유화 작업에 쓰고 있기 때문에 술 마실 겨를이 별로 없다. 그러니 내가 술보다는 기름을 훨씬 잘 안다는 것으로 변명이 되었으면 좋겠다.

나는 독자들이 나의 이런 신통치 않은 말에 익숙하다고 생각하고 이제 조선 사람들이 저녁을 먹을 때 반주를 곁들이는 일상적인 습관에 대해 이야기할까 한다. 합석한 모든 사람들이 같은 술잔을 돌려 가면서, 그리고 빈 잔을 다시 채워 가면서 술을 마신다는 것도 그들만의 이채로운 습관이다.

저녁 식사는 일본과 비슷하게 2~3인치 높이의 작은 상에 차려져 나온다. 생선은 대개의 동양인들처럼 날로 먹는데, 소스와 비슷한 액에 찍어 먹는다는 점이 특이하다. 물론 생선이 상했을 때는 조리가 필요하겠지만, 생선을 조리하는 것은 단순히 음식을 망치는 면목 없는 행위로 여겨진다. 생선은 물에서 막 잡혀 나왔을 때가 먹기에 가장 싱싱하다고 그들은 생각한다.

단단하게 삶은 달걀도 조선 사람들이 즐겨 먹는 음식 가운데 하나이며 순무, 감자, 일본의 다이콘과 비슷하게 생긴 큰 무 역시 조선 사람들의 저녁상에 자주 등장한다. 가난한 계층들은 정어리 새끼인 듯한 작은 생선을 가끔은 돼지고기와 섞어 후추와 검은 간장과 식초를 넣어 버무려 만든 특이한 샐러드를 즐겨 먹는 것 같다. 이 음식은 전체적으로 기분 나쁜 갈색에 생선 샐러드 냄새가 지독한데, 그것은 콜로디온[7] 냄새가 진동하는 어느 사진사의 암실을 연상하게 했다.

한국인들은 쌀을 요리하는 데 일가견이 있다. 그들의 쌀 요리는 거의 예술의 수준인데, 이러한 평가의 영예는 여성에게 돌아간다. 왜냐하면 이러한 종류의 일은 바로 그들의 임무이기 때문이다. 때때로 조선 사람들은 밀가루로 음식을 만들지만 우리들이 먹는 빵과는 전혀 다르다. 쌀에 대해서는 맨 마지막에 언급하겠지만, 내가 보기에 조선의 처녀들은 요리하는 데 별로 관심이 없어 보이며 쌀을 적당하게 끓이는 데 크게 애를 먹고 있는 것 같다.

먼저 큰 물통에서 쌀을 잘 씻어서 깨끗이 한 다음에 물을 많이 붓고 천천히 끓인다. 그러한 작업은 우리가 그것을 끓여서 풀처럼 만들어 내는 것과는 달리 아주 부드럽고 맛깔나면서 낱알의 형태를 그대로 유지하고 또 그것들이 각각 떨어져 있도록 해야 한다. 밥을 푸고 난 뒤에 남은 허연 숭늉은 앞서 살펴본 바와 같이 음료로 마신다.

어떤 면에서 조선의 식사법은 일본보다는 중국이나 인도와 비슷하다. 내가 본 많은 조선 사람들은 밥을 고기와 생선과 섞은 다음 카레와 같은 진한 양념을 얹어 비벼 먹고 있었다. 그러나 일본인들은 밥을 항상 사발에 따로 담아서 먹는다.

---

7) 콜로디온(collodion) : 사진 필름의 긁힌 상처에 바르는 화공 약품.

폭식

소화 기관이 감당할 수만 있다면 조선 사람들은 음식을 양껏 먹는다. 그들에게는 주렸던 배를 채우고 나서 "아, 참 배부르다!"는 말을 흐뭇하게 내뱉을 수 있는 것 이상의 더 큰 만족은 없다. 그들에게 먹을 것이 없다면 삶의 가치가 없다. 이와 같은 사고방식에 젖어 살았기 때문에 그들의 엄청난 식사량은 그다지 놀랄 만한 일이 아니니다. 나는 한 조선 사람이 평균 유럽인 3인분에 해당하는 점심을 먹는 것을 본 적이 있다.

그렇게 먹고 나면 나는 그가 토할 것으로 생각했는데, 큰 곶감이 담긴 접시로 다가갔다. 곶감은 원래 소화가 잘 안 된다. 그는,

"매우 먹음직스럽군!"

이라고 말하며 재빨리 하나를 집어삼키면서 나머지 손가락으로 허리띠를 늦추어 뱃속에 더 많이 들어갈 공간을 만들었다. 그는,

"한두 개 더 먹어야겠어."

라고 중얼거리면서 실제로 두 번째 곶감을 삼켰다. 순식간에 접시 위의 모든 과일들은 남김없이 소화력이 뛰어난 그의 뱃속으로 들어갔으며, 그는 침이 묻은 손가락 끝으로 접시 바닥에 남아 있는 약간의 설탕을 긁어 먹었다. 그리고는 고개를 들며 무심히 말했다.

"오늘은 기분이 별로 좋지 않고 식욕도 없다."

나는 이렇게 대꾸했다.

"기분이 좋을 때, 다시 오시죠. 그러나 우리의 음식이 아닌 경우에는 그것에 손대지 않겠다고 약속하셔야 합니다."

그러나 조선 사람들의 게걸스러운 식탐의 주된 이유는 이러한 만족할 줄 모르는 식욕이나 대식 때문이라기보다는 그들의 예의 때문이다. 주인은 손님에게 차린 음식에 대해 부족함을 표시해야 하며 손님이 자신 앞에 차려진 음식을 먹지 않는 것을 큰 결례로 생각한다. 만일 손님이 음식을 남길 경우

에는 그들은 손님에게 그것을 좋아하지 않는지 아니면 맛이 없는지 또는 집에서 먹던 것보다 못하지는 않으냐고 물어 본다. 정상적인 식사량이라는 관념은 그들에게는 낯설며 생각해 본 적도 없다.

그들은 어릴 때부터 음식을 많이 먹도록 훈련받기 때문에 먹을 수 있을 만큼 흔쾌히 모두 먹는다. 나는 어린 아이들이 밥을 너무 많이 먹는 바람에 조그만 배가 한없이 불러 거의 걷지도 못하고 숨조차 제대로 쉬지 못하는 경우를 본 적이 있다. 나는 이런 상태에 있는 자식을 보면서 흐뭇한 미소를 짓고 있는 한 어머니에게 물어보았다.

"배가 터질까 걱정되지 않습니까?"

"아녜요! 보세요!"

하면서 그는 어린이에게 서너 숟가락의 밥을 더 떠 넣었다. 그 뒤로 나는 내가 조선의 어린이로 태어나지 않았다는 사실에 감사하게 되었다.

조선 사람들이 집에서 식사를 할 때는 남자들이 먼저 자신의 아내와 하인들이 차려 온 식사를 하며, 여자들은 그 뒤에 다른 방에서 밥을 먹는다.[8] 여자들은 거의 반주를 하지 않고 물과 숭늉으로 만족한다. 남편의 안일을 돌보는 것은 아내의 의무이기 때문에, 조선의 여인들은 남편에게 저녁을 먹인 다음 그가 곯아떨어지면 그제야 물러 나와 자신의 식사를 챙기고 친구 집에 놀러 가거나 빨래를 하거나 잠을 청한다.

잠

조선 사람들은 밤늦게까지 이러저러하게 시간을 보내는 것을 즐긴다. 반면에 세계에서 그들만큼 잠을 좋아하는 국민도 없다. 내가 관찰한 바로는

---

8) 이러한 음식문화를 전[餕]이라고 한다. 여자는 남자가 물린 상을 받아먹는다는 뜻이다.

부자들은 그들의 삶을 완전히 먹고 자는 데 소비한다. 내가 양반을 방문했을 적마다 그들은 항상 무엇을 먹고 있거나 잠을 자고 있었다. 자연히 이런 종류의 생활은 상류층을 연약하고 다소 여성스럽게 만든다.

많은 남자들은 감각적인 쾌락에 빠져 말년에는 완전히 파멸하게 된다. 과음을 하는 습관이 조선에서는 일종의 국민적 습관이며 과식이나 음주 및 다른 악습은 귀족들도 그다지 예외는 아니다. 조선 사람들은 매우 불규칙하게 생활한다. 그들은 낮잠을 잤기 때문에 밤에는 잠이 오지 않아 결국 밤새 잠을 자지 못하는 때가 가끔 있다. 이런 때는 다시 낮잠을 잘 때까지 노래를 부르거나 쌍편이나 장기를 두고 가끔은 화투놀이를 한다. 그러나 귀족들은 화투란 물장수나 병사들이나 하는 저급한 놀이로 여겨 그것을 좀처럼 하지 않는다.

조선의 부자들은 대개 친구들과 어울려 몇 달 동안 몸살이 날 정도로 놀이를 즐기는 경우가 다반사이다. 독자들이 이미 충분히 상상했듯이 조선의 귀족들은 만성 소화불량에 시달린다. 그리고 누군가 자신의 건강에 대해 안부를 물으면 고통스러운 표정을 지으며 변함없이 늘 이렇게 대답한다.

"나에게 안 맞는 음식물을 먹었어. 여기가 아파."

그러고 나서 손을 가슴팍에 올린다.

조명

조선의 가옥에서 사용하는 조명은 침침하고 단순한데, 가장 흔한 방식은 나무나 놋쇠로 만든 긴 촛대에 초를 꽂아 쓰는 것이다. 우리가 야간 등으로 사용하는 것과 비슷한 석유램프도 가끔 사용한다. 그러나 석유램프는 그다지 빛이 밝지 않으므로 대부분 값이 훨씬 싼 초를 사용한다. 초는 빨리 녹고 연기와 냄새가 지독하다는 점이 흠이다.

내가 보기에 앞서 언급한 다양한 실내 가구 외에 조선 사람들이 애지중지하는 물건은 기껏해야 저명한 사람의 "육필" 정도이다. 그들은 "글자"를 쓴 한지를 나무틀 위에 펼쳐서 대개 대문 위에 높이 걸어 놓기 때문에, 새로운 방문객이 그 집에 들어설 때 맨 처음 보는 것은 바로 그 육필이다. 그때 방문객은 의무적으로 집 주인에게 그것을 소장하게 된 행운을 축하해 주어야 한다.

하수도

이제까지 우리들은 흥미진진하고 독특한 조선 가옥의 다양한 모습을 살펴보았다. 자, 그러면 이제 다시 밖으로 나가 보자. 도심의 거리들은 더할 수 없이 꾸불꾸불하고 불규칙하다. 주요 도로를 제외하고는 대부분의 거리들은 네 사람이 나란히 걷기에도 좁다. 하수는 그대로 드러난 채로 가옥들을 따라 길과 나란히 흐르고 있다. 창문이 바로 하수도 위에 있기 때문에 조선 사람들은 거기에서 진동하는 악취를 들이마시지 않을 수 없다. 비가 오면 빗물이 하수를 상당한 정도로 정화시키기 때문에 한결 낫다.

모든 것이 결빙되는 겨울 몇 달은 지낼 만하다. 그러나 봄에 접어들어 해빙이 시작되면 사람들은 코가 없었으면 하는 생각이 들 정도가 된다. 모든 집의 입구에는 돌 슬라브가 도랑을 덮고 있다. 오직 도시 가옥의 지반만이 단단한 돌로 다져져 있다. 그러나 시골집의 경우에는 지반 높이의 절반에 해당하는 상단 부분이 대나무와 등나무 줄기로 엮어진 거친 거적에 단단히 부착된 진흙으로 다져져 있다.

제 10 장 결 혼

조혼은 조선의 남자들이 겪어야 할 불행이거나 또는, 만일 그 말이 더 좋다면, 행운이라 할 수 있다. 사내아이가 태어나자마자 그 아버지는 자식의 신붓감을 물색하기 시작하기 때문에 그는 아직 소년의 티도 채 벗지 못할 무렵에 결혼하게 된다. 조선 사람들은 아주 어려서 결혼한다. 나는 열 살 혹은 열두어 살 쯤 되어 보이는 소년들이 등 뒤로 늘어뜨린 총각의 긴 머리채를 버리고 기혼자를 뜻하는 상투를 틀고 있는 것을 본 적이 있다.

그러나 혼례를 올렸다고 해서 그 한 쌍이 진정한 의미에서 부부가 되었다고 볼 수는 없다. 왜냐하면 세상 사람들의 눈에는 남편과 아내일지라도 그 둘은 사춘기에 이르기 전까지는 함께 살지 않는다. 다시 말해서 6~7년 동안의 결혼 생활은 단지 명목상이기 때문에 사실 우리들의 "약혼"에 해당하는 것이다.

그러나 그가 아무리 어리다 하더라도 결혼한 남자로서 당연히 해야 할 의무가 있다. 그는 아무리 어리더라도 결혼한 순간부터는 어른이 되었기 때문에 오직 어른들과 어울려야 한다. 총각 시절에 또래 친구들과 팽이를 치며 어울려 뛰어 놀던 모든 즐거움을 잊고 그는 이제 나이든 어른처럼 점잖게 처신해야 한다.

그림(p. 77)은 어느 여인의 남편이 된 열두 살 난 신랑의 모습을 보여 주고 있다. 이 그림을 그릴 때, 나는 그가 아내를 얼마나 좋아하고 그의 외모는 어떠냐고 물어 보았다.

"몰라요. 저는 그를 한 번 밖에 못 봤고 아직 말을 해본 적도 없어요."

"그런데 어떻게 그를 좋아할 수 있죠?"

"왜냐하면 제가 결혼하는 것은 아버지의 바람이고 또 저는 아버지의 뜻을 따라야만 했기 때문입니다."

"당신 아버지는 그 처녀를 잘 아십니까?"

"아녜요. 그러나 우리 아버지는 그의 아버지를 잘 알아요."

"그러면 당신 어머니는 뭐라고 하십니까?"

"아무 말씀도 안 하세요."

"왜 그렇죠?"

"제 어머니는 돌아가셨기 때문이죠."

나는 이 대목에서 그의 어머니가 침묵을 지키는 확실한 이유를 알 수 있었다. 그러나 나는 다시 가능한 많은 것을 알기 위해 그에게 질문을 계속 던졌다.

"언제부터 아내와 가서 함께 살 겁니까?"

"19살이나 20살쯤부터요."

중매쟁이

이 모든 일이 내게는 너무나 낯설었기 때문에 자연스레 나는 조선의 결혼 관습에 대해 더 자세하게 알고 싶어졌다. 내가 들은 바에 따르면, 조선의 결혼에서 신랑·신부의 뜻은 거의 고려되지 않는다. 그들을 위한 거의 모든 일은 친척이나 중매쟁이의 주선을 통해 성사된다. 자식의 혼기가 가까워 오면 두 아버지 사이에 혼담이 오고 가고, 어느 현자에게 날을 받아 곧 결혼식을 올린다.

만약 신랑의 아버지가 안 계실 경우에는 가장 가까운 친척들이나 일을 맡은 중매쟁이가 신부의 아버지와 혼사를 추진한다. 신부 측이 멀리 떨어져 살고 있거나 신랑을 보러 가는 경비를 감당할 수 없는 경우에 혼인 당사자들은 서로를 알 수가 없다. 그럴 경우에 신랑은 신부가 자신과 함께 살려고 그의 집에 올 때까지 몇 년 동안 참을성 있게 기다릴 수밖에 없다.

우리의 사고방식으로는 조선의 결혼은 참으로 한 장의 복권이다. 나는 왜 그들의 결혼이 대등한 두개의 복권이 될 수 있는지 알 수 없다! 혼사는 서신을 통해 결정되기도 하므로 가끔 오해가 생길 때도 있다. 예를 들면, 하나는 건강하고 하나는 절름발이인 두 딸을 가진 아버지가 앞의 딸을 학식과 재산이 있는 매력적인 청년과 혼사를 추진한다. 그러나 결혼식 당일에서야 그가 꿈꾸어 왔던 묘령의 여인 대신에 곱사등이에 몰골이 흉한 절름발이와 혼인하게 된 사실을 알게 된 신랑의 당혹감을 상상해 보라.

어찌된 노릇인가? 그러나 분명히 자신의 아버지가 신중하게 서명한 약정서가 있다. 그리고 신부의 아버지가 너에게 주기로 한 딸은 예쁜 딸이 아닌 바로 "이" 딸이라는 표정을 짓고 있다! 그러한 상황에서 부모님을 슬프게 하지 않는 길은 위풍당당하게 그 혼례를 치르고 가장 이른 시기에 미모의 첩들을 들이는 외에는 방도가 없지 않은가?

소실[축첩]

조선에서는 일부다처제가 인정되기 때문에 첩을 두는 것은 국민적 관습이다. 정부가 축첩을 공인한 것은 아니지만 공개적으로 용인되고 허용된다. 조강지처는 이와 같은 사실을 잘 알고 있기 때문에 만일 남편이 명령하면 비록 이 라이벌들과 같은 지붕 아래 살고 싶지 않을지라도 그들을 받아들여 화목하게 어울려 살아야 한다. 그러나 조선에는 이러한 첩들에게 분심을 드러내는 여인들이 있기 때문에 첩을 둔 남편과의 불화가 적지 않다.

절망에 빠진 아내가 집을 나가면 남편은 그를 정당하게 다시 데려와 공개적으로 볼기를 친다. 이러한 중벌을 내림으로써 아내의 분심을 이성적으로 돌려 세운다. 그러나 조선의 여인들은 매우 현명해서 첩을 들이는 일에 시샘하거나 이러저러한 불평을 늘어놓지 않기 때문에 그러한 일은 거의 일어나지 않는다. 그는 남편이 첩들과 쉽게 이혼할 수 없다는 것을 너무나 잘 알고 있다.

일단 운명적인 관계가 맺어지는 것도 그렇고, 또 실제로 첩들의 신분이 높든 낮든 간에, 심지어는 하인 출신일지라도 법률적으로 그들이 결코 본처가 될 수 없기 때문에 현실적으로 자신을 능가할 수 없다는 사실에 매우 만족스럽게 여기고 있지 않나 생각된다. 그는 첩들과 화목하게 지내면서도 자신이 무던히도 참고 있으며 너희들은 나보다 신분이나 지위가 낮다는 인상을 은연중에 심어 준다. 이러한 점이 첩들로 하여금 본처의 친절을 가식적으로 느끼게 만든다.

그러나 침착한 조선 여인조차도 증오와 뒤섞인 질투로 말미암아 첩과 서로 할퀴고 머리채를 쥐어 잡고 싸우다가 법정에 서는 일이 흔히 일어난다. 그러나 보다 지체 높은 여인들은 그와 같은 방법으로 자신의 권위를 세우는 것을 경멸한다. 그러한 상황에서 그들은 말없이 고충을 참는 것을 보다 값진 방법으로 생각하기 때문에 주변의 모든 이들은 본보기가 되는 훌륭한 성품의 소유자라고 그를 칭송한다.

혼례식

조선의 혼례식은 간단한데, 서양처럼, 신부 집이 아닌 신랑 집에서 치른다. 만일 처녀가 부유하고 양반집 출신이면 가마를 타고, 보다 신분이 낮으면 조랑말이나 당나귀를 타고 부모·친척·친구들과 함께 신랑 집으로 간다. 그 곳에 도착하면 그는 신랑의 아버지의 영접을 받으면서 성황을 이루고 있는 신랑의 친구들과 친척들을 보며 방 가운데에 세워 놓은 작은 단상에 올라가 쪼그리고 앉는다.

곧 신부의 아버지가 뒤따라 와 바로 그의 뒤에 앉는다. 그리고 앞으로 자신의 생활이 얼마나 크게 바뀔지를 전혀 깨닫지 못하는 신랑이 신부 앞쪽에 무릎 꿇고 앉는다. 그러면 몇 백 글자의 기묘한 한문으로 쓴 문서가 작성된다. 그것은 아무개 군과 아무 성씨의 딸 사이에 성스러운 혼례가 치러졌음을 증명해 주는 문서이다.

우리가 앞서 살펴보았듯이 여자는 낮은 성이기 때문에 이름을 가질 자격이 없다. 이 서약서에는 신랑 · 신부의 아버지와 가장 가까운 친척들이 서명한다. 만일 글을 모르면 그는 지장을 찍는데, 이러한 경우가 다반사이다. 그런데 나는 그동안 보아 온 모든 표지 가운데에서 이것이 가장 기묘한 것이었음을 고백하지 않을 수 없다. 만일 신부가 문맹이라면 손가락과 손목에 굵은 붓으로 먹물을 칠해 문서 위에 찍는다. 그러나 만일 그가 명문가 출신이 아닐 경우에는 보다 덜 우아한 방법으로 검정 칠을 해서 손자국을 찍는다.

이러한 보다 간단한 과정이 그 의식을 더욱 인상적으로 만든다. 이러한 식으로 생생한 인상을 남기며 서류의 한 부분에 손자국을 찍고 나면 두 사람은 위엄을 다시 찾고 한마디 말이나 일체의 미동도 없이 얼굴을 마주하고 앉아 있다. 그때 신랑은 그에게 순응 또는 동의의 표시로 절을 네 번 하면 이어서 신부가 두 번 절을 한 다음, 존경의 표시로 시아버지에게도 네 번의 절을 올린다. 이로써 혼례는 끝이 나지만 참석자들에게 더 많은 절을 해야 한다.

참석자들은 차례로 새와 생선 등의 선물을 들고 단상으로 다가가서 두 부부의 건강과 행복을 기원하는 덕담과 함께 축배를 든다. 이때 신랑과 그 친구들이 하는 농담에 전혀 관심을 보이지 않고 저녁에 신방에 들어갈 때까지 말없이 앉아 있어야 하는 것이 신부의 의무이다. 신방에 들기 전에 신랑은 남자들이, 신부는 여자들이 각각 다른 방으로 데려간다.

그러면 신랑의 가장 친한 친구들은 그의 땋은 머리를 자른 뒤 상투를 틀며 신부 또한 그의 가장 친한 친구들이 신부의 머리 모양새를 기혼녀의 것으로 바꾼다. 한 남자가 자신의 행동에 대해 책임지게 되었음을 세상으로부터 인정받는 것은 바로 이와 같이 머리 모양새가 바뀌고 난 다음부터이다.

이렇게 신랑과 신부의 모습이 바뀌고 떠들썩한 잔치가 끝나게 되면 그들은 신방에 든다. 신방에는 미리 알리지 않는 것이 좋은 수많은 짚으로 만든 인형들이 누구나 다 아는 어떤 의미로 놓여 있다. 이 인형들과 함께 두 가엾은 신혼부부가 신방에 들면 많은 친지들과 하인들이 낄낄거리며 문가에 귀를 기울이고 앉아 있다.

이때 신부는 한 마디도 말을 해서는 안 되는데, 만일 그의 목소리가 새나오면 그는 일생 동안 놀림감이 되어 온 주위의 입방아에 오른다. 중매쟁이나 아버지 혹은 다른 사람이 첫 날밤을 도와주는 임무를 맡아 그 결혼이 행복할 것인지 아니면 불행할 것인지를 친척과 친구들에게 이야기한다. 대개 그들은 일부러 신방에 놓아둔 병풍 뒤에서 자신의 역할을 수행한다.

이런 일의 전말은 대개 이렇다. 신랑은 신부를 아주 좋아하거나 아니면 아예 그를 쳐다보지도 않는다. 만일 전자의 경우라면 처음 두 주일 정도는 두 부부는 행복에 젖어 서로에게 관심을 쏟는다. 그러나 이러한 정열은 점점 식어 가고 급기야 싫증이 난 남편은 곧 소실을 얻는데, 재산 정도에 따라서 셋째, 넷째 소실까지 두게 된다.

얼마 지나지 않아 그는 다시 조강지처에게 돌아와 얼마간의 애정을 보이지만 결코 예전만은 못하다. 조선 사람들은 자신의 아내를 존경과 친절로써 대하고 부양한다. 그러나 아내에게 여자는 열등한 존재라는 것을 항상 상기시킨다. 이 점에 대해서 조선의 여자들은 아주 체념한 듯하다. 그들이 남편을 대하는 성실성은 매우 놀라울 정도이며 자기 자신을 아주 잊고 산다.

여자에게 남편이 얼마나 중요하며 그의 평안과 행복을 얼마나 생각하는지는 양반층의 여자가 과부가 되었을 때 자신이 살아 있는 한 상복을 입고

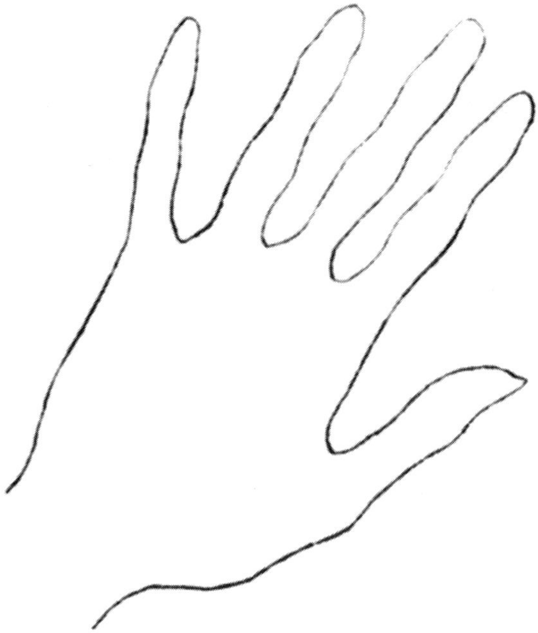

손도장

생전의 남편을 떠올리면서 눈물을 흘리는 것으로 충분히 알 수 있다. 재혼은 허용되지 않는다. 신분이 낮은 계층에서는 현실적으로 이 규칙이 일관되게 지켜지지 않는 것이 사실이다. 이것은 법이 아니고 단지 관례일 뿐이다.

과부

또한 많은 조선의 여자들은 나이와 몸이 아직 젊은 때 남편을 잃게 되면 그가 어디로 가거나 홀로 살아가기보다는 남편과 함께 하기 위해 자살을 한다. 그러나 만일 아들이 태어나면 그를 키워야 하고 그가 자라서 가장이 될 때까지 그 아들을 그의 주인으로 생각한다.

이혼

한국에서 이혼을 하기란 쉬운 일이 아니다. 그러나 많은 돈을 들이면 가끔 이혼이 성립되는 경우도 있다. 이혼이 성립되는 주요 원인은 부정, 불임, 부정직, 그리고 불치의 병을 앓을 경우이다. 이러한 경우는 오직 여자에게만 적용되는 것이며 유감스럽게도 남자에 견주어 약한 여성이 남편에게 해야 할 배상은 없다.

조선의 법에 따르면 만일 남자가 여자와 깊은 관계를 가졌던 사실을 증명할 수 있으면 그는 곧 그 여자의 주인이 된다. 사정이 그러므로 비록 당사자들이나 여자의 부모의 의사와 다르더라도 남자는 여자를 자신의 집에 데리고 가서 아내나 첩으로 삼을 수 있는 완벽한 권리를 가지고 있다.

간통

최근까지도 조선에서는 여자의 간통은 으뜸가는 중죄였다. 이제 그 법은 좀 관대해져서 그러한 중죄를 범해 끌려온 여자들은 거의 죽도록 매를 맞는데, 만일 죽지 않고 깨어난다면 궁궐에서 일하는 하급 관리나 양반의 첩으로 준다.

데릴사위

신체상의 결함이 있거나 신랑감을 찾지 못한 채 나이가 찬 여자들은 돈으로 남자를 구할 수 있도록 허용되는데, 이것은 우리 식으로 말하자면 돈으로 사고파는 결혼이다. 그러나 조선에서 이런 일은 그리 흔하지 않으며, 그러한 경우의 남편은 보통 몰락한 양반이나 중간 계층에서 고른다. 이때 결혼에 대한 보수로 돈을 지불한다. 조선 사람들을 그것을 결코 자랑스러운 일로 여기지 않기 때문에, 그들은 그러한 행동을 하는 남자를 경멸한다.

여자가 결혼을 하게 되면 그는 남편의 모든 재산의 공동 소유자가 된다. 남편이 아들을 낳지 못하고 죽으면 돈과 토지는 아내에게 상속된다. 그러나 이런 일이 일어나면 상속받은 재산의 많은 부분은 남편의 명복을 빌어 준다는 명목으로 점쟁이와 중들이 삼켜 버린다. 망자에 관한 한 조선 사람들은 겁도 없이 돈을 쓰는데, 이때 많은 돈이 점쟁이 등을 통해 죽은 사람의 소망을 들어주는 데 쓰이고 있다.

조선 여인들은 매질을 당하거나 머리를 잘릴 수 있다는 불안감 속에 엄격히 격리된 노예와 같은 생활을 하지만 항상 모험이 없는 것은 아니다. 사랑이라는 것이 극단적인 상황에 변화를 주는 일이듯이 조선에는 남편의 사랑을 받지 못한 젊은 아내들이 호리호리한 유부남과 사랑에 빠진 이야기들이 많다. 그들은 아마 남편 몰래 이상적인 남자를 그리면서 창호지 문에 구멍을 뚫고 몇 달이나 심지어 몇 해 동안 길거리에 지나다니는 사람을 살피며 잠 못 이루는 지루한 밤을 보낼 것이다.

조선의 여인들은 매우 정열적이며 공상적인 애정을 갈구한다. 마침내 그가 마음에 드는 남자를 발견하게 되면, 믿을 만한 하인에게 돈을 쥐어 주어 그와 접촉한다. 만일 문제의 남자가 고관이거나 귀족일 경우, 보통 왕명에 따라 그의 남편은 멀리 떨어진 어느 지방으로 쫓겨나거나 몇 년 동안 아내를 남겨 놓고 여행을 나선다.

그 동안에 남편의 부고나 가난을 호소하는 뻔한 탄원문이 날아들지만 여하튼 그는 대개 자신이 사랑하는 남자의 첩이 된다. 조선의 문학에는 여인의 불타는 사랑에 대한 이야기가 많은데, 자신이 사랑하는 사람과 함께 살려고 범죄를 저지르거나 심지어는 자살에까지 이르는 내용들도 있다.

음모

확실히 유럽인이 보기에 조선에서 결혼이 성사되는 전통적인 방법은 혼례 당일을 행복하게 만들어 주는 것 같지 않다. 왜냐하면 젊은 부부 각자의 기호나 기질은 전혀 고려되지 않기 때문이다. 그러나 모든 점을 고려해 봤을 때, 조선의 가정에서 거의 불행이 일어나지 않는다는 것은 놀라운 일이다. 비록 노예같이 취급된다고 해도 조선의 여인들이 자신이 원하는 대로 일을 처리하지 못한다고 생각해서는 안 된다.

오히려 그는 자신이 원하는 방향으로 대부분의 일을 처리한다. 특히 상류 계층에서 송사가 일어나는 분란의 절반은 여자로 인한 것이다. 아내는 스스로 통치자가 되는 대신에 비록 드러내 놓고 그렇게 하지는 않지만 현명하고도 은밀한 방법으로 무기력한 남편을 마음대로 주무른다. 승진, 처벌, 사형들은 대개 여자들이 꾸민 일의 결과이다.

아마 세상에서 조선의 수도만큼 음모가 들끓는 곳은 없을 것이다. 왕비도 왕에게 큰 영향력을 행사하는 것으로 알려져 있는데, 조선 사람들의 말을 빌자면 조선을 실질적으로 다스리는 사람은 왕이 아니라 왕비이다. 왕비는 결코 표면에 나서지는 않지만 어떤 관리든지 왕비의 비위를 상하게 하면 일생 동안 두 번 다시 겪지 못할 봉변을 당하게 된다.

그러한 경우에는 어떤 그럴듯한 이유도 그들의 삭탈관직이나 강등 또는 추방을 막아 주지 못한다. 피해를 당한 본인들도 경위를 설명할 수 없을 정도로 그 이유를 모른다. 오직 한 가지 가능한 해답이 있는데, 그것은 바로 "여자를 찾아보는 것"이다. 사실 조선 여자들은 천사일 수도 있고 악마일 수도 있다. 만일 천사라면 그는 부드럽고 선량해서 어떠한 고통도 기꺼이 인내하고 남편에게 지극히 헌신적이며 자식에게 관용하고 한 마디 불평 없이 밤낮으로 일한다.

그러나 만일 그가 악마라면 내 생각으로는 이 세상에서 그를 능가할 악마는 없을 것이다. 악마로서의 그는 인간이 가질 수 있는 모든 사악한 자질을 빠짐없이 가지고 있다. 나는 조선의 여인이 일단 악한 마음을 먹기로 작정하면 무엇이든지 할 수 있다고 확신한다!

수탈

왕국의 곳곳에서 일어나는 빈번한 배상 사건의 대부분은 다분히 여인에 대한 남성의 약점 때문이다. 내 생각에는 돈깨나 있다 싶으면 누구한테서나 돈을 갈취하는 극악한 "수탈" 체제를 누구나 경멸할 것이다. 고생에 찌든 조선 사람들의 수척하고 애처로운 표정을 보는 것은 참으로 괴로운 일이다.

당신은 조선 사람들이 게으르고 우울하며 자신의 운명이 내일 당장 어떻게 될지에 관해 불안해하기 때문에 누구를 막론하고 정부 형태를 개조하기를 열망한다. 그러나 모두가 너무 게을러서 자신의 위치를 개선하려는 시도를 하지 못하고 있는 것을 목격할 수 있다. 더구나 이와 같은 행태가 몇 세대 동안이나 지속되다니! 인간이란 다 그런 것이다. 고통을 당하는 순간이 아무리 힘겨워도 자신의 상황을 개선하는 과정에서 겪게 되는 어려움에 비하면 아무 것도 아닌 것으로 생각된다.

언제인가 어느 조선 사람이 나에게 푸념을 늘어놓았다.

"죽도록 일해서 돈 벌어 봤자 뭐합니까?"

그는 이어서 내 얼굴을 진지하게 쳐다보면서 말했다.

"고되게 일을 해서 돈을 벌어 봤자 관리가 그것을 뜯어 갑니다. 당신 입장에서 한 번 생각해 보십시오. 당신은 늘 일에 지쳐 있지만 여전히 전처럼 가난합니다. 그리고 당신이 번 돈으로 배를 불린 관리가 다시 먼 지방으로 당신을 내쫓지 않을 만큼 당신은 운이 좋습니까?"

"자, 당신 같으면 나와 같은 상황에서 일할 맛이 나겠습니까?"

"할 수만 있으면 차라리 목을 매겠소."

라는 것이 그의 말에 찬동한다는 의미에서, 내가 최선을 다해서 애써 조선말로 짜낸 표현이었다.

"그런데 말해 보세요. 관리들은 도대체 그 돈을 다 어디에다 씁니까?"

"모두 흥청거리는데 퍼붓지요. 사실 여자들이 그 돈을 다 빼 앗아가는 셈입니다. 관리들이 기생이나 소실들과 어울려 벌이는 술잔치에는 엄청난 돈이 들어갑니다. 그 뿐만 아니죠. 그 여자들은 자신의 야심과 못된 습성을 만족시키려고 거머리처럼 백성들로부터 더욱 많이 우려내도록 끊임없이 관리들을 부추깁니다. 그 여자들은 대개 태생이 천출이지만 지금은 호화롭고 방탕한 생활을 하고 있어요. 본시 찢어지게 가난한 집안 출신들은 결코 지금 가진 것으로 만족하지 않으며 전에 자신들이 그랬던 것처럼 남들이 고통을 받고 있는 것을 보고 항상 즐거워하는 법이지요."

그가 말한 내용은 의심할 바 없이 완전히 사실이다. 실상 하급관리들의 "수탈" 체제로 말미암아 백성들은 거의 파멸에 이른 지경이다. 따라서 백성들이 관리들에게 수탈당하고 있다고 생각하는 것은 지극히 당연한 일이다. 나는 또한 자신과 같은 일반 백성의 아내들이 하급관리들에게 많은 돈을 갖다 바친다는 그의 말에도 상당 부분 사실이라고 믿는다.

개인적으로 그들은 가난하고 박봉에 시달리고 있기 때문에 어디에서든 돈이 들어와야 한다. 그렇다면 문제의 돈이 앞서 말한 바와 같이 우려 낸 것임에는 의문의 여지가 없다. 그러나 이것은 조선 여인들의 선량하면서도 동시에 악한 면모를 충분히 보여 줄 뿐만 아니라 그들 나름대로의 재미있는 결혼 생활을 즐길 수 있는 방법이기도 하다.

제 11 장 초상화 그리기

나는 서울에서 많은 스케치를 했기 때문에 풍경과 인물을 재빠르게 그린다는 소문이 종국의 궁중에까지 알려졌다. 그 결과 왕과 왕자들이 "유럽인의 그림"을 아직까지 한 번도 보지 못했기 때문에 그것이 어떤 것인지 보고 싶어 했다. 그러던 어느 화창한 날, 나는 뜻하지 않게도 그레이트하우스(C. R. Greathouse) 씨와 르젠드르(C. W. LeGendre) 장군의 친절한 도움으로 왕비의 사촌 가운데 한 명인 민상호[1]의 궁중 예복을 입은 초상화를 그리는 행운을 누리게 되었다.

나는 실물과 같은 크기의 이 그림을 오후 동안에 채색을 했는데, 조선 사람들로부터 성공적이라는 호평을 들었다. 조선 사람들은 명암 효과와 색깔의 다양성에 익숙하지 않기 때문에, 그 작품은 많은 감탄을 자아낼 만했고 많은 사람들이 그것을 보러 왔다. 민상호는 그것이 전혀 그림 같지 않고 하얀 궁중 예복을 입고 날개 달린 모자를 쓰고 앉아 있는 바로 자신과 같아 보인다고 말했다.

이 초상화가 일으킨 센세이션은 매우 대단해서 며칠 지나지 않아 왕은 그

---

1) 민상호(閔商鎬 : 1870~1933) : 척족 민 씨 집안의 개화파로서 외부협판 당시에 친일로 돌아서 중추원 참의와 남작, 그리고 합방 은사금을 받았다.

그림을 가져오라고 명하여 가족과 전체 일가들이 둘러앉아 그림을 감상했다. 그 그림은 꼬박 이틀 간 궁중에 보관되었는데, 그림에 손을 대지 말라고 한글로 쓴 표지를 캔버스 구석에 붙이는 조심성을 보였음에도 불구하고 내게 되돌려져 왔을 때에는 아직도 다 마르지 않은 그림 위에 왕족과 그 밖의 여러 사람들의 손자국이 군데군데 찍혀 있었다.

왕은 그림에 매우 만족감을 표시했으며 내가 조선을 떠나기 전에 왕 자신과 훗날 조선의 실권자로 부상한 가장 중요한 두 인물, 곧 두 외척인 조선 육군 총사령관격인 병조판서 민영환[2]과 조선의 비스마르크라 할 수 있는 예조판서 민영준[3]의 초상화를 그려 줄 것을 원했다. 나는 이 요청에 그러겠다고 대답했지만 다음 날 아침 11시까지 자리에서 떠날 수가 없었다.

누구를 먼저 그려야 하느냐가 참으로 난감한 문제였기 때문이었다. 이 문제는 민영준이 독감에 걸리지 않아 며칠 지연되지만 않았더라면 매우 풀기 어려웠을 것이다. 그래서 11시 정각에 민영환을 먼저 그리기로 결정되었다.

르젠드르 장군은 변함없이 친절하게 민영환을 맞이하고 초상화를 그릴 수 있는 방으로 안내했다. 이 그림에 대한 궁중의 관심은 대단했다. 그런 이유로 야심한 시각에 궁궐로부터 전갈이 왔는데, 그것은 내가 하얀 상복 대신에 아름다운 검푸른 비단옷을 입은 인물을 그리고 싶어 한다는 말을 듣고서 왕이 민 씨에게 나의 바람을 들어주도록 명한 내용이었다. 궁중뿐만 아니라 온 나라에서 장례에 대한 규칙이 얼마나 엄격한가를 생각해 봤을 때, 왕의 윤허는 실로 파격적인 일이었다.

---

2) 민영환(閔泳煥 : 1861~1905) : 1878년에 문과에 급제한 후, 병조판서(1890), 형조판서·한성판윤(1893), 형조판서(1894), 구라파 순례 전권대사(1899), 시종무관장을 지냈으며, 을사조약과 더불어 자결함.

3) 민영준(閔泳駿 : 1852~1935) : 민영휘의 초명. 1877년에 문과에 급제한 뒤 평안관찰사(1887), 강화유수(1889), 이조판서(1891)를 지냄. 민 씨 세력의 영수로 한때 귀양·망명한 적도 있으나 재기하여 중추원 의장이 되었고 한일합방 당시 자작을 받음. 휘문학교의 설립자. 필자가 이글에서 그를 영의정으로 표현한 것은 오해이다.

그러나 이러한 종류의 좋지 않은 선례가 왕실로부터 나왔다는 사실은 실제로 혁명적인 돌발 사태를 일으킬지도 모르는 일이었기 때문에 나는 이 일에 대해 일체 함구하도록 주의를 받았다. 나는 목적 달성과 나에게 베풀어진 배려에 대하여 대단히 기뻐하며 르젠드르 장군으로부터 정확히 오전 11시에 와 달라는 전갈 외에 다른 연락을 받지 않은 상태에서 잠을 청했다.

문을 크게 두드리는 소리를 들은 것은 아침 6시 30분의 이른 시각이었는데, 하인이 아주 상기된 상태로 뛰어 들어와서 르젠드르 장군으로부터 온 쪽지를 건네주었다. 그 내용은 이러했다.

"랜도어(Landor) 씨 귀하. 민 장군께서 그림 때문에 우리 집에 오셨습니다. 빨리 와 주십시오."

이것은 시간을 엄수하라는 뜻을 보여주는 것이다. 약속을 지키기 위해서 4시간 반이나 먼저 그 장소에 도착하다니! 나는 즉시 그 곳으로 달려갔다. 르젠드르 장군의 집은 말하자면 포위 상태에 있었는데, 정원에는 단정하게 차려입은 수행원들과 장교들로 가득 차 있었으며 그 곳에 이르는 작은 길에는 몇 백 명의 무장 병사들이 정렬해 있었다. 병사들은 아무렇게나 편한 자세를 취하고 있거나 발꿈치로 쪼그려 앉아서 카드나 다른 놀이를 하고 있었다.

병사들은 내가 지나가자 곧 일어서서 한 장교의 명령이 떨어지자 내 자신이 매우 중요한 인물이라고 스스로 느끼게 할 만큼 정중하게 군대식 경례를 했다. 나는 초상화를 그릴 사람을 보호하기 위해 그러한 무장 병력이 필요하다고는 전혀 생각지 못했다. 그러나 물론 예술가는 항상 가장 못 믿을 사람이라는 것도 잘 알고 있다. 이 병력이 배치된 실제 경위를 설명 받았을 때 나는 아주 으쓱해졌다.

민영환의 만남

실제로 민영환은 자신과 같은 왕족을 방문할 목적으로 찾아오는 사람을 만나게 될 경우에는 가장 정중하고 안전하게 호위를 받으며 도착지에 왔다. 나는 그 말을 듣고서는 두 말 없이 매우 감사하다고 말했다. 나는 하인들의 안내를 받아 위층으로 올라갔는데, 그런 최고위 인사의 다리는 자신의 몸을 지탱하지 못할 것이라고 생각했다.

어쨌든 나는 그렇게 그의 앞에 불려 갔다. 평소와 같이 그는 매우 상냥했고 기지와 유머가 넘쳤다. 그는 이 시간을 매우 열망하여 잠을 이룰 수가 없었던 것 같다. 그는 자신을 불멸의 존재로 남게 해줄 이 날을 학수고대했으며 그것은 그가 왜 약속 시간보다 "약간" 빨리 왔는지를 설명해 준다.

민영환은 방안에 아무도 없음을 확인하고서 상복을 벗었다. 그리고는 밝은 색조의 용의 무늬가 그려 있고 소매가 아래로 늘어진 푸른 비단옷으로 갈아입었다. 가슴에는 비상하고 있는 색색의 봉황과 호랑이가 수놓아 있었고 구석에는 여러 가지 무늬가 예술적으로 조화되어 있었다. 그는 또한 가슴과 등 부분에서 돌출되고 양 옆구리의 고리에 의해서 고정되어 있는 정방형의 보석이 박힌 금속 띠를 차고 있었다.

그의 모자는 말총으로 제작된 것인데, 윗부분에 날개가 달려 있었다. 그는 하얀 색의 넓은 가죽 끈 옆에 있는 세 개의 하얀 가죽 가방과 그의 왼쪽에 놓여 있는 글 쓰는 도구를 자랑스럽게 여기는 것 같았다. 이 가방 안에는 전시에는 최고 지휘권을, 평시에는 최고 군통수권자임을 나타내는 검이 대대로 전해지고 있다. 그 검은 선대로부터 전래되어 온 매우 귀한 것이었기 때문에 그가 그것을 매우 자랑스럽게 여기는 것은 당연했다.

그는 나에게 검을 보여주면서 그것의 활약상과 여러 훌륭한 업적에 관하여 눈을 반짝이며 설명을 해주었다. 그러나 그가 어느 조상이 어떤 방법으로 적을 물리쳤는가에 대하여 그림을 그려 가며 설명하려고 할 때, 날이 선 칼을 가지고 노는 것을 좋아하지 않던 나는 그를 그림 그릴 위치로 가게 하여 더 이상의 말을 중단시키는 것이 현명하다고 생각했다.

내가 자세를 취하게 하자 그는 말을 단 한 마디도 하지 않았으며 눈조차

깜빡이지 않았다. 거의 세 시간이나 되는 시간 동안을 그는 조각과도 같이 미동도 하지 않은 채 아무 말 없이 앉아 있었다.

"끝났습니다."

내가 말하자 그는 어린 아이 같은 모습으로 일어나 작품을 보려고 내 쪽으로 다가왔다. 그는 대단히 기뻐했다. 그는 나의 손을 잡고 거의 30분간이나 흔들었다. 그런 뒤, 그는 갑자기 엄숙한 표정으로 화폭을 노려보더니 그 뒤를 살펴보았다. 그는 당황한 것 같았다.

"무슨 일이십니까?"

내가 묻자, 그는 매우 낙담한 표정으로 대답했다.

"당신은 비취 장신구를 빼먹었소!"

조선 사람들은 비취나 금, 은 또는 호박 따위의 단추 모양의 장신구[동곳]를 왼쪽 귀 뒤에 거는 이상한 관습이 있는데, 나는 전면에서 초상화를 그렸기 때문에 이들은 그림에 나타나지 않았다. 나는 유럽의 미술 기법으로는 사물의 앞과 뒤를 동시에 보여주는 그림을 그릴 수 없다는 점을 설명하려고 애썼다.

그러나 그가 여전히 낙담하는 것 같았기 때문에 다시 앉게 하고는, 측면의 장신구를 빠른 스케치로 크게 그려 넣는 것으로 해결을 지었다. 삽화는 이 초상화에서 비롯된 것이다. 왜냐하면 그가 나가자마자 다시 바르게 수정했기 때문이다. 그러나 이 두 번째 초상화를 본 민영환은 앞서보다 더 큰 슬픔에 잠겼다. 장식은 볼 수 있었지만 이제는 자신의 다른 쪽 눈을 볼 수 없었기 때문이었다.

이러한 어려움은 많은 시간과 인내를 들여 투명하지 않은 사물을 관통하여 볼 수는 없다는 사실을 증명함으로써 결국 해결되었다. 우리는 르젠드르 장군으로부터 훌륭한 점심 식사를 대접 받았는데, 모든 사람의 건강을 위하여 축배를 들며 샴페인을 여러 병 비웠다. 그러자 그의 초상화에 대한 열정이 점점 커졌다. 그는 수행원과 장교들을 불렀다. 물론 이 때는 벌써 상복으

민영환의 초상

로 갈아입고 학이 달려 있는 반구형의 모자를 쓴 뒤였다.

그들 대부분은 비록 민영환이 그랬던 것처럼 "눈"이나 또는 없어진 "단추"를 찾으러 그림의 뒤로 둥글게 한 바퀴 돌았지만 그 작품에 대하여 대단히 감탄했다. 그는 두 폭의 그림을 모두 사기를 원했지만 나는 그림이 완성된 뒤 작은 사본을 제작하여 선물로 드리면 매우 영광이겠다는 말로 거절했다. 이러한 약속에 그는 기쁜 마음으로 떠났다.

이제는 그의 형제이며 판서인 민영준을 그릴 차례였다. 그도 또한 몇 백 명의 하인과 수행원들을 대동하고 약속시간보다 한 시간이나 일찍 도착했다. 그는 침착하지 못한 모델이었다. 그는 자기 형제의 경험을 들었기 때문에, 쉴 새 없이 그림을 검사하러 내게로 와서는 이런 저런 것들, 대개 그의 몸의 뒷부분에 있는 것이나 또는 내가 보는 각도에서는 볼 수 없었던 것들을 잊지 말도록 당부했다.

나는 이번에 얼굴의 3/4이 나오는 포즈를 선택했다. 그는 아주 큰 만족감을 표시했지만 그림의 크기가 아니라 4피트×3피트인 화폭에 대하여 쓸데없는 참견을 하더니, 결국에는 그림자 부분에 대하여 반대하기 시작했다. 그는 코의 한 쪽 부분이 다른 쪽보다 모두 하얗다고 주장했다. 그는 조명이 다른 상태에서는 똑같은 색깔이라도 색조에서는 밝기가 달라진다는 사실을 이해하지 못했다. 만약 내가 조금만 마음을 고쳐먹었더라면 나는 인내심을 잃었을지도 모른다. 그러나 나는 아무 말 없이 그의 관찰에 대해 바보같이 웃다가 그가 원했던 것과는 정반대로 그림을 그렸다.

그림을 아름답게 잘 다듬고 중요한 부분에 강조점을 준 뒤 민영준이 아주 적당한 거리에서 감상을 하도록 화폭 앞에 의자와 책상으로 장애물을 쌓은 뒤 그를 불렀다. 이것은 내가 기대했던 결과를 낳았다. 그는 초상화를 바라보면서 그는 말했다.

"살아 있는 또 하나의 내 자신과 같군요."

그는 그림을 적당한 거리를 두고 볼 때와 바로 코앞에서 볼 때와는 아주

민영준의 초상

다르게 보인다는 점을 이해하기 어려운 것 같았다. 이날도 역시 잔치로 끝났으며, 모든 일이 훌륭히 잘 되어 나갔다. 이들과의 이러한 우호적인 친교의 결과로 조선의 예절에 따라 서로 사이의 방문이 이루어지게 되었다. 두 외척은 개인적으로 나를 방문하려고 정장을 하고 찾아 왔다. 그런데, 이것은 어떤 유럽인도, 아니 이 나라의 어떤 외교관도 받아본 적이 없는 특전이었다.

다음 날 나는 그들의 방문에 대한 답방을 추진했다. 그 날 오전은 민영환 장군을 만나기로 되어 있었다. 그의 집은 내가 살고 있던 그레이트하우스 씨의 집과는 겨우 몇 백 야드밖에 떨어지지 않은 거리였지만, 조선의 예절에 따르면 걸어가는 것이 초대한 사람의 입장에서는 수치이자 모욕이었기 때문에 나는 문전까지 말을 타고 갔다.

그의 집은 무엇으로도 부서지지 않을 강철로 만들어진 문이 있었으며, 석조의 튼튼한 담으로 둘러싸여 넓은 정원의 중앙에 우뚝 서 있었다. 그의 관직을 상징하는 깃발이 한 쪽 귀퉁이에서 나부끼고 있었으며 정예 병력이 그의 가까이에서 수족처럼 움직이고 있었다. 문 앞에는 보초가 서 있었는데, 조선에서 보초를 서는 방식을 살펴보면 흥미롭기 그지없다.

조선의 병사

다음에 내가 말하려고 하는 내용은 믿겨지지 않으리라 생각되지만 틀림없는 사실들이다. 조선군은 헝겊과 모직이 가득 찬 바구니 안에서 몸을 웅크리고 보초를 선다. 궁궐에서도 그들을 볼 수 있다. 조선의 병사들은 그리 크지 않다. 그들의 키는 약 5피트 안팎으로 매우 작은 편이다. 그들이 들어가 있는 둥근 바구니는 지름이 약 4피트, 깊이는 약 3.5피트밖에 되지 않는다. 두 명의 보초가 함께 서는 궁궐 안의 바구니는 더 크며 두 병사는 한 둥지 속의 두 마리의 새처럼 쪼그린 상태로 대개 총을 왼쪽 벽에 기대어 세워

놓지만, 매우 중요한 인물이 방문할 경우에는 바구니 안으로 들여놓는다.

복장을 완전히 갖춘 보병을 보면 매우 우스꽝스럽다. 그들은 자신들이 유럽의 병사와 같이 차려 입었다고 생각하고 독자들도 비슷한 모습을 상상할 수 있을 것이다. 그들이 착용하는 모자는 큰 테가 둘러진 중절모인데, 두 개의 끈으로 턱 아래에 묶어 머리에 고정시킨다. 그래서 병사들은 자기 머리보다 훨씬 더 작은 모자를 쓰는 것이 보통이다.

그들은 검푸른 계통의 잘 표현할 수 없는 색깔의 사라사무늬 바지를 입고 있으며, 그 안에는 "말할 수 없는 물건"이 감추어져 있다. 이 사실만 가지고도 그들의 옷차림이 약간 헐렁하게 보인다는 것을 알 수 있다. 그리고 그들은 소매에 모직으로 된 토시가 덧씌워진 짧은 코트를 입고 있으며, 그가 먹은 저녁 식사의 양과 코트 안에 집어넣은 주머니 속의 돈의 무게에 따라 그의 허리에서 약 5인치 정도 위나 아랫부분에 걸치게 되는 청동 버클이 달린 허리띠를 차고 있다.

조선 사람들은 주머니를 달 정도로 개화되지는 않았기 때문에, 소지하고 다녀야 할 모든 물을 긴 끈이 달린 작은 주머니에 넣어 다녀야만 했는데, 그 주머니는 가죽이나 옷감 또는 비단으로 제작되었다. 그들은 대개 이러한 주머니를 코트의 안이나 밖에 고정시킨다.

그러나 병사들은 주머니를 코트의 밖으로 내놓는 것이 엄격히 금지되기 때문에 바지 끈에 묶어서 코트 속에 넣어 가지고 다닌다. 따라서 자루의 숫자에 따라 허리띠를 허리보다 높거나 낮은 곳에 차기 때문에, 코트는 아주 우스운 모습으로 볼록 튀어나오게 된다. 복장을 완전히 갖춘 가장 최근의 보병의 모습을 삽화에 실었다.

이들이 무장하고 있는 총들은 아주 오래된 화승총에서 연발 후장총에 이르기까지 종류와 시대가 망라되었다. 같은 총을 가지고 있는 병사가 거의 없는 상태에서 이들을 교육시키기가 얼마나 힘들 것인지는 쉽게 이해가 갈 것이다. 그래서 왕은 두 명의 미국인 군사 고문관을 고용하여 외국의 전법과 무기 사용법을 가르치도록 했다.

그러나 내 기억이 틀리지 않다면, 그들이 직면하고 있던 가장 큰 어려움은 훈련 시간이 절대적으로 부족하다는 점이다. 왜냐하면 그 충성스럽고 고지식한 조선 병사들을 도저히 설득시킬 수 없기 때문이다. 전투가 벌어지면 그들은 각자 나름대로의 방식으로 매우 용감하게 싸우지만 전혀 체계적이지 못하다.

그들은 단 한 발자국이라도 물러서기보다는 용맹한 전사처럼 죽음을 택할 것이다. 그래서 병사가 된 조선 사람들에게 유럽에서처럼 당신은 더 이상 인간이 아니라 기계에 불과하다는 생각을 이해시키기가 불가능하다. 나는 그들이 비효율적으로 지루한 훈련을 받을 때 "왜 무기들을 통일시키지 않을까?"라는 생각이 자주 들었다.

군사 훈련

사격 연습이 있는 날이면 그들은 대단히 열성적이었다. 그러나 당국자로서는 탄약의 비용이 너무 부담스러웠을 뿐만 아니라 여러 종류의 소총 탄약을 조달하는 더 큰 어려움이 있었으므로 사격 연습은 거의 실시되지 않았다. 그래서 거의 모든 보병들에게 총이 돌아가긴 했지만 사격할 수 있는 기회는 거의 갖지 못했다.

따라서 서울에서는 탄약통이 늘 비어 있었고 전체적인 사격 연습은 거의 불가능했다. 이런 저런 목적으로 사격 연습을 하게 될 경우 왕은 늘 서울에 거주하는 몇 안 되는 외국인들에게 "총성"에 놀라거나 두려워하거나 혁명이 일어났다고 생각지도 말도록 메시지를 보냈다.

나는 복장을 완전히 갖춘 병사들을 살펴본 뒤 민영환에게 내 이름을 써 들여보내고 바깥에서 기다렸다. 갑자기 안에서 삐걱거리는 소리와 함께 자물쇠가 풀리고 여러 개의 문이 열렸다. 조랑말을 문 앞에 남겨 두고 나는 깍

병사의 모습

듯한 인사를 받으며 안 뜰로 안내되었다. 그는 나를 맞이하고자 현관 앞 층계 위에서 팔을 펼치고 기다리고 있었다.

나는 무척 영광스러웠다. 외국 공사나 영사도 이런 식으로까지는 영접 받은 적이 없었기 때문에, 나는 그의 극진한 공손함에 매우 놀랐다. 외국 사절들을 접견할 때도 그는 접견실에 편안히 앉아 있었다. 그는 내 손을 잡고 접견실로 이끌고는, 서양 문명에 관한 모든 사항에 대해 깊은 관심을 표하며 나와 오랫동안 친근하게 대화를 나누었다.

그렇게 열심히 이야기에 빠져 있을 때, 종이 창문을 통하여 놀랄 만한 폭발음과 함께 샴페인 병의 코르크 마개가 "펑" 하고 빠지는 소리가 들려 왔다. 나는 뜻하지 않게 술을 흠뻑 마셨다. 축배를 마신 뒤 우리들은 취하게 되었다. 그 뒤 나는 일어서서 그에게 작별 인사를 드렸다. 다시 한 번 그의 친절은 대단했다. 나는 수행원들의 공손한 인사와 병사들의 군례를 받았다. 그는 나를 문까지 배웅해 주었으며, 나는 다시 말에 올라타고 집으로 돌아왔다.

그 날 오후에는 민영준을 방문했다. 아마 부분적으로는 위풍당당하게 가라는 그레이트하우스 씨의 충고 때문이기도 했지만, 이번에는 오전에 받았던 대접 때문에 내심 자부심을 갖게 되어 높은 관리나 왕족들만이 사용하는 "푸른 가마"를 타고 갔다. 또한 네 명의 가마꾼과 나를 호위하기 위해 온 기수 및 하인들과 함께 즐겁게 출발했다.

"어허!" 하고 소리를 내며 가마꾼들은 나를 가마 안에 태우고 붐비는 거리를 빠른 속도로 갔다. 병사들은 "이봐, 이봐, 비켜서, 비켜서"라고 외치면서, 방해가 되는 사람들을 한 쪽으로 밀어냈다. 궁궐에 가까이 가서 보니 왕족이나 영의정과의 알현을 기다리고 있는 노란색 또는 파란색 가마의 대열을 볼 수 있었다. 그러나 나는 이 줄과는 관계없이 들어갈 수 있었다.

한 병사가 달려가 미리 내가 오고 있다는 소식을 민영준에게 알렸기 때문에, 내가 대문에 가까이 가자 곧 문이 큰 소리를 내며 열렸고 들어가자마자 다시 닫혔다. 거리에서 나는 아까와 같은 따뜻한 대접을 다시 한 번 받았다.

민영준과 그의 부하들이 나를 맞이하려고 문 앞의 층계에 모여 서 있었다.

신발

나는 항상 이 나라의 관습을 따라왔기 때문에, 집에 들어가기에 앞서 신발을 벗으려 했다. 그러나 언제인가 영국에서는 그렇게 하지 않는다는 이야기를 들었던 민영준은 그럴 필요가 없다고 말했다. 한 쪽 신발을 벗고 다른 쪽을 벗으려 할 때, 그와 그의 수행원들은 나의 양손을 이끌고 안으로 데려 들어갔다.

여러분은 한쪽 신발은 벗고, 나머지 한쪽은 벗겨진 채 걸어 들어가는 내 모습이 얼마나 우습고 방정맞게 보였을까를 한 번 상상해 보시라. 여하튼 나는 그럭저럭 잘 처신했고 민영준과 함께 오랫동안 이야기를 나누었다. 그와 부하들은 방 안에 죽 늘어 서 있었다! 방은 유럽풍으로 장식되어 있었는데, 이 분위기에는 잘 맞지 않게 두 개의 중국 의자와 책상이 있었다.

그렇게 우리가 담소하고, 토산 술과 과일을 대접받는 동안 나는 아주 큰 낭패를 겪었다. 어린 시종이 방안으로 뛰어 들어오더니 민영준의 귀에 무엇인가를 속삭였다. 그러자 그의 눈이 놀람과 호기심으로 반짝였다. 금세 부하들과 환관들이 우르르 밖으로 나갔다. 잠시 뒤에 깊은 침묵이 흐르는 가운데 그들은 무엇인가를 접견실 안으로 의기양양하게 갖고 들어오더니 책상 한 가운데에 올려놓았다. 여러분은 그것이 무엇이라고 생각하는가? 놀랍게도 그것은 바로 내가 밖에 벗어 놓았던 내 신발이었다.

웨일즈의 왕자이면서 동시에 로즈버리의 영주를 겸하고 있는 것과 똑같은 위치에 있는 사람 앞에서 난생 처음 겪는 이러한 당혹감은 정말 충격적이었다. 만약 당신이 이처럼 최고의 신분과 지위를 가진 사람의 대접을 받고 있을 때, 당신의 신발 한 쪽은 발에 신고 있고 다른 한 쪽은 책상 위에 올라가 있다면, 그런 나의 상황을 우습다고만은 생각할 수 없다는 사실에 동의할 수 있을 것이다.

이러한 묘한 상황은 전적으로 나의 불행한 신발이 검은 광택이 나는 에나멜 가죽으로 만들어졌으며, 거의 새 것인 탓에 광택이 유별나기 때문인 것으로 보였다. 민영준이나 그의 부하 모두 에나멜 가죽신을 본 적이 없는데, 신발이 유리로 덧칠해져 있다는 말이 은근히 퍼져 너도 나도 믿게 되었을 무렵 그들의 얼굴에는 어린 아이와 같은 놀라움과 경탄의 기색이 역력하게 나타났다. 민영준은 조심스레 신발을 이리 저리 살펴보더니, 이 훌륭한 물건에 대해 큰 감탄을 표하면서 주위의 부하에게 건네주었다.

사태를 냉정하게 판단한 나는 방금 전의 충격을 수습한 뒤, 다분히 동양적인 풍습을 따라 이렇게 말했다.

“만약 각하께서 신발을 갖고 싶어 하신다면 제 성의로 그것을 받아 줍소서,”

그리고 나는 다른 쪽 신발도 점잖게 벗어서 책상 위에 올려놓았다. 비록 우리들의 대화가 끝날 때까지 항상 그의 시선이 신발에서 떨어질 줄 몰랐고 그것에 매혹된 눈치를 보이기는 했지만, 다행스럽게도 그는 매우 정중하게 나의 제의를 물리쳤다.

이번 방문 때에는, 내가 그렸던 큰 초상화를 축소해서 만든 사본을 그에게 선물했다. 그는 그 그림을 매우 좋아하는 것 같았으나, 그림이 나무 패널에 부착되어 있었기 때문에 둘둘 감을 수가 없다는 것을 깨닫고는 무척 난감해 했다. 동양적인 사고방식에서는, 둘둘 감은 상태로 그림을 보관해야 하며 중대한 의식이 있을 때가 아니면 가능한 한 펼친 상태로 두지 않는다. 내가 일어설 시간이 되자 민영준은 몸소 문까지 안내해 주었으며 나는 신을 신고서 어린 하인을 따라 나와 그의 집을 나섰다.

이 두 외척의 초상화를 그려 준 탓에 며칠 뒤 매우 재미있는 일화가 일어났다. 하루는 그레이트하우스 씨의 집 정원을 이리 저리 거닐고 있는데, 두 명의 병사와 구종 별배가 앞장서고 여러 명의 인부들이 그 뒤를 따라 이쪽으로 오는 것이 보였다. 구종은 손에 어떤 문서를 점잖게 쥐고 인부들은 몇 개의 바구니를 운반하고 있었다.

나를 보자마자 구종은 나에게 인사를 한 뒤 조선군의 총사령관인 민영환 공이 보낸 것이라고 하며 편지를 건네주었다. 나를 더욱 놀라게 한 것은 그가 이제는 나의 것이라고 하면서 발 앞에 여러 종류의 바구니들을 내려놓았던 일이다. 편지의 전문은 다음과 같았다.

> 친애하는 랜도르(Landor)씨에게
>
> 당신에게 약간의 닭과 계란, 감, 소고기, 돼지고기, 밤, 대나무 발, 그리고 표범 가죽을 보내오니 부디 받아 주시기 바랍니다. 당신이 그려 준 훌륭한 초상화에 감사드리며 작은 보답의 표시로 이것들을 보냅니다.
>
> 당신의 친구, 민영환

내가 선물들을 그레이트하우스 씨와 그 가족에게 적당히 나누어 주었더니 그들은 매우 기뻐했다. 민영환이 보내 온 선물은 계란 400개, 아름다운 털을 가진 살아 있는 10마리의 토종닭, 약 40파운드의 쇠고기와 돼지고기, 그리고 밤과 감을 각각 가득 채운 두 개의 자루였는데, 한 사람이 한 달은 충분히 지낼 만한 양이다.

그 가운데서 가장 마음에 들었던 것은 충성스러운 국민들이 왕과 왕족들을 위해서만 만들어 바치기 때문에, 웬만한 신용이나 돈으로도 구하기 어려운 대나무로 만든 창문 발이었다. 표범 가죽도 아름다운 점이 박힌 긴 털과 통통하고 긴 꼬리를 가진 훌륭한 것이었다. 그것은 내가 알기에 설표범이라고 불리는 것의 훌륭한 종이다. 나는 지금까지 그린 그림으로 이만한 좋은 거래를 다시 할 수 있을까 하는 의심이 들 정도였다.

미안하게도 계란 대부분은 그레이트하우스 씨의 제안에 따라 길고 지루한 겨울 저녁을 보내는 데 큰 도움이 되는 훌륭한 미국식 계란 술을 만드는

데 썼다. 감탄할 만한 아름다운 털을 가진 닭들은 며칠간 자유롭게 내버려 두었는데, 새벽마다 울어댔기 때문에 너무나 시끄럽고 귀찮아 다른 닭들의 운명처럼 곧 잡아먹었다. 나는 조선에서 초상화를 그린 경험을 상기시켜 주는 기념물로 영국으로 돌아올 때 가져왔던 대나무 발과 표범 가죽을 아직도 잘 보관하고 있다.

제 12 장 왕 실

나는 궁궐을 처음 방문했을 때 아주 재미있는 일을 경험했다. 어느 날 저녁에 왕은 내가 만약 궁궐을 살펴보거나 스케치하기를 원한다면 궁궐 어느 곳이든 돌아보아도 좋다는 윤허와 함께 다음날 아침 일찍 자신과 오찬을 함께 하면 대단히 기쁘겠다는 전갈을 나에게 내렸다. 궁궐에서 하루를 보낼 수 있는 흥미로운 초대였기 때문에 나는 곧 그 제안을 응낙했고, 다음 날 아침 일찍 어느 관리와 함께 궁궐 정문에 도착했다.

우리가 돌아본 궁궐과 그 경내는 약 20피트 높이의 벽돌담으로 둘러져 있었는데, 잘 보이는 곳에서 내려다보니까 경내는 직사각형 모양이었다. 담 바깥쪽에는 대리석 난간이 달려 있는 석교가 거의 모든 문에 죽 연결되어 있었다. 담 모서리에는 방벽으로 보이는 총구멍이 있는 작은 탑이 있었다. 그 곳에는 주야로 보초를 서는 병사가 있으며, 야간에는 궁궐 중앙에 있는 종이 두 시간 간격으로 처연하면서도 단호하게 울릴 때 임무를 교대했다.

한 밤중에는 장중한 북소리가 울리는데, 그 북은 둥그스름하며 처음에는 습하지만 나중에 튼튼해지는 당나귀 가죽으로 되어 있다. 궁궐에 있는 이 작은 종이 울리면, 그것은 곧 이어 큰 북을 치게 된다는 신호가 된다. 앞서 언급했듯이 일몰 시각에 큰 북이 낭랑히 울려 퍼지면 모든 남성들은 각자 집으로 돌아가야 하며 도성 문이 모두 닫힌다.

왕궁과 남대문

누구든지 처음 궐내에 들어간다면 길을 잃고 헤맬 각오를 해야 할 것이다. 그곳은 미로처럼 무척 복잡하다. 수많은 담과 문을 통과할수록 길을 더 알 수 없을 것이며 경내를 한 바퀴 돌게 되면 그 어려움은 더욱 커질 것이다. 모든 문마다 파수꾼이 있으며 암호를 말해야 한다. 보병에게 접근하면 그들은 총을 잡고 졸고 있다가 재빨리 뛰쳐나와 맞는 암호를 댈 때까지 총검을 겨누든지, 총을 문에 세워 놓고 있다가 우스꽝스러운 동작을 따라 하면 통과시켜 줄 것이다.

궁궐 경내 뒤편에는 러시아 양식의 작은 별궁이 있다. 몇 년 전에, 유럽식 건축미에 마음을 사로잡혔던 조선의 왕은 서양풍의 건물을 짓고자 했다. 건축 기사가 없어 왕은 사바틴(Seradin Sabatin)이라는 재간 있는 러시아 청년에게 러시아 양식으로 궁궐을 건축하도록 위임했다. 그 러시아 청년은 비록 전문적인 건축 기사는 아니었지만 받은 경비 안에서 최선을 다하여 왕이 만족하도록, 난방 장치와 다른 모든 근대 장치를 갖춘 매우 견고하고 멋있는 러시아 양식의 작은 별궁을 완공했다.

그 별궁은 2층으로 되어 있으며 방은 그렇게 많지 않다. 왕은 대단히 기뻐하기는 했으나 건물이 완성되었을 무렵 다른 나라 외교관이 부추기는 바람에 일본에서 건너온 프랑스 건축 기사에게 그 별궁에서 좀 떨어진 곳에 큰 규모로 다른 건물을 짓도록 명령했다.

그러나 이 새로운 건물은 기초 구조가 너무 작았고 기초가 세워질 때까지의 비용이 이미 애초에 계획했던 전체 건물 비용의 거의 3배나 더 들었다. 왕은 외국인들의 속임수라 여기고 화를 냈으나 실은 조선 관리들 가운데 부패한 무리들이 있었던 탓이었다. 어쨌든 왕이 신축 공사를 중지하도록 결정하는 바람에, 그 건물은 지상에서 약 3피트 정도만 건축되었다.

여름의 궁궐

궁궐은 여름 궁궐과 겨울 궁궐 두 구역으로 나누어져 있다고 볼 수 있다. 나를 만나러 온 한 관리는 겨울에는 출입이 허용되지 않는 여름 궁궐을 돌아봐도 좋다는 왕의 명령을 전달했다. 그 곳의 출입문은 못질이 되어 있어 다음 여름까지 출입이 불가능했다. 나와 나를 안내하는 관리를 제외하고는 어느 누구도 출입할 수가 없었다. 그래서 무거운 나무 방망이를 가진 사람을 따라 문 앞에 도착해서 한참 동안 망치로 못을 뺀 뒤에야 문을 열 수 있었다.

나는 안내하는 관리와 함께 곧장 안으로 들어갔는데, 다른 사람들이 따라 들어오는 것을 막고자 두 명의 병사가 문지기로 남았다. 안으로 들어가 보니 아름다운 풍경이 눈앞에 펼쳐졌다. 앞에는 꽁꽁 얼어붙어 있는 큰 연못이 있고, 중앙에는 큰 광장 같은 흰 대리석 단이 놓여 있었다. 이 단 위에는 왕을 알현하는 장소가 있는데, 그 곳은 한결같이 흰 대리석 기둥들이 늘어서 있었다.

빨간 옻칠을 입힌 또 다른 나무로 지탱되고 있는 목각 기둥 위에는 끝이 약간 휘어져 올라간 기와지붕이 얹혀 있었다. 지붕 바로 밑 부분은 황색, 적

하궁

색, 녹색, 청색이 칠해진 기묘하고 빼어난 나무 조각이 장식되어 있었는데, 주로 적색과 백색이 지배적이었다. 한쪽에는 황금 글씨가 새겨진 크고 검은 명패가 걸려 있었다.

7~8개의 계단을 오르면 방 한 가운데의 간소한 단위에 왕좌가 놓여 있는데, 그 뒤로는 병풍이 쳐 있다. 단상으로 출입하려면 우리가 들어온 문에서 두 개의 단단한 지주가 놓여 있는 대리석 다리를 건너야 한다. 1층에 오르는 계단은 다리 정반대 쪽에 있는 건물 끝에 있기 때문에 그쪽으로 가려면 모든 기둥을 지나가야만 한다.

나는 한 두 차례 스케치를 마치고, 왔던 길을 되돌아와 다시 정문에 도착했다. 밖으로 나오자 사람들은 문을 닫고 못질을 한 다음 오른쪽으로 나무 빗장을 걸었다. 곧이어 나는 궁궐 안으로 안내 받아 왕의 처소에 도착했다. 문은 무장한 12명의 병사가 지키고 있었다. 그러나 왕의 처소는 서울의 귀족들의 집이나 별다름이 없었다.

모든 장식들이 가능한 한 수수했는데, 사실은 일부러 그렇게 한 것이었다. 조선의 화가들이 그린 몇 장의 그림을 제외하고는 귀중한 장식품이 없었으며 이곳이 왕이 거처하는 곳임을 나타내는 특별한 아무 것도 없었다. 오히려 밝은 적색과 녹색으로 내부가 장식된 권문세가들의 집이 궁궐보다 더 화려했다.

나는 아침 내내 대궐의 경내를 기웃거리며 이곳저곳을 스케치하면서 보냈다. 짧고 낮은 벽이 둘러져 있는 왕의 처소 앞에는 또 다른 연못이 있다. 연못 가운데의 작은 섬에는 왕이 더운 여름날에 이용하는 팔각정이 있어서, 대신 및 외국인 고문이 아닌 조선의 고문과 함께 국사를 의논하면서 선선한 밤공기를 즐긴다. 섬까지는 마치 본토와 그에 부속된 섬을 잇는 듯한 반원형의 백색 교각이 놓여 있다. 그밖에 중국의 사신이 왔을 때 접대하기 위한 또 다른 건물이 있지만 왕이 거처하는 경내에 특별히 주목할 만한 것은 없었다.

궁궐의 주문 가까이에 있는 작은 집은 설날이나 다른 기회에 왕을 알현하려고 방문한 외국의 대사, 영사들, 중국 관리들을 접대하는 장소이다. 그곳의 한 작은 방에는 난로가 갖추어져 있긴 하지만, 왕이 알현을 허락할 때까지 몇 시간 동안 냉방에서 대기해야 하므로 지독한 감기에 걸린 불행한 대사들도 몇 명 있었던 것으로 알려지고 있다.

실제로 이러한 절차 때문에 분명히 한두 명 정도는 죽었으리라고 나는 믿는다. 어쨌든 내가 서울에 머무르는 동안에 일본 외교관이 그 차가운 방에서 연회복 차림으로 지나치게 오랜 시간 동안을 외투도 걸치지 않은 채로 서 있다가 독감에 걸려 죽게 되었다.

일본 외교관의 장례식

여담으로 말하면, 이 외교관의 장례식은 매우 재미있는 광경을 연출했다. 물론 나는 사람의 죽음과 관련된 일에서 재미 거리를 찾는다는 것이 나쁜 일이라는 것을 잘 알고 있다. 그러나 정작 재미있는 문제를 일으킨 것은 살아 있는 사람들이었다. 일본으로 시신을 서둘러 운구하라는 전문이 도착하자 일본인들은 서울에서 약 25마일 정도 떨어진 항구인 제물포로 시체를 운송하고자 준비했다. 이 계획에 따라 충직한 일본의 인부들이 무거운 관을 등에 지고 옮겼다.

그러는 동안에 왕은 4백 명의 기병과 보병에게 관을 호위하도록 하도록 했으며 조선에 거주하는 모든 외국인들도 상여 뒤에 줄지어 따라가려 했다. 나룻배가 도착할 때까지 그들은 마포나루에 죽 열을 지어 서 있었다. 그리고 강을 건너자마자 그들은 반대쪽의 넓은 백사장에 다시 열을 지어 모여 있었다. 병사들과 노닥거리며 두 대의 대포를 강가로 가지고 내려온 일본인들은 금줄이 꼬여 달려 있는 요란스런 외교관 복장에 반쯤은 모래에 빠진 채로 야회용 신발을 신고 서서 고인을 추모하는 일본인 수행원의 통제를 받고 있었다.

한편 인부들은 등에 관을 짊어지고 있었고 조선의 기병과 보병들은 두 줄로 정연하게 정렬해 있었다. 조선 사람 기수들은 한 마디도 알아들을 수 없는 일본인의 긴 조사에는 아무런 관심도 없이 조선 관리들이 서 있는 열 바깥쪽에서 두 병사의 호위를 받으며 작은 말 위에 마치 조각품처럼 일체의 미동도 없이 작은 말 위에 타고 있었다.

그런 와중에 갑자기 천지가 진동하는 듯한 두 대의 대포 소리가 터졌다. 기병들 가운데 절반은 놀란 말이 갑자기 뛰어오르자 기병들의 절반이 말안장에서 떨어졌고, 말을 타고 있던 사람들은 곧 이리저리로 흩어졌다. 그때 말 뒤를 따라 관을 운반하던 사람들도 갑작스런 폭발에 놀라 쓰러질 정도로 덜컹거렸다. 잠시 뒤 소란이 가라앉자 다시 대형을 이루어 도보로 도착했다. 그 시각은 대략 아침 9시 정도였는데, 일본인은 연회복 차림에 실크 모자를 쓰고 있었다.

왕족들

다시 궁궐로 얘기로 돌아가면, 왕과 왕비에게는 많은 친족이 있는데, 모두가 구중궁궐에 살고 있는 것은 아니다. 궁궐에 살고 있는 왕족들은 각자의 별궁에서 살고, 그렇지 않은 친척들은 왕이 부를 때 신속하게 도착하도록 궁궐에서 아주 가까운 곳에 살고 있다.

조선의 왕은 낮이고 밤이고 아무 때나 자기의 친척들을 부르는 경우가 있다. 실제로 왕은 거의 모든 국사를 밤에 집무하고 대신들과의 면담도 대부분 밤에 갖는데, 그렇게 하는 중요한 이유는 그렇게 해야 역모를 방지할 수 있고, 백성들은 어전 회의에서 일어나는 일에 대해서 전혀 모르게 된다.

왕비

인자한 조선의 왕이 터키의 황제만큼이나 많은 후궁을 두고 있다고 생각하는 것은 큰 오해이다. 사실은 정반대로서 왕은 오직 한 사람의 왕비로 만족하고 있다. 그는 결코 관례를 어길 인물이 아니었으므로, 그는 그러한 무절제에 빠졌던 선대들의 관습을 두 말없이 따랐다.

사실 조선의 왕은 자신보다 정신적으로 더 성숙한 여자와 결혼을 했기 때문에 행동에 최선을 다하지 않을 수 없었으며 책망을 듣지 않으려고 주의를 기울였다. 서울에는 실제로 왕비가 왕을 조종해서 조선을 통치하고 있으며 왕은 자신의 아내를 매우 두려워하고 있다는 좋지 못한 소문이 나돌았다. 이 소문의 진위 여부는 나도 잘 모르기 때문에 뭐라고 얘기할 수는 없다.

왕비는 대단한 미인이며 아직 젊다. 그는 왕보다는 나이가 어리지만[1] 아주 재치가 넘쳤다. 왕비는 여성들의 지위 향상을 옹호한 것으로 회자되고 있지만, 내가 알기로는 비교적 엄격한 쇄국 정책을 수정하려고 노력하지는 않았다. 그는 조선의 명문가 출신으로서 전통적인 귀족이었던 민 씨이다. 왕비는 어전 회의의 희망에 따라 적절하게 시기를 맞추어 궁녀의 수를 10여 명에서 300명 정도로 다양하게 운영했다.

경노 잔치

가장 이색적이고도 훌륭한 조선의 관습 가운데 하나는 젊은이들이 노인들을 공경하는 것이다. 무엇을 위해 지배층이 그렇게 하게 하는 것일까? 매년 왕과 왕비는 90세 이상의 노인들을 궁궐로 초청하여 잔치를 베푼다. 나

1) 민비는 고종보다 한 살 위였다.

왕의 초상

라의 관장 아래 그들은 신분에 상관없이 부양 받으며 모든 면에서 행복을 누린다. 매년 이러한 목적으로 심사 없이 사전 경쟁을 통해 귀감이 되는 노인들을 선발한다.

이때 뽑힌 사람들이 가난하다면, 집으로 돌아가기에 앞서 갖가지 생필품과 돈을 하사 받는다. 그리고 때로 노인들은 거의 궁궐에 남거나 죽을 때까지 의식주를 해결해 줄 수 있는 왕족이나 고관의 집에 머무르기도 한다. 물론 대부분의 경우 성내의 노인들은 귀족이며 일정한 기간이 지난 뒤에는 왕실의 환대가 어느 정도 줄어든다. 그러나 그들은 궁궐에 머물렀던 기념으로 귀중한 선물을 받는다.

조선 사람들은 이와 같은 특권을 누리는 것을 대단히 큰 영광으로 여기는데, 궁궐에서 환대를 받은 사람을 배출한 가문은 왕의 "형제들"로 여겨진다. 나는 이 "형제들"이라는 표현이 가장 안성맞춤이라고 생각한다. 그들은 지역 사회에서도 많은 존경을 받고 근처 이웃에게는 거의 숭배의 대상이 되다시피 한다.

국상이 났을 때 왕은 다른 고관들과 똑같은 옷을 입는다. 다시 말해서 불룩한 소매가 달린 길고 흰 예복에 보석이 박힌 옥대를 착용하고 날개 달린 모자를 쓰고 있다. 그러나 평상시에 왕은 용의 문양을 수놓은 화려한 청색 비단옷을 입고 있다. 그 용은 성난 모습으로 불을 내뿜고 있는데, 가슴의 둥근 판에 값비싼 비단과 황금으로 수놓아져 있다. 이 옷을 입을 때는 국상 때와 비슷한 모양의 모자를 쓰는데, 단지 그것은 흰 색 대신에 칠이 되어 있어 뻣뻣하게 광택을 입힌 검은색의 최고급 말총으로 제작되었다.

옥좌

왕의 옥좌의 모양은 간소하지만 위압적이다. 왕은 값비싼 자수 융단이 깔려 있는 바탕에 세 개의 조각된 대리석 계단 위에 앉는데, 그 옆의 두 개의 기둥 위에는 매우 귀중한 청동 화병이 각각 놓여 있다. 옥좌 뒤에는 석조 벽이 있는데, 옥좌의 뒤나 옆에 서서 왕을 내려다보지 못하게 하려고 이를 설치했다. 특히 왕을 내려다보는 것과 같은 무례하고 예의에 어긋나는 일을 저지르게 되면 최근까지도 지체 없이 그 사람의 목이 달아나는 것은 당연한 일이었다.

그러나 유감스럽게도 서구 문명의 유입으로 말미암아 이제 왕은 용과 호랑이로 멋있게 조각되고 장식되어 있는 대리석 옥좌에는 좀처럼 앉지 않는 대신 녹색 융단이 깔려 있는 아주 보잘 것 없는 탁자 위에 팔꿈치를 기대고 값싼 서구식 안락의자에 앉아 있는 모습을 보여주기를 더 좋아한다. 왕은 아마도 그렇게 하면 유럽의 군주와 닮아 보이는 것으로 생각하는 것 같다! 이럴 경우에 보통 왕자는 왕 옆 자리에 앉는다.

암행어사

왕의 친척들은 정치 개입을 부당하고 하찮게 여겨 적극적으로 관여하지 않지만, 왕 자신은 국사를 돌보며 백성을 다스리는 것을 매우 좋아하는 것 같다. 왕은 항상 지방 곳곳에 암행어사를 파견하는데, 때로 그들은 변장을 한다. 그것은 여러 지역에 관한 확실한 정보와 자신이 임명한 관리에 대한 주민들의 반응을 파악하기 위해서다.

또한 서울에도 모든 사람들을 줄곧 감시하는 많은 암행어사들이 실제로 있는데, 늘 다른 사람들의 죄상을 보고할 준비를 갖추고 있어 때로는 현행범을 체포하기도 한다. 내가 잘 알고 지내던 귀족들이 몇 주일 동안 갑자기 모습을 보이지 않는 경우가 흔히 있었는데, 왕으로부터 임무를 받고 떠났다는 사실을 제외하고는 그들이 어디로 떠났으며 또 무엇을 하고 있는지 아무도 알지 못했다.

왕에게는 특별한 밀사들이 있는 듯하다. 왕은 누군가를 직접 불러 파견할 때, 그가 어디로 가는지를 가족들이 알지 못하도록 집에 들르지 말라는 엄명을 내리고 곧 다른 변장한 감시원을 딸려 보내 그가 무엇을 하고 있으며 맡은 임무를 잘 수행하고 있는지를 감시하도록 한다. 두 사람이 돌아와 역모나 각종 죄상을 보고할 때, 혐의자들이 순순히 인정하고 따르면 사면을 받는 경우도 간혹 있다. 그러면 왕은 그들을 좌천시키거나 백두산 부근이나 러시아와 접경한 변방으로 귀양 보낸다.

김가진

정치 문제는 거의 전적으로 귀족들이 처리한다. 나는 운 좋게 김가진[2]이라는 조선의 거물 정치인과 잘 알고 지냈는데, 실내에서 항상 말총 두건을 쓰고 있는 그의 모습을 그려 주기도 했다. 그는 박학다식하고 재기가 출중했으며 내가 만난 수많은 훌륭한 외교관들 가운데에서도 가장 뛰어난 인물이었다. 아무리 애를 써도 그를 쩔쩔매게 할 수는 없었다. 질문에 대답하면서 그보다 더 예리하고 철저하게 준비하여 대응하는 사람을 나는 일찍이 본 적이 없다.

김가진은 한 때 조선의 사절로 일본 막부에 파견되었는데, 매우 짧은 시간에 일본어를 완벽하게 숙달했다. 그는 중국어에도 아주 능통했다. 나는 그가 쉽게 영어 단어를 암기하고 있다는 사실을 알았는데, 그는 공부를 시작한 지 며칠 되지도 않아 아주 짧은 시간에 실제로 며칠 내에 영어를 이해하고 읽었을 뿐 아니라 어느 정도는 의사소통도 가능했다.

그는 다재다능할 뿐만 아니라 대단한 용기와 독립심을 가지고 있었기 때

2) 김가진(金嘉鎭 : 1846~1922) : 호는 동농. 1886년에 문과에 급제. 부수찬을 거쳐 일본 주차 공사관 참찬관으로 외교관의 생활을 시작하여 젊은 날에는 도쿄에서 활약함. 그 뒤 농상공부대신, 황해도 관찰사, 중추원 의장을 지냄. 1919년에 대동단 총재가 되어 상해로 망명하여 그곳에서 죽음. 서예에 일가를 이룸.

문에, 왕의 측근의 대부분의 간사하고 모함을 일삼는 관리들은 흔히 그가 왕과 마찰을 일으키도록 유도했다. 그는 아직도 자신의 머리가 어깨 위에 붙어 있다는 사실이 매우 경이로운 일이라고 익살맞게 얘기했다. 그것은 너무나 당연했고 다른 사람은 엄두도 못 낼 일이었다. 그는 열렬한 개혁가였고 서구 문명을 극찬했다. 그의 가장 큰 희망은 얘기로만 숱하게 들어왔던 영국과 미국을 방문하는 것이었다. 그러나 이상하게도 같은 대화를 나눈 바로 다음날 아침, 그는 사소한 예의에 어긋나는 행동 때문에 왕명으로 가장 먼 지방으로 귀양을 갔다.

조선의 궁중 예절 가운데에서 가장 중요한 것은 아마도 왕이 금이나 은이 아닌 다른 금속을 만지게 해서는 안 된다는 점일 것이다. 그렇기 때문에 왕의 잔은 금으로, 그 밖의 다른 물건들은 은으로 제작되었다. 왕이 자신을 칭할 때는 "임금"이라는 표현을 쓴다. 왕은 궁궐 깊숙한 곳에 중국 서적을 소장하고 있는 매우 귀중한 서가를 갖고 있는데, 현재는 소수의 귀족 자제들 외에는 거의 그 곳의 책을 열람할 수 없다. 귀족들은 머리를 써 가며 오래된 한문을 익히기보다는 궁술과 매사냥을 더욱 가치 있는 일로 여기고 있다.

매사냥

귀족들은 송골매를 매우 소중히 여기므로, 매를 다루는 특별한 기술을 가진 사냥꾼들은 항상 매에 신경을 써야 한다. 매는 머리에 덮개를 쓴 채로 사람의 팔위에 앉아 있다가 움직인다. 이 덮개는 다른 새가 나타나 그 쪽으로 매를 날려 보낼 기회가 생길 때 재빨리 벗긴다. 그러면 매는 날개를 퍼덕이며 높이 날아 올라가 먹이 주위를 맴돌다가 나선형으로 서서히 하강하여 끝내 먹이를 덮쳐 날카로운 발톱으로 낚아 챈 다음 주인에게 가져온다.

매가 날지 않고 날카로운 눈으로 새들을 유인해서 사정거리로 접근하면 낡은 "화승총"을 쏘아 잡는 경우도 있다. 그러나 첫 번째 방법이 가장 좋은

김가진의 초상

사냥 방식인데, 이때 젊은 귀족들은 잘 훈련된 매를 사용한다. 이러한 생생한 매사냥 광경을 보기 위한 연회가 열리기도 하는데, 이때 흥에 겨운 참석자들은 자연스럽게 술독에 빠지게 된다. 각각 주인이 다른 매들 사이에 시합이 벌어질 때는 내기를 한다.

왕족과 귀족의 생활은 대체로 매우 게으른 편이다. 일하는 것은 생계를 벌어야만 하는 사람들에게나 해당되는 좋지 못한 습관이라고 그들은 생각하고 있다. 조선의 귀족들은 육체노동같이 우아하지 못한 일을 할 바에는 아마도 차라리 자살을 택할 것이다.

궁술은 이러한 원칙에서 벗어난 예 가운데 하나로서 귀족의 소일거리로 인정된다. 왕자나 귀족들은 점차 궁술에 빠져들다가 어느새 아주 능숙한 솜씨를 갖게 된다. 그들이 사용하는 활의 길이는 2.5피트 정도로 매우 작고 팽팽하다. 화살은 짧고 가벼우며 대개 대나무나 등나무 줄기로 제작되었는데, 손목의 힘이 센 사람은 아주 멀리 날려 보낼 수 있을 뿐더러 번번이 명중시킬 수도 있다.

그럼에도 불구하고 귀족들은 아주 게을러 대부분은 자신들이 직접 참가하지 않고 다른 사람들의 기술을 보는 것을 더 좋아한다. 그래서 방방곡곡의 수많은 직업 궁사들은 후원자들의 도움으로 걱정 없이 살아간다. 나라에서 뿐만 아니라 개인들도 뛰어난 궁사에게는 큰 상을 내리므로 그들은 스페인의 유명한 투우사가 칼을 하사받는 것처럼 많은 찬사를 받는다. 그들은 지속적으로 훈련을 받고 자주 왕과 대신들 앞에서 실력을 과시하기도 하는데, 왕이 직접 실력 있는 궁사를 선발하는 경우도 있다.

어느 날 나는 부주의로 말미암아 성 세바스찬[3]과 같은 최후를 맞을 뻔 했

---

3) 성 세바스찬(Saint Sebastian) : 3세기 무렵의 기독교 순교자. 본시 군인으로서 맥시미안 황제와 디오클레시안 황제 밑에서 많은 병사를 개종시켰다. 디오클레시안 황제로부터 배교를 명령받았으나 이를 거절하고 순교했다.

던 기억이 생생하다. 동대문에 있는 연병장 근처에서였다. 나는 서울을 가로지르는 작은 강을 따라 나 있는 동쪽 둑을 조용히 걷고 있었다. 그때 둑 밑에서 누구인가 외쳤다.

"조금 있다! 기다려! 멈춰!"

그의 외치는 소리를 듣고 나는 멈추어 서서 밑을 내려다보았다. 그 곳에서 200야드 정도 떨어진 곳에 20여 명의 사람이 모여 있었다. 그러나 햇빛이 너무 강렬해서 눈을 뜰 수 없었기 때문에, 나는 그들이 무슨 일을 하고 있는지 잘 알 수가 없었다. 그래서 단지 농담으로 고함을 쳤으려니 생각하고 앞으로 걸어가려고 하는데, 로켓이 지나가는 듯한 소리가 들리더니 내가 있는 곳에서 불과 2야드 정도 전방에 한 다발의 화살이 하얗게 둥근 점을 이루며 땅 깊이 박혀서 더 이상 걸어갈 수가 없었다.

숫자를 세어 보니 화살은 모두 10개였다. 그러나 이 궁사들에게는 내가 처한 위험이 결코 위험이 아니었다. 나는 그동안 그들의 활 솜씨를 지켜보았는데 거의 백발백중이었다. 조선의 윌리엄 텔(William Tell)이라 할 수 있는 이 명사수들은 심지어 내 코앞으로 몇 다발의 화살이 휙 지나가는 소리도 대수롭지 않게 생각했다.

어느 날 조선 사람 관리의 안내를 받아 그에게 이런 저런 이야기를 들으며 복잡한 궁궐을 거닐고 있을 때, 젊은 민영환 공이 나타나 왕이 나를 환영 만찬에 초대하기를 바라고 있다고 말했다. 그리고 그는 어느 곳으로 나를 데려가더니 여기에서 그림을 그리면 왕이 대단히 기뻐할 것이라고 특별히 강조했다.

그런데 그 곳에는 그림을 그릴 만한 특별한 소재가 없어 다른 곳이 더 나을 것 같다고 말하자, 그는 왕이 그 곳에서 그림을 그리라고 명령했다고 일침을 놓고는 나를 남겨둔 채 그대로 가버렸다. 그렇지만 나는 바로 뒤에 왕비가 거처하는 처소의 창문이 있다는 것을 기억하고 그 곳에서 그림을 그리는 것이 왕비의 호기심을 만족시켜줄 수 있다는 생각이 들어 곧 창을 등 뒤로 하고 그림을 그리기 시작했다. 왜냐하면 여왕을 똑바로 쳐다보다가는 죽음을 면치 못하리라는 생각이 들었기 때문이었다.

그렇지만 곧 살며시 창문이 열리는 소리가 들리기에, 나는 몇 분밖에는 그림을 그리지 못했다. 나는 누군가가 다가오고 있다는 것을 눈치 채고 내 그림을 보고자 하는 사람은 누구라도 몸을 굽히지 않고는 볼 수 없도록 몸으로 그림을 가렸다. 좁은 길옆에는 몇 백 명의 군사들이 걷고 있거나 땅에 쭈그리고 앉아 있었고 뚱뚱하고 쌀쌀맞게 생긴 환관들이 벽에 기대거나 작은 나무 위에 걸터앉아 나를 지켜보고 있었다.

그러던 가운데 별안간 날카로운 호각 소리가 들리더니 다른 광경이 연출되기 시작했다. 웅성대던 사람들은 일제히 바닥에 주저앉아 고개를 가슴에 파묻고 병사들은 손으로 얼굴을 가렸다. 볼품없이 생긴 환관들은 무르익은 과일이 떨어지듯 나무에서 내려오더니 담 뒤로 사라졌다. 그러고 나서 잠시 정적이 흐르더니 곧이어 또 소란스러워졌다. 동행하고 있던 조선 사람 관리를 바라보았더니, 그는 쉬고 있는 듯이 땅을 보며 고개를 조아리고 있었다. 나는 발로 그를 건드리며 나직이 말했다.

"S씨, 도대체 뭐하시는 겁니까?"

그러자 그는 더듬거리며 말했다.

"제발 조용히 하시고 고개를 돌리지 마십시오! 그렇지 않으면 제 목이 달아납니다."

그는 먼지 속에 코를 처박고는 찍소리도 못하고 있었지만, 나는 넉살좋게 대답했다.

"아 나는 전혀 상관없습니다."

왕비의 모습

소란한 가운데 창문이 활짝 열리며 나지막한 속삭임이 들리기 시작했다.

가장 중요한 순간에 나는 대담해지기로 마음먹고 몸을 갑자기 홱 돌렸다. 바로 그때였다. 맑고 새까만 눈을 가진 세련된 용모의 왕비가 창문 밖으로 얼굴을 내밀고 서 있었으며 나이가 각기 다른 몇 명의 궁녀가 왕비 뒤에서 발끝을 들어 내다보려고 애쓰고 있었다.

나는 왕비의 얼굴을 똑바로 쳐다보았다. 내가 앞으로 곧장 나아가자 왕비는 짐짓 놀라 시선을 외면하고 황급히 몸을 감추다가 그의 시종과 부딪혔다. 안에서는 떠들썩한 웃음소리가 들렸다. 매우 재미있어 하는 것이 틀림없었다. 다시 날카로운 호각 소리가 들리자 쥐 죽은 듯이 엎드려 있던 사람들이 불편한 자세에서 벗어나 달아났다.

무슨 일이 일어났는지 영문도 모른 채 값비싼 비단옷을 더럽혀 가며 고개를 조아리고 있던 조선 사람 친구가 먼지를 털며 일어서면서 말했다.

"당신이 고개를 돌렸다면 나는 영락없이 죽었을 것이오."

"왜요, 거기에 누가 있었소?"

"물론 왕비가 계셨지요. 당신은 두 번의 날카로운 호각 소리를 듣지 못했소? 그 소리는 바로 왕비가 다녀간다는 신호란 말이오."

"그렇다면 당신의 목이 잘릴지도 모르는데, S씨 당신은 죽음이 두렵지 않소?"

"절대 그렇지 않소. 나는 용맹한 사람이고 또한 용맹한 집안 출신이오. 나는 영웅처럼 죽을 것이오."

그는 강한 어조로 말했다.

나는 대화를 바꾸었다.

"왕비는 대단한 미인이던데요."

그러자 그는 놀라서 물었다.

"왕비를 보았소?"

"예, 물론이지요."

그는 크게 실망하여 장탄식을 하더니 몸을 부들부들 떨며 말했다.

"아 큰일 났군, 큰일 났어! 당신이 왕비를 보다니! 나는 죽었군! 큰일 났구나 큰일 났어!"

"S씨, 당신은 죽음을 두려워하지 않는다면서요!"

그는 처량하게 중얼거렸다.

"당신이 왕비를 쳐다보았으니 이제 내 목숨은 끝이오."

"걱정 마시오. S씨, 두려워 마시오. 내가 모든 것을 책임지고 당신이 처벌받지 않도록 내가 노력하겠소."

이 무렵 민(閔) 공이 나를 부르러 왔는데, 나는 모든 것이 나의 뻔뻔스러운 행동 때문이라고 S씨를 안심시키면서 사건의 전말을 그에게 말했다. S씨가 처벌되지 않을 것이라는 확답을 얻고 나서야 우리는 연회장으로 갔다.

어느새 정오가 되어 있었다. 우리가 왕의 처소의 담벼락을 따라 지나가고 있을 때, 왕은 담 위로 얼굴을 내밀고 매우 부드럽게 미소를 지었다. 잠시 뒤에 왕은 긴급한 국사 때문에 나를 직접 대접할 수 없어 유감이라는 뜻을 전하려고 식당으로 사람을 보냈다. 연회장에는 긴 식탁이 유럽식으로 꾸며 있었고 상석에는 민 공이 왕을 대신해서 앉아 있었다. 포크와 스푼은 주석으로 제작되었고 칼은 녹이 많이 슬었기 때문에, 결코 깨끗하다고 말할 수가 없었다. 컵들은 아주 두꺼웠는데, 왕은 그것들을 소중히 여겼다.

S씨는 자기가 처벌받지 않는다는 것을 재차 다짐 받는 데 정신이 팔려 있었지만 우리는 모두 매우 유쾌한 기분으로 앉아 연회를 즐겼다. 무슨 음식이 차려졌는지 보다 무슨 음식이 빠졌는지를 말하는 것이 더 쉬울 정도로 이 날의 식사는 훌륭했다. 고기, 생선, 꿀, 사탕, 야채, 소스 등 이 나라에서 나는 모든 것이 전부 요리되어 산해진미로 차려진 것 같았다. 그중에는 새끼돼지도 준비되어 있었다.

민 공은 나를 극진하게 대접했다. 그러나 음식을 겨우 반도 채 먹지 못한 상황에서 나는 다른 조선 사람 친구들처럼 더 이상 소화시키는 것이 불가능했으며 숨이 막혀 왔다. 식탁 위에 차려진 음식을 사양하는 것도 큰 결례이지만 음식을 다 먹지 않고 남기는 것은 식사 예의에 더욱 크게 어긋나는 결례이다.

나는 반 되가량의 콩은 물론 그 많은 돼지고기, 감자, 보리, 기장들을 먹고 난 뒤의 상태가 쉽게 상상되었다. 그렇지만 그렇게 먹고도 나는 소스에 절인 연근과 무, 구운 새끼 돼지, 과일을 먹고, 각종 양주와 조선의 전통주들을 더 마셨다. 식사는 정오에 시작되어 저녁 7시가 되어도 끝나지가 않았다.

얼마나 곤욕스러웠던지! 미식가들에게 나는 조선의 궁중 요리를 추천하겠다. 푸른색 가마를 타고 집으로 돌아오기 전까지 내가 겪은 고통은 이루 글로 다 표현할 수가 없다. 가마가 흔들릴 때마다 나는 목구멍으로 넘어간 대포알이 뱃속에서 사정없이 요동치는 듯한 느낌이 들었다. 잔뜩 부른 배가 언제라도 곧 터질 것만 같았다. 음식에 아주 넌더리가 났기 때문에, 나는 집으로 돌아오는 길에 다시는 오늘처럼 과식하지 않겠노라고 맹세했다. 물론 그 뒤로도 여러 차례 다짐을 어기긴 했지만…….

제 13 장 문 화

새해가 시작되고 명절 잔치가 끝나면 곧 서울 거리는 과거 시험을 보려고 올라온 선비들로 붐비게 된다. 그들 가운데 많은 사람들은 팔짱을 끼고 와자지껄하게 떠들며 서울 시내를 쏘다닌다. 조선에서는 공부와 밥벌이가 공존하는 것 같다. 그들은 빵 굽는 사람들이 쓰는 종이 모자와 같이 얇은 천으로 된 독특한 모자를 쓰고 있다. 그것의 앞뒤로는 큰 천이 치마폭처럼 내려져 있으며 허리 위에는 리본을 매고 있다. 그들은 저마다 손에 큰 종이를 말아 쥐고 있는데, 매우 들떠 보인다. 선비라고 해서 젊은이들뿐이라고 생각해서는 안 된다. 그들 가운데 많은 사람이 30세 이상이며 일부는 노인들도 있다.

과거

정해진 시간에 그들은 열을 지어 궁궐 벽을 따라 나 있는 길을 통과하여 궁궐 바로 뒤에 있는 시험장으로 들어간다. 그 곳은 아주 넓은 장소로서 한쪽에 수험생들이 시험을 치르는 작은 방들이 촘촘히 들어서 있는 낮은 건물이 있다. 과거를 보는 날의 서울은 볼 만하다. 그곳은 문예를 겨루는 곳이라기보다는 흡사 시골의 장터 같은데, 북적대는 소리가 귀에 거슬린다. 그 가

과거 시험장

운데 몇 천 명의 수험생들을 따라온 부모와 친구들도 떼 지어 쭈그려 앉아 술을 마시고 노름을 한다. 그들 가운데 어떤 무리는 서로의 건강을 기원하며 술을 마시고 있었고 몇몇 사람들은 등 뒤로 햇볕을 쬐며 담요를 깔고 누워 있었고 시험관 앞에 불려 갈 차례를 기다리고 있다.

조선의 독특한 과자 가운데 하나라고 할 수 있는 엿을 파는 상인들은 빨갛고 노란 큰 차양 막을 쳐 놓았으며 다른 상인들은 미처 준비하지 못한 수험생들을 위해 시험용 모자, 먹물, 종이 등을 비싼 값으로 팔고 있었다. 조선의 수험생 부모들이나 유생들은 점쟁이의 예언을 전적으로 신뢰하기 때문에, 그들의 말을 듣고자 많은 돈을 들이는 과거 철은 점쟁이들의 대목이라 할 수 있다. 대부분의 경우 점쟁이의 예언은 불안해하는 어린 유생들을 안심시켜 주고 소심한 사람들에게도 신선한 활력을 불어넣어 주기도 한다. 그 덕분에 합격을 확신하며 시험을 치러 실제로 합격하는 사람들도 흔히 있다.

이러한 시험 가운데 가장 좋은 등급에 합격한다면, 한 개인의 출세는 확실하게 보장된다. 그 시험에 합격한 사람은 우선 조정이나 행정을 담당하는 하급 관리에 임용된다. 낙방했을 경우에는 다음 해를 기다려야 할 것이다. 일부 낙방생들은 시험에 거듭 실패해도 여러 해에 걸쳐 계속해서 도전한다. 그들은 국록을 받아 안정된 생활을 누리고 고대 중국 문헌을 열심히 연구하면서 삶을 보내기를 갈구한다. 왕은 몸소 가장 높은 시험의 구두시험을 돕는다. 나머지 두 등급의 시험은 시험관과 동석한 왕자들이 감독하고 합격 여부를 왕에게 보고한다. 일반적으로 이러한 시험을 치르는 계층은 귀족과 고관의 자제들이다. 하류층은 숫자와 한문을 대충 아는 정도로 만족했으므로 붓을 놀리거나 한문으로 적절하게 표현하는 방법을 전혀 모르고 있다.

한글은 여러 가지 음을 표현할 수 있는 매우 독창적이고 뛰어난 문자이다. 독자들이 이해할 수 있도록 표에 각각의 한글 발음을 영어로 표기해 놓았다. 직선과 원을 사용한 창안자의 목적은 틀림없이 문자 표기를 간소화하려는 것이었으리라.

한글		이중모음
모음	자음	애=ai
아=a	ㅇ=ng	ᄋᆞ ㅣ=ăi
야=ya	ㅎ=h	에=ei
ᄋᆞ=ă	ㄱ=k(g)	예=yei
어=e	ㅋ=k(된소리)	의=eui
여=ye	ㅁ=m	와=oa
으=eu	ㄴ=n	왜=oai
이=i	ㄹ=l, r(거의 같은 발음임)	외=oue
오=o	ㅂ=p	웨=ouei
요=yo	ㅍ=p(된소리)	위=oui
우=ou	ㅅ=s, t	
유=you	ㄷ=t(d)	
	ㅌ=t(된소리)	
	ㅈ=ch	
	ㅊ=ch(된소리)	

모음 e나 이중모음 oue에만 쓰이는 특별한 점이 독자의 눈에 쉽게 뜨일 것이다. 그 외의 한글 표기는 직선과 원만을 사용한다. 자음의 발음은 l, r, t 경우는 치음, k는 후음, ch, ch(된소리), s는 구개음 그리고 단어 끝의 h와 ng는 후두음이 된다.

한자

국가와 관청의 공식 문서는 한문을 사용하며, 어려운 한자 옆에 뜻풀이를 기입하는 경우 외에는 거의 한글을 쓰지 않는다. 조선의 남자 유생들은 한글을 천시했고 오로지 빈민층의 어린아이들과 여자들이나 쓰는 것으로 여긴다. 요약하자면 별다른 각고의 노력 없이도 한글을 쉽게 습득할 수 있으며 더욱이 한자의 학습으로 어려움을 겪을 필요도 없다. 뿐만 아니라 표음문자는 싯적이고 우아한 형식의 깊은 사상을 표현하기에는 부적절한 것이라고 조선 사람들의 뇌리에 남아 있다. 조선 사람들은 이런 심오한 사상을 한글로는 표기하지 않는다. 그 결과 자연스럽게 한글로 표현된 문학 작품은 거의 찾아보기 어렵다. 심지어 "고요한 아침의 나라"라는 자신의 역사 기록조차도 한자로 기술했다.

대부분의 조선의 격언과 속담들이 압록강을 건너온 중국인들로부터 전래되었다는 사실로도 조선 문학의 배경에 대한 한자의 영향력을 알 수 있다. 뜻이 와전되고 잘못 발음되어 한글로 표기된 한문이 비일비재하다는 사실도 마찬가지 실례이다. 조선의 학자들은 각고의 인내와 노고를 기울여 한문을 연구한다. 그들은 어려서부터 심혈을 쏟아 한문을 학습하는데, 한 번에 몇 시간 동안이나 단조로운 음으로 문자를 복창하면서 암송한다.

학교와 천문학

대부분 학교는 조정의 지원을 받는다. 학교에서는 예절과 중국의 고전과 철학을 위주로 가르치며, 과학 자체를 연구한다기보다는 형이상학적으로 천문에 관심이 있는 소수의 연구자 외에는 수학이나 과학 등의 학문을 경시한다. 정확하게는 점술사라고 불리는 이 천문학자들은 천문을 통해 왕과 나라의 운명을 점쳤는데, 이와 같은 사실은 왜 조선에서 천문 수학이 실용화되지 않았는가를 설명해 준다.

합격증

일반적으로 과거 시험에서 수험생들에게 요구하는 것은 고상하고 높은 수준의 사상이기 때문에, 그들은 가장 세련된 운율로 문자를 표현하고자 애쓴다. 가장 탁월한 문장을 작성한 사람은 왕과 시험관들의 치하를 받는 영예를 누리며 부모와 친지들은 그를 위해 잔치를 베푼다. 합격증에는 왕의 서명과 옥새가 찍혀 있다.

오늘날에는 시험이 단지 형식적인 절차에 불과하며 문학을 비롯한 다방면의 지식이나 실력이 아닌 단순히 뇌물 수수를 통해 당락이 결정된다고 한다. 내가 들은 바에 따르면 귀족들과 부유층의 우둔한 자제들이 우등으로 합격하는 것과는 달리 진정한 천재성을 가진 사람들은 매년 낙방하여 고향으로 돌아간다.

해외유학생

제한된 범위에서 본다면, 한국의 교육은 대체로 널리 보급되었다고 볼 수 있지만 전인 교육이라고는 볼 수 없다. 예전에 조정에서 뛰어난 능력을 보이는 학자들을 남경대학으로 보냈다가 그 다음에 북경대학으로 보냈으나 이러한 관습은 몇 십 년 전부터 없어졌다. 그 대신에 상해와 미국으로 유학을 보내는 새로운 방식이 도입되었다. 이들은 서양 학문을 갈고 닦아 매우 우수한 능력을 십분 발휘했다. 실제로 그들은 기대 이상으로 향상되었다. 그러나 그들 가운데 한 사람은 수표를 위조한 죄로 귀국이 금지되었다. 들리는 바에 따르면 그는 최근에 살해당했다고 한다.

그러나 이러한 경우 외에 그들을 비난하는 사람은 거의 없다. 사실 그들은 수학이나 화학 그리고 그 밖의 학문은 제쳐놓고서라도 영어를 완전히 숙달하는 데에만 3년이란 세월을 보냈다. 이 사실은 많은 서양 학생들에게 신뢰를 주었던 것만큼이나 그에게는 새로운 경험이었다. 그들은 짧은 시간에 몸에 배었던 미신을 벗어버리고 대서양을 건너가 성공적으로 서양의 문물을 습득했다. 어쨌든 그는 미국인들보다 더 미국화한 사람이 되었다. 더욱 놀라운 것은 그들이 귀국하자마자 개명된 생활 방식을 버리고 빠른 속도로 옛 생활에 젖어 든다는 점이다.

대다수의 조선 사람들이 찌들고 미개한 상태에 있었더라도 그들이 본래부터 어리석었던 것은 결코 아니다. 내가 만난 총명한 조선 사람들은 어느 나라 사람들보다 우수했다. 그들은 무엇을 알려고만 마음먹으면 그것을 알 때까지 쉬지 않고 노력하면서도 전에 전혀 들은 바도 없는 것까지 쉽고 빠르게 이해했던 사실을 밝혀 두고 싶다. 그들은 언어를 손쉽게 익혔는데, 외국어 발음은 일본이나 중국 같은 주변국 사람들보다 더 정확하고 뛰어났다. 그들이 흔히 틀렸던 단 하나의 발음은 f를 p로 발음했다.

양반 출신인 장 씨의 아들은 왕명으로 그레이트하우스 씨의 통역으로 임명되었다. 두 달 전에 두 발음을 구분해서 발음하던 19세의 이 젊은이는 영어의 해석과 회화에 완벽했다. 내가 본 바에 따르면 그는 하루에 200개의 단어를 외우는 속도로 영어 사전을 정복해 나갔다. 더구나 그는 철자 하나 틀리지 않고 단어를 암기했다. 그러던 그가 단 한 번 코믹한 실수를 한 적이 있었다. 그는 쌍둥이란 단어의 뜻을 거의 정확하게 파악하지 못하고 있었다. 내가 그에게 묻자 그는 대담하게 이렇게 대답했다.

"예, 선생님 저에게는 저보다 세 살이 많은 쌍둥이 형제가 있습니다."

조선의 관리들은 신분이 낮은 사람들을 필요 이상으로 교육시키는 것은 그릇된 것으로 종국에는 큰 불행을 초래하게 된다고 생각한다. 어느 조선의 양반은 나에게 이렇게 말했다.

"당신이 양반이 되는 교육을 받으면 양반처럼 살 수 있어야 합니다. 당신이 이상이나 표준에 치우쳐 먹고 사는 데 도움이 되지 않는 교육을 받는다면 당신은 비참한 신세가 될 것이고 당신이 받은 교육으로 말미암아 인간 생활의 불행에 대하여 더욱 예민해질 것입니다. 예술가나 시인으로 태어난 극소수의 경우를 제외하고는 양반이 되려면 애당초에 양반으로 태어나야 합니다. 모든 교육이 당신을 훌륭한 사람으로 만들지 모르나 엄밀한 의미에서 양반으로 만드는 것은 아닙니다."

부분적인 이유이지만 이와 같은 사고방식 때문에 그리고 부분적으로는 조선의 가장 큰 폐해인 무지와 미신을 타파하기 위해 오히려 교육을 권장해야 한다. 그것은 하류층은 물론 왕과 귀족을 포함한 모든 이들이 교육의 부재로 말미암아 질곡을 겪고 있기 때문이다. 평범한 사람들보다 더 개명되고 현명한 사람들은 귀신이니 악령이니 하는 어리석은 관념으로 말미암아 스스로를 이런 저런 식으로 난처하게 만들지 않는다는 사실은 주목할 만하다.

이와는 크게 다르지 않은 예로 귀신이 출몰한다는 지극히 단순한 이유로 지은 지 오래되지 않은 궁전이 황폐해졌다. 왕은 많은 비용을 들여 조선의 수도에 두 채 이상의 궁전을 지었지만 유령이라는 가장 성가시고 눈에 보이지 않는 불청객을 피하려고 그 궁궐을 버려두었다. 유령이 출몰하는 이유 가운데 하나는 음산한 건물 구조 때문이며 다른 이유는 지금부터 자세히 설명하겠다.

궁전을 포함해서 건물들은 아직도 보존 상태가 양호하게 남아 있는데, 그

폐허가 된 궁궐

것들은 그림 같은 형태로 구릉 위에 직립으로 서 있다. 각 건축물의 위층에는 붉게 채색된 목조 베란다가 있다. 위의 그림은 언덕 위에 세워진 주요 건물들의 정면 모습이다. 이러한 건축물이 세워진 언덕의 기슭에는 꼬불꼬불한 작은 길과 계단이 옆으로 나 있고 그림과 같이 조그만 문을 통하여 다음 건물에 연결된다.

작은 연못에는 수초들이 자라고 한 가운데는 두꺼운 얼음이 얼어 있는데, 조선 사람들은 이곳에서 유령이 출몰한다고 믿고 있다. 건물 안에서 가장 큰 알현실은 화려하고도 웅장한 목조 조각물로 내부가 장식되어 있으며 빨강, 파랑, 노랑, 흰색으로 도색되어 있다. 말아 올린 지붕의 각 모서리에는 행운을 상징하는 기묘한 조각물들이 얹혀 있는데, 가운데의 것은 호랑이를 조각한 것이다.

호랑이

호랑이 조각물이 이상하게도 조선 사회에 널리 보급되어 있는 점은 특이하다. 앞서 말했듯이 조선에는 이러한 종류의 짐승들이 많은데, 몸집이 엄청나게 클 뿐만 아니라 매우 사나운 표정으로 사람을 곧잘 잡아먹는다고 한다. 그러나 심지어 성벽에도 호랑이의 습격을 막을 방어 시설이 없기 때문에, 가끔 호랑이들이 야간에 출몰해서 사람을 잡아먹고서 시체를 성안에 남기고 아침 일찍 성벽 밖으로 유유히 사라지기도 한다. 그렇기 때문에 조선 사람들은 두려워하면서도 용서를 구하고자 종교적으로 호랑이를 숭배한다.

조선 사람들과 함께 성 밖으로 멀리 나갈 경우에 좁은 길에서는 내가 그들보다 빨리 걷지만 매번 내가 맨 뒤에 처져 있곤 한다. 그럴 때면 조선 사람들은 곧 내 앞으로 달려와 내가 맨 뒤에 처지지 않도록 한다. 그들이 이렇게 행동하는 이유는, 갑자기 나타난 호랑이가 항상 맨 뒤에 있는 사람을 공격하여 죽인다고 믿고 있기 때문이다. 그렇기 때문에 조선 사람들은 외국인과 동행할 때는 그를 맨 뒤에 걷게 하지 않는다는 것이 바람직하다고 여긴다. 물론 나는 그 생각에 동의하지는 않지만 먼 길을 나설 때면 나를 호위하는 흰옷의 병사가 내가 열의 중앙에 위치하도록 많은 신경을 쓴다.

제 14 장 종 교

어디에 가든 종교를 믿는 사람이 있는가 하면 종교를 부정하는 사람도 있기 때문에, 종교 문제는 해결이 어렵다. 대부분의 조선 사람들은 종교가 없으나 고려 시대인 10세기에서 14세기 사이에 는 열렬한 불교 신자들이 있었던 것 같다. 조선에서 불교는 몇 차례 중국의 침략을 받는 과정에서 성행했던 것으로 보인다. 불교는 거대한 구름처럼 조선을 풍미했으나 여기저기에 강렬한 활동의 자취를 남긴 채 사라졌다.

승려

승려들은 한 때 실질적으로 왕을 움직일 만큼 국사 전반에 대해 권위를 행사했다. 그리고 그들은 염주뿐만 아니라 칼을 잡을 준비를 하고 있었으며, 나라를 전대미문의 곤경과 위험에 빠뜨리기도 하였다. 그들이 막강한 권력을 휘두르고 선동을 일삼은 탓으로 나라가 혁명과 내분에 휘말리자, 그들을 탄압할 필요성이 제기되었고 그들은 그때부터 비천한 신분으로 전락하였다. 그들을 도성에서 억누르는 수단은 법이었는데, 도성 안에서는 어떤 환경에서도 종교 활동을 허락하지 않는 이 법은 지금까지도 여전히 유지되고 있다. 이에 따라 모든 승려들은 성내로 들어오는 것이 금지되었고 이를 어기면 참수 당했다.

이렇게 해서 승려들이 법당에서 누렸던 영향력은 갑자기 몰락하였고 법을 어긴 자들은 가장 엄중하게 다스려졌기 때문에, 조선에서 불교는 괴멸적인 타격을 입었다고 할 수 있다. 그 이유는; 첫째, 거의 5세기 동안 대단히 성행했다 할지라도 조선 사람들의 마음속에는 수많은 원시적인 미신들이 깊이 뿌리내리고 있었는데, 불교가 몰락함에 따라 이러한 잠재의식이 전보다 강렬하게 표출되었다. 둘째, 앞에 언급한 법이 대단히 엄격했을 뿐더러 짧은 시간 동안에 후원자들이 급격히 줄어들었기 때문에, 자금난에 쪼들린 절들은 끝내 문을 닫아야 했다.

무속

굳이 표현을 하자면, 현재 성행하고 있는 종교는 샤머니즘이라고 할 수 있다. 원시적인 자연 숭배는 조선 사람의 종교적 영감을 매우 충분하게 보여준다. 또한 조선 사람들은 풍부한 상상력으로 하늘, 새벽별 그리고 선과 악의 영혼과 함께 인간을 이 세상에 공존하게 만들었다. 그들은 가족 가운데 누가 죽거나 어떤 큰 일이 일어났을 때, 혼령들에게 제물을 바친다. 심지어 높은 교육을 받은 저명인사들조차도 이와 같은 보이지 않는 운명의 지배자와 친밀하게 지낼 필요가 있다고 생각한다.

영혼

조선 사람들은 만물에 영혼이 깃들어 있다고 믿는다. 하늘과 영혼은 공존하여 서로 교감한다고 맹신하는 사람들도 있다. 그들은 갖가지의 모든 질병, 특히 마비 증세는 건강이 나쁜 혼령이 사람의 신체를 홀렸기 때문이라고 여긴다. 죽는다는 것이 보이지 않는 혼령의 작용 이외의 어떤 것에서 기인할 수 있단 말인가? 노화나 역병은 죽음에 영향을 미칠 수 없다. 오직 영생하는 불멸의 악령이 이 모든 것에 대한 유일한 답이다.

산신령

가장 유명한 혼령은 아마도 산신령일 것이다. 조선 사람들은 산과 언덕들이 이 마법의 영웅들로 가득 차 있다고 믿고 있다. 이러한 생각은 죽은 사람이 산에 묻히면 그 혼령은 어떤 동물의 몸에 전이될 때까지, 밤에 이웃의 주위를 배회한다는 사실에서 비롯된 것이다. 그들은 몇몇 작가들이 즐겨 부르는 것과 같은 산신은 아니다. 왜냐하면 내가 판단하기에 주민들이 그 혼령을 떠올릴 때는 숭배하는 경향보다는 공포에 사로잡히기 때문이다.

건강한 정신과 신체를 가진 조선 사람은 전장에서 죽음을 불사하는 용맹을 발휘하지만, 밤에 산길을 걷지 않으려 하며 심지어 낮에 산에 올라가야만 하는 사람들조차도 대단한 두려움에 휩싸인다. 이러한 경우에 사람들은 한 아름의 돌을 준비해 가지고 이런 상상물을 향해 하나씩 힘껏 던지면서 산에 오른다. 이렇게 해서 혼령들에게 자신과 동반하기를 바라지 않으므로 멀리 떨어져 있는 것이 더 낫다는 의지를 보여준다.

이러한 간단한 조치를 취하고 나면 혼령은 그 뜻을 존중하거나 멸시해서 여행자의 안녕을 거의 방해하지 않는다. 마을 주위의 언덕은 산신령에게 던진 돌무더기고 덮여 있는데, 그것은 사람들이 실제로 영혼과 접촉하고 있다고 상상하여 일어난 공포심이 만들어 낸 효과이다.

그러나 이러한 경우 영혼과 신체적인 접촉이 있다고 상상하는 그것은 단지 나무로부터 떨어지는 나뭇잎이나 작은 가지일 뿐이다. 그렇지만 사람들은 마음의 시야에서 그들이 허공으로 사라질 때까지 계속해서 상상의 적을 향해 돌을 던진다. 용감하지 못한 사람들은 후퇴하거나 어떤 때에는 멈춰 서서 자신을 뒤따라오고 있는 것처럼 느껴지는 것을 향해 돌을 던지기도 한다.

신목

어린 시절부터 이런 영혼들이 일으키는 두렵고 기이한 일들이 수없이 뇌리에 뿌리 박혀 있기 때문에, 혼령의 일상적인 행태는 늘 생생하게 각인되어 있어 지워지지 않고 영원히 마음속에 남아 있다. 돌무더기 외에도 흔하게 볼 수 있는 것은 신성시되는 나무들이다. 이 나무들은 어느 곳에서나 볼 수 있는데, 특히 산등성이에 많다.

나뭇가지는 미신을 신봉하는 사람들이 가져온 누더기나 유리 조각 그리고 갖가지 제물들로 덮여 있어 흔히 통행자를 놀라게 하는데, 이것은 혼령들에게 감지되어 공격받지 않도록 하려는 것이다. 사람들이 어쩔 수 없이 언덕을 지나칠 때에는 이런 누더기를 바치는데, 신성한 나무가 너무 많아 바칠 물건이 부족할 때에는 많은 여인들이 비단옷을 찢어서 나뭇가지의 다른 제물들 사이에 걸어 놓는다고 알려져 있다.

악령

어느 날 저녁에 내가 언덕에서 내려와 집으로 돌아왔을 때, 내 물감 상자를 나르던 짐꾼이 겁에 질려 혼령이 씌웠을 것이라고 말했다. 그는 혼령이 입을 통해 자신에게 들어올지도 모른다고 두려워하며 입을 꼭 다물어 버리고 좀처럼 열려고 하지 않았다. 그리고 내가 차가운 지팡이 끝으로 몰래 목 뒤를 건드리자 그것을 귀신으로 착각한 그는 혼비백산해서 죽어라고 달아났다. 그는 반 마일가량 떨어진 평지의 오르막길에서 나를 만나자 진심으로 사과하며 자신의 행동에 대해 설명했다. 그는 이렇게 말했다.

“어떤 혼령이 나의 목을 움켜쥐고서 정신없이 흔들어댔는데, 그것은 어떻게 해서든지 입 속으로 들어오려고 할 것이기 때문에, 지독한 중병에 걸리는 것을 피하려면 달아날 수밖에 없었습니다.”

지팡이 끝으로 건드린 것은 바로 나라고 말했으나 그는 자기가 더 잘 안다는 것처럼 빈정거리듯이 웃었다. 그는 이렇게 말했다.

"아닙니다. 선생님, 정말 제 눈으로 나를 덮친 혼령을 똑똑히 봤어요."

이런 영혼의 형태는 수많은 상상과 사람들의 표현 능력에 따라 무척 여러 가지이다. 그러나 사람들은 일반적으로 그 형태가 끔찍하고 무시무시한 사람이나 뱀의 형상이리라고 가정한다. 조선 사람들의 관념에 따르면, 혼령을 쫓는 최상의 방법은 음악이다. 내 생각에 그 음악이란 오히려 소음에 가깝다.

귀신이 들리면 그것이 떨어져 나가게 하려고 북소리, 목소리, 요령 소리를 요란스럽게 낸다. 그런가 하면 한편으로는 실에 매달려 댕그랑거리는 작은 유리 조각들과 감미로운 음색을 가진 종을 지붕의 모서리나 창문 또는 문 앞에 달아놓으면 풍금 소리와 거의 흡사한 청명한 소리를 내는데, 이것은 집에 행운과 번영을 가져다주는 선량한 신을 불러들인다.

바람

조선 사람들의 생각에 바람은 신이 매우 강하게 숨을 쉬는 것이다. 마찬가지로 비, 번개, 전쟁, 기근, 곡식 등에도 각각 특별한 신이 깃들어 있어서 적절한 때를 골라 올바른 방식으로 기원하지 않는다면 예기치 못할 때에 사람들은 앙갚음을 겪는다.

굿

조선의 신들은 매우 민감해서 주의가 필요하다. 귀신들은 점술가들을 통해서 사람들, 특히 부유한 사람들에게 계시를 내리거나 위험 사항을 미리 알려주면서 중개인에게 얼마의 돈을 지불함으로써 그것을 고치거나 회개할 수 있다고 덧붙인다. 그렇기 때문에 무당들은 늘 문제를 원만하게 해결해 준 댓가를 받을 준비를 하고 있다. 도심지 외곽에는 무당들이 여러 방식으로 주술을 완벽하게 행할 수 있는 시설들이 정렬해 있다.

가난한 사람이나 지체 높은 사람 모두 이곳의 단골손님이다. 귀청이 터질 듯이 고함을 지르고 손뼉을 치고 북을 두드리며 굿을 함으로써 병마를 쫓고 고통을 약화시키며 재앙을 예방하고 애를 낳지 못하는 사람이 아이를 얻을 수 있다. 정부는 이러한 무당 집단을 앞서 말한 종교 집단으로 여기지는 않으며 한두 집 정도는 도성 안에서도 볼 수 있다. 지독히도 시끄러우며 특히 여자들이 무척이나 신봉하는 그러한 집 한 채가 서울의 경계를 따라 서대문에서 그리 멀지 않은 곳에 있다. 남산의 등성이에도 또한 한두 채가 있다.

몇몇 특별한 경우를 제외하고 이러한 굿은 대체로 집 앞의 탁 트인 평지에서 이루어진다. 무아지경 상태에서 쪼그리고 앉아 있는 무당을 중심으로 여러 기원자들이 둘러앉는다. 더 많은 돈이 놓일수록 소리는 더 커지며 푸닥거리가 더 오랫동안 지속된다. 가운데 앉아 있는 무당은 이따금씩 일어나서 원을 만들고 있는 한 여인에게 급작스레 다가가 그의 몸 안에 악귀가 씌워 나오지 않으려고 한다면서 등을 격렬하게 두드리거나 흔들어 댄다.

그는 별도의 돈을 더 내서 특별한 굿을 함으로써 그 악귀를 쫓아내야 한다는 암시를 받을 것이다. 몸 안에 무엇인가 들어와 있다고 느낀 그는 사실 공포 때문에 몸을 흔들고 손뼉을 치고 북을 두드리고 고함을 질러대는데, 결국 악귀를 내쫓은 뒤에는 무당이 특별히 요구하는 돈을 추가로 지불한다.

무당

무당들은 여자가 숫적으로 더 많다. 그들은 도시의 하층민에서 충원되며 대개 모든 사람의 형편이나 조건 그리고 하는 일들을 잘 알고 있다. 이런 사전 지식을 가짐으로써 그들은 흔히 과거를 완전하게 이야기할 수 있으며, 미래의 사건을 예견하는 많은 경우에 자신이 판단컨대 그런 일이 일어날 것 같지 않다고 말한다. 그들은 무지몽매한 사람들을 대상으로 델피의 신탁과 매우 비슷한 방식으로 예언한다. 그들은 상대방이 만족스러워 할 만한 대답을 한다.

그런데 자신이 예언한 대로 일이 일어나지 않으면 그들은 그저 돈을 더 뜯어내려는 구실을 만드는데, 이를테면 신을 분노하게 만들었기 때문에 요구에 따르지 않으면 무시무시한 재앙이 닥칠 것이라고 협박한다. 그들은 이렇게 번 돈을 대개 밤에 술 마시고 흥청대는 데 탕진한다. 그들은 대체로 파렴치하고 비도덕적인데, 흔히 명문가의 음모나 심지어는 살인 등의 끔찍한 범죄에도 연루되어 있다.

다시 도심 밖을 살펴보면 이들보다 한 차원 높은 불교의 비구승이나 비구니들이 있다. 서울의 몇 마일 안에서도 몇 개의 사찰을 볼 수 있다. 사찰에 대해 꼭 덧붙여야 할 한 가지 점은 한결같이 명당에 세워진다는 것이다. 일반적으로 산꼭대기나 산등성이 높은 곳에 그들은 단지 종교 활동을 위한 장소를 넘어 요새화된 난공불락의 성을 구축하고 있다. 수도승들은 그다지 많지 않으며 통상적으로 약 20명가량이 있다.

불상

작은 암자의 경우 법당 가운데에 불상이 모셔져 있으며 그 발치에 조그만 향로가 있고 양옆에는 두 개의 황동 촛대가 놓여 있다. 불상 앞에서 연신 타오르는 선향의 자욱한 연기와 냄새가 법당을 가득 메운다. 조선에서 볼 수 있는 불상은 보통 가부좌를 틀고 있다. 두발은 발바닥이 위로 향하도록 엇갈려 있고 오른 팔은 내려놓은 반면에 왼 팔은 팔뚝을 굽혀 앞으로 돌출해 있으며 손에는 청동구를 쥐고 있다. 그 왼편에는 보통 정교하게 조각된 나무틀 안에 서패가 들어 있다. 불상의 발치에는 숭배자들의 헌금을 받는 복전함이 있다.

불당

불상의 뒤에는 대개 어떤 장식도 없거나 수많은 신들의 형상을 그려 넣은 탱화가 있다. 젊고 흰 얼굴에 호인의 풍모를 풍기는 신상은 아마도 신념의 신일 것이다. 그리고 우락부락하고 추한 얼굴에 흰 눈썹과 덥수룩한 수염과 머리를 가진 신들은 분명히 각종 지혜의 신들일 것이다. 어떤 신은 짙은 눈썹과 수염을 달고 사팔뜨기의 흉포한 눈을 부릅뜨고 갑옷과 투구를 착용하고 있는데, 그는 두말할 필요도 없이 전쟁의 신일 것이다. 나머지는 정의와 복종과 애정의 신들인데, 마지막 신은 보통 부처의 양옆에 서 있는 두 여자로 형상화된다.

부처의 형상에서 한 가지 흥미로운 점은 몸에 견주어 일반적으로 머리가 대단히 크고 귀 또한 머리의 크기에 견주어 크다는 것이다. 동양에서는 큰 귀를 가진 것을 복으로 여긴다. 그래서 이 부처는 귀가 머리의 전체 높이만큼이나 길게 표현된다. 유럽에서 이러한 형상은 찬사라고 할 수 없을 것이다.

부처의 머리카락은 이마 아래까지 차분하게 붙여 있으며 이마 가운데 보석이 장식되어 있다. 눈은 몽골족의 눈처럼 곁눈질하는 대신에 유럽인의 눈과 같이 정면을 직시하고 있으며 작은 붓을 사용해서 잘 그린 눈썹은 아름다운 반원형이다. 얼굴 모습은 보다시피 대부분의 경우 고결하면서도 졸린 듯한 표정을 짓고 있다.

서대문 밖에는 북경로로 가는 잘 닦인 길이 있는데, 그 길의 언덕 사이에 보이는 절에 들리면 매우 재미있게 하루를 보낼 수 있다. 그 곳에 도착하기에 앞서 왕의 어머니가 묻혀 있는 작은 무덤을 지나게 된다. 무덤의 각 면에는 석상이 서 있고 삼면에 벽이 둘러져 있어 시신이 안치되어 있는 무덤을 보호했다. 그리고 오른쪽에는 고인을 추모하는 비석이 서 있고 무덤 앞에는 제단과 작은 항아리가 놓여 있다.

절

꼬불꼬불한 산길을 따라서 걸어 올라가면 절에 이른다. 절은 대개 법당과 진흙으로 만든 오두막과 승려와 행자들이 거처하는 처소로 이루어져 있다. 법당은 어디나 동떨어져 있다. 내가 가본 조선의 어떤 사찰도 일본의 절만큼 홍미로운 예술품이나 빼어난 장식물을 풍부하게 갖고 있지 못했다. 절과 같이 경배되는 조선의 가옥들은 단지 외곽 부분, 곧 문 위와 지붕 아래의 사이 부분만이 장식되었을 뿐이다.

추녀 부분은 나무가 거칠지만 정교하게 조각되고 적색, 백색, 녹색, 황색의 천연색으로 칠해져 있다. 법당을 지탱하고 있는 기둥 위에는 코끼리의 상아같이 굽은 두 개의 거대한 이빨이 달린 판자가 설치되어 있다. 법당의 가운데 출입문 위에는 검은 편액이 걸려 있는데, 그 위에는 사찰의 이름이 금빛 한자로 쓰여 있다. 대웅전과 요사채의 기둥들에는 대개 대단한 찬양조로 후원자나 기증자의 이름을 쓴 긴 목조 현판이 걸려 있다.

대웅전의 출입문은 네 부분으로서 격자 모양으로 세공되었는데, 접었다 폈다 할 수 있는 경첩이 달려 있다. 때때로 신도들이 너무 많이 몰려들어 대웅전 안에 모두 수용할 수 없을 때에는, 대웅전의 앞문과 양쪽 옆문 모두를 개방한다. 위에서 언급한 격자 세공으로 제작된 창문에는 얇은 창호지가 덧붙어 있어 겨울에 절을 찾는 신도들을 추위로부터 보호한다.

대웅전의 내부는 매우 단순하다. 불상과 이미 언급한 여러 신들을 그린 탱화 외에는 거의 볼 만한 것이 없다. 불경은 아주 특이하다. 불경은 길게 접지되어 있을 뿐 실로 제책되어 있지 않으며, 두 개의 나무판자를 부착한 양 끝장을 제외하고는 어느 장도 붙어 있지 않다. 책의 한 면이 다른 쪽보다 높기 때문에 말하자면 자동적으로 접혀지지 않는다.

남대문 근처의 암반에 위치한 매우 작은 한 절에서는 무사, 고관, 왕자의 복장을 한 몇 백 개의 작은 불상들이 매우 빽빽하게 들어서 있다. 이 절은 오백나한상으로 유명한데, 그 주위에는 절에 딸려 있는 작은 암자와 기묘한 토굴이 있다.[1] 암자는 절에 부속되어 있지만 인접한 곳에 별도로 짓는다. 조선의 일반 가옥들처럼 암자의 지반은 돌과 흙으로 다지고 본채는 거의 흙으로 짓는다. 암자와 지붕은 기와로 덮여 있는 반면에 행자들의 처소와 후원의 지붕은 이엉으로 엮어져 있다.

승려

절과 그 부속 건물들보다도 흥미로운 것은 승려들인데, 그들은 어느 일순간에 매우 타락했다. 좋은 점보다 나쁜 점이 더욱 흥미를 끈다는 사실은 참으로 기이한 일인데 조선의 승려들이 바로 그렇다. 우리는 그들을 통해 약삭빠르고 말할 수 없을 정도로 사악하며 완전히 양심을 상실한 인간형을 겪게 되는데, 사실상 그들의 단 하나의 목적은 약한 마음을 가진 신도들을 이

1) 필자 주 : 이에 관해서는 제20장 북한산 여행 편 참조.

어느 사찰의 승려들

용해서 치부하는 것뿐이다.

그들은 터럭만큼의 도덕심도 가지고 있지 않다. 마음만 먹으면 그들은 어떤 말이라도 지어낼 것이다. 그들은 이런 절에서 놀음을 즐기거나 떠들썩하게 술판을 벌이면서 게으르고 타락한 생활에 빠져 있다. 그들은 신도들의 돈으로 호의호식하며, 물론 공개적으로는 그렇지 않지만 자신들과 마찬가지로 평판이 좋지 않은 중개인을 통해서 부자들을 갈취하는 데 정력을 쏟는다. 폭동이 나면 혁명의 근원은 항상 그들에게로 거슬러 올라간다.

이러한 몇 가지의 잘못을 제외하면 다른 면에서는 그들은 매력적인 사람처럼 보인다. 그들이 입는 옷은 흰 솜으로 속을 누빈 긴 가운 형태로서 소매는 헐렁하다. 속에는 짧은 상의와 통이 큰 바지를 입고 있으며, 목에는 큰 구슬을 꿴 염주를 두르고 있다. 그들은 기도할 때면 염주를 손에 들고 기원자를 위해 염주를 하나씩 헤아린다. 염주 가운데에서 조금 큰 구슬이 염불을 시작하는 출발점이다.

그들이 자신을 위해 기원하는 경우는 있을지라도 매우 드물기 때문에 그들이 제3자를 위하여 부처에게 축원을 비는 기도는 기원자의 재산에 따라 가격도 다양하다. 부적은 현금과 동일한 가치를 가지고 있다. 바꾸어 말해서 사람들은 쌀이나 과일을 사는 것처럼 부적을 구입한다. 승려들은 머리를 당구공처럼 말끔하게 깎는다. 반면에 행자들은 머리를 매우 짧게 깎는데, 머리카락 길이가 1/8인치를 넘지 않아 보인다.

승려들의 종류도 다양하다. 예를 들면 대나무를 쪼개어 엮어 만든 커다란 원추형의 모자를 쓰고 다니는 시주승이 있다. 그들은 심지어 먼 시골까지 돌아다니면서 사람들로부터 자금이나 정보를 수집한다. 그들은 때때로 자신의 패거리들을 유복한 사람들에게 다리놓아주는데, 상대방을 환대하는 예절이 습관처럼 밴 부자들은 그 패거리들이 떨어져 나갈 때까지 계속해서 음식과 돈 그리고 그 밖의 것들을 지원해야 한다.

다음으로 무사태평하게 절에서 소일하는 비만한 승려들이 있다. 그들은 머리에 프랑스나 이탈리아의 빵 가게에서 파리가 단 것을 먹지 못하도록 다른 접시들을 덮는데 사용하는 것과 매우 흡사한 모양의 둥글고 말총처럼 뻣뻣한 검은 모자를 쓰고 있다.

마지막으로 승병이 있는데, 그들은 전시에 기도하기 위해 군대를 따라 다닌다. 그들은 원통형의 모자 대신에 둥근 계관을 쓴 것을 제외하고는 일반적으로 착용하는 평범한 형태의 모자를 쓴다. 이들은 때때로 홀로 마을을 출입하는 것이 허용된다. 그들은 주로 짚신을 즐겨 신는다.

내심 당연하게 상응한 댓가를 바라지만 절을 방문할 때마다 그들은 나를 극진하게 환대한다. 그러면 나는 합장하고 머리를 조아리지만 그들에게 뭐라고 감사의 말을 건넬 수가 없었다. 그들은 곧 예쁜 놋그릇에 무나 밥을 담아 내오든지 소반에 콩을 담아 내왔는데, 그 뒤에는 늘 큰 술잔이 따라 나와 술자리로 바뀌었다. 그들은 내 그림에 높은 관심을 보였으며, 한결같이 초상화를 그려 주기를 바랐다. 그들 가운데에는 많은 사람들이 매우 뛰어난 예술적 자질을 가지고 있었으며, 절에 있는 탱화나 조각상은 대개 그들의 인내어린 수작업의 결실이었다.

그들 가운데 몇몇은 매우 총명한데, 그들이 누리고 있는 생활 때문에, 프랑스 말을 빌리자면 다소 멍청해 보인다. 그러나 그들과 이야기를 나누어 보면 매우 현명하고 쾌활하며 흔히 기지가 넘친 모습을 보이기도 한다. 높은 통찰력과 기민한 지각을 놓고 견주자면, 내 생각에 조선의 승려들을 능가하는 사람은 없다.

비구니

조선에는 종교적 수행을 갈망하는 여자들을 위한 절도 있다. 특이하게도 우리들의 규칙과는 정반대로, 조선의 비구니들은 속세의 여자들보다도 더 자유분방하다. 불가에 입문하면서 그들은 비구승들과 똑같은 승복을 입고 머리를 깎는다. 그리고 그들은 전혀 여자 같지 않게 매우 추해 보이고, 마치 남성들처럼 근엄한 표정을 하고 있다. 그들 가운데 많은 이들은 비구승의 경우와는 정반대로 나에게 자신들이 정신적 · 육체적으로 괴로움을 겪고 있는 듯한 인상을 주었으며, 몇몇은 백치에 가까워 보였다.

그러나 그들은 항상 나를 친절하게 맞아 주었고 두세 명의 비구니들이 함께 기거하는 방에서 여는 자신들의 법회를 보여주었다. 그들은 종교적인 사명에 대해 비구승들에 못지않게 충실했으며, 인근의 작은 암자에서 들려오는 북소리만 곁들여진다면 누구의 마음이라도 충분히 빼앗을 수 있을 만큼의 단아한 징소리를 냈다. 이런 비구니 사찰은 비구승들의 사찰보다 내부 구조가 더 정교해 보였다.

종교 의식을 거행할 때면 두 비구니 가운데 한 사람은 흰 가사를 입고 다른 사람은 암녹색의 가사를 입는다. 그리고 두 사람 모두 왼쪽 어깨에서부터 오른쪽 겨드랑이를 지나 몸 앞부분에서 리본처럼 묶은 붉은 의상을 입고 절 안을 왔다 갔다 하면서 중얼거리며 기도한다. 그러는 동안에 제3의 여자

비구니들

는 계속해서 북을 두드린다.

불상 앞에는 쌀이나 콩 등의 제물이 놓여 있고 한두 자루의 촛불이 타오르고 있다. 그리고 검은 복장을 한 비구승이 꼬부라진 막대기로 끝 부분에 단단하게 매단 조그만 징을 들고서 긴 손잡이가 달린 채로 처음에는 부드럽게 천천히 시작해서 점점 더 빨리 세고 길게, 예리한 소리가 날 때까지 두드린다. 기도자는 그가 의지하는 특정한 보살 앞에 무릎을 꿇고, 대부분 불상 앞에서 그렇게 하지만, 코앞에 두 손을 모아 합장하고 비구니와 함께 기도를 하는데, 어떤 경우에는 줄곧 일어서 있다가 다른 기도를 할 때는 다시 무릎을 꿇어앉는다.

비구승들은 여행하는 승려들이 쓰는 원추형의 풀로 만든 삿갓을 쓴다. 큰 제물이 바쳐진 경우에 종교 의식은 더 시끄러워지며 비구승들은 큰 북을 매우 격렬하게 쳐댈 뿐만 아니라 절의 안쪽 벽을 따라 앉아 일심일체가 되어 방금 서술한 것과 비슷한 꽹과리들을 쉬지 않고 두드린다. 두 사람이 대장간에서 벌겋게 달군 쇳덩어리를 담금질하는 소리를 떠올린 다음 그 소리를 백배로 확대하고 거기에 기도자들이 중얼대는 소리를 겹쳐 보라. 그러면 이런 종교 의식에서 나는 소음이 유럽인의 귀에 어떻게 들리겠는가를 아주 정확하게 느낄 수 있을 것이다.

유교의 가장 훌륭한 특징 가운데 하나는 부모와 노인에 대한 공경심을 가르치는 것인데, 비록 다른 맥락이지만 이 점에서 비구와 비구니들은 모두 상당한 선행을 한다. 내 생각에 이러한 제도가 없었더라면 그 나라는 더 유익했을지 모른다. 믿음이 없는 사람들이 보기에 신앙이란 우스꽝스러운 것이다.

도시의 경계를 막 벗어나 서대문에서 멀지 않은 곳에 있는 산등성이에 특이한 형태의 바위가 있는데, 풍화 작용으로 말미암아 거대한 이빨 모양으로 닳아 버렸다. 여기에서 이빨 바위란 이름이 유래한다. 이 특이한 바위를 찾으면 아무리 심한 치통도 낫는다는 조선 사람들의 기이한 관습만 없다면 이 바위는 전혀 보잘 것이 없다.

나는 치통을 앓지는 않았지만 이 기적 같은 장소에서 매일같이 늘어서는 순례 행렬을 직접 확인하려고 어느 날 오후에 그 곳에 갔다. 거대한 이빨의 발치에 놓여 있는 작은 제단 위에는 치통이 치유된 고상한 방문객들이 감사의 표현으로 세워놓은 서패들이 바위에 기대어 고정되어 있었다. 서패에는 효과를 본 사람의 이름과 치유 일자가 적혀 있었다.

나는 그 곳에 서서 뺨이 부풀어 오른 남녀들을 보고서 도저히 웃음을 참을 수가 없었다. 그들은 이렇게 매서운 추위에 나오느라고 지독한 고충을 겪으면서 붕대와 수건 따위로 얼굴을 동여매고 있었다. 사람들이 줄지어 올라와 제단 앞에 턱을 내민 다음 준비한 만큼의 돈을 바치고, 마치 고양이가 머리를 쓰다듬어 주면 사람의 다리에 비벼대듯이 앞 사람을 따라 이빨 바위에 뺨을 비비며 앞으로 나아간다.

물론 그들은 붕대를 벗어버리고 풍선처럼 부풀어 오른 뺨을 그 차가운 돌

위에 문지른 다음, 안도하거나 아니면 더 심한 고통에 얼굴이 일그러지는 천차만별의 표정을 짓는다. 이 장면은 내가 이제까지 보았던 그 어떤 쇼보다도 더 많은 즐거움을 선사했다. 만약 고통이 일시적으로 사라진다면, 그곳에서 기적을 주관하고 있는 사람은 어떻게 해서든지 더 많은 돈을 받아내려고 했다.

그와는 달리 대부분의 경우들처럼 사람들은 더 심한 고통에 얼굴이 일그러지면서도 그의 비열한 수법에 분개하지 않고 더 많은 돈을 갖다 바쳐야 고통이 사라질 수 있다. 그러므로 그는 사람들이 더 많은 돈을 바치도록 유도하고 다시 차가운 돌에 얼굴을 문지르게 한다. 그 밖의 다른 데가 아프면 저 경박한 사람들은 과연 또 어떻게 할 것인가? 참으로 의심스럽구나!

제 15 장 형 법(1)

이 장과 다음 장을 읽으면 선량한 사람들에게도 별별 일이 다 일어난다는 사실을 새삼스럽게 느끼게 되므로 누구든 다른 사람들에게 작은 원망도 품어서는 안 된다. 나는 이 장에서 죄인에게 가하는 형벌에 관해 설명하고자 하는데, 그것이 색다르고 독특하다 할지라도 독자들이 직접 그 현장을 목격하든 이 글을 읽어서든 결코 유쾌한 감정을 가지지 못하리라 생각한다.

포졸

무엇보다도 독자들은 서울에 민첩하고 조직적인 경찰[포졸]이 있다는 것을 알지 못할 것이다. 그들은 항상 어떤 종류의 범법 행위도 막을 수 있는 준비를 갖추고 있다. 조선에서는 거의 범죄나 비행이 발생하지 않는다. 조선에서 평화의 사도는 특별히 어떤 제복을 입고 있지 않으며 상인들의 복장과 거의 비슷하다. 따라서 그들은 모든 계층의 사람들과 섞여 있기 때문에 거의 구분할 수 없다.

포졸들은 별다른 정보를 듣지 않고서도 다른 방법으로 죄인을 찾아낸다. 곧 그들은 단순히 경찰이라기보다는 탐정의 역할을 동시에 수행한다. 그것은 그들이 훌륭한 변장 솜씨를 이용해서 용의자들과 친숙한 관계를 맺으려고 시도하기 때문이다. 적지 않은 경우에 이런 경찰과 친구가 된 용의자는 자신의 범행을 털어놓게 되는데, 그러면 그는 곧 체포되어 참수 당한다.

수사

범인을 체포하는 방식을 설명할 때 나는 의도적으로 "목덜미를 잡다"는 말을 사용하는데, 이 이상으로 조선 경찰의 행동을 생생하게 나타낼 수 있는 표현은 없다. 체포된 죄인이 저항하지만 기혼자냐, 미혼자냐에 따라 상투나 댕기 머리를 질질 끌려가 수령 앞에 대령하게 된다. 힘세고 난폭한 죄인은 목에 밧줄을 둥글게 쓰고 손은 등 뒤로 결박당한다. 아문에서 수령의 심문을 받고 죄목이 확정되면 그는 대개 아주 엄중한 처벌을 받는다.

칼

만약에 죄가 아주 경미하면 죄인은 판자[칼]를 쓰고 걷는 것으로서 죗값을 충분하게 치른다. 그러나 그것은 조선 사람들에게는 그리 혹독한 형벌은 아니다. 이제 보다 가혹한 형벌을 묘사하고자 한다. 길이 12피트, 너비 2피트의 가운데에 구멍이 뚫린 무거운 나무판자를 머리에 뒤집어 씌워 움직이지 않도록 고정시킨다. 그런 다음 저자 거리를 걷게 하면 죄인은 몸의 앞뒤로 흔들리는 판자의 무게 때문에 축 늘어진다. 행인들은 경멸하며 그에게 손가락질을 한다. 기력이 없는 그는 사람들에게 이리저리 떠밀린다.

심지어는 사람들이 인정사정없이 판자를 잡아당기기도 하고, 그것을 잡고 내달리기도 한다. 막대기로 옆구리를 찌르거나 머리를 내리치는 사람도 있다. 어느새 그는 흙먼지를 뒤집어쓰고 있다. 그러나 죄인은 이 모든 것을 감내해야 한다. 이리저리 끌려 다니던 죄인의 목은 판자에 긁혀 살갗이 벗겨지고 실신한다. 조선 사람들은 죄인을 조금도 동정하지 않았다. 오히려

칼을 쓴 죄인

그들은 죄인을 무자비하게 다루었다. 그들은 어린 아이들이 나쁜 본을 따지 않게 하기 위해 죄수들을 괴롭히도록 시키기도 했다.

차꼬

더욱 무거운 벌은 거대한 널을 씌우는 것인데, 그것은 너무나 무거워 오랜 시간 서 있을 수 없으며, 너무나 넓어서 그의 팔이 얼굴에 닿지 않으며, 너무나 커 머리를 땅에 기대고 쉬거나 잘 수도 없으며 너무 두꺼워 그것을 쪼갤 수도 없다. 이러한 벌을 받은 사람들이 4~5일 뒤에는 미치광이가 되었다는 기록이 있다.

파리들이 들끓는 계절에 그런 일이 일어나는 것은 흔치 않지만, 막상 대여섯 마리의 파리가 코와 눈꺼풀과 이마 위에 달라붙어 장난치는 광경을 상상해 보라. 목에 걸린 널 때문에 파리들을 쫓기 위해 손을 뻗칠 수가 없으니 몹시 끔찍한 일이 아니겠는가! 이는 생각만 해도 몸서리가 처진다.

천자의 나라에서 본 적이 있기 때문에, 나는 이런 형벌은 중국에서 전해져 왔다고 생각한다. 처음에 묘사했던 형벌도 뒤의 방식으로 바뀌었으나 나는 서울을 제외한 어떤 곳에서도 그것을 본 기억이 없다. 조선에는 무거운 나무틀 사이에 머리와 발을 묶어 조이는 또 다른 고문 기술도 있다.

태형

죄질이 가벼운 사람에게 적용하는 가장 중요한 형벌은 태형이다. 그것은 가장 큰 효과를 낳지만 너무 고통스럽다. 태형은 죄의 경중에 따라 여러 방식으로 실행된다. 가장 단순하고 가벼운 벌은 가는 대나무 회초리로 손과 벌거벗은 등이나 넓적다리를 치는 것인데, 대개 젊은이들에게 적용하는 벌이다.

보다 가혹한 방식은 몽둥이질로서 그것은 항상 나를 놀라게 했다. 신체의 모든 뼈에 타격을 가하는 것은 아니더라도 평평한 곳에 엎드려뻗치게 한 다음 얼굴을 아래로 향한 불쌍한 죄인에게 힘센 태형이 부과되면, 그들은 이미 의자에 묶여 매질을 당했던 터라 대개 고통을 이기지 못하고 기절해 버린다. 그것은 야비하고도 타락한 매질 방법이라고 생각된다.

이러한 형벌은 주로 가장 낮은 신분인 천민들에게 한정되어 가해졌다. 이러한 매질에 가장 일반적으로 사용되는 도구는 노와 같이 생긴 방망이나 납작한 판자인데, 이것으로 한번 맞으면 그 고통을 영원히 잊지 못할 것이다. 나는 어느 날 서울에서 보았던 그 형벌을 묘사하려고 한다.

하루는 중심가를 따라 걷고 있는데, 등 뒤로 손을 결박당한 채 밧줄에 묶여 끌려가고 있는 죄인과 붉은 술을 단 인상적인 모자를 쓴 20명가량의 기병들이 보였다. 행렬의 선두에는 길고 흰 도포를 입고 코 위에 커다란 둥근 안경을 걸친 포도청의 관리가 있었다. 나는 한 행인에게 저들이 지금 무엇을 하러 가고 있느냐고 물었더니, 그는 몸짓 발짓으로 그들은 지금 매질을 하러 가고 있다고 설명해 주었다.

나는 곧 느릿느릿한 걸음으로 행렬을 따라갔다. 나는 가능하면 군대라는 조직에서는 이러한 일이 어떻게 처리되는가를 보고자 했다. 벌써부터 죄인에게 대나무와 막대기로 매질을 하고 있었다. 그러나 여기에서 더욱 각별히 나의 시선을 끈 것은 한 포졸이 운반하고 있는 긴 곤장이었다. 행인은 그들이 저 곤장으로 죄인을 때리러 가는 중이라고 말했다. 그것은 대략 10피트 길이에 30㎝ 정도의 넓이 그리고 반 인치가량의 두께의 나무판자였으므로 휘어지기가 쉬웠다.

잠시 뒤에 그 행렬은 멈추었다. 매를 맞을 사람은 거의 자포자기한 듯이 보였다. 그는 어떤 벌을 받을 것인가를 제외하고는 두려움이 없어 보였다. 결박된 손이 풀리자 그는 곧 모자를 벗었다. 조선 사람들은 목숨을 잃는 순간에도 자신의 모자가 손상되지 않도록 한다. 그의 덧바지는 다리가 보이도록 벗겨졌다. 그리고 많은 자갈이 깔린 평평한 땅에 엎드리게 하자 그는 팔을 포개어 얼굴을 묻었다.

거만하게 걷던 관리가 자리를 찾아 뒤꿈치로 버티어 웅크려 앉자 하인은 재빠르게 그의 긴 담뱃대를 건네준다. 그러자 입을 다문 채 위엄 있게 서 있던 병사들은 원을 형성하고 곤장을 든 형리는 죄인의 왼쪽에 선다. 관리는 담배에 불을 붙이고 돈을 차용한 잘못에 대해 긴 열변을 토하나 사실상 그가 빌린 돈은 얼마 되지 않는다. 왕의 근위병은 자신보다 지위가 낮은 사람들로부터 돈을 차용하는 죄를 범할 뿐만 아니라 그것을 돌려주지 않는 불명예까지 추가하게 된다. 이것은 정도가 지나친 처사이다.

"빌린 돈이 얼마인가?"

관리가 고함치는 목소리로 물었다.

"100냥 입니다."

그는 웃옷 소매에 고개를 떨구면서 실낱같은 목소리로 대답했다.

"알겠다. 그러면 다시는 그런 죄를 짓지 못하도록 이놈에게 곤장 100대를 쳐라?"

내가 아는 바로는 100냥은 1.5페니에 해당하는 금액으로서 그러한 판결은 좀 지나친 것 같았다. 그러나 다른 사람들에게는 타산지석이 될 수도 있었기 때문에, 나는 입을 다물고 구경만 하고 있었다. 형리가 육중한 손으로 곤장의 끄트머리를 움켜쥐고 두세 번 머리 위로 휘저은 다음 그의 넓적다리를 힘껏 내리치자 피가 터져 나오기 시작했다.

계속해서 매질을 했으며 그것은 정당한 것으로 여겨졌다. 그 가엾은 사람은 내내 처량하게 신음 소리를 내며 겁에 질린 눈으로 재빠른 곤장의 움직임을 살폈다. 곧 그의 살갗은 검푸르게 변하고 피가 맺혔다. 그리고 몇 차례 더 내리치자 너덜해진 살가죽이 곤장에 붙어 버렸다. 그 아픔은 이루 말할 수 없었으리라. 그는 소매를 꽉 깨물고 신음하다가 마침내 기절하고야 말았다.

그러는 동안에 나는 스케치북에 연필로 관리, 형리, 매 맞는 자와 포졸들을 간단히 묘사하고 있었다. 그러자 심술궂은 관리가 나의 작업에 화를 내면서 매질을 멈추게 했다. 나는 다만 방금 전부터 스케치를 시작하고 있었다는 것밖에 몰랐다. 다시 말하면, 그 죄인은 자기가 맞아야 할 매의 1/5도 채 덜 맞았다. 그에 대한 처벌은 충분히 가혹했다. 나는 누구보다도 놀랐기 때문에 그 정도로 그친 것만 해도 천만다행이라고 생각했다.

대개 그 죄인의 친구들인 모든 포졸들은 그가 매질을 하는 동안 어린 아이처럼 엉엉 울었다. 이런 상황은 동양인들이 외견상 비록 냉혹하다고 해도 사람들이 상상할 없을 정도로 냉혹하지는 않다는 것을 증명해 주는 것 같았다. 아울러 조선에서는 포졸들이 가장 무자비한 계층이라는 점을 유념해야 한다. 나로서는 그들에게 느꼈던 감정이 매우 인상적이었는데, 그로 말미암아 조선 사람들은 타인에 대해서는 전혀 무감각하고 일체의 동정심도 없다고 느꼈던 선입견이 뒤바뀌게 되었다.

상처

처벌이 끝나자 두 명의 포졸이 죄인을 일으켜 주려고 했다. 그러나 아무리 그를 깨워 봤자 소용없었다. 결국 그들은 죄인을 들어 올려야만 했다. 포졸들이 치료를 하려는 그의 다리는 마치 철로 만들어진 것처럼 뻣뻣하고 퉁퉁 부은 채 피를 흘리고 있었다. 따라서 그들이 다리를 굽힐 수 없게 되자 다른 두 사람이 가세하여 그를 옮기게 되었다. 넓적다리가 부러지고 인생이 망가지는 이런 잔인한 태형은 흔하게 일어나며, 형벌이 가혹하여 죽음에 이르는 경우도 많다.

유배

옥살이를 시키는 것은 지방 정부의 비용이 들기 때문에 관리들이 선호하지 않는다. 그리고 그러한 처벌로는 사람들이 정신적으로나 도덕적으로 전혀 고통을 겪지 않는다. 특히 중형을 판결 받아 옥살이를 하는 양반들의 경우 영향력 있는 친지를 통해 왕의 사면을 기대하기도 한다. 그들 계층에서는 유형을 옥살이보다도 더욱 중한 벌로 여긴다.

물론 이런 형벌 가운데에는 토지와 재산의 몰수가 가장 엄중한 것이다. 유형에는 그 외에도 몇 가지 다른 종류가 있다. 도시에서 먼 지방으로 유배시키는 것뿐만 아니라 나라 밖으로 추방시키기도 하며, 기간이 짧은 유배와 좀 더 긴 유배, 그리고 평생 동안을 유배시키는 종류가 있다. 나라로부터의 추방은 대개 평생 동안 계속되며 재산은 몰수당한다.

궁중에는 예로부터 정승, 왕족, 관리 등이 왕의 심기를 분노하게 해서 2~3일 동안 외출을 금지 당한 채 근신하는 관습도 있다. 만일 이를 어길 경우 돌이킬 수 없는 결과를 야기하며 대개 밀정이 근신 여부를 감시하고자 파견된다. 온건한 것 같지만 이러한 벌은 그들에게 심리적으로 큰 부담을 주며, 따라서 평상시에 많은 사사로운 부분에서 그들은 궁중 예법을 좇아야 하는 애로를 겪는다.

여성과 아이

조선의 법은 여자와 어린 아이들 그리고 미혼 남자들에게는 매우 관대하다. 앞서 살펴본 것처럼 조선에서는 미혼 남자들을 여자나 어린 아이들과 같은 부류로 취급한다. 경미한 잘못에 대해서는 가장이 적절하다고 생각할 정도로 회초리를 치거나 손찌검을 하며 큰 죄를 저질렀을 경우에나 중벌을 받는다.

보부상

일반인의 시각에서 볼 때 그들의 법 운영은 대단히 이상하다. 어떤 사람에게는 책임이 지워지고 다른 어떤 사람에게는 전혀 책임이 지워지지 않는다. 백정, 미장이, 주막 주인, 목수, 모자 상인 등과 같은 소매상인은 동업조합으로 단합해 있는데, 조합의 한 사람이 죄를 짓는 경우에는 그 우두머리가 처벌하며 그 지방의 수령은 개입하지 않는다. 마부나 보부상도 동업조합으로 조직되어 있는데, 아마도 그 지방에서 조직의 결속력과 관리 체제가 가장 뛰어날 것이다.

그들의 조직에는 몇 천 명이 넘는 회원이 가입되어 있으며 우편망이 구축되어 있을 뿐만 아니라 다른 지방 및 그 지역 안의 도시들 사이에 상교역도 관장하고 있다. 이 조합의 우두머리는 지난 몇 해 전까지만 해도 그 구성원들에게 사형까지 내릴 수 있는 권한을 가지고 있었으나 지금은 가장 최고의 벌로 태형까지만 내릴 수 있다. 이렇게 많은 지방의 재판을 당국의 간섭 없이도 그들 자체 내에서 관할하고 있기 때문에, 그들은 자신들이 매우 분별력이 있음을 대단히 자부하고 있다.

양반들 역시 자신의 노비나 하인에게 매질할 수 있는 권한을 가지고 있는데, 이것은 대개 그들 자신의 복잡한 일들을 해결하기 위해서 그렇다. 흔히 길을 지나가다 비명이나 신음 소리를 들으면 그 집에서 무슨 일이 일어나고 있는지 자연스럽게 알게 된다. 일반적으로는 사람들 앞에서 태형을 가하는데, 그럼으로써 더 큰 효과를 낼 수도 있다. 만약 개인적으로 벌을 줄 때면 모든 노비나 포졸, 그리고 하인들을 증인으로 소환하기도 한다.

이러한 개인적인 형벌[사형]을 참고 복종하는 것은 봉건 제도의 한 잔재임에 틀림없다. 지금으로부터 오래지 않은 때에도 조선에는 여전히 노예제도에 가까운 농노제가 존속하고 있었다. 사람들은 자신이 경작하고 있는 지주의 소유이거나 매매 또는 채무로 말미암아 강제적으로 땅 주인의 사유 재산으로 귀속되었다. 이것은 채무자가 돈을 갚지 못하는 경우 몸으로 대신할 수 있도록 하는 편의적인 법이 시행되고 있기 때문이었다.

노비제도

그러나 조선의 노비 제도는 평화롭게 운영되었다. 남편이 일하고 있는 동안 여자들은 대개 종으로서 집안일을 돌보았는데, 거칠게 다루어지지는 않는다. 그들은 또한 호의호식하는 편이었다. 따라서 사람들은 편안하게 살려고 자신을 매매하는 경우도 있었다. 기근을 당할 때에는 이런 일이 비일비재하게 일어났다.

가장이 그런 상황에 처했을 경우에 딸린 식솔들은 노비가 아닌 하인으로서 양반들이나 부유한 사람들에게 공급되는 상황에 놓인다. 그들은 자신의 운명에 더 바랄 것 없는 행복을 느끼며 자유를 달라는 식의 어떤 선동도 하지 않는다. 사실 이것은 새가 자기의 태어나고 자란 둥지를 떠난다면, 머지않아 불행한 종말을 맞게 되는 것과 같은 이치이다.

제 16 장 형 법(2)

다른 나라에서처럼 조선에서도 우리는 유쾌한 광경뿐만 아니라 불쾌하거나 극도로 혐오스러운 장면들을 보았다. 지금 내가 묘사하려는 내용은 틀림없이 당신을 소름끼치게 할 것이지만 다른 장에서처럼 흥미로울 것이다. 나는 조용한 아침의 나라에서 집행하고 있는 사형에 대해 논의하고자 한다.

형법으로 채택된 사형 제도로는 참수형이 있으며 그 밖에 교수형이 있는데, 특히 참수형을 당하는 사람의 고통은 교수형과 비교할 수가 없다고 나는 생각한다. 스스로 당하는 경우가 아니라 남이 당하는 경우에도 참수형은 참으로 고통스러운 것이다.

처형

근래에 들어 조선에서 처형은 어쨌든 매일 일어나는 사건은 아니다. 그러나 다른 나라에서처럼 이곳에도 자신의 머리가 잘리길 바라는 사람이 늘 있음을 알 수 있다. 죄를 저질러야 할 이유는 없었으나, 그들은 죄를 저지르고 그 결과 벌을 받는다. 그들은 사회의 법적인 제약을 어겼기 때문에 처벌을 받는다. 또 다시 법을 어긴다면 그들은 마지막까지 쫓기다가 붙잡혀서 처벌되었다.

다른 극동 지역의 나라들과 마찬가지로 조선 사람들은 이러한 참혹한 미래에 대해서 관심도 없고, 죽음과 육체적 고통의 중요성에 거의 집착하지 않는다. 어린 시절부터 육체적 고통에 무감각하게 길들여지고, 더욱 중요한 이유로는 체질이 다르기 때문에 동양인들은 확실히 우리보다 고통을 매우 덜 느낀다.

우리의 경우에 뇌는 고통의 정도를 신체의 다른 부분으로부터 즉시 중추신경계로 전달받아 지각하도록 훈련되어 있다. 실제 대체로 우리의 육체는 물리적으로 전달받기 이전에 고통을 느낀다. 만주족이나 한족과는 달리 조선 사람들은 반대 반응을 일으킨다. 그들의 뇌는 매우 느리게 작동해서 통증이 어느 부분에서 일어난다면 그 곳에서 경험한 감각이 둔한 뇌에 전달되어 고통을 느끼게 된다.

그러면 이런 경우에 조선 사람의 뇌에서는 무슨 일이 일어날까? 앞서 말한 신체 부위가 실제로 고통 상태에 있다는 것을 뇌가 알게 될 때쯤이면 고통은 거의 사라진다. 개략적이지만 이것이 조선 사람들이 그렇게 용감하게 죽어 갈 수 있는 것에 대한 사실적인 설명이라고 생각한다.

중국에서는 죄인을 한 줄로 무릎을 꿇게 하고서 처형하기도 하며 이때 사형 집행인의 자비로써 사형수들 사이의 대화를 허용하는 것은 흔한 일이다. 조선에서는 무엇인가 다른 이유 때문에 그렇게 할 수 없다. 조선의 죄인들은 몇 달에서 몇 년 동안 무수한 태형과 고문을 받으며 재판과 형을 받고 투옥된다. 결국 유죄를 인정하고 구원의 충만함을 느낄 무렵 그들은 곧 사형 집행 통보를 받는다.

때가 되면 그들은 감옥에서 나와 안마당으로 질질 끌려간다. 밝은 햇살이 비추는 가운데 그들은 곧 무겁고 거친 재질로 제작된 나무 바퀴를 단 다소 작은 소달구지로 옮겨 탄다. 죄인들은 땅위에 세워진 나무 십자가에 밧줄로 결박되는데, 솜을 누빈 바지만 입고 위통은 벗겨진 채로 꽉 죄어진 새끼줄에 몸이 찢어져 있다.

죄인을 묶은 십자가들이 달구지에 튼튼하게 설치됨으로써 모든 준비가 끝나면, 구식 화승총이나 창을 가진 몇몇의 포졸들 곧 사형집행인들이 선두를 이룬 공포의 행렬이 마을의 길을 따라 서서히 움직인다. 뒤따라오는 무리들 가운데 한 사람이 죄인의 죄를 열거하면서 십자가에 못 박으라고 외쳤다. 머리도 빗지 않은 여인들과 아이들은 졸린 눈으로 종이창을 통해 그 광경을 엿보았다.

남자들은 급히 거리를 따라 내려가 뭇 사람들의 대열에 끼어 그 가여운 사형수들을 조롱하고 모욕했다. 그와는 달리 십자가에 힘없이 무방비 상태로 매달려 있는 죄인들은 추위와 고통 그리고 굶주림에 지쳐 있었다. 이러한 경우에 때로는 포졸들과 비탄에 잠겨 행렬을 따르는 사람들에게 보통 술이 제공되기도 한다.

길가에 손님들이 북적대는 주막이 나타나자 죄인들을 거들떠보지도 않은 채 포졸들은 술과 음식을 푸짐하게 시켜 먹었다. 때때로 연민의 정을 가진 행인이 다른 사람들이야 아우성치든 말든 죄인의 입에 술을 부어 주면서 그가 더욱 행복하게 죽을 수 있도록 도왔다.

일단 이런 식으로 발단이 되면 다른 사람들도 본받기 때문에 형리나 포졸, 수행인들이 아니라 오히려 사형수들이 술을 거의 먹어 치운다. 그러나 오래 전에 이미 죄인들의 육체는 죽음에 대하여 무감각해지고 거의 반죽음 상태라고 할 수 있다. 가엾게도 그들의 머리는 축 늘어져 있으며 안면은 시퍼렇게 멍들고 눈은 충혈되었으며 달구지가 연신 덜컹거리면서 움직였기 때문에 온 몸이 휘청거렸다.

포졸들은 마지막 밥 한 술을 떠 넣고 마부에게 다음 주막으로 출발하라고 명령했다. 얼큰하게 취기가 오른 그들은 이따금씩 "이랴! 이랴! 비켜서!" 하고 고함을 질렀다. 그 처참한 광경이 벌어지는 주위에는 많은 사람들이 모여들었는데, 자식을 데리고 나온 아버지들은 사형수들을 가리키며 그에게 악행을 저지른 자들의 말로가 어떻다는 것을 일깨워 준다. 온종일 가여운 죄인들을 이리저리 끌고 다니던 달구지는 주막이 나타날 때마다 거의 멈추는데, 그러면 돈을 치르지 않는 술판이 어김없이 벌어진다.

석양이 질 무렵에 행렬이 어느덧 마을을 벗어나 성문에 이르자, 그들은 죄인을 참수할 적당한 장소를 찾아 길을 맴돌았다. 사형은 어떤 특별한 장소에서 집행되지 않았다. 얼마 전에도, 심지어 몇 해 전에도 사형은 서울의 노상에서 집행되어 죽어 나간 사람을 흔히 볼 수 있었다. 그러나 지금은 대개 죄인들을 성 밖으로 데리고 나가 마을에서 멀리 떨어진 곳에서 사형을 집행한다.

지금 설명하고 있는 사형 이야기는 1891년 2월 6일 집행된 것으로서 내가 그 현장에서 그렸던 그림을 통해 기억을 되살린 것이다. 사형수들은 모두 7명으로서 모반을 꾀한 대역 죄인이었다. 곧 그들은 조선 왕조를 뒤엎고 존엄한 왕을 시해할 음모를 꾸몄다. 그러나 그들은 불행하게도 그 목적을 실행하기에 앞서 발각되었다. 주모자는 체포되어 투옥되었다. 그들은 감옥에 들어간 지 1년이 훨씬 넘게 옥살이를 하는 동안 내내 심한 고초를 겪었다.

범행을 자백 받기 위해 끊임없는 고문과 태형이 그들에게 가해졌으며 관련된 자들의 밀고를 자백하도록 강요받았다. 그렇지만 아무런 힘이 없는 일곱 명의 남자는 마침내 사형을 평결 받았다. 그들 가운데 세 명은 양반이었고 한 명은 성직자였으며 나머지 사람은 유복한 평민들이었다. 그들 이름은 이근웅, 윤태선, 임하석, 승려 가허, 이상익, 정형석, 방병구이다.[1)]

대종이 일몰을 알릴 무렵에 포졸들과 사형수 일행은 전력으로 질주해서 "죽음의 문"(시구문)을 통과했다. 그리고 그들은 서울의 거리에 구경꾼들을 떨어뜨려 둔 채 형장을 설치할 장소를 향해 길을 만들었다. 형장으로 선택된 장소는 서울에서 약 20리 떨어진 곳으로서 황폐한 땅이 내려다보이는 한

---

1) 『고종실록』 27년(1890년) 12월 28일자에 이들의 기록이 보인다.

적한 언덕이었다. 그 오르막길은 몇 백 야드 떨어진 산기슭에 흰색 테이프처럼 하얀 선으로 뚜렷하게 나 있었다.

처형장

소달구지가 그 언덕 바로 아래의 평지에 멈춰 섰다. 그리고 그 가여운 사람들은 한 사람씩 차례로 끌려 내려와 난폭하게 십자가에서 풀린 다음 사형집행인에게 인계되었다. 무감각한 상태에서 그들은 등 뒤로 팔을 결박당하고 상투를 긴 줄에 묶인 채 얼굴을 땅 위에 떨구었다. 그들은 다시 옮겨지기 전까지 작은 발판 위에 가슴을 대고 땅 위에 엎드려 있었다. 죄인들의 자리 배치가 끝나자 상형 집행인은 그들의 머리가 떨어져 나갈 때까지 날이 무딘 칼로 계속해서 내리쳤다.

경험이 없기 때문이든 숙취 때문이든 이런 식의 문제 있는 행위로 말미암아 몇 명의 죄인들은 그야말로 무자비하게 죽었다. 예를 들어 세 번째 남자는 건장한 어깨의 소유자였는데, 사형집행인이 목을 내리친다는 것이 그만 빗나가는 바람에 신호와 함께 그의 어깨가 순식간에 잘려 나갔다. 그러나 소름끼치는 이야기는 이 정도면 충분하므로 그만 하기로 하자. 나는 비록 그것을 부분적으로 언급했지만, 조선의 참수 기술은 이웃 나라인 중국의 능숙한 솜씨에는 전혀 비할 바가 못 된다. 중국인들의 참수 기술은 참으로 탁월하다.

중국은 매우 예리하고 균형이 잘 잡힌 칼로 단 한 번에 머리를 베어 낸다. 더욱이 그들은 고객의 까다로운 요구를 말끔하게 충족시켜 주기 때문에, 희생자는 거의 고통을 겪지 않는다. 사형집행인들은 힘이 매우 센 사람들 가운데에서 뽑으며 아주 잘 훈련되어 있으므로 어떠한 실수도 하지 않는다. 따라서 사형 집행은 곧 끝났다. 한 사람을 편안하게 저 세상으로 보내는 데에는 단 몇 초면 충분하다. 나는 참수당할 운명에 있는 사람들의 경우 중국

시구문 밖의 처형장

의 사형집행인에게 머리를 잘리는 것보다 더 행복한 것은 없다고 생각한다.

이와는 반대로 조선 사람들은 이와 같은 어려운 문제를 해결할 수 있는 기술을 개발하지 못했다. 그렇기 때문에 그들은 무디고 짧은 칼과 잘못된 판단으로 대부분 잔인무도하고 서투르게 일을 처리하였다. 물론 그럼에도 불구하고 그들은 불행한 죄인들의 머리가 떨어져 나갈 때까지 몇 십 번씩 칼을 내리치거나 가장 무서운 방법으로 난도질을 해서 상처를 입히는 대신에 한 칼에 죽이도록 되어 있다.

잔혹한 참형

죄인들의 가슴팍 아래에 작은 돌들이 깔려 있기 때문에, 결과적으로 그들의 머리는 지면에서 몇 인치 가량 떠 있었다. 이렇게 함으로써 사형집행인은 보다 용이하게 일을 처리할 수 있다. 같은 이유로 그들은 죄인들의 상투를 새끼줄로 묶는데, 이러한 방식은 한 사람을 참수한 다음 몸부림치는 다른 죄인을 신속하게 발판에 묶을 수 있다. 단적인 예로 죄인을 참수할 때, 그가 몸을 얼마나 뒤트는가를 보면 알 수 있다. 이것은 죽음에 직면한 한 인간이 자신의 운명에 저항하는 최후의 몸부림이다.

그러나 그가 피할 겨를도 없이 많은 포졸들이 그를 즉시 가격하자 그는 필사적으로 몸부림친 끝에 척추가 부러지고 말았다. 내 기분은 아찔했지만 그것은 그 상황에서는 당연한 결과였다. 그의 팔은 팔꿈치 뒤로 결박되었으며 척추는 활처럼 팽팽하게 긴장되어 있었기 때문에, 맞서 싸운다는 것은 엄두도 낼 수 없었고 무참하게 심한 골절상을 입었을 뿐이다. 더욱이 사형집행인이 무참하게 그의 머리를 벤 사실은 나의 설명에 신빙성을 더해 준다.

죄인을 처형하는 방식은 아직까지 유럽인의 마음에 매우 잔인한 기억으로 남아 있을지도 모르지만 그럼에도 불구하고 조선에서 종래의 사형 방식은 획기적으로 개선된 것이었는데, 그것은 예를 들자면 몇 년 전에 몇 명의 프랑스 선교사들과 그의 추종자들에게도 적용되었다. 그 순교자들은 처형되기에 앞서 혹독한 태형과 고문을 당했다. 그러고 나서 형장으로 끌려갔을 때 그들은 현대의 성 세바스찬(St. Sebastians)과 같이 살 속 깊이 두 대의 화살을 맞았다.

사형 집행인과 포졸들은 유혈극이 끝나면 흔히 주막으로 발길을 돌려 밤새도록 술을 퍼마시며 흥청거렸다. 죄인들의 시체는 개와 표범의 먹이로 남겨두었다. 그것은 정신이 멀쩡한 조선 사람들은 보통 시체들이 나뒹구는 장소 근처에 얼씬거릴 생각을 하지 않기 때문이다.

망자의 영혼이 자신들에게 어떤 좋지 않은 해를 입히지나 않을까 하는 우려 때문에 시체들이 버려져 있는 주변을 지날 때 그들은 대단한 위협을 느꼈다. 그렇기 때문에 사형은 큰길에서 몇 백 야드 떨어진 곳에서 집행되었지만 미신에 빠져 있는 조선 사람들은 대부분 오히려 자신이 다니던 길을 피해 다른 언덕길로 돌아갔다.

양반의 범죄

사형이 집행된 다음 날 아침 나는 소름끼치는 현장에서 토막 낸 시체들을 목격할 수 있었다. 나는 서울로 돌아가려고 서둘러 짐을 꾸렸지만 어둠이 드리워질 때까지 그 곳을 떠날 수가 없었다. 나는 갑자기 내 앞에 나타난 어느 노인 때문에 다소 놀랐다. 그는 매우 창백했으며 슬픔에 지쳐 보였다. 그는 경계하는 눈빛으로 주위를 살피면서 슬금슬금 다가오더니 길가에 나뒹구는 시체들을 뚫어지게 쳐다보았다.

그는 노려보는 눈빛에 손가락을 쫙 뻗친 채 나뭇잎처럼 떨고 있었는데, 좀처럼 그 무시무시한 광경에서 눈을 떼지 않았다. 그 무렵에 관을 든 두 명의 날품팔이 짐꾼이 조심스럽게 나타났다. 그러나 그들은 시체들로부터 멀찌감치 떨어져 더 이상 다가오려 하지 않았는데, 자신들을 만나러 내려온 노인이 간청하면서 가진 돈을 모두 털어 내놓았지만 그들을 한 발자국도 움직이게 하지는 못했다.

그들의 이러한 두려움은 부분적으로는 모든 조선 사람들이 망자의 영혼에 대해 자연스레 가지고 있는 미신적인 사고 때문이며, 그 밖에 정치적인 범죄로 사형당한 자들의 근처에 얼씬거렸다는 이유로 자신들 또한 목숨을 잃을 수 있기 때문이었다. 공포심이 다소 사그라지자 그들은 돈만 많이 준다면 시체를 옮겨 주겠다고 제안했다.

그러자 수중에 더 이상의 현금이 없는 노인은 완전히 절망 상태에 빠져든 것 같았다. 나는 그의 얼굴에서 크나큰 좌절감을 읽었다. 그는 나에게 탄식을 늘어놓긴 했지만 불평을 하지는 않았다. 나는 그의 얼굴에 나타난 극심한 슬픔에 연민의 정을 느꼈다. 그는 늙긴 했으나 용모는 세련되었다. 그는 자신의 심정을 나에게 털어놓았다.

부정

노인은 자신의 아들이 이곳 어딘가에 죽어 누워 있을 것이라고 말했다. 나는 첫 눈에 노인이 양반이라는 것을 알았지만, 그는 아들을 석방시키려고 관리들에게 뇌물을 바치느라고 전 재산을 탕진했기 때문에 지금은 빈털터리가 되었다. 돈은 다 떨어졌고 아들은 죽어 누워 있다. 자신도 잘 알겠지만 사랑하는 자식을 옮기기 위해 무릅써야 하는 위험은 매우 큰 것이었다.

그가 그 장소에 갔다는 사실이 관리의 귀에 들어가는 날이면 즉시 옥에 갇혀 공모자의 누명을 뒤집어 쓴 다음 모진 문초를 당하다가 결국 죽음에 이르게 될 것이다. 그럼에도 불구하고 그는 어둠이 자신을 보호해 줄 것이라고 확신했다. 이제 그는 필사적으로 아들의 시체를 옮기고 어둠이 가시기 전에 그를 먼 언덕에 묻을 것이다.

노인은 몇 푼 안 되는 돈을 날품팔이 일꾼들에게 주었지만 그들은 노인의 모험을 도와야만 했다. 불과 몇 야드 전방에서 자식의 시체를 발견하자 노인은 더 이상 앞으로 나아가지 못했다. 그는 기력이 너무 쇠잔해져서 몸을 움직일 수가 없었다. 나는 그의 팔을 부축해서 시체로 접근했다. 막상 가까이 다가가서 시체들을 보자 그는 몸을 몹시 떨었고 이내 창백해졌다.

그는 나의 팔에 의지해서 쉬었으나 여전히 온 몸을 떨고 있었다. 그는 한마디 말도 하지 않았을 뿐더러 슬퍼하거나 눈물을 보이지도 않았다. 조선 사람들은 자신의 감정을 드러내는 것을 좋지 않은 것으로 생각했다. 그러나 나는 그가 마음 아파하는 것을 알 수 있었다. 몸을 굽혀 오랫동안 시체 한 구를 살펴보던 노인이 중얼거렸다.

"얘가 내 아들이에요, 얘가 내 아들이에요! 손을 보니까 맞아요. 이렇게 붓고 포승줄에 살이 찢기다니…."

얼굴이 심하게 훼손되었고 피로 얼룩져 있었기 때문에 매우 불확실하긴 했지만 그가 노인의 아들임에는 틀림없어 보였다. 자식의 얼굴을 몸에 붙이고 싶은 노인의 부성애야 절절했지만 그것은 불가능한 일이었다. 그는 비탄에 빠진 목소리로 자신의 아들을 관으로 옮겨 달라고 나에게 간청했다. 나는 그의 부탁을 들어주기로 하고 고생하면서 시체를 언덕 아래로 옮긴 다음 다시 머리를 수습하기 위해 돌아왔다.

우리는 관 안에 있던 두 자루의 포대에 정성스럽게 시체를 싸서 관속에 넣었다. 우리는 내내 주위를 살피며 신중하게 일을 처리했다. 노인이 "고맙소"를 연발하는 가운데 최종적으로 시체가 관속에 있는지를 살펴본 뒤에 일꾼들은 재빠르게 관을 어깨에 메고 다급한 걸음을 내몰았다. 그것은 단지 썩어 없어지거나 야생 동물들의 먹이가 될 시체에 불과했다.

목이 달아난 시체들의 면면을 살펴보았을 때, 그 가운데 누구도 달갑게 죽음의 순간을 받아들인 사람은 없는 것 같았으며 분노와 저주의 표정이 역력했다. 의심할 여지없이 그들은 혹독한 고통을 겪었을 것이다. 몇몇은 눈을 감고 있었지만 그 외에는 눈을 부릅뜨고 전방을 쏘아보고 있었다. 그리고 동공은 매우 위축되어 있었고 쪼그라든 입술 사이로 이빨이 드러나 보였다.

피가 흘러내려 코, 귀, 눈가 등 얼굴 전체를 뒤덮었다. 이것은 아마도 칼에 심하게 맞았기 때문이리라. 최후의 순간까지 저항한 한 사람 외에는 그 가운데 누구도 어떤 식의 저항을 하지는 않았지만, 얼굴에는 극심한 고통과 공포의 표정이 한결같이 남아 있었다. 팔의 근육 또한 매우 쪼그라들었고 부풀어 오른 손가락들은 피멍이 들어 푸르스름하고 반쯤 굳어져 마치 나무처럼 뻣뻣했다.

멀리 있는 언덕을 오르는 노인과 날품팔이 일꾼 일행이 시야에서 멀어지자 나는 스케치북과 그림 도구들을 챙겼다. 내가 서울로 발길을 돌렸을 때에는 이미 어둠이 드리워져 있었다. 그래서 돌아오는 길에 나는 1/10페니에 해당하는 3원이라는 거금을 들여 작은 종이 초롱을 샀다. 나는 초롱 안에 넣을 초를 사느라 추가로 돈을 지불해야 했다.

나는 이 조명 기구를 들고 동대문을 향해 걸어갔다. 주민들이 사용하는 것과 똑같은 이 작은 초롱은 이번 경우에 매우 유용했다. 초롱은 돈을 벌기에는 착상이 가장 기발한 물건이다. 초롱의 바닥은 목재로 되어 있고 손잡이는 마른 나무줄기로 제작되었다. 바닥의 가운데에는 못을 박아 초를 꽂을 수 있었으며 흰색 창호지가 초롱의 둘레를 싸고 있었다.

월장

해가 넘어간 지 이미 오래되었기 때문에 성문은 닫혀 있었다. 나는 이번 한 번은 마을로 들어가는데, 저축을 받지 않는 망자처럼 "죽음의 문"을 통과하기로 마음먹었다. 그러나 어두워진 뒤에 망자들은 마을을 떠날 수 있는 특권을 가지긴 했지만 되돌아오는 것은 허용되지 않았기 때문에, 태양의 신이 산마루에 이글거리는 얼굴을 다시 화사하게 드러낼 때까지 성문 밖의 어느 불결한 여인숙에 투숙하는 수밖에 없다.

나는 목이 부러지는 것만 각오한다면 그 곳에서 멀지않은 곳에 성벽을 오를 만한 장소를 알고 있었다. 나는 엽전 꾸러미로 유혹한 꼬마의 안내를 받았기 때문에 그 곳에 정확하게 도착할 수 있었다. 성벽의 높이는 약 20피트 정도이다. 나는 끈으로 물감 통과 스케치북을 등에 단단히 묶고 팔에는 초롱을 메었다. 나는 고양이처럼 능숙하진 못했지만 더디게나마 성벽을 탔다.

나는 성벽의 틈새에 손가락과 발끝을 놓으면서 어느 정도의 높이를 가까스로 올라갔다. 성벽은 거의 수직에 가까웠고 돌들이 너무나 차가웠기 때문에 손가락이 경직되어 좀처럼 힘을 줄 수가 없었다는 점을 독자들은 아셔야 한다. 더욱이 어깨 위에 매단 무거운 물감 통의 무게는 내가 성벽을 오르도록 돕기는커녕 도리어 나를 아래로 끌어내렸다.

나는 마음의 눈으로 순간 높은 곳에서 저 아래의 빙판으로 쿵하고 떨어지는 내 모습을 보면서 갈비뼈의 절반이 산산조각 나고 한두 쪽의 팔다리가 부러지는 한이 있어도 올라가기만 한다면 다행이라는 생각이 들기 시작했

초롱의 모습

다. 그러나 각고의 노력으로 몇 피트를 더 올라가자 "너는 거의 정상에 도달했다"라는 신비로운 음성이 귓가에 울렸다.

그 반가운 소식에 활기를 얻었으나 서투른 탓에 나는 한 쪽 발이 미끄러지고 손가락 끝으로 간신히 돌을 잡고 매달리는 낭패를 당했다. 아, 어찌하면 좋은가! 재빠르게 발 디딜 곳을 더듬어 찾을 때까지 두려움이란 이루 말할 수가 없었다. 종이 초롱 안에서 흔들거리던 초가 넘어지면서 불을 냈기 때문에, 그것은 나에게 치명적이었다.

벽을 잡고 있는 나로서는 가장 난처한 상황에 내몰렸는데, 초롱의 불이 소매로 옮겨 붙어 점점 뜨거워지고 있었지만 나는 이 재해를 극복할 어떤 일도 할 수 없었다. 내가 취할 수 있는 단 한 가지 방법은 얼마 남지 않은 정상을 원숭이처럼 민첩하게 오르는 것뿐이었다. 나는 결국 정상에 올랐다.

악몽

그날의 가장 짜릿했던 모험은 매우 다행스럽게 끝났다. 나를 아찔하게 만들었던 초롱의 불길은 차츰 아래로 사그라졌고 소매의 불도 꺼져 나는 어둠 속에 남게 되었다. 나는 성벽을 따라 비틀거리며 어느 거리로 걸어 내려왔다. 그리고 그 곳의 사람들을 깨워 다른 초롱을 얻어 안전하게 집으로 돌아왔다. 맘껏 배를 채운 뒤 다음날 아침 바벨탑[2] 꼭대기에서 떨어지는 듯한 무서운 충격과 함께 깨어날 때까지, 나는 몸통 없는 머리들이 내 옆을 굴러다니거나 불에 타 죽는 따위의 꿈에 시달리지 않아도 되었다.

2) 바벨탑(Babel) : 『구약성서 창세기』에 나오는 탑으로서 노아(Noah)의 자손들이 홍수를 겪은 뒤 하늘에 오르기 위해 만듦.

제 17 장 군 제

국왕의 공식적인 생활은 은폐되어 있다. 때때로 왕이 변장하고 어느 곳을 방문하였다는 소문이 떠돌 때도 있지만, 그는 좀처럼 왕궁 밖으로 나오지 않는다. 왕이 공식적으로 행차에 나서면 서울 전역은 민심이 동요와 흥분으로 들끓는다. 일 년에 한 두 차례 정도 그런 일이 일어나는데, 왕이 행차로 말미암아 넓은 도로변에 세워진 초가집은 헐렸으며, 이것은 소상인 등 여러 계층의 백성들에게 많은 근심과 손실을 입히는 원인이 되었다.

그렇다손 치더라도 사람들은 이러한 초가집들이 필요에 따라 언제든지 헐려질 수 있기 때문에, 거처를 옮겨야 한다는 조건에서 건축이 허용되었다는 사실을 충분히 숙지하고 있다. 언제 일어날지 모르는 이러한 큰 사건은 불과 몇 시간 전의 통고만으로 일어나는데, 만약 이에 대해 불복할 경우 참수형을 감수해야 한다.

그러므로 이주 명령을 받는 순간, 그들은 황급히 가재도구들을 옮겨야 한다. 그러면 전 가족과 도움을 요청 받은 그의 친구들은 형언할 수 없는 혼란 속에서, 놋주발, 옷가지 그리고 요리 도구 등을 옮긴다. 모든 사람들이 동시에 입을 놀려 비명을 지르고 큰 소리로 외치며 팔에 한 가득씩 안은 물건들을 안전하게 나르려고 마주치는 사람들을 밀쳐댄다. 지붕의 이엉을 떼어내자 쏟아지는 먼지, 집을 지탱하는 나무틀에서 못을 떼어내는 모습, 우왕좌

중국의 사신을 접견하는 국왕

왕하며 야단법석을 떠는 사람들 …. 그 광경은 일대 아수라장이다.

왕의 행차

나는 어느 날 이른 아침, 궁궐 근처를 지나다가 정문으로 통하는 세 개의 좁고 평행한 길이 어마어마하게 넓은 하나의 길로 바뀐 것을 보고서 얼마나 깜짝 놀랐는지 모른다. 길 가운데의 두 줄의 집들은 완전히 철거되었으며, 지면은 매우 매끄럽고 고르게 다져졌다. 서대문에서 동대문까지 이르는 주요 신작로는 물론, 왕이 행차하는 길을 따라 수많은 인파들이 모여들어 흥분의 도가니에 빠졌다. 남자들은 새로 세탁한 옷을 입었고 여자들과 아이들은 가장 좋은 옷으로 잘 차려 입었다.

수발총에서 연발총까지 다양한 구식 소총을 휴대한 보병들이 거리를 질서정연하게 유지하려고 양쪽에 줄지어 정렬하고 있었다. 거기에는 뱃심 좋게도 감히 길을 건너려고 하는 사람들을 감시하고자 노처럼 생긴 길고 널찍한 방망이나 둥글고 무거운 곤봉을 들고 순시하는 사람들도 있었다. 그러나 왕이 행차할 때에 지켜야 할 몇 가지 규칙을 모르는 어리석은 사람들이 꼭 있었으며, 만약 붙잡히면 모진 매질을 당할 것을 잘 알면서도 금기 사항에 도전하려는 사람들도 있었다.

때때로 빠른 속도로 길 가운데를 뛰어가거나 느긋하게 길을 건너는 몇몇 얼토당토 하지 않은 사람들이 발견되면 노호의 외침이 군중들의 시선을 끌었는데, 곧 성난 군사들이 쫓아가 그를 붙잡자마자 때려눕힌 다음 방망이와 곤봉으로 의식을 잃거나 죽을 때까지 사정없이 매질을 했다. 간혹 그가 실제로 의식을 잃거나 죽으면 길을 따라 있는 하수구의 한쪽에 내버려진 채 방치되었는데, 아무도 그러한 상황에 털끝만큼의 관심도 기울이지 않았다.

기병들은 그림같이 아름다운 푸른색과 갈색 복장을 갖추고 그 위에 동체 갑옷을 입으며, 어깨까지 늘어지는 길고 붉은 술이 달린 챙이 넓은 검은 모자나, 아니면 철모를 쓰고 수발총과 화살로 무장했다. 그들은 허리띠 한쪽에는 칼을 차고 있었으며, 다른 한쪽에는 기름종이로 된 우산 모양의 덮개를 가지고 있었다. 접었을 때 이 모자 덮개는 부채 모양과 비슷하며, 사용할 때는 그것을 펴서 끈으로 모자 위에 동여맨다. 철모를 쓴 병사들은 둥근 모전으로 만든 모자도 가지고 다녔는데, 말안장 끝에 묶어 놓는다.

기병대

그림같이 아름다운 이 기병들의 장비는 구라파의 보병들이 휴대한 장비의 모방품이기 때문에 조선 고유의 모습과는 큰 대조를 보였다. 이 기병들의 한 가지 특징은 말안장에서 보이는 그들의 불안함이었다. 각 기병들은 말을 안내하는 마부를 대동하고 있었으며 그 옆에는 혹시나 기병이 낙마하지 않을까를 살피는 사람이 있었는데, 이렇듯 각 기병들에게는 그들을 돌보는 두 명의 남자가 딸려 있었다. 전장에서 이러한 기병들이 돌격하는 광경

갓쓴 기병대

은 참으로 가관일 것이다.

옛날에는 왕의 가마보다 더 높은 위치의 창문에서 왕을 내려다보는 것은 누구에게나 금지되어 있었으나 지금 그 규칙은 그렇게 엄격하게 지켜지지는 않는다. 그러나 내가 왕의 행차를 목도했을 무렵까지도 더 높은 위치에 있는 모든 창문들은 거의 닫혀 있었으며 보다 더 충성스러운 사람들은 아예 문을 잠가 놓고 있었다. 그러므로 대다수의 사람들은 직접 거리에 나와서 왕의 행차를 구경했다.

아무런 명령 없이 행진하는 몇 백 명의 보병들이 그 행렬을 인솔했으며, 앞서 기술한 모습으로 아주 작은 말을 탄 동체 갑옷을 입은 기병들이 뒤를 이었다. 그 뒤에는 흰 옷을 입은 남자들이 두 줄로 따르고 있었는데, 그들은 선비들이 과거를 보러 갈 때 착용하는 독특한 기장과 그들과 비슷한 얇은 흰색 사각모를 쓰고 있었다. 그리고 하급 가신들이 두 줄을 이르는 가운데, 백마의 높은 안장에 올라앉은 고위 대신과 장군들이 수많은 수하들의 호위를 받으며 행진했다.

그 수하들은 폭이 좁고 긴 백색 깃발을 들고 있었는데, 그 가운데에 매우 큰 용문기(龍紋旗)가 우뚝 솟아 있었다. 죽은 듯이 조용하게 그 행렬이 지나갔으며, 그 뒤를 몇 백 명의 남자들의 어깨 위에 두 개의 무겁고 긴 대들보로 받쳐진 크고 흰 가마가 지나갔다. 국상 기간이 아닐 때에는 장군들과 고위 대신들 그리고 환관들의 말에는 붉은색, 노란색, 푸른색으로 수놓은 매우 훌륭한 말안장이 달려 있다. 역시 비슷하게 꾸며진 왕의 가마 앞에서 마부들이 그 말들을 직접 끌고 있었다.

왕의 대역

그런데 신기하게도 왕의 가마가 지나자, 그와 아주 세세한 부분까지 흡사한 행렬이 등장했는데, 몇 백 명의 수하들이 호위하는 첫 번째 것과 같은 모양의 또 다른 가마가 우리 앞을 지나갔다. 이러한 이해할 수 없는 상황에 궁금증이 치솟은 나는 주위 사람에게 물었다.

"어느 가마에 국왕이 타고 계십니까?"

그가 대답했다.

"궁궐에서 왕과 가장 가까운 사람을 제외하고는 아무도 모릅니다. 자신을 죽이려는 음모가 있을 경우, 왕은 이렇게 위기를 모면할 수 있을 만큼 운이 좋은 사람일지도 모르지요."

만약 왕에 대한 암살 음모가 꾸며졌다 하여도 총이나 폭탄을 사용하는 경우가 아니라면 어떠한 경우든지 성공하기 어려울 것이다. 왜냐하면 왕이 탄 가마는 대단히 높아 누구의 손이든 그것에 미치기는 불가능하기 때문이다. 더구나 왕의 가마는 수많은 호위군들이 둘러싸고 있지 않은가! 왕의 가마는 누각 지붕을 단 크고 네모진 정원용 천막을 본 따 만들었으며 앞쪽을 열도록 제작되었다.

가마 안의 보좌에 앉아 있는 왕의 대역은 그와 가장 비슷하게 닮은 사람을 뽑았다. 또 다른 경우로 왕을 대비의 무덤까지 수행해 가던 이와 비슷한 행렬에서 보았던 두 개의 가마는 훨씬 더 작았으며, 각 가마의 양쪽에는 잘게 쪼개어 빽빽하게 만든 대나무 차양의 창문이 있었지만 단단히 잠겨 있었다. 가마의 외관은 고급스러운 흰 표범 가죽으로 덮여 있었는데, 매우 값나가 보였을 뿐만 아니라 멋에서도 더할 나위가 없었다.

귀가

날이 어두워질 무렵 왕의 행렬이 궁궐로 돌아왔을 때, 그 광경의 아름다움과 신성함이란 이루 말할 수 없을 정도였다. 예전에 길을 따라 군데군데에 심어 두었던 커다란 갈대 횃불이 행렬의 앞길을 밝혀 주는 가운데, 병사들은 제각기 길고 얇은 삼색의 천을 씌운 초롱을 들고 있고, 한편으로 가마는 긴 막대기에 부착된 백색광에 둘러싸인 채 나아갔다.

행렬이 대궐문에 가까워지자 몇 백 명의 사람들이 왕이라는 위대한 인물을 실어 나르는 데 진땀을 뺐음을 알려주는 공허한 신음소리가 연신 들려왔다. 그리고 왕이 마침내 대궐문에 도착하자 안도의 한숨이 몇 천 명의 입가에서 새어나왔다. 왕은 재상들의 부축을 받아 내실로 들어갔으며 불이 꺼진 뒤 대부분의 사람들은 집으로 돌아갔다. 이런 경우에 남자들은 여자들과 마찬가지로 밤에 외출이 허용되었다.

제 18 장 격투기

조선에서 볼 수 있는 독특한 광경 가운데 하나는 일대일 격투이다. 조선 사람들은 대체로 조용하고 온순한 기질을 지녔기 때문에, 웬만큼 감정이 격해져도 그다지 싸움을 하지 않는 것 같다. 그들은 자주 다른 도시의, 혹은 같은 도시의 다른 지역 패거리들 사이에 현상금을 건 격투를 보면서 흥겹게 즐기는데, 많은 군중이 그 경기를 보려고 모인다. 싸움꾼들은 대체로 주먹을 이용해서 싸우나, 프랑스에서처럼 무릎과 발을 사용하는 것도 허용한다. 흥분한 대부분의 관중들은 내기를 걸며 격투는 곧잘 난투극으로 비화된다.

정월대보름

도시의 하류층에게는 이와 같은 격투가 매우 일상화되어 있는데, 그것은 사소한 신경전에서 비롯되어 큰 싸움으로 번진다. 그들의 격투에서 흥미를 끄는 점은 새해 정월에 벌어지는 모든 싸움에 대해서는 어떤 위법 책임도 묻지 않고 신속하게 대충 해결된다는 것이다. 그래서 그 기간 동안에는 사람들이 언쟁을 벌이고 격투하는 것밖에는 거의 아무 것도 볼 수가 없다는 것이다. 묵은해의 모든 분노는 새해의 축제가 끝날 때까지 간직된다.

그때 자유로운 결투를 통해 억눌린 격분을 발산한다. 만약 한 남자가 이러한 합법적으로 인정된 시기에 싸우는 동안 상대를 죽이기까지 했다면, 그가 옥살이를 하거나 형벌을 받지 않을까 궁금했다. 아마 그렇지 않을 것이다. 15일 동안 거리의 광경은 참으로 무시무시한데, 어느 곳을 다니든 사람들이 언쟁을 벌이거나 격한 몸싸움을 하고 있다. 이 모든 원인은 돈 때문이다.

상투의 용도

거리에서 심상치 않은 싸움이 벌어져도 별일 아니려니 하고 지나치는 것이 좋다. 모든 빚은 항상 새해가 오기에 앞서 갚아야 한다. 때때로 신년 들어 보름 동안 채무 연장이 허용된다. 그 기간이 지나도 채무를 이행하지 않은 사람은 즉결 재판을 받게 된다. 빚쟁이들은 채무자를 찾으러 사방을 돌아다니다 그를 붙잡는 순간부터 대개 몇 차례 욕설이 오가다 난투극으로 번진다.

그러면 빚쟁이는 즉시 모자를 벗어 주위에 모여든 구경꾼 가운데 한 사람에게 안전하게 보관하도록 맡겨 놓는다. 그리고는 이런 상황에서는 어느 나라 사람이나 다 그렇듯이 빚쟁이가 채무자에게 달려든다. 내가 보기에 이러한 싸움의 주요한 특징은 싸움꾼들이 서로 상대방의 상투를 잡아채려고 하는 것이다.

일단 한 손으로 상대방의 상투를 잡은 다음에는 심하게 머리를 흔들고 다른 한 손으로 소나기처럼 강타를 퍼붓는 동시에 쉴 새 없이 발길질을 하며 더욱 상스럽고 난폭하게 행동하는 것으로 보아 그들이 정말 적대자임을 알 수 있었다. 그러나 때때로, 아니 실제로 자주 이러한 과격한 행동들이 도시의 좁은 거리에서 벌어지기 때문에 죄 없는 통행인들만 피해를 입는다.

백정들의 싸움

격분한 상태에서 조선 사람들은 매우 잔인무도해질 수 있다. 그들은 상대방에게 손상을 입힐 수 있는 어떠한 수단도 아끼지 않으며, 싸우는 동안 할퀴고 물어뜯는 것은 흔히 부수적으로 행해지는 일이다. 일본 공사관을 방문하고 돌아오던 어느 날 오후에 그레이트하우스(C. R. Greathouse) 씨의 말을 타고 약간 경사진 곳을 내려오다가 나는 아주 살벌한 광경을 목격했다. 어느 도축 업자와 상인이 서로를 난타하는 호쾌한 방법으로 골칫거리를 해결하고 있었다.

마침내 도축 업자는 이런 싸움에서 거의 등장하지 않는 경찰의 곤봉과 같은 단봉으로 상대를 때려 눕혔다. 그가 일격을 받고 그대로 땅에 넘어지자 도축 업자는 더욱 의기양양해서 고기를 다질 때 쓰는 커다란 나무토막을 힘겹게 들어 올려 날카로운 괴성을 지르며 마치 견과를 때려 부수듯 그의 머리를 내리쳤다. 그리고 나서 그는 나무토막 위에 당당하게 걸터앉아 구경꾼들의 찬사를 유도했다.

여자들 사이의 싸움도 흥미롭다. 그들의 싸움은 주로 하류층에서 일어나는데, 일당으로 번 돈을 잃어버리거나 좋아하는 남자를 두고 쟁탈을 벌이는 데서 비롯된다. 상류층은 자신의 평판이 깎이기 때문에 공개적으로 주먹질을 벌이지 않는다. 그 대신에 그들 사이의 이해 관계는 비싼 돈을 치르고 산 싸움꾼들이 그들의 면전에서 해결하도록 한다. 내 생각에 그들은 감정을 폭발하거나 언성을 높여 따지는 것은 품위를 떨어뜨리는 행위로 여겼다.

석전

모든 경기들 가운데에서 가장 중요한 경기는 돌과 곤봉을 가지고 하는 싸움인데, 그것은 나라에서 공인하고 만백성이 후원하는 국민적인 행사이다. 그들은 때때로 정규전을 벌이는데, 만약 한 마을이 주변의 마을에 질투나 다른 원인으로 말미암아 불만을 가지고 있다면 늘 불화를 해결하는 적절한 방법으로 새해 정월에 돌싸움을 선택한다. 그들이 싸우는 방식은 이쪽 마을의 가구와 그 친지들이 다른 쪽 마을의 가구와 그 친지들과 맞붙거나 때로는 상인동업조합이 다른 동업조합과 맞붙어 싸우는데, 그럴 때면 몇 백 명의 남자들이 양편으로 갈라서 격전장에 모여든다.

어른들은 아이들을 강인하고 대담하게 만들고자 그들이 이러한 경기에 참여하도록 종용한다. 나는 엄마들이 기껏해야 8살이나 9살밖에 되지 않은 어린아이들을 출발선에 데려나와 같은 수의 동년배들과 싸우게 하는 것을 실제로 보았다. 각 편의 가장 용맹스러운 소년이 지휘관을 맡고 있는데, 그는 조그만 곤봉을 지니고 있었으며 머리에 가해질 수도 있는 강력한 충격에 대비해서 화관을 두른 큰 모전 모자를 쓰고 있었다. 그 소년의 뒤에는 자그만 붉은 저고리를 입은 열 내지 스무 명 이상의 다른 소년들이 각각 곤봉을 들거나 한 아름씩 돌멩이를 안고 따르고 있었다.

싸움에 필요한 물자를 공급하려고 대개 후방에 군수품을 보관하는 안전한 제방을 쌓는다. 이제 전격적인 교전을 위해 두 지휘관을 앞세운 양쪽 병력이 삼각 편대를 이루며 돌진하기 시작한다. 그리고 잠시 망설이는 듯한 두 지휘관이 곤봉으로 서로의 머리통에 세찬 강타를 몇 차례 교환하면서 전투가 본격적으로 시작되면 한 편이 다른 편을 물리쳐 완전히 몰아낼 때까지 일제히 돌 세례가 난무하며 곤봉들이 춤을 춘다.

이러한 종류의 싸움은 아이들 사이에 서조차도 몇 시간 동안 계속되기 때문에, 여러분들도 짐작하겠지만 싸움이 끝날 무렵에는 대부분의 소년들이 코피를 흘리거나 이가 부러졌으며 심한 타박상을 입게 된다. 이 싸움에서 승리한 쪽은 그들의 부모와 친지들로부터 선물을 받는다. 이 싸움 기간 동안에는 서울의 주요 거리와 개방된 장소들은 젊은이들로 활기가 넘치며, 스페인인들이 투우에 흥미를 가지듯이 그 싸움에 많은 관심을 가진 다수의 군중들이 모여든다.

조합 사이의 싸움

어린 소년들 사이의 싸움보다 더 위험천만한 것은 두 동업조합 사이에 흔히 벌어지는 교전이다. 내가 서울에 체류하고 있을 무렵에 도축 업자들과 진흙을 집에 바르는 희귀한 기술로 먹고사는 사람들 사이에 큰 반목이 일어난 적이 있었다. 두 업자들은 조선 사회의 가장 낮은 계층에 속했기 때문에 자연스레 그 싸움은 더 살기등등하고 난폭할 것으로 예상되었다.

어느 쪽의 주장이 타당한지를 결정하고자 싸움을 벌일 날짜가 정해졌으며 싸움 장소는 남대문 바로 바깥의 평지로 잡혔다. 싸움터는 서울을 가로지르는 얼어붙은 개울로 나뉘어져 있었다. 싸움터는 성벽의 서쪽 편의 낮게 언덕진 곳에 있었는데, 결투를 벌이기로 약속된 날 나는 스케치북과 메모할 공책을 가지고 나가 자리를 잡았다.

양 패거리들이 정시에 도착한 다음 개울을 중심으로 각각 반대편에 운집하여 대치했다. 그 곳에는 모두 약 1,800명의 남자들이 있었는데 말하자면 한 편에 약 900명씩이 되는 셈이다. 내가 처음에 자리를 잡은 곳은 너무 높아서 싸움이 잘 보이지 않았기 때문에 어리석게도 나는 계곡으로 내려갔다.

막상 싸움이 시작되고 나서야 나는 갖가지 무게와 크기를 가진 돌들이 엄청난 속력과 강도로 머리 위를 빗발치듯이 날아다니는 사태를 인식하게 되었다. 양편은 미리 돌무더기들을 수북이 쌓아 놓고 있었으며, 쉴 새 없이 새로운 돌들을 공급해 왔다. 투석기로 쏘아 올린 돌들이 엄청난 굉음을 내며 나의 머리 위를 날아다니고 있었기 때문에 나는 이곳에 온 목적을 달성할 경황이 없었다.

대단한 혼전이 벌어지고 있었다. 어떤 사람들은 돌을 다시 산더미같이 모으느라 바빴고 또 다른 사람들은 돌을 가지러 가거나 새로운 탄약을 앞쪽으로 나르느라 이리저리 분주하게 뛰어 다니고 있었다. 그러면서 두 진영은 한 눈에 들어올 정도로 좁은 개울의 양쪽 기슭에 서서히 접근하고 있었다.

투석을 통해서 어느 일방이 타방을 성공적으로 격퇴했다고 단정하기가 매우 어려웠다. 내가 위치한 곳의 반대편 사람들의 급습으로 이쪽이 수세에 몰리는 듯했으나 힘을 배가해서 다시 돌 세례를 퍼붓기 시작했다.

그러나 또 다시 그들이 선봉대를 앞세워 상대의 취약한 쪽을 공격하며 이쪽의 우측 전선을 무너뜨리면서 개울을 건너왔다. 나는 물론 싸움에는 적극 참여하지 않았으나 난투극을 끝까지 보려면 머리통이 부서질 각오를 해야 한다고 생각했다. 그렇다고 내가 심하게 다친 것은 아니었지만 그들의 난투극은 점차 격해져 곤봉을 휘두르거나 급기야는 칼을 꺼내 상대방에게 상처를 입혔다. 물론 나도 자연히 적지 않게 얻어터져 타박상을 입었으며 실제로 살기등등한 장면을 몇 차례 마주치기도 했다.

만약 당신이 비교적 제한된 공간에서 혼잡하게 뒤엉켜 두 진영으로 나뉘어 싸우는 1,800명의 사람들을 상상할 수 있다면, 만약 당신이 극도로 흥분한 그들이 내지르는 날카로운 비명과 노호와 같은 괴성을 상상할 수 있다면, 그리고 만약 당신이 먼지로 뒤범벅된 그 아수라장을 실감할 수 있다면, 당신은 투석전의 개념을 확실하게 깨닫게 될 것이다.

싸움은 세 시간 남짓 동안 활기차게 계속되었고 수많은 사람들의 머리통이 깨졌다. 쓰러진 채 죽도록 짓밟힌 사람도 있었고 칼에 매우 깊이 찔린 사람도 있었으며 그 가운데서 몇 사람은 숨이 끊어졌다. 싸움이 끝났을 때, 극소수의 몇 사람은 아무런 타박상이나 부상도 입지 않고 도망친 것으로 확인되었으며 그들의 격렬했던 난투극에 견주면 사망자의 숫자는 매우 적었다. 성이 닫힘을 알리는 대종이 울림에 따라 그들이 떠난 뒤에 싸움터에 남은 시체는 도합 여섯 구에 불과했다.

양측의 지도부는 오랜 시간의 논의를 거친 뒤에 싸움은 무승부로 결론지었으며, 따라서 다음날 오후에 다시 싸움을 재개할 것이라고 발표했다. 내가 들은 바로, 싸움의 승패가 가려지지 않았던 이유는 용케도 한쪽 진영이 상대 진영을 침입했지만 완전히 패퇴시키지는 못했고 곧 이어 강력한 저항을 받았다는 점 때문이었다.

그러나 다음 둘째 날과 셋째 날은 폭설이 내려 싸움이 연기되었고, 정작 난투극이 재개되던 날 애석하게도 나는 입궐하라는 어명을 받았기 때문에 그 광경을 지켜볼 수가 없었다. 나로서는 만족스럽게도 내 쪽에 있었던 미장이들이 결국 승리를 거두었다고 들었다.

포졸과 병사

포졸들은 대체로 관중을 보호하려고 참석할 뿐, 교전에 개입할 수 없다. 병사들은 자신들과 무관한 싸움에 적극적으로 참여를 하는 것이 금지되었으나 법으로 인정한 자유로운 기간 동안은 자신의 의지만 있다면 얼마든지 싸움판을 벌일 수 있었다. 그들은 누구보다 격렬하게 싸웠으며 군복이 더러워지지 않도록 늘 웃통을 벗은 채로 싸움을 시작했다. 2주일간의 무시무시한 싸움이 끝나면 나라는 다시 평온한 일상으로 되돌아간다. 물론 그 동안에 새로운 부채가 생기고 새로운 증오와 시기들이 빚어져, 그로 말미암아 이듬해 정월의 투석전을 재개했다.

이상이 조선 사람의 생활 내역인데, 투석전이 벌어지는 보름 동안을 제외하고는 "고요한 아침의 나라"라는 국가적 별칭에 부합하게 아침뿐만 아니라, 낮과 밤 모두 지나칠 정도로 고요하다. 조선 사람들은 언제나 삶을 영위한다기보다는 초목 이상으로 단조롭게 생활한다. 이러한 결점을 벌충하려고 한 해에 한 번 정도 그들이 난폭한 반작용을 분출할 필요를 느낀다는 것은 일면 당연한 일이다.

투석전 이상으로 그들의 목적을 충족시킬 수 있는 더 난폭하고 격렬한 경기를 고안할 수는 없을 것이라고 나는 확신한다. 국왕도 다른 동업 조합들 사이의 최종적인 싸움의 결과에 각별한 관심을 보이고 있었으며, 승리한 쪽의 지휘자나 궁중의 고위 관리를 통해 싸움의 결과를 즉시 보고 받는다.

제 19 장 서울의 화재

어느 날 한 영사관에서 개최한 만찬 연회에 참석해서 간소한 식사를 들고 있던 가운데 시종 한 사람이 들어와 종로 거리에서 큰불이 일어나 많은 가옥들이 이미 전소되었다고 알려주었다. 또한 대종의 종각이 붕괴될 큰 위험에 놓여 있다고 이야기했다. 나는 평상시의 호기심이 발동해서 조선의 가옥들이 불타는 장면을 구경하는 것은 흥미로운 일이 될 것이라 생각되어 주인에게 양해를 구하고, 테이블 위의 그 좋은 음식들을 모조리 남겨 둔 채 불이 난 곳으로 급히 달려갔다.

화재

하인이 알려준 대로 화재 현장은 정말 종각에서 매우 가까운 거리에 있었다. 대상인이 소유하고 있는 두 세 채의 큰 저택들이 빠른 속도로 타오르고 있었고, 그 주위의 집들도 불이 옮아 붙을 큰 위험에 놓여 있었다. 미닫이와 창문 그리고 가구와 의류 몇 점을 제외하고는 조선의 가옥 안에는 탈 만한 물건들이 거의 없었다. 그래서 대체로 첫 번째 큰 불기둥이 솟아오른 다음 불은 저절로 꺼지거나 그렇지 않으면, 현재의 상황과 같이 오래된 서까래가 지탱하고 있는 지붕으로 불길이 옮겨간다.

그러한 돌발적인 상황에서 조선 사람들이 가장 위험하다고 생각하는 것은 지붕의 전체 무게를 지탱하고 있는 중간 부분의 육중한 들보에 불이 옮아 붙었을 때이다. 그때 만약 바람까지 불게 되면, 불씨들이 근처의 모든 초가지붕으로 날아가 불길을 옮기는데, 그러한 재앙을 멈추게 하는 것은 불가능한 일이다. 소방차나 양수기 같은 것들은 이 나라에 도입되지 않았으며, 만약 있다손 치더라도 물을 얼릴 정도의 극심한 추위 때문에 겨울 동안에는 사용할 수 없을 것이다.

문제의 그날 밤, 그러한 일이 실제로 일어났다. 서로 인접하여 있는 두 집이 전소되고 지붕이 허무하게 사라졌으며, 집의 돌담에 의지해 양끝이 지탱되던 길고 굵은 들보만이 제 위치에 남아 여전히 활활 타오르고 있었는데, 초가지붕을 한 근처의 집들은 상당히 위급한 상황에 놓여 있었다. 나는 초가집의 주인이 화염으로부터 자신의 집을 구하려고 그것을 허물어 버리는 것이 매우 흥미로웠다. 그러나 큰불에서 매우 인접한 길가에 쌓아 두었던 가연성 물체들에 불이 붙어 타 없어졌기 때문에 그의 노력은 허사로 돌아갔다.

서울에서 매우 보기 드물게 일어난 이 사건은 왕에게 보고되었으며, 왕은 필요하다면 화재 진압을 도우라고 백 명의 병사들을 급파했다. 열성적으로 불끄기에 나선 몇몇 사람들은 근처의 우물에서 물을 길어 가지고 왔으나, 그것은 금세 하나의 큰 덩어리로 결빙되어 있었다. 결국 불을 끄고자 전래의 방법에 의존할 수밖에 없었는데, 쉬운 일은 아니지만 어떻게 해서든 들보를 무너뜨림으로써 쓰러진 그것이 불을 덮어 버리는 방식이었다.

닻으로 불끄기

병사들이 무엇인가를 가지고 왔는데, 독자들은 그것이 무엇이라고 상상하겠는가? 그것은 바로 배의 닻이었다! 이 닻에는 길고 굵은 줄이 매어져 있었다. 그들의 목적은 물론 불타고 있는 들보에 닻을 고정시키는 것인데, 그렇게 하면 50~60명 혹은 그 이상의 건장한 남자들이 그 줄을 잡아당겨 들보를 두 조각내 쓰러뜨릴 수 있게 된다. 그러나 허물어지기 쉬운 진흙과 돌로 된 담 꼭대기에 올라가 적절한 장소에 닻을 걸 지원병이 어디에 있겠는가? 이제 문제는 전혀 다른 국면에 접어들고 있었는데, 아무도 나서는 자가 없었다. 그 때문에 지휘관은 용기 없는 자신의 부대원들을 꾸짖었다.

건장하고 서글서글하게 보이는 한 병사에게 지휘관이 명령을 내리자, 그는 뜻밖의 지시에 당황한 기색이 역력하면서도 어쨌든 즉각 용기 있게 나섰다. 그는 등에 닻을 지고 사다리를 타고 올라갔다. 마지막 계단에 이르자 그는 걸음을 멈추고 돌아서서 사람들에게 들보는 견고하기 때문에 아주 세게 당겨야 할 것이라고 일장 연설을 했다. 그런 뒤 관중의 박수갈채와 환호를 받으며 그는 담 위에서 몸의 균형을 잡고 들보를 가로질러 닻을 던졌다.

그러자 100명가량의 건장한 남자들이 줄을 잡고 팽팽하게 긴장을 유지했다. 곧 담 위에 서 있는 우리의 용감한 주인공이 명령조로 시작하라는 신호를 했다. 그러나 그가 예상했던 것보다 사람들이 훨씬 더 급하고 세게 밧줄을 당기는 바람에 닻이 숯으로 변한 나무에 홈을 파면서 미끄러지자, 그는 자신의 가슴을 가로질러 있는 닻의 비늘에 걸려 사람들이 밧줄을 놓을 때까지 불타오르는 짚단 더미와 목재들을 향해 거의 20야드 가까이 끌려 내려갔다.

이러한 예기치 않은 급강하를 겪으면서도 그가 죽지 않았다는 것은 기적이었다. 왜냐하면 높이가 14피트를 넘는 닻이 허공을 20피트 이상이나 돌았기 때문이었다. 그럼에도 불구하고 세차게 흔들리는 닻을 놓치지 않고 가까스로 구출되었을 때, 그는 오히려 멀쩡해 보였다. 그렇지만 여전히 불타고 있는 들보에 다시 올라가 닻을 걸도록 명령받자, 그는 모든 사람들의 폭소를 자아내게 하는 우스꽝스런 몸짓을 해 가면서 넉살좋게 사양했다.

그 뒤에 또 다른 병사가 자원해서 그 과정을 보다 조심스럽게 수행함으로써 성공을 거둘 수 있었다. 그러나 이 과정에서 훨씬 더 많은 시간이 소요되었기 때문에 불길은 다른 집들로 옮아 붙었으며 곧 다른 집들로 재빠르게 번져 갔다. 불행히도 바람이 불어 댔기 때문에, 바람이 부는 방향에 거주하는 사람들은 대단한 공포에 휩싸였다. 그들의 가옥은 대부분 초가지붕으로 되어 있었기 때문에 틀림없이 불길이 옮아 붙을 것으로 보였다. 무수한 불꽃이 하늘을 가로질러 날아갔으며, 풍향이 바뀌지 않고서는 당장 어떤 방법으로도 그 집들을 건질 수 없었다.

그러나 단순한 조선 사람들이 흥미로운 묘책을 시도했는데, 나는 나중에 그것이 그런 상황하에 흔히 사용되는 방법이라고 들었다. 우선 많은 사다리를 조달하여 남녀들이 위험을 무릅쓰고 지붕 위로 올라갔다. 당신은 다음에 그들이 어떻게 했을 것으로 생각하는가? 나는 당신이 결코 알아맞히지 못할 것으로 확신한다. 그들은 다름이 아니라 자신들을 향해 불고 있는 강한 바람의 방향을 바꾸어 역풍을 일으키기 위한 바로 그 목적으로 올라간 것이었다.

역풍으로 불끄기

이제 그들이 어떻게 하는지 지켜보자. 그들은 지붕의 위쪽 가장자리에 일정한 간격을 두고 한 줄로 늘어선 다음 남녀들이 각각 저고리와 망토를 벗어 격렬한 바람에 맞서 날린다. 그들은 강풍과 미풍을 다스리는 악령과 대항하고 있는 경기에서 자신들이 이길 수 있다는 충분한 확신을 가지고 있기 때문에 이 우스꽝스런 상황은 한 동안 지속되었다.

앞 사람이 기진맥진해지면 곧 다른 사람으로 교체되었으며, 동시에 기도자는 바람의 신과 불의 신에게 기도를 드리고 있었다. 덧붙여 말하자면, 순간순간 불길이 치솟는 크기에 따라 기도자의 목소리의 크기도 커졌다 작아졌다. 불길이 높이 치솟아 오르면 기도자의 목소리의 크기도 보다 크고 다급해졌으며, 일순간 불길이 사그라지면 신들에게 거의 신경을 쓰지 않았다.

불은 장시간 동안 꺼지지 않았으며, 몇 채의 가옥들을 전소시켰다. 중풍에 걸린 어느 귀먹은 노인이 구사일생으로 구조되는 성과가 있긴 했지만,

그들이 입은 폐해는 이루 말할 수 없었다. 그 노인은 고의로든 아니면 실수로든 불이 난 어느 한 집에 남아 있었다. 세 개의 방 가운데에서 두 개는 이미 타 버렸는데, 그는 세 번째의 방에 있었다. 사람들이 외벽을 허물어 그를 안전하게 데리고 나왔을 때 그는 불이 났다는 사실도 들을 수 없었고 자신의 집이 거의 2/3 이상 타 버렸다는 사실조차도 모르고 있었기 때문에 자신이 받았던 대우에 당황했다고 한다.

착한 성품

여기에서 다시 나는 조선 사람의 훌륭한 품성을 언급하고자 한다. 어떤 예기치 못했던 일로 한 사람이 자신의 집과 가구 그리고 막대한 재산을 잃었을 때 언제나 조선 사람들은 좀처럼 재난과 빈곤 앞에서 좌절하지 않는다. 그런 상황에서 흔히 더 문명화된 국가에서의 경우와 마찬가지로 그의 친구들은 그를 외면하지 않는다. 오히려 그들은 자진해서 친구가 집을 다시 짓도록 도와주며 그에게 옷가지와 생활에 꼭 필요한 가사 용품 등을 빌려준다. 흔히 말하는 것처럼 그가 날개를 펴 스스로 날 수 있을 때까지, 친구들은 그의 용기를 북돋워 주며 모든 면에서 도움을 아끼지 않는다. 이처럼 어떤 사람의 집이 모조리 불타 버렸을 때, 친구들은 물론 일면식도 없는 사람들조차도 그를 데리고 가서 그가 다시 보금자리를 꾸밀 때까지 자신의 집에서 부양하는 것은 흔히 있는 일이다.

전체적으로 보면 조선 사람들은 매우 많은 결점을 가지고 있을지 모르나, 또한 더 문명화되어 있고 더 자애롭다고 자부하는 우리들이 자랑할 수 없는 몇 가지의 장점을 분명히 가지고 있다. 전체적으로 보면 결국 이교도와 기독교 사이에는 거의 차이가 없다는 점을 독자들은 믿어 주기 바란다. 아니 이교도의 견실한 자애와 관용은 익히 알려진 기독교의 박애보다 간혹 더 위대하기까지 하다.

제 20 장 북한산성

서울 근교로 나갔다가 가장 재미있던 소풍 가운데 하나는 북한산성의 소풍이었다. 서대문에서 출발하여 말을 타든가 걸어서 바위 사이로 인위적으로 낸 지름길인 북경로를 따라 좁은 길이 나올 때까지 죽 가는 것이 가장 좋은 코스이다. 그 오솔길은 큰길에서 갈라져 북한산성의 서문으로 곧장 나 있다. 이 길은 언덕져 있으며 산성의 서대문 어귀는 빼어나게 아름답다.

서대문 자체는 서울의 사대문들과도 매우 비슷하며 다만 크기가 약간 작을 뿐이다. 그러나 그것이 위치한 곳의 배경은 참으로 절경이다. 문을 들어서자마자 수많은 바위들을 품은 산으로 둘러싸인 멋진 계곡이 우리의 눈앞에 모습을 드러냈는데, 가장 높은 봉우리는 동쪽에 우뚝 솟아 있었다. 이 작은 산들의 자태는 매우 독특하고 빼어났다. 그 가운데 가장 수려한 산은 거대한 반구형의 바위로 이루어져 있으며, 봉우리는 마치 돔 형상이었다.

서대문에서 오솔길을 따라가다 보면 남문에 이르게 되는데, 그 길은 가파른 언덕을 꾸불꾸불 굽이치며 나아가 마침내 어느 절로 연결된다. 이 절은 아마도 서울 근교에서 보존 상태가 가장 양호하고 둘러 볼만 한 곳이리라. 그곳을 방문했을 때, 승려들은 나를 대단히 공손하게 대해 주었으며 진기한 것들을 보여주었다.

그 절은 조선의 다른 절들보다 보존 상태가 훨씬 더 좋았으며, 지붕 밑의 단청과 장식은 밝은 색조를 띠고 있는 것으로 보아 최근에 개축한 것 같았다. 절 근처에는 여러 고승들을 기리는 부도들이 세워져 있었다. 부도의 형태는 내가 이미 앞 장에서 설명했던 것과 거의 유사하였다.

드디어 왼편에서 나는 오래된 궁궐을 발견하였다. 다른 궁궐들처럼 이 궁궐에도 중앙의 큰 건물 옆으로 궁중 관리들이 사용하는 낮은 건물들이 몇 채 있었다. 조선의 국왕과 왕비를 위해 마련한 이 안전한 은신처는 전란을 맞았을 때에는 제 역할을 잘 해 왔지만 지금은 단지 폐허 더미일 뿐이다. 목조 서까래가 썩었기 때문에 작은 건물들의 지붕은 대부분 완전히 무너져 내렸으며 중앙의 주요 건물들은 매우 황폐한 상태였다.

그럼에도 불구하고 적당하게 떨어져 밀집되어 있는 이 건물들을 보면 전체적으로 조화를 이룬 모습이 마치 한 폭의 그림처럼 아름다운데, 이러한 효과는 필경 그 주변의 더럽고 낡아빠진 것들과 대조를 이루었기 때문이었다. 건물들은 언덕진 곳에 지었기 때문에, 앞 건물의 지붕에 가려진 뒷 건물은 궁궐로 오인되기 쉬웠으며, 옛 성벽의 안에 있는 흉벽은 아름다운 경치의 훌륭한 배경을 이룬다.

북한산의 암자

그러나 그 가운데서 가장 수려한 명소는 다소 멀리 떨어져 있는데, 성벽 밖으로 흐르는 개울은 멋들어진 폭포를 이룬다. 매우 가파른 언덕을 5마일 정도 올라 서대문에 이르면 그 근처에는 또 다른 더 작은 문이 있었는데, 그 문은 지붕을 올리지 않았다는 점에서 대개의 조선의 다른 모든 문들과는 다르다. 조그만 남문 바로 밖으로 절벽의 끄트머리에 암반을 등진 채로 작고 단아한 암자와 절이 서 있었다. 이곳으로 들어가는 길의 폭은 한 사람이 겨우 통과할 수 있을 정도여서, 조금만 발을 잘못 디뎌도 낭떠러지를 굴러 떨어지는 위험을 각오해야 한다.

승려의 모습

승려들은 낭만적이면서도 신중한 성격의 소유자임에 틀림없다. 그렇지 않고서는 항상 그림같이 아름다우면서도 난공불락의 견고한 장소에 절을 짓는 이유를 설명하기 어려울 것이다. 그 곳은 승려들에게 평시에는 깨끗하고 맑은 공기와 빼어난 경치를 제공하였고, 전시에는 철저한 안전을 제공해

준다.

여러 가지 면에서 그 절은 암벽에 거주하는 사람을 떠올리게 했다. 말하자면 암자와 절은 암반에 달라붙은 채 가파른 경사 위에 세워, 견고한 벽과 축대로 지탱되고 있었다. 그것은 석공에게 말할 수 없는 각고의 인내와 시간을 요구했음에 틀림없는 작업이었을 것이다.

절 안에는 온갖 종류의 작은 신상들이 줄지어 가득 차 있었다. 어떤 신상들은 긴 관복에 깃을 단 관모를 쓰고 평온하지만 위엄 있는 표정을 짓고 있었으며, 그 외의 신상들은 사나운 눈매에 호전적인 모습을 한 무사의 형상이었다. 그러나 모든 신상들은 먼지와 흙으로 뒤덮여 있었으며 부지런한 거미의 운동장이 되었다. 거미는 무례하게도 신상을 광활한 활동 무대로 삼아 존귀한 이 얼굴 저 얼굴마다 거미줄을 쳐 놓았는데, 반쯤 잡아먹힌 채로 죽어 있는 제물들로 얼굴은 뒤덮여 있었다.

그 절은 오백나한상으로 유명하나, 내 생각에 이 숫자는 크게 과장된 것이며, 약 200~300명 정도가 될 것이라고 생각한다. 이 절에서 가장 흥미 있는 곳은 승려들이 거처하고 있는 작은 요사채 뒤쪽에 있는, 연기에 천장이 시커멓게 그을린 길고 좁은 토굴이다. 이 토굴의 길이는 약 100피트 정도이며, 그 끝에는 매우 감미로운 물이 솟는 아담한 샘이 있다. 샘 근처에는 타오르는 향과 양초가 차려진 제단이 있었는데, 한 기도승이 그 곳에 앉아 징을 치며 경문을 읽고 있었다.

절에서 내려오는 길은 매우 가파르고 위험했는데, 거의 3마일가량에 이르는 커다랗고 둥근 돌들과 바위들 사이의 꾸불꾸불한 길을 헤쳐 나와야 했다. 평지에 이르러서야 나는 잘 닦인 길을 거쳐 북문까지 왔고 남은 거리를 내내 거의 평평한 길을 걸어 다시 서울로 들어왔다.

제 21 장 성 품

나는 중국인을 제외하고는 조선 사람들만큼 표정을 잘 관리하는 민족을 알고 있지 못했기 때문에, 조선 사람의 인상은 흥미 있는 연구 대상이었다. 그들은 어릴 때부터 고통이나 즐거움, 슬픔 혹은 흥분의 감정을 나타내는 방법들을 특별하게 배우지 않았다. 그래서인지 그들의 얼굴은 늘 이상하리만큼 평온함에 잠겨 있다. 그럼에도 불구하고 어쩌다가 얼핏 이채로운 표정을 엿볼 수 있었다.

이를테면 어떤 문제에 대해 심각하게 몰두하고 있을 때면 그들 특유의 태도가 나타났다. 그럴 때면 그들은 가벼이 눈살을 찌푸리고 머리를 왼편으로 갸우뚱하게 뉘였다가 되돌려 놓곤 했다. 그들은 즐거울 때에도 근엄하고 차분한 표정을 띠지만 졸린 듯한 눈동자에는 항상 선명한 빛이 어려 있었다. 더욱 신기한 것은 그런 상황에서 서양 사람들은 보통 입언저리를 치켜 올리고 있는데 조선 사람들은 늘어트리고 있다.

조선 사람들, 아니 모든 아시아인들은 상대방을 멸시하는 능력이 남달랐다. 그들은 속이 뻔히 보이는, 고상한 척하는 태도로 상대방을 멸시했다. 그들은 고개를 천천히 치켜 올리고는 반은 귀찮다는 듯이 그리고 반은 조금도 신경 쓰고 싶지 않다는 듯한 표정으로 상대를 경멸하듯 쳐다보았다. 그리고 나선 그를 향해 여유 있게 눈을 끔벅이고는 가벼운 콧숨을 귀면서 고개를 돌려 버렸다.

공포감

공포는 누구든 조절하기 쉬운 감정이 아니기 때문에 다소 격앙된 표정으로 얼굴에 나타난다. 조선 사람들은 공포를 느낄 때 눈을 크게 떠 상대방을 노려보고는 코를 벌름거리면서 턱을 떤 다음 다시 목을 움츠리고 손가락이 거북하게 굽혀진 손을 거의 머리 높이만큼 올린다. 그런 경우에 그들의 황색 피부는 측은하게도 시체처럼 창백한 빛을 띠었다.

그와는 달리 공포 대신에 용기가 날 때면 그들은 팔을 내리고 주먹을 꽉 쥐면서 동시에 몸을 꼿꼿하게 세웠다. 그리고 입은 차분하나마 굳게 다물고 입 언저리를 늘어뜨린 채로 이마 위에 위압감을 내보이는 표정을 역력하게 나타냈다.

웃음

양반들은 대부분 웃음소리를 크게 내지 않았다. 그들은 어떤 말이 기쁘지라도 요란스럽게 표현하는 것은 체신을 잃는 것으로 여긴다. 그러나 평민들은 왁자지껄하게 웃고 즐기는 것이 일반적인 현상이다. 조선 사람들은 세계의 어느 민족보다도 더 풍자를 즐겼으며 그러한 해학이 그들을 즐겁게 만들었다.

나는 예전에 한 관헌이 자신이 손수 그린 풍자화를 친구에게 보여주었던 것이 발단이 되어 결국 관직을 잃고 그의 하인들을 석방시키고 소유권을 상실해야만 했던 일을 기억하고 있다. 이로 말미암아 그는 나중에 생계를 걱정해야 했으며 극심한 천식을 앓는 결과를 낳았다. 독자들이 용서한다면 나는 이에 대해 아는 것이 병이라는 말을 하고 싶다. 왜냐하면 이와 같은 결과는 익살을 아는 데서 비롯되었기 때문이었다.

감탄

놀라움은 항상 익살맞은 표정으로 나타났다. 한 가지 실례를 들어보면, 우리가 히고마루를 타고 부산항에 기항했을 때 많은 사람들이 배를 구경하려고 뱃전에 모여들었다. 내가 선장의 고성능 망원경으로 해변을 보고 있는 가운데 여러 명의 조선 사람들이 내 주위를 둘러싸고 무얼 하고 있나 궁금히 여기는 눈치를 보였다.

그들 가운데 한 사람이 해변 가 주위의 무엇인가를 뚫어지게 쳐다보고 있자 나는 그의 당황한 표정을 즐기기 위해 망원경을 내밀면서 이것으로 보라고 권했다. 그는 내가 일찍이 겪어보지 못한 놀라운 표정을 나타냈다. 망원경에서 눈을 떼자 자신이 보았던 모든 것들이 본래 자리에 그대로 있음을 알고는 그의 놀라움은 더욱 커졌다.

그는 이것을 몇 차례 반복해서 실험해 보고서야 망원경을 내려놓았다. 그리고는 눈썹을 치켜 올리고 입을 꼭 다문 채 손을 펴서 허리춤에 엉거주춤 올리고 망원경과 나를 번갈아서 쳐다보았다. 그는 다시 입을 벌리고 망원경을 흘끗 쳐다보고는 의심스러운 듯이 익살스런 표정을 지으며 자신이 본래서 있던 곳으로 재빨리 되돌아갔다.

그는 조그만 배에 올라타 동료들과 열띤 대화에 빠졌는데, 눈가에 손을 올려놓은 그의 표정으로 보아 그들이 이야기하는 주제가 이 외국제 도깨비 망원경에 대한 것임을 짐작할 수 있었다. 감탄은 대부분 놀라움이 완화된 표현이다. 조선 사람들은 그것을 얼굴 표정보다는 음성으로 많이 표현했다. 비록 일본인들처럼 그렇게 소란스럽지는 않으나 여전히 눈은 평상시보다 크게 뜨고 눈썹을 치켜 올렸으며 입술을 다소 벌린 채 숨을 골랐다.

조선 사람들의 또 하나의 야릇한 표정은 어린 아이들이 토라졌을 때 볼 수 있었다. 서양의 아이들은 보통 입술을 관 모양으로 쑥 내밀고 머리를 앞으로 숙이는 것과는 달리 이 나라의 어린 아이들은 그 반대였다. 그들은 머리를 뒤로 제친 다음 입술을 아래로 내려뜨리고 얼굴의 윗부분을 찡그린다. 여성들의 질투는 눈에 독기를 띤 것을 제외하면 거의 어린 아이의 경우와 유사한 표정으로 나타났다.

그러나 조선 사람들은 미개인들과 전혀 다르다. 나는 그들의 기질에 관한 한 객관적인 시각이 그것을 인정한다. 나는 비범한 지성으로 단기간에 지식을 습득하는 그들에게 늘 압도당했다. 그들은 외국어를 매우 쉽게 익혔다. 그들은 무척 투지 있고 열성적으로 공부 거리를 습득했다. 또한 놀라울 정도의 신속한 이해력과 뛰어나게 현명한 추론 능력을 타고났다. 그러나 외모로는 그들의 진면목을 알 수 없다. 언뜻 보면 그들은 차라리 흐리멍덩하고 답답한 인상을 주었다. 조선 사람들은 훌륭한 기억력과 빼어난 예술적 소양을 가졌다.

일반적으로 그들은 비록 사랑과 같은 감정을 드러내 놓고 표현하는 것을 탐탁지 않게 여기지만 다정다감한 마음씨를 가지고 있다. 자신이 애착하는 것에 대해 사려 깊은 주의를 기울이는 것을 보면 그들은 여성적인 경향이 있다. 설령 그가 상대방으로부터 자신의 배려에 상응하는 감사의 인사를 받지 못하더라고 내색은 하지 않지만 마음은 여전히 따뜻하다. 당신이 낯익은 조선 사람과 마주친다면 그는 틀림없이 당신과 친척들의 안부를 물을 것이다. 그런 경우에 당신도 그의 가족과 친지의 안부를 성의 있게 물어야 하며 그렇지 않으면 그들의 감정은 상할 것이다.

상상력

조선 사람들의 심적 경향에서 한 가지 결점은 지나친 상상에 넋을 빼앗기는 것이다. 이 점에서 그들은 스페인인들과 이탈리아인들을 연상케 했다.

그들은 실제로 눈에 띠는 것보다 더 많은 것을 볼 수 있는 예리한 지각 능력을 소유하고 있다. 그들은 대화에서든 회화나 조각에서든 과장해서 표현한다.

그들의 대화나 그림을 통해서 꾸준하게 반복되어 온 일관된 사고방식을 발견할 수 있는데, 그것은 각기 다른 재능을 타고난 예술가들에 의해 독특하게 표현되었다. 평범한 조선 사람들은 일을 빠르게 배웠다. 무엇을 배우든지 그들은 머릿속에 깊이 새겨들었으며 어떤 것도 잊어버리지 않도록 애를 썼다. 그들의 말솜씨는 매우 유창하다. 그들의 대화를 통해 판단해 보건대, 그들은 겉으로 보기에 대화의 주제에 별다른 흥미를 가지고 있어 보이지는 않는데도 전혀 그렇지 않다는 듯이 이야기를 한다.

내가 조선 사람에게 또 하나 의아했던 점은 그들이 꿈을 꾸면서 정신없이 몸을 뒤척이고 중얼거리고 고함을 지르는 버릇을 가지고 있다는 것이다. 내 추측에 이러한 버릇은 대부분 온돌방에 누워 등을 따뜻하게 데우면서 잠을 자는 특이한 수면 형태에 그 원인이 있는 것 같기도 하고, 지난 하루 동안 쌓인 감정이 밤늦게 가열되어 신경계를 자극한 이유 때문이기도 하다. 가끔 조선 사람들의 잠자는 모습을 관찰해 보면 그들은 잠을 자면서도 항상 시끄럽다는 인상을 받았는데 코골기에 관한 한 그들은 세계 챔피언의 칭호를 받을 만하다.

꿈

조선 사람들은 정신적으로 꿈에서 많은 영향을 받는다. 이미 살펴본 것처럼 그들은 몹시 미신에 빠진 민족으로 꿈에 나타난 영상들을 무척 중요하게 생각했다. 또 그들은 제법 소문난 점술가의 해몽을 듣고자 많은 돈을 지불하며 어떤 설명을 들었는가에 따라서 흥겨워하거나 아연실색한다. 그럼에도 불구하고 그들은 마음의 균형을 통째로 잃는 일이 거의 없다. 어리석음을 자주 저지르지 않으며 정신착란도 흔하게 나타나지는 않았다.

정신병

정신착란은 보통 우울증이나 치매의 형태로 나타나며 하류층보다는 상류층에서 자주 발견된다. 인간에게 정신 이상은 무절제와 지나친 자기 속박에 원인이 있으며 때로는 무기력으로 말미암아 발생한다. 나는 여인들 가운데에서 첩을 거느린 남편을 둔 부인이거나 젊은 과부들을 주시했다. 과부의 경우에 자살은 드문 일은 아니었지만, 여하튼 그것은 조선의 엄한 예절에 기인한 것이며 가끔은 남편의 죽음으로 말미암아 정신 질환을 얻기도 했다.

하류층의 우울증의 원인은 반발심이 큰 사람들의 지독한 불만 때문이었다. 정신착란에 대한 어떤 이야기는 너무 혐오스러워서 이 책에서 거론하지 않는 편이 낫기 때문에 이쯤에서 그치기로 한다. 그러나 많은 사람들이 병을 앓고 있었으나 누구도 의사에게 치료받을 궁리를 하는 것 같지 않았다.

문둥병

조선에서는 문둥병도 창궐하였다. 그리고 심할 경우에 그것은 뇌에 영향을 주어 백치가 되게 했다. 이 병은 빈혈에서 비롯되며 물론 유전된다. 나는 조선에서 이 병의 두 가지 유형을 보았는데, 그 가운데 한 가지 경우는 피부가 온통 하얗게 변해 마치 비단처럼 번쩍거렸으며 다른 한 유형은 더욱 악화된 형태로서 살갗이 대부분 갈색을 띤 채 곪아 있고 살은 뼈에서 떨어져 나와 거의 문드러져 있었다.

조선에는 이와 같은 악성 질환을 완치할 수 있는 병원이나 수용소가 없다. 이러한 질환에 걸린 환자들은 단지 가족들의 간병에만 의지할 수밖에 없었는데, 병세가 지극히 악화되었을 경우에는 환자를 쇠고랑이나 단단한 사슬로 묶든지 아니면 오른발에 족쇄를 채워 방에 감금시켰다.

가족

조선의 가족 수는 일반적으로 적은 편이었다. 나에게는 정확한 통계 자료가 없고 입수가 가능하지도 않지만, 내가 관찰한 바에 따르면 남녀의 성비는 거의 비슷한 것 같았다. 단지 여성 인구가 조금 많지 않나 생각된다. 조선의 가정에는 보통 자녀들을 둘 이상 두지 않았다.

조선의 영아사망률은 매우 높았는데 그 이유는, 우선 조선의 모든 어린 아이들, 심지어 살아남은 보다 건강한 아이들조차도 혈기왕성한 나이에 이르기까지 매우 약골이기 때문이다. 이러한 허약한 체질은 유전적인 것으로서 특히 상류층이 보다 무기력해 보였는데, 그것은 방탕하고 나약한 삶 때문인 것 같았다.

여성들의 불임증도 드문 현상이 아니었다. 임신에 대한 그들의 열망은 흔히 병의 원인이 되기도 했는데, 불임을 고치려고 진기한 약과 처방들이 수없이 사용되었다. 조선의 상류층들이 복용하는 대부분의 불임 치료제들은 중국제이거나 수입품이었다. 그들은 호랑이의 특정 신체 부위를 말려 만든 분말이 훌륭한 강장제가 된다고 믿고 있으며 비싼 값에 거래된다. 또한 봄철이나 그 외의 특별한 상황에서 도살된 당나귀의 몇몇 부위들도 그에 상응하게 호평 받고 있다.

다산

조선의 하류층 대부분의 다른 나라의 경우처럼 상류층보다 자식을 많이 낳았다. 양친이 건강한 까닭에 자식들도 더 많고 보다 건강했다. 그러나 이 계층에서도 대가족은 거의 찾아볼 수 없다. 전체적으로 볼 때 조선의 인구는 완만하게 줄어드는 추세라고 생각되었다.

조선 사람들은 그의 이웃 민족과 비교해 보면 몇 가지 점에서 매우 현명하다. 조선에서는 인위적인 치장을 하지 않는다. 그와는 달리 누구나 알고 있는 것처럼 문명화된 일본에서는 여인들이 치아를 검게 칠하고 눈썹을 밀어내며 대다수의 하류층은 전신에 각종 문신을 하고 있다. 중국에서는 사람들이 어떤 이득을 위해서 신체를 변형시키기도 했는데, 이를테면 시골 처녀들은 자신의 발을 볼품없고 쓸모없을 정도로 비틀어 놓지 않으면 자신의 매력이 뒤떨어진다고 생각한다.

조선 사람들은 머리띠를 둘렀기 때문에 두상이 달라 보였지만 그것은 아주 경미한 정도이다. 이 머리띠는 어릴 때부터 꼭 조여 동여매는데 가끔 사람들이 그것을 풀었을 때 보면 이마의 윗부분이 특히 평평했다. 이는 의심할 여지없이 머리띠로 줄곧 압박을 받아왔기 때문이었다. 그러한 경우에 두상의 변형은 두드러져 보이긴 했지만 미미한 정도였으며, 물론 의도적으로 그런 것은 아니다. 전체적으로 머리띠를 둘렀던 사람들의 두개골이 그렇지 않았던 소수의 사람들 보다 다소 긴 편이었다. 머리의 윗부분과 뒷부분이 늘어난 것이다.

자연적인 기형은 허다하다. 나는 갑상선질환자들과 언청이들을 많이 보았다. 그리고 갈퀴 손가락도 여러 번 보았다. 또한 탈장은 선천적이든 후천적으로 얻은 병이든 불행하게도 너무 흔한 질환이다. 조선 사람들은 병의 정도가 위급하다고 여겨질 때까지는 어떤 특별한 치료도 하지 않았고 기껏해야 천이나 집에서 만든 붕대를 두르는 정도이다.

이상에서 지적한 것은 매우 흔한 기형이었다. 그들은 또한 그렇게 심각하지는 않지만 드물게 색소 결핍증 질환자들이 있는데, 새치 머리와 빨강 머리가 그 예이다. 이러한 몇 가지 질환을 제외하고는 조선 사람들은 잘 균형 잡힌 몸매와 의연한 자세를 유지하고 있었다.

걸어 다닐 때 비록 속옷이 다소 방해가 되었지만 그들의 자세는 자연스러웠다. 그들은 뻣뻣하지만 큰 폭으로 발끝을 약간씩 들어 올리면서 절도 있게 걸었다. 걸음걸이가 활기차지는 못했지만 조선 사람들은 훌륭한 도보 여행자들이다. 그들은 때때로 긴 담뱃대로 담배를 피우거나 식사를 하면서 한나절 동안 꽤 먼 거리를 걷는다.

그들의 신체는 거의 모든 아시아인과 마찬가지로 유연해 보였으며 자세는 늘 단정하다. 그들은 걸을 때 팔을 가볍게 굽히면서 몸을 앞으로 수그렸다. 반면에 고위 관리들의 걸음걸이는 과장되어 보였는데, 그들은 몸을 곧추 세워 의도적으로 고압적인 자세를 취한다.

손

주의 깊은 관찰자에게 특히 인상적이었던 것은 조선 사람들의 아름다운 손이다. 대다수 유럽인들의 예술적인 관점에서 보면 그들은 맵시 없는 손을 가졌다. 그러나 평범한 조선 사람들, 곧 하류층 사람들조차도 길고 유연하며 끝이 다소 맵시 있는 손을 가졌다. 영국인들이 보기에 길게 느껴지겠지만 손톱도 잘 생기고 정결하게 다듬어져 있다.

한 마디로 다른 사람들이 꺼릴 정도로 억세지 않은 아주 예술적인 손이다. 그리고 손은 우리들과 마찬가지로 전혀 뭉툭하지 않은 작은 손목에 가장 우아하게 연결되어 있다. 조선 사람들은 얼굴 이상으로 자신의 손을 무척 중요하게 여긴다. 그들은 여름에는 손을 매우 청결하게 유지하지만 겨울에는 물이 매우 차갑기 때문에 깨끗하게 유지하지 못한다. 나는 가끔 결코 씻은 적이 없어 손톱 밑에 새까맣게 때가 끼고 손마디가 매우 더러운 손을 보았다. 그러나 이것은 작은 결점일 뿐이다. 우리도 그만한 결점은 가지고 있지 않은가?

보수주의

내가 크게 놀랐던 조선 사람들의 사고방식은 무신론과 보수주의이다. 그들은 이 범주 내에서 삶을 영위하는 것 같았고 결코 삶의 문제를 걱정하지 않았다. 그들은 실제로 아무런 종교와 도덕을 가지고 있지 않았다. 조상 대대로의 관습에 조금도 개의치 않으며 변동이나 개혁을 무척 싫어한다. 이러한 사고방식은 국가나 종교의 문제에 대해서도 영향을 미쳐 그들은 일상생활에서와 마찬가지로 그에 관해 전혀 관심을 기울이지 않는다.

다양한 규율과 전통을 가진 외국인 관찰자들이 이러한 행태를 통해 처음 보아서는 조선 사람을 이해할 수 없으며 오히려 비난할 것이다. 그러나 명확하게 이해할 수 있는 방법이 있다. 그것은 스스로를 위해서 자신이 가지고 있는 시각을 단념하는 것인데, 그로써 우리는 확실히 그들이 옳았음을 찾아낼 수 있을 것이다. 결국은 미개인이든 문명인이든 모든 사람들은 자신을 어떻게 만족시킬 것인가에 대해서 스스로가 가장 잘 알고 있다. 가난하고 선량한 조선 사람들은 특별한 취급을 받는 것을 달가워하지 않는다.

그들은 비록 풍자적인 표현일망정 "은둔의 왕국" 또는 "고요한 아침의 나라"라는 다소 싯적인 표현으로 자신의 나라를 부른다. 고요함에 대한 갈망은 실로 이 나라의 오랜 꿈이다. 그러나 그 꿈이 한 번도 실현되지 않았다. 은둔의 삶을 사는 동안 그들은 증오스러운 불청객들에게 자주 괴롭힘을 겪어 왔다. 그러나 어쩌랴. 그들에게 대항하는 것이 헛된 수고인 이상 팔을 벌리고 맞아들일 수밖에.

가련한 조선! 정부의 무능은 개선될 것 같지 않았다. 이것은 조선을 알고 있는 사람들의 마음을 아프게 하는 현실이었다. 평화를 애호하는 마음씨 고운 조선 사람들은 자신들이 외국의 약탈자들에게 침략 당하고 가난해진 사실을 자각하고 있다. 얼마 전까지 조선은 잠자고 있었고 누구의 입에도 회자(膾炙)되지 않았으며 중국이 여러 해 동안 종주권을 행사하지 않은 뒤에도 독립국이라는 사실을 많은 사람들이 잊고 있었다. 이제 조선은 신생국으로서의 대망을 이루고자 만인의 안녕을 추구하고 장차 닥쳐올 수많은 재앙과 절망을 예비해야 할 때이다.

가련한 조선이여! 슬픔의 날들이 오고 있다. 신비로움과 은둔 때문에 더욱 매력적인 조선이여. 그대의 후세들이 그토록 열망해 온 평화를 다시는 볼 수 없을 만큼 많은 재앙이 닥치고 있다. 그러나 나는 그대 앞에 닥쳐올 모든 재난들이 그대를 문명국으로 개조하기 위한 시도보다 더 크리라고는 생각하지 않는다.

역주자 참고문헌

『구한말조약휘찬』(상 · 중 · 하)(서울 : 국회도서관입법조사국, 1964-65)

『기독교대백과사전』(서울 : 기독교문사, 1983)

『東國歲時記』(서울 : 을유문화사, 1971)

『성경』

『세계인명대사전』(서울 : 문공사, 1973)

양재연(外), 『한국풍속지』(서울 : 을유문화사, 1971)

유홍렬, 『한국천주교회사』(서울 : 가톨릭출판사. 1962)

이선근, 『한국사 : 최근세편 · 현대편』(서울 : 을유문화사, 1961)

이중국, 「Oppert 도굴 사건의 진입로 연구」, 『논문집(17)』(서울 : 건국대학교 대학원, 1983)

이지호(외)편 , 『표준지리부도』(서울 : 삼화출판사, 1968)

이홍직, 『국사대사전』(서울 : 지문각, 1965)

『한국인명대사전』(서울 : 신구문화사, 1967)

『한국학대백과사전』(서울 : 을유문화사, 1972)

金源模, 『근대 한미관계사 : 한미전쟁론』(서울 : 철학과 현실사, 1992)

朴大憲, 『서양인이 본 조선』(서울 : 壺山房, 1996)

『大人名辭典』(東京 : 平凡社, 1955)

『世界大百科事典』(東京 : 小學館, 1957)

『世界大百科事典』(東京 : 平凡社, 1957)

朝倉治彦(外), 『神話傳說辭典』(東京 : 東京堂出版株式會社, 1965)

American English Dictionary on Historical Principles(Chicago : University of Chicago Press, 1968)

Atlas of the Encyclopaedia Britannica(Chicago : The University of Chicago Press, 1963)

Barhart, Clarence L. (ed), *The New Century Cyclopedia of Names*(New York : Appleton-Century-Crofts, Inc, 1954)

Encyclopedia Britannica(Chicago : The University of Chicago, 1963)

McGraw-Hill International Atlas(New York : McGraw-Hill, 1963)

New Standard Dictionary of the English Language(New York : Funk and Wagnalls Co, 1914)

Webster's Biographical Dictionary(Springfield : G. and C. Merriam Co, 1951)

Who was Who among English and European Authors(1931~1949) Vol. 1(Detroit : Gale Research Co. Book Tower, 1978)

Who Was Who : 1929~1940(London : Adam and Charles Black)

신복룡 · 장우영(역주), 『금단의 나라 조선』(서울 : 집문당, 2019); Oppert, E., *A Forbidden Land : Voyage to the Corea*(New York : Putnam's Sons Co., 1880)

신복룡(역주), 『조선견문기』(서울 : 집문당, 2019); H. N. Allen, *Things Korean*, New York : Fleming H. Revel Co, 1908)

신복룡(역주), 『대한제국멸망사』(서울 : 집문당, 2019; H. B. Hulbert, *The Passing of Korea*(London : William Heinemann Co, 1906)

신복룡(역주), 『은자의 나라 한국』(서울 : 집문당, 2019); W. E. Griffis, *Corea : The Hermit Nation*(New York : Charles Scribner's Sons, 1894)

정기수(역), 『조선교회사서론』(서울 : 집문당, 2019); Charles Dallet, *Histoire de L'Eglise de Corée*, Paris : Victor Palme, 1874)

臧勵龢,『中國人名辭典』(臺北 : 商務印書局, 1985)

Google

Naver

찾아보기

ㄱ

가구 132
가마 100
가옥 129
가족 265
가허(駕虛) 227
간통 148
격투기(擊鬪技) 243
결혼 141
경노 잔치 177
과거(科擧) 190
군제(軍制) 237
굿 203
궁술 184
궁예(弓裔) 29
그레이트하우스(C. R. Greathouse) 11
기생 71
기우제 98
기자(箕子) 30
기자암(祈子庵) 121
김가진(金嘉鎭) 181

ㄴ

남연군묘 도굴 11
내시 94
노비제도 223
노예 223
농노제 223

ㄷ

대동단(大同團) 181
대원군(大院君) 11
데니(O. N. Denny) 11
데릴사위 148
동물숭배 108
동업조합(guild) 222
동전 38

ㄹ

랜도어(Walter Savage Landor) 6
로웰(Percival Lowell) 6
르 젠드르(LeGendre) 11
리델(F. C. Ridel) 9

ㅁ

마르코 폴로(Marco Polo) 30
매사냥 182
목화 7
무당 204
무속 200
무신론 267
물장수 126
민비(閔妃) 177
민영준(閔泳駿) 154
민영환(閔泳煥) 154

ㅂ

방병구 227
병인박해 11
보부상(褓負商) 222
보수주의 267
봉화(烽火) 119
부적(符籍) 210
북경로 124
북경로(北京路 101
불교 200
비구니 211
비스마르크(Otto von Bismarck) 154

ㅅ

사바틴(Seradin Sabatin) 11
산신령 201
석전(石戰) 245
성 세바스챤(Saint Sebastian) 184
속담 193
수탈 152
승려 199
승병(僧兵) 210
신목(神木) 202
신효철(申孝哲) 13

ㅇ

암행어사 180
여성 57
여인숙 87
영아사망률 265
영혼 200
오페르트(E. Oppert) 10
오페르트 사건 8
왕건(王建) 7, 29
유교 213
유배 221
유학생 194
윤태선(尹台善) 227
의상 49
의학 170, 171
이근응(李瑾應) 227
이상익(李象翼) 227
이혼 148
인종 45
임하석(林河錫) 227

입양(入養) 82

ㅈ

자연 숭배 200
장승 33
절 207
정월대보름 243
정형석 227
젠킨스(Jenkins) 10
조대비(趙大妃 47
조만영(趙萬永) 47
조바위 59
조혼(早婚) 141
종교 199
주거 129, 130

ㅊ

차(茶) 135
차꼬(着錮) 217
천문학 194
청일전쟁 26
축첩 143

ㅋ

칼(枷) 216
크린(F. Krien) 12

ㅌ

태형(笞刑) 218

ㅍ

파리외방전교회 9
포졸 215

ㅎ

하나부사 요시모토(花房義質) 20
학교 193
한글 192
한자 193
해협 33
헌종(憲宗) 47
혜종 30
혼례식 144
화폐 37

조선풍물지

Life in Corea

W. R. 칼스 지음/신복룡 역주

집문당

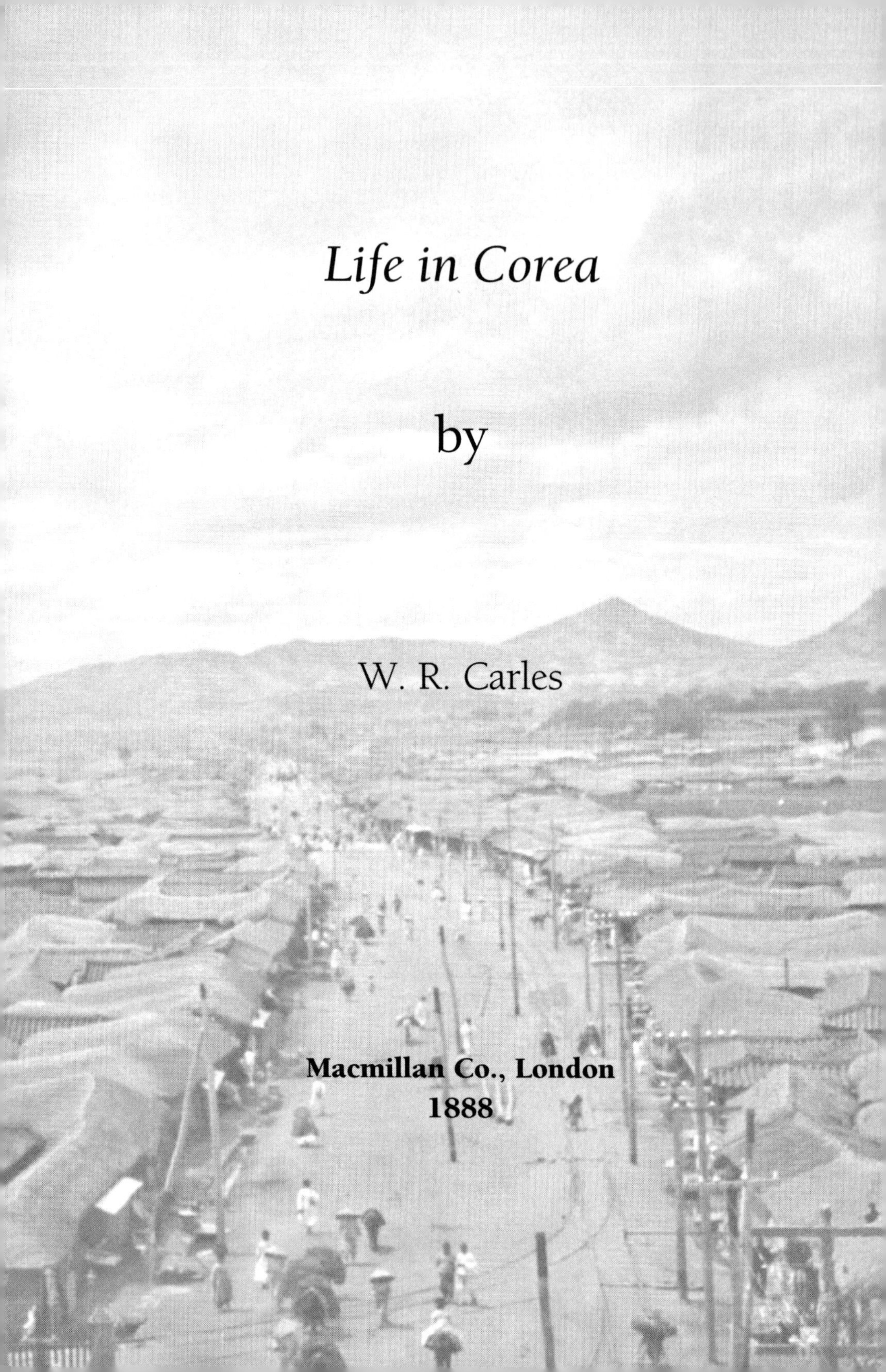

Life in Corea

by

W. R. Carles

Macmillan Co., London
1888

필자 윌리엄 R. 칼스

역주자 서문

개항으로부터 대한제국의 멸망기에 이르기까지 많은 열강들의 이해 관계가 실타래처럼 얽혀 있지만 그러한 와중 속에서도 영국의 입장은 매우 미묘하다. 그들의 전통적인 외교 노선인 세력 균형과 원료 수탈이라는 대전제를 바탕에 깔고 있던 그들은 대한제국의 멸망기에서도 변함이 없었다.

당시의 한·영 관계를 다룬 학술 서적이 없었던 것은 아니지만 당시 외교의 현장에 있었던 실무자의 육성(肉聲)은 매우 중요한 시사성(示唆性)을 갖는데 여기에 소개하고자 하는 이 책이 바로 그러한 저서의 하나이다. 그가 생명의 위협을 느끼면서 함경도와 평안도의 오지를 탐사하고 자료를 수집하는 모습을 보노라면 식민지주의의 첨병들이 얼마나 자원 발굴에 집요했던가를 알 수 있을 것이다.

이 책이 출판되자 한국에 관한 지식이 부족했던 구미 각국에서는 상당한 반향을 불러 일으켰으며 특히 『네이션』(*Nation*)지는 서평을 통해 "이 책은 '금단의 나라'이자 '은자의 나라'인 조선에 들어가 그 국민들과 함께 살아본 영국인이 쓴 최초의 글이어서 흥미롭다..... 필자의 글은 단순하며 명쾌하며 매혹적이다. 그는 그가 목격한 사실과 현상을 주의 깊게 천착하고 있다. 그의 꾸밈없는 서술은 아직도 불쾌한 호기심의 대상으로 남아 있는 한 나라에 대하여 우리에게 값진 지식을 제공해 줄 것이다."[3]라고 칭찬했다.[4]

이 책의 저자인 칼스(William Richard Carles : 1848~1929)는 1848년 6월 1일에 영국의 와위크(Warwick)에서 목사(Charles E. Carles)의 아들로 출

3) *Nation*, Vol. XIVI p. 491.
4) John F. Kirk(ed), *A Supplement to Allibone's Critical Dictionary of English Literature and British and American Authors*(Philadelphia: J. B. Lippincott Co., 1891), p. 287.

생했다. 그는 젊었을 때 말보로대학(Marlborough College)을 졸업하고 1886년에 (Helen M. James)와 결혼했다. 그는 당시 식민지주의 국가의 대부분의 젊은이들이 그러했듯이 "먹이"가 풍부한 대륙 중국에서 일하고 싶어 약관 19세의 나이인 1867년에 중국으로 건너가 북경 주차 영국 공사관의 번역 유학생으로 동방 생활을 시작했다.

그 뒤 칼스는 중국공사관 서기관 대리(1882~1883), 조선 주차 영사(1884~1885)를 역임하는 동안에 겪은 소상한 기록을 이 책에 남기고 있다. 그 뒤 그는 상해(上海)부영사(1886), 중경(重慶)영사(1889), 한구(漢口)영사대리(1895~1896), 복주(福州)영사대리(1897~1898), 천진 및 북경영사 및 총영사(1899~1900)를 역임한 뒤 1901년에 일선에서 은퇴하였다. 그는 왕립지리학회 회원(FRGS)과 세계적인 동식물학회인 린네협회(Linnean Society)의 회원으로 활약했으며, 성(聖)미카엘 조지 훈장(CMG, 1901)을 받았다. 그는 1929년 4월 7일 사망했는데, 취미는 크리켓, 테니스, 승마였다.[5)]

이 책을 보면서 놀라운 것은 필자가 놀라운 수준의 지질학자였다는 사실과 조선에 온 것도 단순한 외교관으로서의 신분이 아니라 조선의 지질을 탐사하려는 목적이었음을 알 수 있다. 우리도 모르는 식물상(植物相)의 묘사는 놀랍기만 하다. 초기 자본주의 시대에 팽창하던 서구 열강들의 길잡이[尖兵]로서는 두 무리가 있었는데, 하나는 선교사들이었고, 다른 하나는 지리학자들이었다. 그렇기 때문에 지리학은 단순한 자연과학자가 아니라 역사학을 겸비한 팽창주의자들이었다. 고대 서구역사학의 아버지인 헤로도토스(Herodotus)가 역사학자이자 지리학자였던 것은 우연이 아니었다.

이 책에는 필자가 찍은 사진 이외에도 30점의 민화가 실려 있는데 서지학

---

5) 그의 생애에 대해서는 *Who Was Who : 1929~1940*, Vol. III(London : Adam & Charles Black, 1960)와 그의 CD-Rom, 및 *Who Was Who among English and European Authors : 1931~1949*, Vol. I(Detroit : Gale Research Co., 1978)를 참조함.

자 박대헌(朴大憲) 씨의 고구(考究)에 따르면 이들은 기산(箕山) 김준근(金俊根)의 작품이라고 한다. 유감스럽게도 그의 생애와 이력에 대한 기록은 거의 남아 있지 않다. 다만 그가 19세기 말 부산 · 원산 등의 개항장에서 풍속화를 그려 주로 서양인들에게 판매하였다는 사실만이 알려져 있다.

그 풍속화가 한국은 물론 독일 · 프랑스 · 영국 · 덴마크 · 네덜란드 · 오스트리아 · 러시아 · 미국 · 캐나다 · 일본 등 전 세계 20여 곳의 박물관에 1,500여 점이 남아 있고, 당시 조선을 방문한 서양인들의 각종 여행기에 삽화로 사용되면서, 조선의 풍속을 세계에 널리 알린 화가가 되었다. 또 김준근은 우리나라 최초로 번역된 서양 문학작품인 『텬로력뎡(天路歷程)』(1895)의 삽화가로도 활약하였다.[6]

젊었을 적, 내 손으로 한말 선교사의 한국 관계 자료들을 주석하겠다고 다짐한 지 벌써 30년의 세월이 흘렀으니 세월의 무상함과 더불어 만감이 교차한다. 이 책은 본시 10여 년 전에 건국대학교 대학원에서 강의할 때 수강생이었던 김원덕(金元德) 박사(전 自民聯 전문위원), 문병주(文炳柱) 박사(지금은 건국대학교 강사), 표동석(表東錫) 씨 등이 일부를 초역(草譯)해준 것이다.

번역을 마친 뒤에 그 동안 활판에서 컴퓨터로 바뀌는 인쇄 혁명과 출판계의 불황 등으로 중도에서 포기했던 『한말 외국인 기록』을 이제 집문당 임경환(林京煥) 사장님의 호의로 번역과 주석 작업을 재개하게 된 것이 한없이 기쁘고 감사하다. 한말 외국인 기록을 전집 24권으로 출판하겠다는 임경환 사장님의 제의를 들었을 때 기쁘기도 했지만 너무도 엄청난 일이라 엄두를 낼 수가 없었다.

그러던 차에 이러한 고충을 들은 1998~1999학년도 건국대학교 정치외교학 과목의 나의 수강생들 300명이 한 장씩 컴퓨터에 입력해 주겠다고 나섰

---

6) 박대헌, 『서양인이 본 조선』(서울 호산방, 1996)(상), p. 218; 한국학중앙연구원, 『한국민족문화대백과사전』(성남 : 한국학중앙연구원, 1991), "김준근"항 참조.

을 때 나는 한없이 고마왔고 크게 용기를 얻었다. 나는 그 300명의 이름을 여기에 일일이 적을 수 없는 것이 미안하고 유감스럽다. 모두가 고생했고 고맙지만, 특히 이형구(李衡求) 군이 많은 몫을 타이핑했으며, 변영욱(邊泳旭) 군은 교정 작업을 하느라고 많은 고생을 했다.

사내답지 않게 수줍음이 많은 조교 박성진(朴城進) 군(지금은 한국학중앙연구권 선임연구원)은 마음이 넉넉지 못한 나의 방에서 마음고생이 많았으리라고 생각되며, 주석을 찾기 위해 각국의 대사관과 문화원을 찾아다니면서 싫은 내색 한 번 하지 않았다. 건국대학교 대학원 박사 과정의 고경민(高敬旼) 군(지금은 제주대학교 교수)과 김판수(金判洙) 군은 컴퓨터 작업을 하느라고 많은 고생을 했다. 그들의 고생이 단순한 고생으로 그치지 않고 앞날의 그들의 학문 생활에 좋은 경험이 될 수 있다면 나로서는 미안함을 덜 수 있을 것이다.

끝으로 일면식도 없음에도 불구하고 기후의 문제에 관해서 여러 가지로 조언해 주시고 자료를 보내 주신 기상청(氣象廳) 홍보실의 김승배(金承培) 선생님과, 칼스의 이력서를 구하고자 여러 모로 고생한 런던의 오동필(吳東弼) 군과 미시간주립대학(MSU)에서 공부하는 나의 딸 나리(지금은 충북대학교 교수)의 도움을 고맙게 생각하며, 편집 교정과 출판 과정에서 고생하신 집문당의 우진주(禹軫柱) 상무님과 편집부 직원 여러분, 그리고 신세진 모든 분들에게 깊이 감사한다. 위의 여러 분들의 도움에도 불구하고 영문으로 표기된 북부 지방 오지의 지명(地名)을 확인할 수 없는 곳이 몇 군데 있었던 데 대해 독자들의 질정(質正)을 바라며, 오역이나 불충분한 번역이 있다면 그것은 전적으로 나의 책임일 뿐이다.

1999년 5월 27일
2019년 11월에 가필함
역주자 신복룡 씀

원저자 서문

조선은 지난 몇 년 사이에 유럽인에게만 개방되었지만, 새로운 분야의 자료를 제시하지 못했다. 1882년 그리피스(W. E. Griffis)가 쓴 『은자의 나라 조선』(*Corea, the Hermit Nation*)만이 6페이지에 걸친 자료의 출처를 통해 조선에 대한 충분한 설명을 제시했다.[1] 그 뒤로 조선에 왕래한 외국인들에 의해 많은 문헌이 발간되었다. 공식적인 보고서들과 여러 잡지, 학회지의 기사들, 그리고 신문에 조선 사람과 그들의 관습에 대해 소개되었다.

그러한 모든 문헌 가운데에서 하멜(Hendrik Hamel)[2]이 쓴 『하멜 표류기』(*Unlucky Voyage and Imprisonment in Corea*, 1653~1667)와 1874년에 출간된 달레(Père Dallet)[3]의 『한국천주교회사』(*Histoire de L'Eglise de Corée*)가 가장 탁월하다. 이 두 작품 모두 작가의 개인적 체험을 포함하고 있는데, 특히 달레의 작품은 조선에게 기독교가 전파되며 겪은 박해의 역사뿐만 아니라 조선의 백성들과 지배자들의 생활, 정부, 습관에 대한 정확하

---

1) 일본 도쿄제국대학의 교수였던 그리피스(William E. Griffis)의 명저인 「隱者의 나라 韓國」(*Corea : The Hermit Nation*, New York : Charles Scribner's Sons, 1907)에서 유래한 한국의 명칭임. 이에 관한 자세한 논의는 본 「한말 외국인 기록」 제4권인 「은자의 나라 한국」에 수록된 역주자 서문을 참조할 것.

2) 하멜(Hendrick Hamel : ?~1692) : 네덜란드 동인도회사 소속의 선원으로 1653년에 스파르웨르호(Sparwer)를 타고 나가사키(長崎)로 가다가 난파되어 제주도에 표착하여 16년간 억류된 뒤 1668년에 탈출함. 「하멜표류기」(*An Account of the Shipwreck of a Dutch Vessel on the Coast of the Isle of Quelpart, Together with the Description of the Kingdom of Corea*, London : Luke Hasard & Son, 1818)를 남김. 자세한 내용은 본 한말 외국인 기록 제18권 「하멜표류기」(집문당, 서울, 1999)를 참조할 것.

3) 달레(Charles Dallet : 1829~1878) : 프랑스의 파리 외방전교회(外邦傳敎會) 소속의 신부로서 포교보다는 문필로 유명했다. 그는 조선을 방문한 적은 없으며 파리에 있으면서 조선 교구의 다블뤼(M. N. A. Daveluy : 安敦伊) 신부가 수집해 보낸 자료에 입각하여 「朝鮮敎會史」를 집필했다. 1877년에 월남을 거쳐 도쿄에 도착했으나 곧 병사했다.

고도 상세한 설명을 하고 있어 좀 더 주목할 만하다.

이 책은 단지 18개월 동안에 조선에서 얻은 지식에 기초를 두고 있으며, 그 범위는 짧은 기간 동안의 내 경험을 묘사하고자 한 시도로 한정된다. 나의 눈앞에 그러한 일들이 벌어졌을 때의 일들을 제외하고는 정부의 체제나 왕과 신하 사이의 관계, 백성과 노비 사이의 관계를 규정하는 어떠한 시도도 하지 않았다. 그러나 내가 조선을 떠나 있었던 1884년 10월에 서울에서 일어나 살인과 싸움의 역사로 기록된 갑신정변(甲申政變)을 다룬 짧은 장(章)만은 예외로서 내가 겪어보지 않은 사건의 기록이다.

삽화들은 대부분 원산(元山)의 조선 사람 화가가 먹으로 그린 그림들의 재현이다. 사진들과 책에 포함된 대부분의 정보에 대해 나는 1885년 전반기에 조선에 머무는 동안 서울 주차 미국 공사관의 책임을 맡고 있던 푸크(G. C. Foulk)[4] 중위에게 빚을 졌다. 나는 또한 같은 기간 동안 서울 주차 일본 대리 공사인 곤도 마스키(近藤眞鋤)[5]를 비롯한 라 쿠페리(Terrien de la Couperie) 교수와 옥스포드 대학의 모슬리(H. M. Moseley) 교수, 전(前) 조선 주차 영국 총영사였던 애스톤(W. G. Aston)[6] 씨와 중국 주차 영사 관원인 파커(E. H. Parker)[7] 씨에게 감사한다. 그들은 내가 그들과 논의한 점에

---

4) 푸크(George C. Foulk : ?~?) : 미국의 해군. 미국해국사관학교를 졸업하고 중위로 임관되어 아세아함대사령부에 소속되어 일본에서 근무했다. 그는 일본어에 유창했으며, 이때 일본 여인과 결혼했다. 조선 주차 초대 공사 푸트(Lucius H. Foote)가 현역으로 귀임하자 그의 후임으로 1885년 1월부터 1886년 6월까지 조선 주차 임시 대리 공사로 활약했다. 그러나 본국 정부의 냉대로 공사직을 수행할 수 없게 되자 공사직과 해군 직을 사직하고 일본에 귀화하여 그곳에 살다가 닛코(日光)에서 변사체로 발견되었다. 그의 행적에 관해서는, 본 한말외국인기록 제17권인 W. F. 샌즈의 『조선비망록』(서울 : 집문당, 2018)의 제3장을 참조할 것.

5) 곤도 마스키(近藤眞鋤 : 1840~1892) : 일본의 외교관. 1870년에 외무성에 들어가 런던 공사관(1872), 부산항 관리관(1878), 하나부사 요시모토(花房義質) 보좌관(1879), 부산 영사(1880), 인천 영사(1882)로 있다가 1883년에 귀국했다.

6) 애스톤(William G. Aston : 1841~1911) : 영국의 외교관이며 언어학자. 퀸스 칼리지에서 석사 학위를 받고 35년 동안(1864~1889) 일본과 한국의 공사관과 영사관에서 근무했다.

대해 나에게 신속한 정보를 주었다. 또한 나의 오랜 친구이자 여왕의 북경 주차 중국 서기관인 힐리어(W. C. Hillier)[8]는 영국에 머무는 짧은 휴가 동안 그 원고들의 교정 작업을 해주는 수고로, 나는 그에게 큰 빚을 졌다.

이 책이 담고 있는 문제들의 몇몇 중요한 부분들은 이미 『한국청서』(*Korea Blue-Books*)와 왕립지리학회(The Royal Geographical Society)에서 전에 발행된 논문 그리고 『필드』(*The Field*)의 기고문에 실렸던 것들이다. 그러나 이전에 쓰인 문헌들의 목적은 영국에서 조사된 모든 문제들을 은폐하기 위한 것들이었다. 나는 이 책이 여러 가지 점에서 부족하다는 것을 인정하는 한편, 이 책이 조선에 대한 관심을 끄는 데 도움을 주고, 인종의 분포에 관심이 있는 누군가에 의해 연구될 가치가 있어 보이는 조선 사람들과 그들의 언어, 관습에 대한 흥미를 제공하리라는 희망을 간직하고 있다.

W. R. C.

---

7) 파커(W. H. Parker) : 파커는 1886년 6월 12일부터 9월 1일까지 단 3개월도 못 되는 동안 청국 공사로 재직한 바 있는데, 그가 그토록 단명(短命)했던 것은 알콜 중독 때문이었다.

8) 힐리어(Walter C. Hillier, 禧在明 : 1849~1927) : 영국의 외교관. 홍콩 출생. 1867년부터 중국에 머물면서 북경 주차 영국 공사관 서기관(1885~1889)을 거쳐 1889년 이래 서울 주재 총영사 대리를 역임하고 총영사가 됨(1889~1896). 외교관으로 은퇴한 뒤에는 런던 킹스 칼리지의 중국학 교수로 재직(1904~1908)하면서 『중국어문법』(*The Chinese Language and How to Learn It*, 1907)과 『英漢辭典』(*English-Chinese Dictionary*, 1910)을 저술함.

차 례

역주자 서문 / iv

원저자 서문 / viii

제1장 조선의 개관 1

제2장 서울에의 도착 9

제3장 서울의 모습 17

제4장 내지의 여행 35

제5장 초기의 영사관 시절 60

제6장 여행 준비와 조선의 개관 78

제7장 서울의 외곽 지역 85

제8장 경기도 북부 지역의 여행 92

제9장 황해도 지방 103

제10장 평 양 114

제11장 황해도 · 평안도의 풍물 125

제12장 한만 국경의 풍경 141

제13장 한만 국경의 풍물 148

제14장 평안도 기행 157

제15장 압록강 연안의 모습 166

제16장 원산으로 가는 길 185

제17장 원산의 모습 ·· 196
제18장 갑신정변 ·· 205
제19장 조선 왕의 이궁 ·· 211
제20장 언 어 ·· 218

부 록 / 223
역주자 참고문헌 / 227
찾아보기 / 230

은진 미륵

영국 공사관

제 1 장 조선의 개관

유럽에서 처음으로 도착한 낯선 사람들에게 북경의 거리는 끊임없이 왕래하는 가지각색의 많은 사람들로 말미암아 대단한 흥미를 갖게 하는 겨울 모습을 자아내고 있다. 북경의 방문객들 가운데 가장 눈에 띄는 사람들은 몽골인으로서 그들은 영국 공사관 근처에 언제나 여러 명의 대표를 두고 있었다. 그들은 자랑삼아 낙타를 천천히 끌고 다니든지 말을 타고 달리거나 냉동 사슴의 갖가지 부분들의 한 가운데에 앉아 만주에서 북경까지 가져온 양이나 연어 또는 놀이 기구를 늘어놓고 있었다.

아니면 그들은 처자식과 함께 거리를 거닐며 유럽인들의 주의를 끌었다. 말이나 낙타에 얹는 의자의 완벽함, 짙은 피부색, 영국인들과 유럽인들에게 차를 권하며 마시거나 사냥을 함께 하는 친구처럼 대해 주는 상냥함은 내가 북경에 처음 도착하여 느낀 중국인들의 태도와는 아주 대조적이었다. 그러나 조선 사람들은 그 옷차림에서 몽골인들과 많은 대조를 보여주고 있었다.

정기적으로 두 번의 사절단이 조선에서 북경을 찾아왔는데 하나는 조공을 바치기 위함이었고 또 하나는 그 다음해의 달력을 받아 가고자 함이었다. 그들은 우리와 해마다 북경에서 만났지만 그들은 외국인들에게 결코 더 이상 가까이 오려고 하지 않았다. 그 당시 우리가 보았던 바에 따르면, 조선 사람들은 뚜렷한 두 계급인 관료와 하인으로 나뉘어 있었다. 그러나 주인이

나 하인은 우리에게 단 한 번도 웃어 보이거나 말을 하지 않았다.

관리들은 자주색이나 푸른색의 비단으로 짠 관복을 입어 밝고 화사했으므로 멀리서도 쉽게 알 수 있었다. 관복이란 허리에 띠를 두르고 신발과 모자를 제외하고서는 옷으로 전체를 가렸다. 신발은 중국의 것과 흡사했으나 발 부분이 무명천으로 싸여 있어 신발이 더욱 커보였고 모자는 분명히 웨일즈인들처럼 이상한 천으로 만들어졌다. 그들의 모자는 웨일즈 여자의 모자와 같이 머리에 꼭 맞게 짜인 원뿔형에다가 3~4인치의 둥근 접시 모양으로 밑의 테를 둘렀다.

모자의 두 부분 모두가 고기를 넣어 두는 찬장의 구멍 난 면의 천과 같은 물질로 이루어진 듯했으며 넓은 끈으로 턱밑에 묶여 있었다. 우리는 이 모자를 사려했으나 실패했으며 단지 조선 사람들은 변문에서 1년에 세 번씩 열리는 장에서 공식적인 검열 아래 중국인들과 상품을 거래하는 것을 제외하고서는 아무 물건도 함부로 팔지 않는다는 사실을 알게 되었다.

조선에서 사용되는 원형의 엽전조차 중국에서는 얻을 수 없었고 중국의 북부 지방에서는 종이, 인삼, 나무가 거의 유일한 조선의 상품이었다. 이 셋 가운데에서 종이는 붓으로 글씨 쓰기에 참 좋았으며 매우 질겨 거의 모든 집과 절에서 바깥에 노출된 문과 창문에 붙이는 것으로 쓰였다. 질기고 빗물이 들지 않으며 빛을 흡수하기 때문에 이 종이는 겨울철에 집안의 유리 대신으로 쓴다.

조선 인삼의 좋은 점에 관해서는 중국인들도 완전히 신뢰하고 있었다. 나이가 들어 활력을 잃고 오랜 질병으로 기운이 없고 허약한 사람에게는 인삼이 매우 효력이 있었고, 질이 가장 좋은 것이라면 그 약은 거의 금의 무게만큼 같은 값어치가 있었다. 그 효력은 얼마나 오랫동안 정성을 드리고 얼마나 오랫동안 환자가 이전의 식이요법을 따르느냐가 문제였다.

비록 중국인들이 외국인에게 인삼을 권유했지만 나는 결코 어느 유럽인도 자신을 실험 삼아 인삼을 복용하는 것을 보지 못했다. 대부분 사람들의 약에 대한 지식은 그것이 파낙스 인삼의 뿌리이며 흰 독말풀과 같은 모양으로 사람의 형상과도 닮았다는 것이다.

조선의 목재는 북경에서도 유명하다. 북경 주변에는 숲이 없어 거의 모든 목재를 요동과 조선의 것에 의지한다고 중국 건축가들이 말했다. 조선의 또 다른 상품으로서는 노동자들이 빈번히 끌고 다니던 조랑말인데 색깔이 아름답고 머리가 작다. 보통 이 작은 씨말의 높이는 10~11뼘 정도였다. 그러나 공사관에 물을 나르기 위해 무거운 통을 운반할 때조차 마부들은 그 말을 허둥대며 쫓아가야 했다.

마부들은 짧은 솜저고리와 헐렁한 바지를 입고 있었고 짚신을 신고 발목은 무명천으로 감아 싸고 있었으며 주인과 마찬가지로 우리들에게 친근감이 없었다. 조선 사람들은 서점과 같이 많은 관리들이 자주 드나드는 장소에서조차도 외국인을 향해 늘 뻣뻣한 태도였다는 점에서 다를 바가 없었다.

조선 사람과 유럽인 사이에 존재했던 서로의 반감은 이상한 것이 아니었다. 왜냐하면 그들이 외국인들과 부딪힌 사건들은 외국인들에게 호의를 베풀 만큼 좋은 것이 아니었기 때문이다. 1866년에 기독교인들의 박해[병인박해]가 조선에서 발생했고 그것은 끔찍한 고문과 고통 속에서 가톨릭 주교와 함께 9명의 신부들 그리고 1만 명에 못 미치는 몇 천 명의 개종자들의 죽음을 불러일으켰다. 같은 해 프랑스 공사는 동족의 죽음을 복수하려고 원정대를 보냈지만 아무 것도 얻지 못한 채 처형장은 물론 격전지를 피로 물들이게 했다.(병인양요)

비슷한 시기에 제너럴 셔먼호라는 미국 범선이 무역을 시도하려 했던 조선 북부 연안의 강에서 선원 모두가 배에 탄 채 불타 버리고 말았다. 1867년 상해에서 가톨릭 신부와 독일 탐험가 그리고 미국인의 안내를 받으며 원정대가 출발했다. 그들의 목적은 왕실 무덤을 파헤쳐 강탈해 가려는 것이 아니라 무역과 선교 사업을 위해 왕에게 요청하고자 함이었다고 그들이 말했지만 조선 사람들은 그들이 금관 등을 훔치기 위해 왕실 무덤 가운데 하나

인삼

를 샅샅이 뒤져 강탈하려고 했다고 주장했다. 그러나 그 원정대는 많은 피를 본 뒤 마침내 실패로 돌아갔고 조선 사람들은 외국인에게 더 큰 증오심을 갖게 되었다.

1870년 겨울에 조선의 모든 유럽인을 중국에서 추방하려는 움직임이 자진해서 나섰다는 소문으로 중국에 머물던 외국인들은 놀랐으며 이러한 몇몇 사실들이 대체로 조선과 관련되어 있었다. 그 소문이 얼마나 근거 있는지 알아볼 필요는 없다. 그 이듬해에 조선 연안 지역에서 미국 선원의 안전을 보장받으려고 로저스 사령관[1]의 지휘 아래 파견된 원정대에 대해 용감히 저항한 호랑이 사냥꾼들에 대한 존경심으로 말미암아 서구라파인들은 웃음을 잃었다.

그러나 사건의 여파가 가라앉은 2개월 뒤에 조선 사람들은 서구인들이 먼저 도발하지 않는 한 무력에 항복하지도 않을 뿐더러 오히려 외국인들을 도와준다는 사실을 보여주었다. 이 무렵에 조선의 서해안에서 선박이 난파했을 때 조선 사람들은 그들을 잘 보살펴 영국의 함대에로 인도해 주었다. 이때 영국 함대에 타고 있던 지부의 영사인 마이어스(Mr. Mayers) 씨는 조선 사람들과 어떤 관계라도 맺어 보려고 최선을 다했지만 아무 것도 얻지 못했으며 관리들과 조금의 대화조차 불가능하다는 것을 깨달았다.

이때 비록 조선 사람들이 닭과 음식을 제공하는 등의 호의를 보였지만 비록 그들은 분명한 규율 아래서 움직이고 있었다. 1873년 조선의 왕[고종]이 성년이 되자 아버지인 대원군으로부터 통치권을 물려받았는데 중국의 경우와 마찬가지로 성년이 되는 시기가 그 소년의 성격이나 통치 능력에 달려 있는 조선에서 국왕이 이제 서양 성인이 되었다는 것은 뒤늦은 일이었다.

---

1) 로저스(Admiral John Rodgers : 1812~1882) : 미국의 해군 소장. 북태평양을 탐험하고(1852), 남북전쟁에 참전했으며, 1870년 이래 아시아 함대 사령관이 되었다. 신미양요의 장본인. 『대한제국의 비극』(서울 : 집문당, 2019) 제46장 참조.

10년간의 섭정이 끝남으로써 정부로부터 가장 야만적인 박해를 받아 온 조선의 천주교도들은 더 관대한 대우를 기대했지만 무력에 의하지 않고 조선이 외국인에게 개방한다고 생각하는 사람은 거의 없었다. 그러나 1876년 강화도에 도착한 일본의 함선을 공격한 결과 조선과 평화조약을 협상키 위해 일본인들은 무장된 원정대가 수도를 관통하는 강의 어귀로 파견되었다. 그리고 부분적으로는 중국의 역할로 일본은 무기를 사용치 않고도 조선과의 수교에 성공을 했다.

이 조약이 의미하는 정책의 변화에 대해서는 이전의 조선 역사를 이해하지 않으면 그 의미를 알 수 없다. 역사에 기록되어 있는 한, 그리고 조선이 명백히 3천 년의 세월에 걸쳐 일본으로부터 고통을 받았다고 주장하는 한, 조선이 그들의 땅에서 외국인들과 조선 사람들 사이의 자유로운 교섭의 권리를 인정할지의 여부는 의심스럽다.

조선은 중국과 일본으로부터 때때로 침략을 당했으며 그들로서는 있는 힘을 다해 최대한의 희생으로 저항했다. 육군과 해군의 연합으로 이루어진 침략군을 막아 준 폭풍과 사고의 도움이 없었더라면 그들에게 저항하려던 노력도 결실 없이 끝났을 것이다. 16세기말의 임진왜란 전에 이미 전개된 이러한 전쟁의 결과로 빚어진 비참한 유산들은 오늘날까지도 건물, 책, 그림, 도자기 등에서 간간이 찾을 수 있다.

조선이 도자기 생산의 기술을 일본에 소개했고 몇 세기 이전 조선 문명이 전쟁 가운데 겪은 파멸이 얼마나 치명상이었던가를 그곳에 여행해 본 사람은 누구든지 느낄 수 있다. 전 국토를 통하여 오래된 유적은 여남은 개도 남지 않았다. 그리고 서울에서조차 살 만한 가치가 있는 것을 구하려면 상점이나 노점을 열심히 찾아다녀야 한다.

새로운 조약에 따라서 조선은 연안의 세 개 항구(부산 · 인천 · 원산)에 일본인들의 거주를 하락하고 서울에는 공사관 설치를 허락했으며 그 외에 몇 가지 제약을 두고 두 국민 사이에 무역의 권리를 인가했다. 별다른 혼란이 없었더라면 그러한 거대한 변화도 일어나지 않았으리라는 것은 더 말할 나위도 없는 일이었다.

1882년에 국왕은 조선의 독립을 보장받으려고 여러 나라와 수교하기를 희망했으며 또한 조선과 미국·독일·영국 사이에 맺어지는 조약의 비준을 위해서 외국인들이 오고 있던 차에 왕실에서는 왕비와 그의 가족들에게 반발하여 폭동이 일어났다.(임오군란) 그 결과로 일본 공사관이 파괴되고 많은 사람이 죽었으며 공사와 직원들은 해안 가로 도망해서야 추격에서 벗어났다. 그 뒤에 영국 함선인 플라잉 피쉬호가 운 좋게도 그곳의 해안을 조사 연구하다가 조선의 나룻배를 타고 있던 그들을 구조했다.

폭동 그 자체에 관해서는 더 말할 필요가 없을 것 같으나 왕을 돕기 위해 천진으로부터 파견된 중국 군대의 민첩한 진압이 주목할 만했다. 왕궁이 침략 당했을 때, 왕비로 분장했던 궁녀가 왕비를 위해 희생되었다. 변장의 비밀이 밝혀지지 않은 채 왕비의 국상이 치러졌으며 정국이 완전히 정상으로 돌아온 뒤에야 비로소 왕비의 생존 사실이 알려지게 되었다. 일본은 그들의 공사와 직원들이 겪었던 수모에 대한 분개로 충분한 보상을 요구하는 기회를 놓치지 않았으며 조선은 쉽게 그들의 요구를 응낙했다.[2)]

영국과의 조약은 1882년에 서명했으나 비준을 받지 못한 상태에서 북경 대사였던 고 파크스 경[3)]은 또 다른 조약을 협상하라는 지시를 받았다. 바로 그런 상황에서 자르딘-매티슨 상사(이화양행)의 동업자인 패터슨(Mr. Paterson) 씨가 나에게 개인적으로 조선을 방문해 달라고 요청했다.

---

2) 원저자 주 : 조선이 조약에 명시된 배상금을 지불할 수 없게 되자 1884년에 이르러서야 일본은 배상금을 전면 포기하는 관용을 보였다.

3) 파크스(Sir Harry S. Parkes : 1828~1885) : 영국의 외교관. 유럽인으로서는 최초로 샴(Shiam)과 수교하고(1855), 상해 주재 영국 영사 및 일본 주재 영국 영사(1865~1883)를 역임했으며, 청국 주재 영국 영사(1883~1885)로 재직하고 있는 동안에는 한영수호통상조약을 체결했다.

이때의 방한으로 나는 그때 예상했던 것보다 더 깊은 관계를 맺게 되었다. 티베트나 로라이마[4]와 같은 천연적인 장벽을 갖추고 있지 않으면서도 자신의 나라에 침입하려는 유럽인들의 공격을 모두 물리쳤던 그 나라에 대하여 내가 당연히 흥미를 느꼈던 것은 더 말할 필요도 없다. 기독교 정신으로 목숨을 바치면서까지 이 나라에 관해서 글을 쓰기 위해 모든 노력과 희생을 감수했건 소수의 용감했던 선교사들을 통해 알려진 것을 제외한다면 내 앞에 펼쳐진 이 땅은 실제로 외부인들에게 생소한 나라였다.

그리피스[5] 씨가 이 나라를 은자의 나라라고 표현한 것은 맞는 말이었다. 그러나 그 책의 모든 것이 소개 정도에 지나지 않았고 그리피스 씨는 한 번도 조선에 발을 디뎌본 적이 없기 때문에 그 책의 내용은 모두가 다른 여러 나라에서 수집된 것이었다. 따라서 조선과 조선 사람들에 대해서는 개인적인 관찰을 통해 배울 것이고 아직도 많이 남아 있다.

---

4) 로라이마(Roraima) : 브라질 북부의 아마존 지역을 의미함.

5) 그리피스(W. E. Griffis : 1843~1928) : 미국 필라델피아 출신. 메이지유신과 더불어 일본에 초빙되어 자연과학을 가르치면서 주로 일본과 한국의 역사 연구에 생애를 바쳤다. 그는 한국을 두 번 방문했으며, 『은자의 나라 조선』(1907)을 남겼다. 그가 "한 번도 조선을 방문한 적이 없다"는 필자의 기록은 그가 『은자의 나라 조선』을 쓰기에 앞서 조선에 와 본 적이 없다는 뜻일 뿐이다. 그는 그 뒤 두 번 조선에 다녀갔다. 그의 생애에 관한 자세한 기록은 본 『한말 외국인 기록』 제4편인 『은자의 나라 한국』(서울 : 집문당, 2019)의 역주자 서문을 참조할 것.

제 2 장 서울에의 도착

우리는 [1885년] 11월 8일 아침 일찍 상해를 출발하여 조선 연안을 향해 항진했으며 다음날 저녁쯤에는 연안에 정박할 수 있었다. 항해 도중에 우리의 관심을 끌었던 것은 어마어마하게 많은 백조 떼들이 백조섬[1] 근처에서 한가로이 놀고 있는 모습이었는데 바깥 날씨가 너무 추워 갑판에 오래 있지 못했다.

조수가 밀려오자 우리의 남경호는 격열비열도를 지나 사파이어호와 콕채퍼호가 정박 중인 월미도로 들어섰다. 만조 때 아침 날씨는 아주 좋았는데 처음 본 조선의 풍경은 아주 매력적이었다. 해변 언덕에 보이는 빨간 화강암과 그 꼭대기를 수놓은 가을 단풍의 관목들은 유난히 따스하게 느껴졌다.

그러나 아름다운 풍경을 만끽할 사이도 없이 비가 쏟아지는 바람에 우리는 가재도구를 하역할 수 없었다. 우리는 할 수 없이 풀러턴(Fullerton) 선장을 찾아가 파크스 경(H. Parkes)의 근황도 물어 보고 다음날 아침에는 일찍부터 일을 시작할 수 있도록 여러 가지 것을 주문해 놓았다. 그 다음에 중

1) 백조섬(Swan Island) : 여러 가지의 정황으로 볼 때 백령도를 의미하는 것으로 보임.

요한 것은 다음날 아침 만조 시기를 틈타 뱃사공들이 하역 작업을 할 수 있도록 그날 저녁은 남경호 곁에서 지내게 하는 것이었다.

일행으로서는 나를 포함해 같은 영국계인 패터슨(Paterson) 씨, 모리슨(Morrison) 씨 그리고 덴마크인인 벨쇼우(Velschow) 씨 등 4명으로 규모가 작은 편은 아니었다. 그 외에도 중국인 잡역부 몇 명과 중국산 조랑말 3마리, 사냥개 6~7마리 그리고 조선에서 최소한 한 달 동안 버틸 수 있는 갖가지 필요 용품 등이 배에 실려 있었다. 조그마한 나룻배로 이 모든 것을 실어 나르기란 쉬운 일이 아니었으므로 나는 낮에 갑판에 나가 상황을 점검해 보았다. 실제 상황은 무척 어려운 지경이었는데, 무엇보다도 우리를 실어 나를 나룻배가 월미도로부터 멀리 떨어져 있어 밀물을 거슬러 오르기란 불가능했다.

본선에서도 몇 척의 소형 어선을 띄어 그들의 작업을 도왔는데 볼버니(Balbirnie) 선장의 개인적인 도움 덕택으로 한두 척의 나룻배를 겨우 댈 수 있었으나 더 이상은 어찌해 볼 도리가 없었다. 먼저 나룻배에 옮겨 탄 우리 일행은 아직도 정신이 멍한 상태에서 선원들이 분주하게 짐을 실어 나르고 조랑말을 내던지듯이 옮기는 장면들을 쳐다보았다. 배가 일단 출발하자 나는 그 어느 때보다 목숨이 더욱 위태로운 지경에 놓여 있음을 느꼈다.

우리가 승선한 나룻배는 레일을 깔거나 철제 부품을 사용한 흔적이 없이 순전히 나무로만 건조된 배였는데 페인트칠을 했음에도 불구하고 철제를 쓰지 않았음이 드러나 보였다. 나의 관심은 온통 나룻배에 실려 있는 궤짝과 조랑말, 일행들 그리고 선박에 사용되는 밧줄들에 쏠렸는데 가만히 보니 우리가 탄 나룻배는 몇 개의 널빤지 조각을 이어 만들었으며 그 길이가 배 양쪽 앞과 바닥 부분을 만들기에는 충분했으나 배 양쪽 끝을 하나로 잇기에는 좀 모자랐다.

널빤지는 돛이 매어 있는 두개의 축으로 고정되어 있었는데 항해 기술이란 물건이 쌓여 있는 나룻배 위를 뛰어다니며 돛을 올리고 내리는 일이 고

작이었다. 우리가 승선한 배는 이상하게도 다른 배들을 앞질러 나아갔다. 뭍 가로 배를 대려고 우리는 몇 번인가 닻을 감아 올리고 내렸는데 정말 이런 일에는 기술이 필요했다. 결국 우리는 썰물이 시작되어 더 이상 떠내려가지 않게 될 무렵에서야 겨우 정박할 수 있었다.

해변의 풍경은 말할 수 없이 기묘했다. 방금 전에 우리가 들어선 해변 위로 바위로 뒤덮인 조그만 야산이 있었으며 그곳에는 어촌 사람들이 큰 무리의 펭귄 떼처럼 앉아 있었다. 펭귄처럼 하얀 가슴과 검을 머리를 한 그들은 전혀 미동도 하지 않았으며 바위를 뒷 배경으로 느긋하게 우리를 쳐다보는 모습이 특히 인상적이었다.

우리 일행이 가까이 다가가자 그들은 몹시 동요된 듯 가족끼리 모여 있었는데 그 모습은 꼭 구약 시대의 노아와 그 가족들처럼 보였다. 이 어촌 사람들은 모두 똑같은 모자와 옷을 입고 아주 어색한 걸음걸이로 노아의 방주를 빠져나와 남자들은 곧 담배 피우는 데 골몰했고 아낙네들은 집에 남아 있었다. 나이 많은 노인들에게 도움을 요청하기란 어려운 일이었다.

그러나 그들은 자진해서 아주 성심성의껏 우리를 거들어 주었다. 그들은 대나무 들것도 없고 중국인들처럼 무거운 물건을 쉽게 운반하는 요령도 익숙지 못했으므로 물건을 옮기는 데 많은 인력이 필요했으며 여러 번을 왔다 갔다 해야만 했다. 배 밑바닥에 가두어 놓았던 조랑말을 끄집어내기란 여간 어려운 일이 아니었지만 어쨌든 해야만 될 일이었다.

드디어 나와 패터슨은 다급한 일을 대충 끝내 놓고 주위를 돌아보니 모리슨의 나룻배는 해안에 정박하지 못하고 물살에 휩싸여 해안에서 약 300야드 떨어진 진흙더미 위에서 표류 중이었다. 볼버니 선장은 진흙 쪽에 빠지지 않도록 조심하면서 모리슨의 배를 빼내려고 갖은 애를 다 쓰고 있었다. 그때 우리는 이제 어떻게 하면 좋을까를 생각해보았다.

우리가 체류할 곳이 제물포에는 한군데도 없다는 것이 명백하고 그나마 잠자리를 구할 수 있는 이곳의 판잣집과 토담집 어느 하나도 우리를 반기지 않았기 때문이다. 일본 영사관은 마치 궁궐처럼 보였는데 우리는 일본말도 할 줄 모르고 영사도 생면부지인 처지여서 아예 도움을 요청하지도 않았다. 둘러보니 하룻밤 겨우 묵어 갈 수 있는 곳이라고는 세관 건물 한 모퉁이에 붙어 있는 토담집뿐이었다.

조랑말들은 지쳐 있었고 벌서 오후 2시가 되어 서울로 출발하기에는 늦은 감이 있었다. 더구나 서울까지는 아직도 26마일이나 남아 있었으므로 패터슨과 나는 잠시 주저하다가 결국 서울까지 강행하기로 합의를 보았는데 바로 그때 모리슨이 해변에 나타나 우리를 놀라게 했다.

남아 있는 말은 단지 두 마리뿐이었으므로 우리가 먼저 출발하려던 것을 그가 좋게 생각할 리는 만무했다. 그러나 우리가 그곳에 있어 보았자 별 뾰족한 수도 없었으므로 우리는 뒷일이야 어떻게 되든 가재도구와 일행을 뒤로 남겨 놓은 채 서울로 출발했다. 그때 누구인가 말했다.

"지금 떠나 봐야 도성 문을 닫혀 있을 거요!"

그러나 서울로 출발하면서 느낀 안도감에 비하면 그까짓 소리는 문제되지 않았다. 우리는 곧 일본 집들이 즐비하게 늘어선 길가를 벗어나게 되었다. 일본 집들은 최근 외국인과의 장사로 톡톡히 재미를 보고 있는 소상인들이 서둘러 지은 집들이었다. 이런 종류의 집들을 굳이 비교하자면 일본 영사관 같은 고급 집과 이곳에 일자리를 찾으러 와 잠시 거주하는 조선 사람들의 오두막집의 중간 정도였다.

일본 집은 모두 매력적인 반면에 조선 사람들의 집은 통풍 장치가 전혀 되어 있지 않고 냄새가 나는 도로변 양쪽에 제멋대로 지어올린 초가지붕의 토담집들이었다. 그 무렵 이 마을은 가구 수가 100여 채 이상 되는 비교적 신흥 마을이었는데 2~3년 전까지만 해도 단지 대여섯 채의 집이 있었다고 한다.

우리는 여러 개 마을을 지나 마침내 큰 마을이 들어서 있는 낮은 언덕바지에 이르는 기쁨을 맛보았다. 이 큰 마을은 서울 맞은편에 위치한 한강 지류와 바다 사이에 위치하고 있었다. 도로는 비교적 잘 정돈되었고 공기는 맑고 신선했다. 바다를 배경으로 한 경치와 서울 위쪽의 높은 산들을 배경으로 한 경치는 그림과 같이 아름답고 훌륭했다.

계곡 아래편에는 논이 있었고 위쪽에는 몇 그루의 밤나무, 오리나무, 전나무로 둘러싸인 농부들의 토담집이 보였다. 토담집 위에는 거친 쑥, 엉겅퀴, 억새풀만이 무성했는데 그 중간 중간에는 작은 전나무와 떡갈나무 등이 있었으나 나무꾼들이 땔감으로 쓰려고 위해 마구 베어 버린 탓인지 겨우 알아볼 정도였다.

우리는 이른 아침 서울로 출발한 다른 여행객들에 견주면 훨씬 뒤처져 있었으나 교통은 아주 한산했다. 이따금씩 황소를 몰고 가는 농부나 조랑말

가마

위에 짐을 잔뜩 싣고 제물포로 가는 사람들을 만났다. 우리가 산등성이를 넘어갈 때 몇 명의 일본인 일행을 보고 놀란 일이 있는데 한 사람은 가마를 타고 또 다른 사람은 붉은 빛깔의 안장을 씌운 조랑말을 타고 있었다.

가마 안의 의자는 발을 올려놓을 곳도 없는 보잘것없는 것이었다. 그때 나는 옛날 한 덩치 큰 영국인이 처음 가마를 타자 가마꾼들이 그의 발을 꽉 잡아 거의 꼬이다시피 하여 가마 안에 밀어 넣어 몹시 놀랬다는 말이 생각났다. 도로가 최근에 생겨서인지 몰라도 도로변에 위치한 부락은 별로 없었다. 이따금씩 멀리서 허겁지겁 몸을 숨기는 여인들의 얼굴을 볼 수가 있었는데 옛날 윌리스 제독[2]을 따라 조선에 왔었던 선교사들이 한 번도 여인네 얼굴을 볼 수 없었다는 말이 생각나 조금 흥분되었다. 어쨌든 우리는 시간적 여유가 없는 처지여서 멀리서나마 조선 여인들을 볼 수 있는 것에 만족했다.

서울로부터 약 10마일 정도 떨어진 곳에 이르자 그 모습이 달라 보였다. 우리는 곧장 기름진 목축지로 보이는 곳까지 가서 주위를 살펴보았으나 소나 말을 발견할 수 없었다. "앞으로 외국인들이 관리하여 제대로 가꾼다면 좋은 목장이 될 수 있겠는데" 하고 생각하는 사이에 우리는 어느새 한강 지류를 관통하여 여울에 다다랐다.

한강에는 약 1마일 가량 뻗은 백사장이 있었고 듬성듬성 박혀 있는 돌도 눈에 띄었다. 여름의 수마가 할퀴고 간 흔적을 상기시켜 주듯이 깊은 웅덩이와 움푹 팬 둑 부분도 눈에 들어왔다. 홍수가 어찌나 무서운 것이었는지는 그 다음해 여름 물난리를 직접 겪고 난 후였는데 백사장과 그 위 풀밭까지 온통 물바다였으며 심지어 강 언덕까지 물이 차올랐다. 당시 물살의 힘

2) 윌리스(George O. Willes : 1823~1901) : 영국의 해군 제독. 왕립해군대학을 졸업하고 해군에 임관되어(1837) 제독(1885)에 이르렀다. 크리미아전쟁(1854~1855)과 대청전쟁(1859~1860)에 참전하여 공을 세웠고, 여왕 시종장(ADC, 1870~1874), 해군참모장(1869~1872), 중국함대 사령관을 거쳐 1885년에 퇴역했다.

이 얼마나 셌는지는 강의 지류 가운데 가장 좁은 길목의 지류를 건너는데 나룻배로 40-45분이 소요된 사실로 짐작할 수 있다.

들판의 푹푹 빠지는 모래밭은 항해의 여독으로부터 회복될 시간적 여유가 없었던 우리 조랑말들에게 별 도움이 되지 않았다. 날이 어두웠음에도 불구하고 우리는 말에서 내려 말들을 끌고 갈 수밖에 없었다. 폭이 400야드나 되는 강변에 이르러서 우리는 나룻배를 기다리는 데 얼마간 시간을 보내야 했고 건너편 강변에 도착했을 때는 날이 아주 어두웠다. 그때 우리는 선택의 기로에 서게 되었다.

너무 늦게 서울에 도착하여 4대문이 닫혀 있을 위험을 감수하고서라도 3마일이나 되는 서울까지의 험한 길을 강행군할 것이냐 아니면 지금 있는 이곳에 머무르면서 이 마을 근처에 숙소가 있는 자르딘-매티슨 상사의 중국인 지사장을 수소문할 것인가? 우리는 후자를 선택했는데 아마도 잘못된 선택이었던 것 같았다. 그 시간에 눈에 띄는 불빛이라고는 길거리의 등 한 두 개뿐이었고 멀리에도 한두 개가 가물거릴 뿐이었다.

우리들 가운데 조선말을 할 줄 아는 사람은 아무도 없었고, 특히 날이 어두워서 한자로 적어서 의사소통하는 필담도 어려웠지만 결국 나는 한사람을 붙들고 그 사람으로 하여금 내손을 잡게 하여 내가 진흙 위에 지팡이로 "외국인 숙소가 어디냐"는 뜻의 한자를 크게 써서 내손의 움직임을 느낌으로써 의사를 소통했다. 그는 앞장서서 우리를 안내했는데 길거리에서 만난 어떤 사람과 몇 마디 이야기하더니 사라져 버렸다. 우리는 더 조심스러웠다.

앞서 일어났던 일이 몇 번 반복된 뒤에 우리는 서로 바싹 달라붙었다. 그는 꼬불꼬불한 작은 길로 우리를 데리고 올라가더니 언덕의 작은 집에 도달했다. 그러자 중국인이 친구 한 사람과 집주인을 데리고 나타나 우리가 밖에 서있는 것을 보고서는 손을 잡고 안으로 안내했다. 그가 우리를 맞이하는 태도는 너무 공손하여 놀랄 지경이었다. 그러나 그 뒤 나는 조선 사람들을 알게 되면 될수록 손님에 대한 그들의 친절함과 행동의 정중함을 더욱 실감할 수 있었다.

우리가 들어갔던 방 바깥에는 7~8켤레의 신발이 정돈되어 있는 선반이 있었고 방안에는 그 신발의 주인들이 돗자리가 깔리고 유지 장판으로 도배된 깨끗한 방안에 앉아 있었다. 가구는 일체 없었지만 흰 종이로 벽을 깨끗이 도배하여 방 전체에 편안하고 정결한 분위기가 흘렀다. 사람마다 동으로 만든 빨부리와 3피트 정도의 갈대 줄기로 만든 담뱃대를 물고 있었고 작은 타구들이 마루에 놓여 있었다.

중국인 입주자의 영향을 받은 것처럼 보이는 등잔 하나가 방을 밝히고 있었다. 모든 사람들이 솜으로 된 기다란 흰색 도포를 입고 있었으며 그 가운데 한 사람은 원추형 모자를 벗어 벽걸이에 걸어 놓았는데 머리카락을 단정히 모으기 위해 망건을 쓰고 있었다. 이마와 머리 옆으로 늘어진 머리카락은 현 왕조의 건국 이전에 중국에서 일반적으로 하던 방식으로 머리 꼭대기에 매듭을 지어 틀어 묶었다.

우리는 곧 중국식으로 치장된 중국인의 방으로 옮겼다. 그 중국인은 우리에게 줄 음식을 차리고 있었다. 우리가 타고 온 말을 돌보고 있으려니까 저녁 식사가 나왔다. 그는 단순한 습관을 가진 사람이 분명했다. 왜냐하면 내가 그날 먹은 것으로 지금 기억나는 것은 쌀뿐이었기 때문이었다. 밥은 아주 잘되었지만 아무런 조리도 하지 않고 끓인 쌀을 먹는 단조로움에 그 좋던 식욕이 곧 사라져 버렸다는 것은 놀라운 일이었다.

차 한 잔 분량이면 모든 이에게 충분한 양이다. 마실 것은 홍차뿐이고 중국 술잔으로 마신다면 두 잔이면 충분할 것이다. 식사가 치워지자 중국인 주인은 우리에게 누비이불 두 장과 두툼한 솜옷 몇 벌을 가져다주었다. 우리는 먹은 양이 너무 적어 소화불량을 걱정하지 않으면서 잠자리에 들었다.

제 3 장 서울의 모습

우리는 저녁 식사처럼 변변찮은 밥과 몇 잔의 차에 지나지 않는 아침 식사를 오랫동안 할 여유가 없었지만 떠나기에 앞서 서둘러 숙소를 살펴보았다. 집은 중국과 일본의 건축 양식을 반씩 지니고 있었으며 여러 개의 떨어진 건물들로 이루어져 있었다. 각 건물은 저마다 마당을 지녔으며 대체로 남쪽을 향하고 있었다. 그 가운데 가장 좋은 건물은 2피트가량 돋우어 있었고 앞에는 앞이 트인 발코니가 있어 어떤 면에서는 중국의 극장 무대 모양을 본뜬 것 같았다. 목조는 칠이나 유약을 바르지 않았고 장식이 있는 부분에는 더 낮은 창문과 문틀이 있으며 그 중앙은 세공되어 있었다.

창과 문은 서로 다르지만 작았으며 나무로 만들었는데 반으로 나누어 아래쪽에는 네모꼴 모양으로 가득 차 있었고 윗부분은 격자 세공으로 되어 창호지를 발랐다. 창문은 홈이 패여 있어 한쪽으로 미끄러지면서 문을 열고 닫을 때 쇠로 된 레일 위를 구르도록 되어 있었다. 집의 처마는 특히 모서리 부분을 신중하게 설계하였고 지붕은 기와로 덮었다.

집밖으로 트인 길은 겨우 조랑말 두 마리가 서로 지나갈 정도의 폭이었다. 그러나 그곳의 집들은 분명히 일반 가게 주인들보다는 높은 계급 사람들의 것이었다. 길은 나지막한 위로 이어졌는데 거기서부터는 강과 마을의 토속적이고도 멋진 경치를 이루었다. 밀물이 들어오자 사람들은 배를 젓기 시작했다.

중국인에게 우리의 말을 돌봐 달라고 부탁한 뒤 우리는 서울로 향했다. 처음 200~300야드 정도 가는 길목에 노점과 오두막 가게들이 있었는데 그곳에서 담배, 담뱃대, 놋그릇, 짚신, 원뿔 모양으로 쌓아 놓은 곡식, 꽈리, 책들을 경쟁하듯 팔고 있었다. 한 두 곳의 곡식 가게는 소량의 밀, 수수, 옥수수, 강낭콩, 완두콩을 팔았고 잡다한 한복의 여러 가지 부속물들이 있었는데 담배쌈지, 담뱃대 주머니, 부싯돌, 부싯깃 주머니들은 여러 군데서 팔았다. 그러나 옷은 대개 가정에서 만들어 입기 때문에 거의 팔지 않았다. 모자끈, 장식술, 토시 그리고 거칠게 엮은 밀짚모자는 대단히 인기 있는 것 같았다.

몇 백 채의 집들이 있는 마포를 지나니 낮은 언덕과 과일 나무들이 우거져 있고 전나무로 덮여 있었다. 교통 수단은 짐승을 타거나 걷는 것이 많이 보였고 길에 깔린 울퉁불퉁한 돌조차 편평히 다듬은 흔적이 전혀 없어 그 상태는 혐오스러울 정도였다. 따라서 우리들은 말을 남겨 두고 떠났다, 날씨는 영하 18°F의 혹한이었기 때문에 운동하는 것을 불평할 수 없었다. 길고 흰옷을 입어 매우 깨끗하게 보이는 많은 사람들이 웅성대고 있었다. 그들은 많은 양의 생선을 시장으로 보내던 참이었으며 산에서 베어 낸 작은 땔나무들도 덩치 좋은 황소 등에 실려 같은 곳으로 보내고 있었다.

언덕을 넘어서니 처음으로 성벽이 눈에 들어오는데 서쪽 언덕 비탈길로 마치 커튼처럼 드리워져 있었다. 집들이 없이 땔감 나무만 가득한 모습은 마치 공원 같았으며 언덕은 그 도시의 경치를 즐기는 많은 사람들이 거실과 같은 휴식 공간으로 이용하고 있었다. 반 마일 정도의 매우 초라한 모습이 교외로 통하고 있었는데 집들은 주변에 부족한 공간 때문인지 다른 어느 집보다도 초라해 보였다. 지붕은 겨우 땅으로부터 8피트 정도 위에 있었으며 길은 너무 좁아서 멀리서는 보이지도 않았다.

서울의 성벽에서 멀지 않은 곳에 도착한 우리는 작은 시냇물을 건너게 되었다. 그런데 그곳은 프랑스 신부들이 모진 감옥 생활을 겪고 가장 잔인하게 처형된 뒤 토막 난 뒤에 버려진 곳으로 약 20년이 안 되는 이전의 일이었다. 그 뒤로 세월이 변하여 우리들은 뒤쫓아 오는 사람 없이 누구의 시선도 끌지 않을 뿐더러 그들의 표정으로 보아 오히려 우리들에게 우호적인 인상을 주며 걸어갔다.

도시 성벽의 거대한 돌문을 지나갈 때 눈이 펑펑 쏟아졌으며 넓은 길의 안쪽으로 신기한 광경이 우리를 기다리고 있었다. 가게 주인이나 그보다 지체 높은 사람들이 쓰는 원추형의 기다란 모자에는 노란 기름종이의 덮개가 얹혀 있었는데 예전에 본 바에 따르면 그것을 부채처럼 접어 옷의 허리춤에 꽂기도 했다.

높은 모자를 쓰지 못한 마을 사람들과 소와 말을 모는 사람들은 커다란 삿갓 밑에 몸의 절반을 감추고 있었다. 이런 것을 쓰고 밑에서 쳐다보는 곤란함은 마치 잠에서 반쯤 깨어난 듯한 이상한 표정을 자아냈다. 짚으로 엮은 작은 오두막집의 배경과 함께 높게 쌓여 있는 장작더미, 그 아래에 여기저기서 보이는 황소 머리의 광경은 눈에 익은 모습이었다.

큰길에서 벗어나 골목길로 들어서니 처음으로 우리는 몇 명의 여자들을 우연히 만나게 되었다. 대부분 머리 위에 녹색 장옷을 썼고 장옷의 주름진 부분이 얼굴 위까지 내여 왔으며 눈만 내놓고 있었다. 엉덩이에서 치켜 올리는 헐렁한 자루 모양의 바지로 말미암아 그들의 걸음걸이는 엉거주춤한 모습을 보여 주었다.[1] 그러나 흰 버선과 짚신을 신은 발들은 작고 예뻤다.

우리가 마주쳤던 여자들 모두가 우리와 마주치는 순간마다 마치 자기 집에 도착한 듯이 아무 집으로 들어가는 것을 보며 이상하게 생각했다. 그러나 뒤에 알게 된 바에 따르면 여자들은 아무 곳이든 다닐 수 있고 단지 외국인을 피하려고 근처에 있는 가장 가까운 아무 집으로 들어가 숨었던 것이

---

1) (원저자 주) 여성들은 세 벌의 바지를 입어야 하는 것이 당시의 유행이었다고 한다. 만약 그것이 사실이라면 그들의 발걸음이 엉거주춤했다는 것은 조금도 이상할 것이 없다.

마님과 여종

다. 신분이 낮은 다른 여인들은 아이들에게 젖을 먹이며 집 문 앞에서 서성거리거나 집안일을 하고 있었다. 장옷을 가리지 않은 그들의 얼굴은 천연두를 앓은 흔적과 중노동의 비천한 대우를 받은 빛이 역력했다.

어깨 위로 입는 짧고 꽉 끼는 옷은 젖가슴을 드러나게 했고 그들의 누추한 옷과 모양새 없고 불결한 곳에서 사는 모습을 보며 우리는 조선 여인들에 대해 좋지 못한 인상을 받게 되었다. 이러한 판단이 정당하지 못하고 너무 짧은 경험에서 나왔을 수도 있다. 그러나 만약 달레(Charles Dallet)의 기록을 믿는다면 조선의 여인들은 아주 모양이 없는 것도 아니고 아주 여성스럽게 아름답지도 않다.

골목길에는 몇 군데의 가구점이 있었는데 철제 장식이 붙어 있는 나무로 된 얼음 상자, 크고 작은 장들, 모자 상자나 모자걸이 등이 있었다. 대부분의 장은 겉에 장식이 붙어 있었는데 단풍나무, 복숭아나무, 그 외에 다른 나무들로 된 장식 틀은 대단히 멋있고 솜씨가 훌륭했다. 경첩과 놋쇠 자물통, 혹은 흰 구리판은 밝은 분위기를 자아냈으나 상자 안쪽의 마무리가 부족했다.

일반 평민의 집의 문간은 낮으며 거리로 곧장 열려 있다. 그러나 집 앞에 매달린 발이 안의 모습을 감춰 주었다. 좀 더 괜찮은 가게들은 거리로부터 약간 뒤편에 있고 틈새가 있는 울타리로 둘러 싸여 있었다. 도시 전체를 관통하여 흐르는 작은 시냇물의 다리를 건널 때 많은 여자들이 물가에서 빨래를 하며 방망이로 세게 두드리는 모습을 보았다. 냇물은 얕지만 그 바닥은 거름을 쌓아 두는 곳으로 썼는데 그들은 가정에서 사용하려고 그 냇물을 집으로 날라 갔다. 위생적인 것을 고려해 본다면 그렇게 해서는 그곳의 사람들이 살아 있을 수가 없었을 것이다.

그러나 큰길에는 동쪽에서 서쪽으로 줄지어 몰려 있는 사람들이 대단히 많았다. 이것을 보니 그 도시가 얼마나 넓은지 추측할 수 있는데 정확히 그 방향으로 3마일 정도였다. 북에서 남으로 이어지는 성벽도 같은 길이였으며 북쪽은 남쪽과 마찬가지로 많은 부분을 숲이 차지하고 있었다. 골짜기 낮은 곳에는 집들이 빽빽이 들어차 있었다. 그리고 집은 모두 단층이었지만 인구는 15~20만 정도였다.

약 40야드 폭의 큰 거리는 장터로 사용되었는데 우리는 또 다른 미궁의

아낙네

물장수

길로 빠지기에 앞서 지나치듯 쳐다보았다. 우리는 우리가 찾으려던 거리의 이름을 알았다. 가끔 행인들에게 길을 물으면 그들은 기꺼이 대답해 주었다. 그러나 패터슨은 이전에 한번 그곳에 가 보았기 때문에 도움이 필요 없었다. 마침내 우리들은 그가 알고 있던 집문 앞에 도달했다.

그 당시 묄렌도르프[2)] 씨는 외부의 참판일 뿐만 아니라 조선 세관의 책임자였다. 북양의 총독인 이홍장이 그를 왕에게 천거했고 그가 외국인이었다

2) 묄렌도르프(Paul G. von Moellendorff : 1848~1901) : 독일의 외교관 겸 동양학자. 중국 주재 독일영사관에 근무하다가 청국 관리가 되었으며(1860), 이홍장의 추천으로 조선에 진출해(1882~1885) 주로 해관 업무를 보면서 개화파를 견제하고 친러시아 노선을 걸었다. 그 뒤 이홍장에게 해임되어 중국 영파에서 죽었다.

는 두 가지 사실로 말미암아 궁정에서나 밖에서나 큰 영향을 행사하고 있었다. 그가 살던 집은 왕이 내려 준 것이다.

그 집은 지체 높은 사람들이 쓰는 여러 채의 건물로 구성되어 있었는데 그 모양은 이제까지 우리가 머물렀던 곳과 같았다. 우리가 보았던 숙소는 매우 인상적이었고 깨끗했으며 도시와 길거리에서 보았던 것을 생각하니 조선에 있는 독일인 집의 안락함에 우리는 감사했다. 가구가 곧 도착하여 이제 우리는 좋은 곳에서 씻을 수 있고 커피를 마시게 되는 사치스러움에 감사하게 되었다.

한낮이 되어서야 우리 동료들이 나타났다. 그들은 우리와 출발하지 않았던 것을 축하 받고 싶어 하지 않았다. 그들 역시 불편한 밤을 지냈기 때문이었다. 그들은 헛간에서 잠을 잤는데 엎드려 자는 몸 위로 바람이 세차게 불었다고 한다. 주위에 많은 양의 음식과 음료수가 널려 있었지만 서둘러 큰 짐 보따리를 열어야 하는 못마땅함 때문에 간 요리의 맛을 느낄 수 없게 만들었다.

우리는 늦장 피는 소와 소몰이들을 찾아 서울로 출발하느라고 몹시 추운 새벽 서너 시간을 보냈다. 우리 일행의 규모로 보아 나는 파크스(H. Parkes) 경의 환대를 받고 싶었다. 아마도 가장 놀라웠던 것은 정돈된 제복을 입은 그의 호위대 모습이었을 것이다. 그들은 그의 명령에 따라 서쪽에 있는 궁전 근처의 부대 진영의 문에서 근무 중이었다.

조선에 있는 영국 공사관 위로 나부끼는 깃발을 처음 보았을 때 우리는 감격스러웠다. 파크스 경은 리셉션을 준비하면서 우리가 편안할 수 있도록 상당히 신경을 쓴 듯했다. 방은 깨끗이 도배했고 의자와 탁자가 마련되어 있었다. 방은 깨끗이 정돈되어 있었으며 마구간에는 왕의 축산장에서 가져온 조랑말이 가득했다. 추위가 거세게 몰아쳤다. 바깥에서 지피는 불이 아궁이로부터 방바닥 밑으로 전달되어 그 열로 방을 데우는데 그런 조선식 난방을 사용하는 것이 대단히 못마땅했다.

그러나 나처럼 게으름피우는 사람을 빼고 이러한 사실을 알고 있는 사람들은 해야 할 일이 너무 많았다. 이를테면 이 방에서 저 방으로 건너다니며 작은 문을 통해 파고들어 가는 데는 어느 정도의 훈련이 필요했다. 각 건물에는 여러 입구가 있었다. 목욕탕조차 위생 시설이 되어 있지 않았다. 어쩌다 잘못되면 두 사람이 서로 동시에 찾아다니는 술래잡기 놀이가 계속되었다.

각기 영국과 독일을 대표하는 파크스 경과 자페[3] 씨 그리고 조선의 외부 사이에 계속된 협상은 사소한 일로 진척을 보지 못했기 때문에 우리는 여권을 받으려고 며칠을 기다려야 했다. 우리는 모두 중국에 있는 친구들에게 선물을 가져다주어야 했기 때문에 많은 시간을 쇼핑으로 보냈으나 파는 물건이 적어서 서로 밀치듯이 사야 했다.

물론 호랑이 가죽을 못 찾은 것은 문제가 되지 않았다. 왜냐하면 우리는 총으로 잡아서 가져갈 수 있으리라 확신했기 때문이다. 그러나 검은담비는 거의 없을 뿐만 아니라 아주 볼품이 없었고 다른 가죽도 보기 드물었다. 가죽이란 주로 다람쥐, 개, 고양이 정도였다. 우리는 작은 크기의 표범 가죽을 구했는데, 의자, 등걸이에 덮는 것으로 어디서나 수요가 상당했다. 비버나 다른 가죽은 거의 없었고 내가 본 단 한 가지 귀한 것은 흰 꼬리를 가진 산족제비였다.

한국적인 것으로 가져갈 가치가 있는 것 가운데 가장 매력적인 것은 귀부인들이 쓰는 일종의 모자[조바위]였다. 일부분은 털과 끈으로 꼬인 비단으로 만들었으며 주홍색 장식 술이 달려 있었다. 모자 윗부분은 트였는데 상상컨대 머리 장식 때문일 것이다. 그러나 내가 한 번도 조선의 귀부인을 본 적이 없기 때문에 어떻게 모자를 썼는지는 알 수 없다.

---

3) 자페(Karl E. Zappe : 1843~1888) : 프러시아의 해군 · 외교관. 런던 그린위치해군대학에서 국제법 전공. 항해사가 되어 왕립서인도기선회사에 취직하여 청국을 왕래하면서(1864~1869) 외교관으로 변신하여 상해(1870~1871), 요코하마(1871~1875), 에도(1875~1887)에서 활약함. 1883년에 한독수호조약을 체결함.

그러나 만약 몇 가지를 산다면 그들을 갖추고 있는 곳을 찾아다니는 것이 여전히 흥미 있는 일이었다. 가장 성행되는 매매는 서울의 종각 근처 큰길 교차로에서 이루어지고 있었다. 이 종은 저녁때 성문이 닫히기 전 또는 불이 나거나 다른 위험이 발생될 때 울렸다. 그 종은 지면에 낮게 매달려 있었는데도 모든 곳에서 쉽게 들렸다.

거기에서 가까운 곳에 지난날 대원군이 세운 비석[척화비]이 있는데 모든 조선 사람들은 조선 연안에 닿은 모든 외국인들을 죽이라는 내용이 거기에 새겨 있었다. 그러나 우리가 두려워했던 한 가지 걱정은 조선 사람들이 가게에서 망을 보고 있다가 손님이 나타나면 강제로 끌고 들어가 물건을 강매한다는 사실이었다.

이 가게들 가운데 몇 군데는 석조 이층 건물이었고 나머지는 낮은 건물로 칸이 나뉘었으며 정면은 각기 6피트 정도로서 안마당의 가장 자리는 둥그스름했다. 건물의 칸마다 거의 동일한 상품들이 진열되어 있었고 그 작은 상점들 가운데 어느 것을 선택할지는 몰랐다. 주인이 자리 잡고 앉은 상자는 너무나 작았으며 일어날 필요도 없이 모든 물건이 그의 손에 닿는 곳에 있었다.

힘쓸 일이 없게 되자 그들은 열심히 팔 생각은 하지 않고 손님에게 물건을 강매했다. 이곳에서 유행하는 것 가운데에는 종이부채와 은세공품인 약병, 베개 그리고 수놓은 베갯잇, 밥그릇, 타구, 촛대, 광택이 잘 나는 청동 제품의 가재도구 등이 있었다. 촛대는 미끄러지는 듯한 접시처럼 신기한 모습을 갖추고 있는데 한쪽 면 위에는 홈이 파여 있어 외풍을 차단하는 바람막이의 역할을 하고 있다.

큰 건물에는 중국식의 거대한 신발 가게가 있었다. 귀부인들의 신발은 수를 놓았으며 발이 흉하지는 않지만 매우 작다. 남자의 신발은 발의 주위를 두꺼운 무명천으로 감아 놓아 무척 크다. 비단옷은 매우 실망스럽다. 흔히 비단 옷에는 너비가 매우 좁은 고름이 달려 있다. 그들이 즐겨 사용하던 광

거리에서 싸우는 모습

택 유약 역시 아닐린 염료의 사용과 함께 사라졌다.

길에서 마주친 가게에서 가장 눈을 끄는 물건은 가죽으로 만들어 은으로 장식한 말안장과 마구류였다. 무게와 크기로 보면 작은 말에 그것을 사용하는 것은 어울리지 않았다. 그러나 분명히 말 타는 사람들은 거리를 다니는 것을 제외하고 우리들처럼 운동 삼아 말을 타는 법이었다. 왜냐하면 일단 주인이 안장 뒷부분으로 올라타면 어떤 직분에 있는 사람일지라도 하인이 그 고삐를 쥐고 가지 않는 이상 돌아다닐 수 없기 때문이다.

골동품 가게의 진열품은 매우 한정되어 있다. 몇 개의 중국 도자기나, 낮

은궤

은 신분 계급이 쓰는 청동 제품, 상자 몇 개, 사문석 통, 일본제의 여러 잡동사니, 접는 발, 벼루 통 그리고 평범한 종류의 가죽 상자가 있었다. 한 가지 눈에 띄는 토속 물건은 은으로 아로새긴 철제 상자인데 무늬 모양이 대단히 섬세했다. 상자는 용수철로 닫히는데 손잡이 안쪽에 장치된 매듭을 누르면 열린다. 모양, 디자인, 기교에서 이들은 상당히 다양했다. 그러나 대체로 쓰임새는 담배를 담아 두는 용기에 지나지 않는 것 같았다.

널따란 길에는 노점상이 줄지어 있고 그 가운데 곡물 가게가 가장 눈에 뛰었다. 과일 노점상에는 배, 사과, 견과류, 옥수수, 여러 가지 방식으로 말린 곶감, 밤, 버섯 그리고 김을 팔았다. 그러나 담배와 담뱃대가 가장 잘 팔릴 뿐만 아니라 가장 많았다. 거리의 사람들은 상점이나 물건에 관심이 없어 보였다.

조선 사람은 중국과 일본에 견주어 의상과 관습에서 현격한 차이점을 보였다. 가장 놀라운 모습 가운데 하나는 삼베로 만든 상복을 입은 사람인데 새끼줄이나 거친 끈으로 허리를 동여매었다. 머리엔 가볍고 가늘게 짠 바구니 모양의 모자를 쓰고 그 밑의 머리는 완전히 가렸다. 두개의 막대기 위에 삼각형 모양의 삼베 천을 붙인 작은 가리개를 입 앞에 들고 얼굴을 더욱 감췄다. 아무도 그들에게 말을 걸지 않았고 그들도 거의 말하지 않았다. 마치 구경꾼들과는 아무 상관없다는 듯 상주는 관심 두지 않고 터벅터벅 걸었다.

어린 남자 아이들은 어른들과는 아주 대조적이었다. 아이들은 누구보다도 생활을 즐겁게 보내는 듯했다. 말에 달린 빈 보따리 위로 비스듬히 자리잡은 여섯 명의 아이들은 재미있게 보였다. 그들은 행인이나 말 그리고 그들 자신까지도 완전히 잊은 채 거리를 어슬렁거리며 웃고 장난치며 계속해서 무작정 밤을 먹기만 했다.

비슷한 장면의 또 다른 모습은 남자 심부름꾼들이었다. 그들은 머리 위에 모자 대신에 상을 이고 날랐는데 거기에는 식당에 식사를 주문한 손님을 위해 밥, 돼지고기, 김치, 술, 양념이 담겨 있었다. 이 상은 모두 크기가 같았는데 지름이 약 18인치인 목제품으로서 가장자리에는 작은 틈이 있으며 평평한 바닥 아래는 들고 가는 사람의 머리가 쉽게 드나들도록 만들어졌다.

이 청년들은 모두 총각이었으며 머리를 땋아 등까지 내려왔다. 이들은 열서너 살의 기혼 남성들이 집에 있는 아내를 자랑하는 것과는 전혀 다른 분위기였다. 결혼한 어린 남자들은 긴 모자 밑에 상투를 틀고 손에는 담뱃대를 쥐고 도포를 입고 활보하고 다녔으며 서양의 난봉꾼만큼이나 거의 아무 일도 하지 않았다.

비용에 전혀 관심 두지 않는 남자로서는 관료들의 외모가 가장 좋았다. 밝은 색깔의 비단이나 축면사 옷을 입고 보통 검은 리본이 달린 모자 대신에 빨갛고 노란 구슬들을 엮어 목까지 늘어지게 걸친 관리들은 곁에 뛰어다니며 주인을 위해 방을 찾아 소리를 지르는 여섯 명의 하인들을 거느리고

상주

있었다. 그들은 작은 말을 타고 쏜살같이 거리를 내달리면서 자리를 잡으려는 생각밖에는 없는 것 같았다.

구종들은 잠시도 마음을 놓을 수가 없다. 왜냐하면 말안장이 너무 높고 두꺼워 말을 탄 사람이 곧 말에서 떨어질 것처럼 보이는데도 구종들은 고삐를 잡지 못하며, 말을 탄 사람의 균형을 잡아주고 기울어지지 않도록 점검하기 위해 양옆에 각각 사람을 세워두어야 한다는 것을 대단히 강조하기 때문이다. 다른 관리들은 앞이 트인 안락의자를 타고 조용히 모시며 어떤 사람들은 외바퀴 손수레와 가마가 서로 이상한 조화를 이루어 만들어진 것을 이용하여 다시 한 번 특권을 누리며 거동하는데 그것은 나라의 아주 높은 사람들에게만 이용되었다.

장님이 지팡이로 길을 찾고 술꾼들이 길가에 누워있으며, 커다란 나뭇짐에 밑에 소가 묻혀 있는 모습들은 서울 거리에서 한 관료가 지나가던 길을 뒤따라가며 구경하던 재미 이후의 조용한 휴식의 분위기를 제공해준다. 그러나 우리가 어디를 가든 끊임없이 탁탁거리는 소리가 들렸는데 그것이 곧 마을의 특색이라는 것을 알게 되었다.

비누가 알려지지 않은 나라임에도 불구하고 남자들은 흰옷을 입고 겉옷은 점하나 없이 깨끗해야 하기 때문에 여자들은 엄청난 일을 해야 한다. 내가 알기로는 옷은 세 번 삶아 잿물로 깨끗이 한 뒤 흐르는 물에 씻는다. 그러나 씻은 뒤에도 입을 수 있는 상태로 완성하기까지는 세탁하는 것과 거의 같은 양의 일을 해야 한다. 이른 저녁까지 하루 종일 여자들은 이런 일에 매여 있는데 그것은 평평한 다듬이 위에 빨래를 얹고 나무 방망이로 계속 두드리는 것이었다. 그 결과 옷감은 거의 비단처럼 윤이 나게 되고 윤기는 상당히 오랫동안 지속된다.

왕이 사는 두 곳의 궁전 가운데 한 곳은 1882년[임오군란]에 불이 나 일부 손실되었을 때도 유럽인들은 그 궁전 뜰 안에서 어떠한 감시를 받지 않고 자유롭게 걸어 다녔다. 중요한 건물들은 모두 무사했다. 그 건물들은 단지

고관의 행차(1)

기와의 수수한 색채와 천장에 칠해진 당초무늬만이 달랐을 뿐 모두 중국식 건축 양식이었고 북경에서 보았던 건물과 거의 다를 바가 없었다. 그러나 이러한 차이점은 매우 완벽하고 대단히 한국적이었다.

연꽃이 가득한 연못가에는 여름에 사용되는 집이 있었는데 대리석 난간으로 둘러싸여 지면에서 8피트 정도 올라간 기초 위에 기둥을 세우고 6피트쯤 떨어진 곳에 돌로 만든 오벨리스크가 있었다. 그 궁전은 약 80피트 사각형인 한 개의 큰방으로 되었으며 바람이 들어오게 온 사방에 창문을 두었다. 넓은 구석의 나무 계단은 뜰에서 발코니 아래로 이어지고 천장의 대들보 안에 걸린 수많은 갈고리와 사슬이 있는 것으로 보아 그 방에 자주 호롱불이 켜지는 것을 알 수 있었다.

이 건물의 설계도를 작은 규모로 축소하여 조선의 모든 고위층들이 집에서 이용했다. 궁전에서 동쪽의 마지막 끝의 집은 언제나 더 작은 방으로 꾸며 있었고 땅위의 육각형 돌 위에 살짝 올려 있었는데 이는 밑으로 공기가 잘 통하게 하기 위해서였다. 여름에 쓰는 방의 바닥은 나무이고 여름에만 이용하므로 방바닥 온기로 난방하는 조선식 난방이 사용될 수 없어 겨울에는 빈집으로 놔둔다.

순수한 조선의 창작품으로서 궁전 뜰에서 주의를 끌었던 또 다른 모습은 타 버린 건물의 굴뚝이었다. 벽돌로 쌓은 굴뚝은 여전히 그대로 서 있었는데 겉이 전혀 검게 그을지 않았다. 아궁이로부터 연기가 땅에 가까이 닿으며 밑으로 빠져 나올 때 굴뚝이 건물 뒤편에 12피트 떨어져 서 있기 때문에 연기로 인한 불편함이나 집을 검게 그을리는 것을 막아 주었다. 그 굴뚝은 손상되지 않고 그대로 남아 있었다.

궁전의 뜰은 사방 1마일 정도로서 뒤편 낮은 언덕 위까지 뻗어 있었고 아름다운 전나무가 우거져 있었다. 지면을 구성하고 있는 분해된 화강암 조각들을 옮겨 덮고 있기 때문에 작은 관목들을 볼 수 없다는 것이 신기했다. 그와 같은 이유로 서울 주변의 여러 산들은 멀리서 보면 아주 희게 보였다.

발에 밟힐 정도로 자란 전나무조차도 마을 사람들이 땔감으로 베어 갔고 벌거벗은 것을 감추기 위해 풀 한 포기도 남지 않았다. 서울에서 가장 가까운 곳임에도 불구하고 인가에서 떨어진 이 작은 산의 정상에는 맹수들이 바위 속 굴에서 살고 있다. 눈이 쏟아지면 표범 발자국이 산 아래 쪽에서 발견되었다.

맑고 쌀쌀한 날씨에 유혹된 우리들은 야생 오리를 잡으러 서울 밖으로 나갔다. 조랑말을 올라타고 하인들의 도움을 받으며 우리는 강을 향해 아래로 뻗어 있는 낮은 평원 쪽으로 6마일가량 내려갔다. 거기에서 나는 서로 흩어진 뒤 나는 오리의 날개를 맞춰 불운하게도 얼음으로 반쯤 덮인 갈대 웅덩이로 떨어뜨렸다.

나의 작은 개는 상해에서 보낸 여름 이후 상태가 좋지 않았었는데 추위에 지칠 때까지 그 오리를 포기하지 않았다. 그 개가 온기를 느낄 수 있도록 문질러 주던 수고도 헛되어 나는 혼자서 말을 타고 돌아오기 시작했다. 그러나 개는 너무 지쳐 걸을 수 없었기 때문에 나의 안장 위에 태웠다. 비는 계속 내리고 몹시 추웠다. 길은 진흙탕으로 변하고 말을 타고 더 이상 걷기가 힘들었다. 그를 끊임없이 문질러 주었지만 점점 싸늘해졌다.

드디어 공사관이 약1마일 정도 남았는데 개가 두세 번 숨을 헐떡거리더니 내 품에서 뻣뻣이 이빨을 굳게 깨물고 입에선 거품을 물었다. 서울 거리에다 그렇게 진실한 친구를 남겨 놓아야 한다는 것을 생각하니 너무 불쌍해서 비록 죽은 듯했지만 나는 그를 집으로 데리고 갔다. 그러나 불 옆에서 그를 담요로 싼 다음 입술을 따뜻한 수프로 문지르니 희망이 보이기 시작했다. 개는 정신이 되돌아 왔고 이틀 뒤에는 우리가 여행을 떠날 때 함께 갈 수 있었다. 패터슨의 개는 노점으로 기어들어 가려다가 주인을 놓치고 말았는데 그곳에서 그는 하룻밤 동안 조선 사람의 보살핌을 받은 뒤 다음날 아침에 주인에게로 돌아왔다.

제 4 장 내지의 여행

여권을 기다리면서 보냈던 날이 전혀 헛된 것만은 아니었다. 우리는 일행 일부를 먼저 보내고 곧 나머지 일행에 대한 준비도 완벽하게 끝냈다. 11월 16일 오전 7시의 출발은 확실한 것 같았다. 묄렌도르프(G. von Moellendorff) 씨가 시간을 엄수한다는 생각을 비웃기에 우리는 한 시간 정도 출발을 지연하기로 했다.

날이 밝자 정확하게 할 일을 알아본 다음 조금 더 시간을 지체했다. 오전 9시가 되어서야 밤새 있었던 22마리의 나귀들 가운데 8마리만이 나타났다. 태만한 나귀를 찾으려고 수색하는 동안 몇 마리가 슬그머니 도망갔다. 어쨌든 우리는 인내와 열정으로 그날의 어려움을 극복했다. 정오가 되어서야 우리 일행 모두는 길을 떠났다.

조선 사람들의 짐을 꾸리는 방법이 매우 흥미로웠다. 우선 짐을 말의 등에 싣는다. 짐은 아주 필요한 것들만으로 구성되어 있으며 작은 나무로 된 틀 위에 줄을 어긋나게 맨 다음 그 위에 짐을 싣는다. 그러므로 무게를 잡으려고 짐의 중량을 균등하게 나눈다. 그리고 가장 무거운 짐을 먼저 싣고 나머지 짐은 분배하여 무게의 중심을 잡는 여분으로 이용한다. 짐에 고리를 끼어 늘어트리는 것이 더 자연스러울 듯한데 그렇게 하지 않고 이쪽에 짐을 실으면 고리를 반대편에 고정시킨다. 따라서 사람이 한 손만으로 조랑말에 짐을 싣는 것이 어렵다는 것은 틀림없으며 그러한 기술을 묘사할 수도 없다.

우리는 4명의 유럽인, 3~4명의 중국인 그리고 약 20명의 조선 사람으로 당당한 행렬을 이루었다. 이론적으로 모든 조랑말은 몰이꾼 각자의 책임이었으나 사실은 몰이꾼이 없는 나귀들도 있었다. 결과적으로 주인 없는 조랑말은 쉴 틈만 있으면 결코 그 기회를 놓치지 않았다. 그들을 다루는 데 실패한 우리는 그들이 다른 말의 속도를 조절하는 것에 만족했다. 우리는 도시를 벗어나기에 앞서 일행을 두 부분으로 나누었다. 패터슨이 선두와 함께 앞서 떠나자 모리슨과 나는 패터슨의 운명이 걱정스러웠으나 점심까지는 머물러 있는 것이 좋다고 생각했다. 우리는 6마일을 가기에 앞서 일행을 잃어버리지 않을 수 있는 좋은 방법을 생각해 냈다.

우리가 가던 도로는 서울에서 원산까지 이른다. 원산은 수도에서 거의 정북 방향이지만 동해안에 이르는 가장 가까운 지점에 있는 항구이다. 산에서 씻겨 내려온 쇄석으로 구성된 부드러운 하얀 모래는 계곡 안에 훌륭한 도로를 만들어 도시의 성 바깥에 있는 한두 개의 구릉 뒤로 들어갔다. 도로 옆에는 논이 있었으며 우리는 몇 개의 마을을 지나갔다. 마을 사람들은 단골 여행자나 말을 돌봐 주는 것으로 살아가고 있었다.

노동자들의 오두막은 길에서 조금 떨어진 구릉 기슭에 자리 잡고 있었다. 많은 오두막이 마을을 형성하고 있는 곳에서는 사생활을 위해서나 약탈자로부터 스스로를 방어하려 4피트 남짓 되는 울타리로 둘러싸여 있었다. 비슷하게 울타리로 둘러진 공동변소가 마을 입구에 서 있다. 이곳만은 집밖의 도로에 쓰레기와 온갖 종류의 오물이 없었다. 집밖의 오물은 뜰이나 처마 밑에 모두 모아 놓은 것 같았다.

도로 양편에 있는 마을은 대부분이 흙으로 만든 달 모양의 벽으로 둘러싸여 있었다. 바깥쪽에는 폭우로 물이 불어날 때 산에서 흘러내리는 급류를 끌어들이려고 골이 패여 있다. 그러나 이러한 시설로 말미암아 집이 위험에 노출되는 일이 흔히 있으며 상당한 거리를 토양이 완전하게 휩쓸어 가 버릴 수도 있다. 산기슭에서 무시무시한 급류가 흘러내려 오기 때문에 산은 그림과 같이 아름답다.

화강암으로 이루어진 세 개의 견고한 산봉우리가 300~400피트 높이로 서 있었다. 멀리서 보면 세 개의 산꼭대기의 반들반들한 면이 단조롭게만 보인다. 어느 곳에서는 얼굴 위로 떨어지는 물이 반짝거리며 반사되고 있고 그렇게 떨어지는 물방울이 한 두 곳에서 틈을 만들어 놓았다. 그러나 일반적으로 산세는 지각에서 갑자기 솟아오른 강철 색을 띤 거대한 화산으로 이루어진 것 같다.

이 산 정상 주위의 많은 구릉들은 기슭을 향해 내려오면서 화강암의 거대한 덩어리로 급경사를 이루고 있는데 바위들은 마치 빙하에 깎인 횃대처럼 보인다. 뿔처럼 생긴 봉우리 근처에는 3천 피트 높이의 산이 있으며 그 위에 성벽이 눈에 들어온다. 성벽을 지나면 서울의 북한산성이 보인다. 구릉의 밑바닥의 부드러운 물질은 폭풍우와 비에 씻겨 버렸으나 구릉의 모습은 그대로 있었다.

그 성 안에는 식량 창고, 승병이 있는 불교 사원, 큰 규모의 아름다운 공원이 있고, 이 계절에는 단풍나무로 유명하다. 남한산성은 봄이면 진달래가 유명한 것처럼 이곳은 가을이면 진한 단풍이 아름답다. 조선 사람의 견해에 따르면 성은 급경사의 산으로 둘러싼 곳에 있기 때문에 다만 하나의 좁은 통로만으로 공격할 수 있다고 한다.

우리는 이 구릉의 북쪽 마루에 도착했다. 날이 저물자 일행은 뿔뿔이 흩어졌다. 패터슨과 그의 일행의 표시는 시발점을 떠난 후부터 전혀 보이지 않았으며 모리슨과 통역도 언제부터인가 보이지 않았다. 우리는 걱정스러웠지만 운이 좋게 나귀몰이꾼이 분위기를 바꿔 주었다. 나는 이미 그의 불그스레한 얼굴과 쉴 새 없는 웃음에서 그가 술을 많이 마셨으며 담배를 제외한 어느 것에도 관심이 없다는 것을 잘 알고 있었다.

나를 싣기에는 나귀가 너무 힘들다는 것을 안 내가 걸으려고 나귀에서 내렸더니 길모퉁이에서 몰이꾼이 내 대신에 나귀 등에 올라탔다. 조랑말은 나의 눈치를 보더니 그의 주인을 걷어차 버리고는 다른 무리의 나귀를 따라갔다. 몰이꾼의 당황한 모습과 책임을 수행하려는 묘안이 정말 재미있었다. 그런 배꼽을 잡는 사건이 일어난 뒤 마지막 3마일에는 아무 일도 없었다. 스무 개의 통나무 사이로 이어지는 거리에서 나는 몇 마리의 나귀와 몇몇 중국인들과 함께 있는 패터슨을 찾았을 때 일이 정말로 잘 되어 가는 중이라고 느꼈다.

"그곳은 어떤 숙소입니까?"

내가 물었다.

"개집보다 좋지 않군요."

패터슨은 대답했다. 날씨가 너무 어두워 그보다 더 좋은 숙소를 얻을 것 같지도 않았다. 우리 일행이 문을 통과하여 마당으로 들어서니 마당 한 가운데서 타고 있는 관목 더미와 등잔불에서 희미한 불빛이 새어나오며 건물의 윤곽이 나타났다. 거기에는 약 25마리의 나귀들이 있었다. 나귀가 모여 있는 곳은 아주 좁았다.

나귀들은 여전히 등에 짐을 실은 채 둥그런 모습으로 서 있었다. 말몰이꾼의 입장에서 볼 때 나중에 도착하는 사람이 쉴 공간을 만들자면 짐 꾸러미를 내리는 것이 어려웠기 때문이다. 어둠 속에서 우리는 실수로 사냥개 위에 프라이팬을 놓았다. 2×3피트 넓이의 낮은 격자창 덧문에는 종이를 발랐으며 바닥에서 약 2피트 높이의 진흙 벽에 걸린 채 흔들리고 있었다. 그것을 옆으로 밀어내면서 패터슨이 말했다.

"저기가 우리 방이오."

방은 두 개의 작은 담요를 깔 수 있는 크기의 개집이었다. 물병과 총집을 옆에 놓아두기에도 여유가 없었다. 우리는 방안에서 움직이려다가 방위를 가로질러 걸려 있는 들보에 머리를 부딪쳤다. 우리가 본 것이 이것이 전부라면 이 집의 개는 매우 열악한 곳에서 살았음을 첫눈에 알아볼 수 있었다.

그러나 더 이상 어떤 좋은 방도가 없었기 때문에 우리는 그 상황을 최상으로 받아들였다.

나귀의 나머지가 도착할 때까지 우리 모두는 방안에 있었으며 그 동안에 요리사는 멋진 음식을 준비했다. 거의 같은 크기의 방에서 우리는 보따리를 식탁으로 삼고 방바닥을 의자로 삼아 식사를 했다. 불운하게도 어느 성미 급한 사람이 보따리로 된 식탁 위에 판을 깔려다가 다른 두 사람의 국그릇만 엎어 버렸다. 이것이 식사 가운데 일어난 유일한 사건이었다.

식사가 끝났을 때 우리는 보다 조심스럽게 주위를 둘러보고서는 그곳에 있는 동물의 숫자에 놀랐다. 그 건물 안에 거의 40마리의 나귀와 그와 같은 숫자의 몰이꾼, 또 다른 여행자 그리고 4명의 유럽인인 우리 일행과 6명의 중국인이 있었다. 여기에는 집주인과 가족, 그리고 두 명의 감시원도 있었다. 감시원들은 마당 가운데 있는 모닥불 옆에서 담배를 계속 피우며 밤새 이야기하면서 앉아 있었다.

나는 이곳이 잠자는 곳이라고는 상상할 수 없었으나 남들의 불평을 사지 않으려고 노력했다. 나와 패터슨은 오두막집으로 기어들었다. 오두막에 문이 열려 있도록 받침대를 끼워 놓고, 우리는 조심스럽게 옷을 벗었다. 몹시 주의했음에도 불구하고 머리가 한두 번 들보에 부딪치지 않을 수 없었다. 그러나 그런 것들은 우리의 숙면을 방해하지는 못했다.

이른 새벽부터 주위에서 움직이기 시작했다. 목기와 놋쇠 항아리는 우리가 세수하기에 충분했다. 우리의 벗은 몸에 와 닿은 찬 공기는 놀라우리만큼 상쾌했으며, 우리는 우리의 세수를 지켜보는 조선 사람들을 만족시켜 주었다. 아침 식사와 나귀에 짐을 묶는 일에 많은 시간이 걸렸기 때문에 출발시간이 늦어졌다.

도로에서 첫 번째 3마일은 숲으로 덮인 작은 개울이 있는 길에서 끝났다. 근처의 구릉에 있는 솔밭과 낮은 나무의 영역은 꿩의 사육장인 것처럼 보였으나 아무 것도 보이지 않았다. 그 언덕 너머로 계속 과수원을 통과하여 넓은 논길로 들어섰다. 커다란 황새가 들판에서 먹이를 찾는 중이었다. 그 새에 접근하려고 해 보았지만 헛수고였다. 나귀몰이꾼들은 무슨 일이 일어나는가를 보려고 기다리다가 늦게야 목적지에 도착할 수 있었다.

모리슨은 우리에게 지저분한 여관을 마련해 주었다. 그는 이곳을 지난 여름에 와 본 적이 있었지만 그가 과연 이와 같은 최악의 상황을 그때도 겪었는지 알 수 없었다. 파리가 벽에 달라붙어 있었으며 덮지 않은 밥그릇이 파리로 뒤덮여 있다. 그 방안에서는 파리 냄새가 풍긴다. 그리고 그러한 공기에서 식사하는 것은 불가능하다.

마을은 꽤 작은 곳이었다. 그러나 수많은 여행자들이 점심 식사를 하려고 그 마을에서 쉬고 있었다. 그들 모두는 소금에 절인 생선을 나귀에 싣고 동해안에서 서울로 가는 중이었다. 거리에 있는 상점에는 청어와 다랑어로 가득했다. 이 마을에 도착하기 몇 마일 앞서 우리는 길옆에 있는 몇 개의 이상한 모습을 보았다. 도로의 한쪽 편에 서 있는 목재 기둥[장승]이었다. 이 목재 기둥의 한 면은 거칠게 깎여 있으며 보다 높은 부분에는 툭 튀어나온 이빨을 거칠게 조각한 인간의 모습을 하고 있었다.

이빨과 뺨이 약간 채색되었으며 전반적인 모습은 아주 잔인하게 보였다. 내가 수집할 수 있는 자료에 따르면 "수살막이"[1]라고 불리는 이 모습은 마을과 길에서 귀신을 위협하여 쫓아내려는 의도로 세워진 것으로서 온 나라 안에 퍼져 있었다. "장승"이라고 불리는 이정표는 모두가 유사하게 장식되었고 동일한 목적으로 사용되고 있음에 틀림없었다.

또 다른 매우 이상한 물건은 거칠고 평평한 돌이었다. 이 돌은 약 7평방피트 정도인 두 개의 작은 돌 위에 얹혀 있고 북쪽과 남쪽을 향해서 놓여 있다. 이 지방의 풍속에 따르면 그들은 임진왜란 당시에 "지기를 누르기 위해"

---

1) "수살막이" : 물에 빠져죽지 않기를 바라는 마음에서 동리 어구에 돌이나 나무를 쌓아 만들어 놓은 간이 제단을 뜻함.

일본 사람들이 세웠다고 한다. 이와 비슷한 고인돌이 일본에서 흔히 있는 것으로 보아 그들의 역사에는 어느 정도의 진실이 들어 있다고 할 수 있다.

그 마을을 지나가는 개천의 다른 쪽에는 약간 낮은 구릉이 있고 그 위에 고대 도시의 흔적들이 있었지만 나는 아무 것도 알지 못했다. 개천의 아래 방향을 따라 몇 마일에 걸쳐 도로가 이어졌다. 그리고 목재 더미에 얹혀 있는 지주로 구성된 어설픈 다리 위로 그 개천을 건넜는데 그 다리는 흙과 작은 나뭇가지를 모아 세운 것이었다. 그 무렵의 광경은 매우 아름다웠다. 남쪽과 북쪽에서 보는 모습이 서로 달랐다.

많은 산봉우리를 끼고서 수많은 길손들이 지나간 동쪽 산길에는 매력적인 협곡이 있었다. 산은 모두 화강암이었고 동쪽에서 흘러나와 본류와 합쳐지는 일부에는 사금이 포함되어 있었다. 만세교[2]에서의 사금 채취는 공식적인 금지와 엄한 제재에도 불구하고 여름 홍수 뒤 여러 해 동안 성행했다. 사금을 씻어 내리는 방법은 모두가 같았으며 목재 그릇으로 채취했다. 사람들은 깊이가 몇 피트나 되는 바닥을 파낼 수 없기 때문에 표면에 있는 사금을 채취했다.

해가 지는 방향을 따라 가던 우리가 작은 마을에 도착했더니 그 마을에는 앞서가던 나귀들이 쉬고 있었다. 우리는 용평에 이웃하고 있는 읍내의 관리와 저택에서 편안한 숙소를 고대했으나 계획이 변경되어 몹시 당황했다. 중국어를 아는 조선 사람 통역은 일행의 맨 끝에 처져 있었기 때문에 그 상황에서 대화를 할 수 있는 유일한 방법은 땅바닥에 한자를 쓰는 필담뿐이었다. 이러한 방법으로 우리는 나귀몰이꾼들에게 문제가 있다는 사실을 알았다. 우리는 큰길에서 다소 벗어난 용평을 떠나 서쪽으로 향하는 길로 들어

2) 만세교(萬歲橋) : 전국에는 만세교라는 이름의 다리가 많은데, 이는 함흥만세교를 의미하는 것으로 보인다. 지금의 만세교는 함경남도 함흥시 서쪽 성천강을 가로질러 가설된 콘크리트 교량으로 길이 500m이며, 1930년에 건설되었으며, 동해안 국도와 연결되고 있는데, 아마도 그 이전에 어떤 형태의 교량이 있었던 것으로 보인다.

섰다. 거기에서 우리는 어젯밤의 숙소보다는 좀 더 좋은 여인숙을 발견하고서야 어느 정도 마음을 누그러뜨릴 수 있었다.

18일에 우리는 전날 낮 동안 따라갔던 그 강을 벗어나 다른 지류를 건너 매우 완만한 언덕이 있는 계곡을 지나갔다. 그 계곡은 나무가 울창했다. 그 도로는 좁고 낮은 관목으로 덮인 둑 사이를 관통했다. 으아리꽃이 덤불을 이루고 있는 사이로 느릅나무와 산사나무들이 서 있으며 길을 따라 칡넝쿨이 무성했다.

정오의 휴식은 불필요하게 지체되었다. 우리는 그 원인을 찾다가 땅위에 뻗어 있는 나귀몰이꾼 두 명을 찾았다. 그들은 두 명의 병사로부터 편평한 막대기로 발가벗긴 채 엉덩이를 맞고 있었다. 우리는 당연히 그 이유를 알아보았다. 병사들로부터 대답을 듣는 동안 매질은 중단되었다. 사실을 알아본 즉, 우리의 호위를 맡은 병사들이 이 마을에서 교대했음이 밝혀졌다. 그들은 새로이 업무를 맡았는데 아무도 모습을 나타내지 않았다는 것이다. 그래서 우리를 수행했던 관리는 사람들이 나타나 인사를 차리지 않은 데 대한 화풀이를 그 나귀몰이꾼에 퍼붓고 있었다.

우리가 그들을 위해 중재에 나섰지만 그 관리는 거칠게 항의하면서 조선 사람들이 매를 맞는 것은 정당하다고 주장했다. 병사들은 명령을 기다리며 서 있었고 나귀몰이꾼들은 바닥 위에 오들오들 떨며 누워 있었다. 군중은 우리를 보려고 모여들었다. 마침내 그 관리가 우리에게 양보함으로써 일행의 출발이 허락되었다. 그 사건은 잘못이 있는 곳에서는 어떤 희생자가 벌을 받아야 하며 그러한 때 사려 깊은 사람은 뒤에 서 있는 것이 좋다는 것을 잘 보여주었다.

오후에는 다시 낮은 구릉으로 걸어갔다. 숲이 아름다운 강둑 아래서 붉은 따오기 한 떼가 우리의 감탄을 자아냈다. 우리는 이전에 따오기를 본 적이 없다. 이 아름다운 새의 모습은 우리로 하여금 더 많은 것을 볼 수 있으리라는 희망을 갖게 해주었다. 길을 조금 더 가다가 우리는 최근에 수리한 적이 있는 다리 위로 강을 건넜다.

밤이 다가오고 있었다. 다리가 있는 그 작은 마을에 우리가 도착하니 마을이 시끄러워지기 시작했다. 그들은 우리의 안전을 걱정하여 그러는 것이라고 설명했다. 그 도로는 우리의 방향과 정확히 같게 강둑을 따라갔다. 우리는 정지하라는 고함에도 불구하고 계속해서 서둘러 걸었다. 그때까지 우리는 약 3마일을 걸었다. 날이 매우 어두웠다.

우리의 처지를 서글퍼 하고 있을 때 우리들 뒤에서 불빛이 번쩍거렸다. 두 번째 불빛이 보이더니 세 번째 불빛이 나타났다. 그 마을 사람들은 마른 갈대에 불을 붙여 도중에 우리를 유도하는 횃불로 사용했다. 그들은 우리에게 횃불을 넘겨주고 길에 돌멩이가 있다고 목청껏 외치면서 우리를 보호해 주었다. 그때까지도 그들의 횃불은 가물가물 거리며 타고 있었다. 거기에는 우리를 만나려고 나온 또 다른 무리가 기다리고 있었다. 그들은 우리가 가는 길을 밝혀 주었으며 우리를 또 다른 집단에게 인계했다.

우리는 숲속 도로와 깎아지른 듯한 석벽을 지나 금화라는 도시로 들어갔다. 이곳은 우리가 들어갔던 최초의 도시이다. 그러나 반쯤 어두워진 이곳에서 우리는 아무 것도 보지 못했다. 그때 우리를 맞으려고 수령이 보낸 몇 명의 부하들이 불쑥 나타났다. 비가 내리고 있었기 때문에 그들은 온몸에 기름 종이로 된 우비를 뒤집어쓰고 있었다. 그들은 철제 등불을 휴대하고 있었는데 이는 내부의 촛불을 바람으로부터 막으려고 붉은 색 초롱에 긴 줄을 늘어뜨린 것이었다. 노란 색 기름종이 옷과 붉은 색 초롱, 흔들거리는 횃불은 아름다운 그림과 같았다. 우리에게 베푼 환영의 따뜻함 때문에 그 모습은 더욱 아름다워 보였다.

안내자를 따라서 한 100야드를 가자 마당이 나타났다. 마당의 한쪽 편으로 상당히 올라온 곳에 건물이 한 줄로 서 있었다. 길이가 약 30피트가 되는 공간이 돌계단을 향해서 열려 있었다. 마루 위에 몇 개의 깨끗한 멍석을 제외하고서 방안에는 어떠한 가구도 없었다.

고관의 행차(2)

그 방의 한쪽 끝에는 한 부분이 종이로 씌운 덧문으로 나뉘어 있다. 그 덧문은 위로 올릴 수도 있고 원한다면, 천장에 거꾸로 매달을 수도 있다. 양쪽 벽에 벽장이 있어 찬장으로도 사용되기도 한다. 그 벽장은 문으로 위장되었고 벽에 들어맞게 바닥과 천장은 지저분한 색의 기름종이로 도배하여 안으로 흘러드는 먼지를 막는 데 사용된다. 창과 벽과 문은 어떤 일정한 유형이 없이 흰 종이로 덮여 획일적인 모습을 하고 있다.

우리는 나귀와 짐을 오래 기다리지는 않았다. 비는 늘 몰이꾼의 움직임에 속도를 내게 하는 결과를 가져왔다. 오래지 않아 우리는 식사 대접을 받았다. 지난 이틀간의 불편을 잊을 수 있을 정도의 식사였다. 아침 일찍 그곳의 행정 책임자이자 우리를 초대한 관리로부터 인사차 방문을 하겠다는 전갈이 왔다.

아침 식사 뒤에 30~40명의 호위를 받으며 표범 가죽의 등받이를 댄 가마를 타고 현감이 도착했다. 옆에는 구종이 따라다녔으며 그가 가로질러 천천히 움직이며 신발을 벗은 뒤에 한두 마디의 의례적인 말을 한 뒤 다음에는 우리와 함께 방석에 앉았다. 그는 우리를 즐겁게 해주려고 노력했으나 매우 신경질적인 사람이었다. 그는 자신과 친면이 있는 상당한 위치의 중국인에 대하여 많은 말을 했다.

약간 말이 통하지 않다가 우리는 그가 모리슨의 하인에 대해 말하고 있다는 것을 알았다. 그 하인은 우리가 도착하기 며칠 앞서 짐을 갖고 도착했었다. 그 사람이 말하는 중국인의 지위가 어느 정도인지는 알 수 없지만 꽤 높은 지위에 있는 사람임에는 틀림없었다. 그는 중국 사람에 대해서는 최상의 존경을 표시했지만 영국에 대해서는 거의 말하지 않았다.

우리에 대한 그의 예의는 극진했다. 그는 우리에게 얼마간 머무를 것을 요청했다. 그는 우리가 원하는 곳이라면 어느 곳이든 창고나 숙소로써도 좋으며 무엇이든지 도와주겠다고 말했다. 그는 부하로부터 받은 담배를 두세 모금 빤 뒤에 그 부하에게 넘겼다. 그의 부하들은 바깥의 구경꾼에 이를 때까지 입에서 입으로 담배를 전달하였다. 그간 맛본 브랜디 한 잔은 아주 훌륭한 것이었으나 매우 독해 다 마시지 않은 채로 두었다.

그는 몇 십 분 더 머문 뒤에 자기의 거처로 되돌아갔다. 그의 거처는 우리 거처에서 얼마 떨어지지 않은 곳에 있었다. 그의 공관인 건물은 매우 훌륭했다. 건물은 6~7개의 마당을 갖추고 있었고 기와지붕과 석조 기초로 된 벽돌 건물이었다. 그 도시에서 진흙으로 지은 오두막을 제외하고서는 어떤 광경도 기억할 수 없었기 때문에 관아의 모습은 매우 대조적이었다.

그러나 사실상 그 마을은 그 관리와 그의 참모의 것이 아닌 것이 없었다. 그에게는 약 200명의 사람이 달려 있으며 가구 수는 200호를 넘지 않아 보였고 가게는 없었다. 시장이라 할 수 있는 장소에서의 교환은 10일에 한 번씩 열렸다. 하루 만에 그곳의 가난을 감지할 수는 없었다.

그런 것을 알려면 우선 수요가 필요하고 다음에는 그들을 만나는 것이 불가능하다는 것을 경험할 필요가 있었다. 그 당시 우리는 주민들로부터 물건을 사는 방법에는 장애물이 있다고 생각했다. 왜냐하면 우리는 관리의 상점을 제외하고는 어떤 곳에서도 물건을 얻을 수 없었기 때문이다. 쌀, 꿀, 현금, 콩, 나귀는 관리에게서 빌리거나 살 수 있었다. 달걀만은 우리가 필요한 만큼 얻을 수 있었다.

우리는 이 장소를 우리의 숙소로 잡았다. 왜냐하면 이곳은 서울 근처 광산 구역의 심장부에 있었고, 보고에 따르면 좋은 사냥터도 가까이 있기 때문이었다. 그래서 여기에 덫을 남겨놓았다. 패터슨과 모리슨과 벨쇼우(Velschow)는 약 4마일 정도 떨어진 풍동이라는 곳에서 은광을 조사했으며 나는 우리가 전날에 본 적이 있는 분홍 따오기를 찾아 나섰다.

그들은 운이 좋게도 폐광을 찾았으며 방연광의 몇 개의 표본을 획득할 수 있었다. 그들은 광산 근처에 있는 가장 큰 오두막집 한 채를 빌렸다. 패터슨은 도로에서 네 마리의 오리를 잡았으나 나는 따오기를 전혀 보지 못했다. 수많은 비오리와 물오리가 있었지만 오리는 드물었다. 사람들은 지나칠 정도로 공손했다. 한 남자는 강 건너편에 떨어진 오리를 나에게 전해 주려고 자기가 가는 길에서 몇 백 야드를 벗어나 걸어온 사람도 있었다.

저녁은 광산 이야기를 하고 통풍관 아래에서 용해된 방연광을 살펴보면서 보냈다. 귀금속을 분석하는 데 사용하는 회분 접시가 없어서 목탄진을 만들었으나 실험은 결과적으로 매우 미숙했음에도 불구하고 관심을 두지 않는 사람은 아무도 없었다.

다음날 아침에 우리는 인사차 현감을 방문했다. 바깥문에서 잡아당긴 종이 소리를 내어 우리의 도착을 알렸다. 그 종은 마당을 가로질러 있는 선으로 접견실에 연결되어 있었다. 부하를 대동한 주인은 우리를 맞이하려고 계단 위에 서 있었다. 그는 우리를 방으로 안내했다.

그 방은 완전히 깨끗하게 정돈되어 있었으며 방바닥에는 요와 덮개로 덮

계란 장수

인 베개를 제외하고는 가구가 없었다. 우리는 레이스 장식의 장화를 벗지 않아도 좋다고 양해를 받았지만 조선 사람들은 신발을 바깥쪽에 벗어 두고 들어왔다. 그 방문은 현감의 예민한 신경 때문에 분위기가 무거웠다. 그는 아직도 모리슨의 중국인 하인에 대한 깊은 인상을 가지고 있었다.

전날 저녁에 받은 만찬은 그 중국인 하인의 솜씨였다. 놋쇠로 된 담배통

나뭇꾼

과 물부리가 달린 곧고 긴 담뱃대와 생강차 한 잔이 나왔다. 그러나 이러한 것이 계속되는 어색함을 몰아내지는 못했다. 그가 다시 한 번 우리를 초대해 준 것과 그가 보호하고 있는 몇몇의 무거운 보따리를 돌보겠다고 약속한 것은 그가 아직도 우리에게 호의적이라는 것을 보여 주었다.

방문을 마치자마자 곧 우리는 거대한 나귀의 행렬과 함께 풍동의 광산으로 출발했다. 그 마을을 떠나면서 우리는 우리가 도착하던 날 저녁 때 희미하게 보았던 평평한 비석을 발견했다. 그 평평한 돌은 지방 수령이 그곳 주민에게 베푼 공적을 기록해 놓은 송덕비였다. 비석 일부는 쇠붙이였지만 대부분은 돌이었으며 그 위에 새겨진 글씨는 한자로서 일반적으로 간결했다.

돌 비석의 행렬이 끝난 곳에서 숲길이 시작되었다. 그 길은 대로에로 이어졌으며 관리의 관저에서 약 반 마일 정도 떨어져 지나가고 있었다. 나무가지에는 다양한 길이의 줄이 걸려 있었다. 그것들은 그네로 사용되었거나 아니면 그곳의 신성함을 보이게 하려는 의도가 있던 것 같다.

일단 그 마을을 벗어나니 경관이 바뀌기 시작했다. 시골의 도로는 주로 화강암으로 이루어졌으며 나무꾼에 의한 벌목으로 바닥이 드러나 황량했다. 동쪽으로 멀리 있는 언덕들은 변성한 사암으로 이루어졌으며 그 위에 숲이 희미하게 덮여 있었다. 이곳은 숲과 칡넝쿨이 깔려 있어 통과하기가 힘들었다. 구릉 기슭 위로 한 무리의 조선 사람이 개로 사슴과 꿩을 쫓고 있었다. 계곡을 따라 흐르는 작은 도랑에는 몇 마리의 물새와 그 사이에 오리 한 쌍도 있었다.

마을은 거의 없었으며 보이는 집은 모두 계곡에 자리 잡고 있었다. 금화에서 우리는 좋은 도로를 만났다. 그 도로는 서울에서 동해안의 원산에 이르는 길이다. 우리가 따라가고 있는 그 길은 아주 좋은 상태였다. 그러나 사람과 나귀는 짐을 실으려고 고용된 유일한 동물이었다.

큰길이 아니면 소를 교통 수단을 이용하는 일은 없었다. 한 두 곳에서 폐광이 보였다. 구리가 한 두 지점에서 발견되었다. 방연광은 이 지역의 많은 장소에 풍부한 은이 매장되어 있다고 하는 표시가 된다. 벨쇼우 씨는 몇 명의 중국인과 함께 풍동에 남아 무슨 일을 할 수 있는지 알아보려고 했다.

이틀을 이곳에서 머문 뒤에 패터슨과 모리슨 그리고 나는 우리가 들었던 몇 개의 광산을 조사하려고 출발했다. 우리가 첫날 여행한 곳의 경치는 매우 아름다웠다. 얼음이 언 개천을 따라 자작나무, 단풍나무, 참나무 숲이 있었으며 이끼에 묻혀 있는 몇 개의 바위는 케리의 기억을 떠올림으로써 점심 생각이 없어졌다.

오후 3시쯤 되자 쉬고 싶은 생각이 들었다. 잠시 뒤에 숲을 떠날 때 그 경치는 더 인상적이었다. 그 산의 급경사의 모습은 테라스와 탑의 모양을 이루고 있었으며 그 위에는 침엽수 숲만이 자라고 있었다. 주위의 경치에 매혹되어 우리는 어두워질 때까지 늑장을 부렸다. 그제야 우리는 나귀를 열심히 찾았다. 멀지 않은 곳에서 몇 마리를 발견한 우리는 우리가 목적지에 근접했다고 생각했다. 우리는 멀리 있는 마을의 밝은 불빛에 좀 더 가까이 다가가 보았다. 우리는 그것이 마굿간의 등불인 줄로 알았는데 실은 조선 사람의 횃불이었다.

우리는 어둠 속에서 그 고개를 넘어야 했다. 우리가 그 꼭대기로 올라갔을 때, 횃불이 앞에서 움직이는 것이 보였다. 어둠 속에서 이리저리 부딪히며 길 아래쪽으로 걸은 뒤에야 우리는 강둑 위에서 나룻배를 기다리는 일행을 만났다. 그들은 목청껏 사공을 부르고 있었다. 그러는 동안에 일행의 나머지는 언덕을 통과하고 있었다. 횃불에서 떨어진 불똥이 마른풀 위에 떨어져 길 한쪽에 얼마 정도의 거리에 불의 띠를 이루었다.

그날 저녁은 매우 쌀쌀했으며 나귀몰이꾼들은 침착함을 잃고 느린 뱃사공을 처벌하겠다고 위협했다. 화가 난 사공은 우리를 이쪽 편에 버려둔 채 강 건너로 돌아갔다. 장대한 조선 통역인은 마침내 약간 위로 올라간 거리에서 강의 얕은 부분을 찾았다. 강을 건너 배를 가져와 나귀를 세 마리씩 나누어 가까스로 강을 건널 수 있었다.

건너편 강둑 위의 마을은 황폐했으며 아무런 인적도 찾을 수 없었다. 우리는 그곳에서 가장 좋은 집에 숙소를 정했다. 우리는 땔감과 목탄을 함께 가져왔다. 우리는 마구간을 마련한 다음 저녁을 먹었다. 아직 아무도 되돌아오지 않았기 때문에 우리는 잠들기 전에 적뿐만 아니라 산적도 없는 구릉과 숲을 향하여 소리 지를 수 있는 목소리 큰 사람을 보냈다. 여행자들은 기꺼이 음식과 잠자리에 대한 댓가를 지불했다.

아침이 밝자 집주인과 마을 사람들이 깜짝 놀랄 일이 일어나지 않았음에도 불구하고 모두 자신의 일상적인 관심에 사로잡혔다. 숙박을 위해 있는 "온 마을"이 간접적으로 청구서에 포함된 것을 예외로 하면 그들과 우리들 사이의 오해로 빚어진 것을 빗대어 설명할 것이 전혀 없었다.

이곳에서 하루 머물면서 사람들은 첫날밤의 놀람이 있은 뒤인데도 두려운 기색이 전혀 없었다. 우리는 11월 25일에 반 정도 얼어붙은 강을 다시 건넜다. 이전에 걸은 행로로 되돌아가고자 우리는 시골을 가로질러 금성으로 갔다. 우리 일행은 다소 분산되었다. 그날 늦게 나는 호랑이 사냥꾼을 만났다. 그는 마지막 휴게 장소에서 우리와 합류했다.

우리는 가려는 방향에서 멀어졌기 때문에 길을 재촉했다. 그러자 그는 잠시 뒤에 양해를 구하더니 술집으로 들어갔다. 그 방은 8명의 사람이 들어앉기에는 불가능할 정도로 작았으나 여덟 명이 아주 상당한 정도의 밥과 채소와 무와 간장을 놓고 식사를 하면서 술잔을 비우고 있었다. 그들은 내가 그들과 합석할 것을 강권했다. 그들이 나의 합석을 요구한 것은 담배 때문이었다. 그런 다음 그들은 음식을 먹었다. 내 술병에서 위스키를 권하고 일꾼에게 담배를 피우도록 허락하자 부끄러움을 없애는 데 도움을 주었으나 내가 그들의 말을 이해하지 못한다는 것이 유일한 장애였다.

호랑이 사냥꾼이 따뜻한 술로 충분히 몸을 데우고 난 뒤에 우리는 출발했다. 8마일을 터벅터벅 걸은 뒤에 우리는 금성이라는 마을에 도착했다. 그곳에서 우리는 관아에 숙소를 잡았다. 불운하게도 우리는 도로 옆을 지나면서 호랑이 덫을 검사해 볼 시간과 불빛이 없었다. 덫은 통나무로 만든 오두막으로 되어 있다.

지붕에는 갈라진 막대 위에 들보가 걸려 있었고 그 아래에는 미끼가 놓여 있었으며 그 넓이는 겨우 움직일 수 있을 만큼 좁았다. 패터슨과 모리슨은 한 시간 뒤에 나타났다. 중국인 마부들 가운데 한 명은 다음날까지도 나타나지 않았다. 그 사람은 말을 타고 있는 동안 잠을 잤기 때문에 일행과 멀어졌다. 그는 말을 타고서 어떤 마을로 들어가 그곳에서 밤을 지냈다.

금성은 3~400호 정도의 마을이라고 그 마을의 현감은 자랑했다. 그는 금화에 있는 그의 동료와 마찬가지로 훌륭한 저택에 살고 있었다. 그는 우리에게 아주 좋은 방을 내주었으나 그렇게 공손하지는 않았다. 소문에 따르면 은광이 그 집 뒤편의 가까운 곳에 위치하고 있다고 한다. 그는 우리가 귀중품을 가져갈는지 두려워하고 있음이 분명했다. 그는 그 귀중품을 그의 주머니 안에 넣고 다녔다.

만약 그가 우리를 쫓아 버리려는 의도가 없었다면 그는 우리에게 사냥을 주선해 줄 수도 있었다. 왜냐하면 그곳에는 사슴과 꿩이 많았으며 호랑이와 산양이 마을 근처 산 속에서 발견되었기 때문이다. 우리가 그 문제에 대하여 질문을 했음에도 불구하고 그는 우리에게 아무런 정보도 주지 않았으므로 우리의 호랑이 사냥꾼은 그때나 여행을 하는 동안이나 전혀 소용이 없었다.

금성의 주변 시골을 돌아본 뒤에 대로를 따라 약 15마일을 북쪽으로 올라갔다. 금성의 오두막 지붕은 대부분 석판으로 씌어 있었다. 그 마을의 약 8마일 북쪽에서 우리는 물결치는 듯한 초원으로 들어갔다. 이 평원의 가장자리에 강이 가로지르고 있었다. 그 강은 평원을 구성한 용암층의 100피트 정도를 침식하고 있었다. 강의 한쪽 면은 가파른 절벽이었다. 토양의 양분이 불충분하여 이 평원이 경작되지 않은 채 남겨져 있음이 분명했다. 그러나 풀을 깎아 유용하게 쓰지 않는 것이 이상하게 보였다.

숙명처럼 다시 밤이 찾아왔다. 밤이면 서리는 더욱 심했다. 우리가 잠잘 조그마한 마을에 도착할 때까지 우리는 꽤 얼어 있었다. 그러나 우리는 우리에게 배정된 오두막을 여자들이 비워 주는 것을 허락 받으려고 밖에서 얼마 동안 기다려야 했다. 이방은 이제까지 우리가 보았던 어떤 방보다도 작았다. 그러나 우리는 잠잘 곳을 얻었다는 것만으로도 대단히 기뻤다.

다음날 아침 일찍 나는 핑크빛 따오기 한 떼를 발견했다. 패터슨이 그들을 나의 쪽으로 몰았다. 한 마리가 곧장 나에게로 날아왔다. 청명한 하늘에 떠 있는 이 새보다 더 아름다운 색을 찾는다는 것은 어려운 일이었다. 그러나 죽은 뒤에는 그 아름다움이 곧 사라졌다. 나는 그 뒤 이러한 아름다운 새들을 향하여 결코 총을 쏘지 않았다.

산으로 간 이번 여행의 목적은 은광을 조사하는 것이었다. 왜냐하면 은에 대한 소문이 미덥지 못했기 때문이었다. 그곳에서 돌아오면서 나는 산의 능선을 따라 내려왔는데 가는 곳마다 석궁을 눕혀 놓은 듯한 덫이 지천으로 깔려 있었다. 덫으로 말미암아 보행이 아주 불편했으나 덫이 놓여 있는 능선을 벗어나서 걷는 것은 거의 불가능했다. 왜냐하면 구릉의 사면에 있는 덩굴 식물이 밀집한 상태로 있기 때문이었다.

우리의 숙소는 다시 형편없었다. 오히려 이전보다 더 나빴다. 악취 때문에 문을 닫아 둘 수가 없었다. 마당에 있는 여물통에서 쇠죽과 물을 먹는 소와 우리 사이에 있는 유일한 칸막이는 언 오물 덩어리였다. 우리의 개는 돼지와 잠자리를 같이 해야만 했다. 왜냐하면 우리 짐이 가축들을 그들의 숙소에서 몰아냈기 때문이었다.

다시 한 번 우리는 수색을 시작했다. 둘째 날 오후에 우리는 산의 심장부로 가는 가파른 계곡을 따라갔다. 내가 다른 사람들 뒤에 처졌더니 내가 만난 모든 마을 사람들은 매우 당황하며 근심하는 것을 볼 수 있었다. 약 1,500피트를 올라가서야 나는 일행을 만났다. 한 여인이 전날 밤에 호랑이에게 물려 갔다는 것을 알았다. 그 여인의 다리 부분이 발견되었다. 사람들은 그것을 불에 태웠다.

근처에는 까마귀들이 음산한 기분으로 맴돌고 있었다. 마을 사람들은 우리에게 그 호랑이를 죽여 달라고 호소했다. 우리는 마침내 큰 경기에 가까워지고 있다는 것이 즐거웠다. 사냥꾼들은 호랑이가 있는 곳이라고 여겨지는 골짜기를 바라보며 산등성이를 따라 서로 다른 지점에 배치되었다. 그런 다음 그들은 우리를 향해서 언덕 위로 거슬러 올라왔다. 전반적으로 하는 일이 서툴렀다. 또 다른 계곡에서 같은 방법으로 몰이를 반복한 뒤에 우리는 기분 나쁜 그 일을 그만 두었다.

패터슨은 실망한 빛을 보이면서 내일까지 기다려 보자고 말했다. 그리고 그는 그가 찾는 광산을 발견하기 위해 옆길로 빠져나갔다. 모리슨과 나는 집으로 되돌아와 실내화를 신고 일기를 썼다. 저녁 식사가 준비되었으나 패터슨은 나타나지 않았다. 밤은 칠흑같이 어둡고 산길은 얼음으로 덮여 있었다. 호랑이가 이웃의 어딘가에 있다고 생각되어 다시 장화를 신었다.

우리는 돌아오지 않은 사람들을 찾으려고 손전등과 총을 갖고 집을 나섰다. 45분 뒤에 우리는 우리의 총소리에 대한 응답으로 쏘는 총소리를 듣고 그곳으로 갔다. 패터슨은 온통 땀에 젖어 있었다. 그는 어둠에도 불구하고 지름길을 따라 내려갔다. 낙엽은 두껍게 쌓이고 발길을 가눌 수가 없어 내려오기가 몹시 힘들었다.

다음날 우리는 호랑이를 찾으려고 다시 한 번 진지하게 시도했다. 몰이꾼들은 불리한 엄호처를 선택하고 싶어 하지 않았다. 한 여인의 죽음이 발견된 이후 언덕 중턱의 여러 곳에 즉각적으로 불을 놓았다. 그 짐승이 사냥꾼에게 쫓겨 갔는지 아니면 몰이꾼이 호랑이를 노출시키는 데 실패했는지 확실하지 않았다. 그러나 우리는 아직도 남은 기회가 있다고 말했다. 왜냐하면 우리의 조랑말이 밤중에 호랑이를 유혹할 수 있을 것 같았기 때문이었다.

다음날 아침에 눈이 내리기 시작했다. 우리는 다니기 힘들어지기 전에 아래로 내려가는 길을 잡았다. 우리가 금성으로 돌아온 오후와 그 다음날에 길이 있는지 알아보려고 풍동으로 가는 언덕을 넘으려 했으나 눈이 너무 많이 내려 실패했다. 내가 보기에 가장 바뀐 것은 탁자의 구조였다. 마침내 우리는 자연스런 위치에서 다시 한 번 식사를 할 수 있었으며 소화에 가장 나쁜 각도에서 몸을 비트는 일이 없었다. 그때까지도 추위는 맹렬했으며 허기가 엄습했다. 그렇게 배가 고픈 중에도 식사 시간의 자세가 편안한 것만으로도 고마웠다.

패터슨이 빌린 풍동의 작은 오두막에서 머무는 동안 우리는 그 집의 아녀자들이 철저하게 내외를 하는 것에 놀랐다. 나는 여자를 한 명도 본 적이 없다. 밤중에 아기를 잠재우려는 어떤 여인의 희미한 중얼거림을 듣고서야 이곳에도 여자가 있다는 것을 알았다. 그 오두막은 평범한 농부의 소유였기 때문에 이 여인들이 살고 있는 외진 곳에는 상당한 양의 일상적인 물건들이 있어야 하지만 여기에 있는 물건의 상태는 우리가 다른 곳에서 보았던 것과 마찬가지였다.

이때(12월 4일)의 추위는 아주 대단했다. 우리는 정신력으로 버텨야만 했다. 우리는 찬물을 마셨는데 저녁 식사 가운데 금속 잔에 부은 물이 곧 가벼운 얼음덩이로 변해 음료수를 마실 수가 없었다. 우리가 사냥하러 함께 온 동료를 불렀을 때 그들은 모두 비명을 지르며 그만 두었다. 사람을 물색했으나 마을 전체에서 돈을 위해 추위를 무릅쓰고 나서는 사람은 두 명의 어린 소년이었다.

우리는 미련 없이 금화로 되돌아갔다. 그러나 우리가 거기에서 잠든 첫날 밤 우리는 또 다른 일로 고통을 받았다. 왜냐하면 방바닥이 변색할 정도로까지 뜨거웠기 때문이었다. 우리는 열린 병속에서 완전히 녹아버린 바셀린의 운명과 같았다.

날씨가 추우니까 야생 오리가 물속으로 들어갔다. 우리는 그날은 아주 즐겁게 사냥을 했다. 우리는 친절한 집주인과 작별한 뒤에 상하이에 있는 나의 친구들에게 분배할 많은 양의 꿀을 구하여 그곳을 떠났다. 그 꿀은 그 나라의 풍속에 따라 포장했다. 속이 빈 통나무 속에 꿀을 넣는데 아마도 이러한 포장 방법은 결과적으로 결코 좋은 방법이 아니었다. 꿀은 매우 좋은 품질이어서 우리의 눈길을 끌었다. 금화로 되돌아가려고 우리는 쉬운 길을 따라 서울로 되돌아갔다.

둘째 날에 우리는 맑은 날씨에 어느 마을을 통과했다. 3인치 정도의 나무로 만든 곽 속의 안경, 아닐린 물감, 담배주머니의 비단 장식, 그리고 양말이 팔려고 내놓은 주요 상품들이었다. 그러나 우리는 일상으로 쓰는 벽지를 조금 구입하는 데 상당한 어려움이 있었다. 그 마을이 꽤 작은 것은 사실이었지만 전시한 상품은 우리가 지난 8일간 보아왔던 어떤 곳에서 보다 많았다.

금화와 서울 사이의 도로 사정은 훌륭했다. 서울로 많은 양의 생선이 수송되는 중이었다. 북쪽 지방에서 온 구리 광석이 우리의 눈을 끌었다. 일반적으로 가마니로 포장되어 있었다. 어떤 경우에 인간의 모발은 비와 태양에 노출되기 때문에 코코넛 섬유와 아주 많이 닮았다. 서울로 가는 길에 생긴 일은 조선에서의 무역에 수반되는 극적인 어려움의 증거로 기억할 만한 가치가 있었다.

풍동에 있는 광산에서 일하는 일꾼들에게 지불해야 할 동화 때문에 서울로 사람을 보낼 필요가 있었다. 24,000냥(미화로 약 30달러이며 5~7파운드임)을 실을 두 마리의 나귀와 두 명의 몰이꾼을 수행하여 광산까지 호위하려고 두 명의 병사를 고용했다. 그러나 몰이꾼이나 병사들은 중국인 하인이 동행하지 않는다면 이 어려운 일을 맡지 않겠다고 거절했다. 우리는 서울에서 약 30마일쯤 되는 곳에서 일행을 만났다. 어리석은 중국인 일꾼은 다른 사람을 보호한다는 고상한 의미를 띄고 있다는 것이 흥미로웠다.

우리가 여행 도중에 겪었던 일들은 언짢은 기억들밖에 없다. 우리가 방문했던 모든 광산 가운데 한 곳만이 유일하게 작업 중이었다. 우리는 단 한번 용해된 은 조각을 보았으며 만약 나의 기억이 정확하다면 그것은 9-10달러 이상의 가치도 없었다. 무면허 금 채취에 대한 금지는 엄격하게 시행된다고 알려졌지만 만약 금이 어느 정도라도 있다면 그것은 장식용일 뿐이다.

서울의 가게에서도 그러한 장식이 없는 것으로 보아 금의 산출은 매주 적다고 결론 내릴 수밖에 없다. 탁자의 도구는 모두 놋쇠인 것으로 보아 구리에 대한 수요는 상당했다. 그 나라의 통화는 일정 비율의 구리를 포함하고 있다. 그러나 서울 근처의 광산들은 대규모로 채광하기에는 채산이 맞지 않는다. 철은 거의 보지 못했으며 집이나 혹은 배를 건조하는 데 사용하고 그

밖에 몇몇 주방 기구와 농업 기구에 사용될 뿐이다.

이번 여행은 큰 실패였지만 이런 장애를 사냥이라는 면에서 상쇄시킬 만한 소득이 있었다. 경치는 매력적이었으며 날씨는 하루 이틀을 제외하고는 맑고 상쾌했다. 사람들은 늘 친절했고 우리가 어디를 가든지 매우 진기한 것들이 우리를 기다리고 있었다. 그럼에도 불구하고 서울로 되돌아와 묄렌도르프 씨와 그의 부인처럼 친절한 사람들과 함께 지낸다는 것은 즐거운 일이었다.

산 속에서 지내다가 돌아와 보니 서울의 기온은 매우 온화했으나 마포 나루는 폭과 유속에도 불구하고 얼어 있었다. 도로는 얼음이 얼어서 아주 미끄러웠으며 소들은 보행을 안전하게 하려고 철로 된 편자를 달고 있다. 소는 항상 편자를 달고 있다. 흔히 볼 수 있는 도로변 풍경 가운데 하나는 주인이 담배 피우는 것을 끝마칠 때까지 대장간의 바깥에 누워 있는 소의 모습이다.

거의 한 주일의 휴식을 가진 뒤에 우리는 제물포로 출발했다. 그곳에서 우리는 기선을 찾았지만 없었다. 아직 여관도 없었으며 항구의 감독관인 슐츠 선장[3]이 세운 판잣집 마루 위에 누울 수 있는 것만으로도 기뻤다. 거류지 가운데에서 바람이 가장 잘 통하는 곳에 묄렌도르프 씨는 시간에 맞춰 도착하여 사방 6.5피트의 마루방을 차지했으며 우리 네 명도 이부자리가 있는 잠자리를 구했다. 그 정도라면 가장 인정스러운 사람이 우리에게 베풀 수 있는 것이었다.

다음날 아침에 한 기선이 도착하여 남경이라는 이름의 훌륭한 기선이 2일 전에 떠났다는 소식을 전해 주었다. 그 날도 그리고 그 다음날도 배가 떠날 기미가 없자 마침내 절망한 우리는 중국인 해관과 묄렌도르프 씨를 싣고 부

3) 슐츠 선장(Captain Schultz) : 그는 1883년 봄에 묄렌도르프(P. G. von Moellendorff)를 따라 조선에 부임했다.

산으로 가는 중국 기선을 탔다. 항해 가운데에는 선실이 전혀 없다는 말을 우리는 들었다.

우리는 이미 그것을 알고 있었으므로 그럴 각오가 되어 있었다. 우리의 짐과 개와 하인들은 보트를 타고 모선에 승선하려 했으나 조류가 심하여 300야드 이내로 접근할 수 없었다. 보낼 수 있는 모든 것은 작은 배로 보내고 우리들은 각자 대형 여행용 가방에 목숨을 걸었다. 그렇게 해서 우리는 출항했지만 불운한 중국의 하인들은 그곳에 남아 짐을 보살피다가 3주 뒤 출항하는 배를 타도록 했다.

객실이 없기에 모리슨과 나는 조타실에 있는 선실을 함께 썼는데 첫날밤은 선창에서 흔들리는 체인 때문에 큰 고통을 받았으며 다음날 밤에는 그 체인을 묶어 두었기 때문에 겨우 잘 수 있었다. 아침에 일어나 보니 대형 가방이 없어졌다. 수색을 해서 선수에서 그것을 곧 찾았으나 내가 조선의 골동품을 사려고 했던 돈 몇 달러는 이미 없어져 버렸다. 조선의 일꾼이 그 돈을 훔쳤다는 것은 의심할 나위도 없다. 그는 부산으로 가는 도중이었으며 나의 가방 속에 든 내용물들을 본 적이 있었다.

상륙하기 전에 그를 발가벗겼으나 없어진 돈은 나오지 않았다. 그는 나에게 웃음을 지으며 작별 인사를 했고 그 다음에 만날 때도 그런 식으로 인사를 했다. 시골에 가면 방이 부족해 우리는 짐을 노천에 내어놓았지만 짐을 잃어버리는 경우가 없었다. 이런 점에서 볼 때, 조선 사람들은 서구 문물이 들어오기 이전까지는 정직했다. 그러나 서양 문물이 들어온 이후에 사정이 많이 바뀌어 절도에 대한 적절한 처벌이 필요하다는 얘기를 우리는 자주 들었다.

부산은 조선의 도시이지만 마치 조선 사람이 살지 않는 일본의 도시와 꼭 같다. 몇몇 중국인들이 그 뒤에 들어와 자신들의 살 길을 찾아 몇 개의 상점을 열었으나 일본 관리들에게 밀려 폐쇄되었다. 중국의 해관은 결과적으로 그의 국민들을 위해서 어떤 조치가 취해지고 있는가를 알아보려고 내려온 셈이 되었으며 묄렌도르프 씨도 같은 처지가 되었다.

일본인들의 입장에서 보면 이러한 격리 정책은 일본이 1876년에 조선과 수호 조약을 체결한 결과로 빚어진 변화라고 다소 놀라운 설명을 하고 있다. 그러한 조치가 지속될 수 없었던 것은 필연적이었다. 일본이 거의 300년 동안 부산을 완전히 점유한 이후 몇 년 전부터 조선 정부가 그렇듯이 부산에서 외국인에 대한 제한은 무너졌다.

우리의 조선 방문은 부산에서 끝났다. 우리는 기선의 상사원에게 상해까지 직접 배를 운항하자고 제의했다. 항해하면서 바닥에 짐이 없고 석탄도 모자랐기 때문에 그러한 항해는 위험한 일이었다. 그러나 홍콩으로 갈 때까지 북풍이 불지 않았다. 그리하여 크리스마스 이브의 저녁 식사 시간에 맞춰 우리는 상해에 도착했다.

제 5 장 초기의 영사관 시절

1884년 봄, 파크스 경(Sir Henry Parkes)은 그 전해에 교섭을 했던 조약의 비준서를 교환하고자 조선으로 갔다. 조선 주차 총영사로 잠시 임명된 애스톤[1] 씨와 힐리어[2] 씨는 파크스 경을 수행했으며 나는 일본을 경유하여 그들을 만나고자 제물포로 갔다. 나는 조선 주차 부영사로서 제물포에 숙소를 정하라는 지시를 받았다.

그러나 제물포에는 지난해 겨울 이래 별 변화가 없었다. 몇 명의 일본인들이 깨끗한 숙소를 세웠고 조선 사람들이 세운 30~40여 채의 초가집들이 부쩍 늘어났다. 외국인이 거주한다는 사실에 익숙해진 조선 여인들은 거리에 간단한 노점상을 벌였다. 길, 둑, 방파제 등의 모든 시설이 미비한 상태라 이들을 건설할 필요성이 절박했다.

4월 25일, 파크스 경은 애스톤 씨, 힐리어 씨 등의 참모, 그의 딸 그리고

---

1) 애스톤(William G. Aston : 1841～1911) : 영국의 외교관이며 언어학자. 퀸스대학에서 석사 학위를 받고 35년 동안(1864～1889) 일본과 한국의 공사관과 영사관에서 근무했다.

2) 힐리어(Walter C. Hillier : 1849～1927) : 영국의 외교관. 홍콩 출생. 1867년부터 북경 주차 영국공사관에서 근무하며 서기관(1885～1889)을 거쳐 1889년 이래 서울 주재 총영사 대리를 역임하고 총영사가 됨(1889～1896). 외교관으로 은퇴한 뒤에는 런던 킹스칼리지의 중국학 교수로 재직(1904～1908)하면서 『중국어문법』(1907)과 『영중사전』(1910)을 저술함.

하녀를 대동하고 서울로 출발했다. 내가 보기에 이 여인들은 서울에 발을 들여놓은 최초의 영국 여성들이었다. 서울에서 비준서의 교환은 4월 28일에 있을 것이라고 발표되었으며 두 명의 조선 대신들이 비준서를 교환할 때 영국 선박 클레오파트라호 선상에서 왕을 위해 예포를 발사하는 광경을 참관하러 갔다. 그 둘은 모두 정장을 하고 있었는데 붉은 소매와 오렌지색의 어깨 받이가 달린 얇은 비단 관복을 입고 있었다. 이 옷의 가장 인상적인 부분은 구슬 모양으로 목을 두른 목걸이였다. 이것은 턱 아래에 걸려 있었는데 호박과 홍옥수가 교대로 꿰어 있었다. 그 기능은 모자를 고정시켜 주는 동시에 목과 뺨을 시원하게 해준다.

두 사람 가운데 한 사람인 민영목[3] 대신은 히피슬레이(Hippisley) 선장이 국왕 폐하를 위해 축배를 제안하자 공손하게 화답했다. 많은 사람들이 대신을 수행했는데 그들 모두가 배에 승선할 수 있도록 보트를 제공한다는 것은 곤란한 일이었다. 그러나 행사는 지장 없이 잘 진행되었고 대영제국의 해군이 조선 사람들에게 좋은 인상을 주는 데 도움을 주었다.

5월 1일, 파크스 경은 영국 여왕의 편지를 조선의 왕에게 전달했다. 히피슬레이 선장과 클레오파트라호의 5명의 선원들도 참석했으며 애스톤 씨와 나도 참석했다. 파크스 경은 진홍색의 관복을 입은 조선 대신들의 영접을 받았다. 그들은 허리에 사슴뿔과 홍옥수로 만든 편평하고 딱딱한 허리띠를 차고 있었다. 이 허리띠는 양 옆으로 몇 인치 튀어나온 딱딱한 쇠고리로 연결되어 있었다. 궁정에 사는 이 관리들과 환관들은 보통 조선 사람들이 쓰는 모자를 쓰지 않고 머리와 수평을 이루며 앞쪽으로 약간 기울어져 있는 날개가 달린 모자를 쓰고 있었다.

약간의 시간이 흐른 뒤 파크스 경은 남향이며 궁정 뜰보다 몇 피트 높게

---

3) 민영목(閔泳穆 : 1826~1884) : 민씨 척족. 1871년에 문과에 급제한 뒤에 이조판서 한성 판윤, 평안도 관찰사, 병조판사를 역임했으며, 갑신정변 당시에 살해됨.

조정 대신

세워진 건물에서 왕의 영접을 받았다. 왕의 양 옆에는 칼을 빼어 든 사람들이 도열해 있었으나 왕의 표정은 온후했다. 왕의 의복은 매우 단순했고 허리띠의 구성과 모자를 조이는 방법을 제외하고는 신하들의 복장과 별로 다른 점이 없었다. 왕은 파크스 경에게 몇 마디 말을 건네었는데, 사람을 대하는 모습이 매우 간결하고도 친절했다. 그 접견은 수행 중인 조신들 외에도 몇몇이 더 볼 수가 있었다. 왜냐하면 방의 양옆의 격자 세공 무늬의 종이 구멍을 통해서 다른 사람들도 볼 수가 있었기 때문이다. 여왕의 편지를 담은 작은 상자를 든 수병(水兵)은 아마도 왕의 태도와 모습에서 깊은 인상을 받

악사

은 듯했다.

구경거리로서는 그 의식이 실망스러운 것이었다. 접견실은 중국의 고관대작들의 그것보다 규모나 양식에서 좀 떨어지는 것이었다. 궁정 대신들의 의복은 평상시에 입는 옷들에 견주어 크게 다르지도 않았고 가구들은 조잡한 양식과 색깔을 지닌 독일 카펫을 사용함으로써 그나마 있던 단순성의 매력마저도 없어져 버렸다.

그러나 구경거리를 논외로 한다면 의식과 관련된 모든 세부 사항들은 조선과 멀지 않은 일본에서 11년 전에 있었던 상황과 재미있는 대조를 이루었다. 공손함과 심사숙고 그리고 친절한 태도는 모든 언행에 잘 나타났다. 참석자들 모두는 왕이 궁정에서 영국을 대표한 영사에게 호의를 보여주고 싶어 하는 그의 열의에 모두 감명을 받으면서 대궐을 떠났다.

그날 저녁 성대한 만찬이 예조에서 거행되었다. 그러나 불행히도 그것은 유럽식이었고 유일한 조선식이라고는 왕이 보내 준 관악기 악대와 현악기가 연주되고 있는 방으로 안내된 것뿐이었다. 다음날 아침에 중국인 하인이 보이지 않았다. 그는 친구와 함께 저녁을 먹고 숙소로 돌아오다 야밤에 거리를 나돌아 다녔다는 죄명으로 경찰에 체포되었던 것이다. 그는 곧 석방되었는데 그 이후에도 그가 외식하는 것에 대해 거의 걱정하지 않은 것이 놀라웠다.

며칠 뒤 나는 한강을 탐사하고자 클레오파트라호의 두 명의 장교들과 함께 제물포로 돌아왔다. 작은 증기선에 예인되는 군함용 돛배를 타고 1871년 미국 탐험대의 습격[신미양요]을 받았던 요새를 바라보면서 우리는 내륙과 강화도 사이를 통과했다. 섬의 일부는 돌 벽으로 둘러싸여 있었으며 다른 벽은 해안의 언덕 능선을 따라 서 있는 것이 보였다. 넓이의 가장 좁은 부분이 약 250야드의 넓이로서 물줄기가 급히 꺾이고 물살이 거세 굽이치는 물결에 거의 강 건너까지 파도를 일으켰다.

배는 별로 어려움이 없이 통과했으며 조금 전까지 만해도 그토록 심했던 급류는 예상했던 것보다 그리 위험하지 않았다. 서서히 사태를 살피려고 물결을 따라 내려가던 우리는 갑자기 바위를 만났다. 갑작스러운 충격으로 배 위에 임시로 놓여 있던 식탁이 뒤집혔다. 그때 나는 시계를 잃어버렸다. 손에서 벗겨져 땅에 떨어진 시계가 보이지 않아 결국 찾지 못했다.

섬의 북쪽 모퉁이에 도착한 우리는 그 쪽에 출구가 있는 강의 지류가 다른 것들과 거의 똑같은 크기라는 것을 알았다. 본류에 되돌아 와 보니 한강의 큰 지류인 임진강과 만나는 지점까지의 강의 폭은 약 1마일 정도 되었다.

물결의 힘이 너무 대단해서 오후에 우리는 닻을 내려 멈추고 조류가 바뀌기를 기다렸다. 이 나라는 그 이전에 내가 여행했던 다른 지역과 비교해 볼 때 비교적 온화한 곳이다. 대부분의 땅에는 쌀농사를 짓고 있었다. 주민들은 호기심이 거의 없어 우리를 별로 주목을 하지 않았다. 밤에 우리 일행은 키니네를 듬뿍 복용하고 선상에서 잠을 잤다.

다음날 우리는 여행에서 물이 부족하여 훨씬 더 곤란을 겪었다. 그 강은 아주 얕았으며 가장 깊은 곳은 5~6피트 정도였다. 강에는 몇 개의 바위가 있었는데 우리 배가 거기에 부딪혔으나 피해는 없었다. 강 이쪽으로 되돌아가려다가 강둑에 부딪혔는데 조수가 약해 몇 시간 동안 그 자리에 머물러 있었다. 물이 빠지자 강바닥이 보였으며 배는 거의 뱃전의 위 끝까지 모래에 잠겨 배를 파내야 했다.

그러나 조수가 바뀌는 순간 모래는 거짓말처럼 사라져 버렸다. 이러한 물의 만조 현상은 여행 가운데 가장 기억할 만한 일이었다. 한두 마리의 큰 올빼미가 강변에 앉아 있는 것이 보였으며 몇 마리의 비오리와 잠수부들이 움직이는 것이 보였지만 조류는 거의 볼 수가 없었다. 고기 잡는 어부들이 거의 없는 것으로 보아 고기도 역시 별로 없는 것 같았다.

마포에 도착하니 이곳 사람들은 다른 곳과는 달리 증기선에 조금 더 관심을 보였지만 어부들은 자신들의 새로운 경쟁자를 놀랠 정도로 찬찬히 응시할 뿐이었다. 그곳에서 이틀을 머문 뒤 우리는 별 탈 없이 제물포로 돌아왔다. 모래 둑에 좌초한다든가 급류에 휩쓸려 바위에 부딪힌다든가 하는 일도 없었다. 증기선과 돛배는 곧 자유롭게 운항할 수 있게 되었으며 망가진 곳도 없었다. 키니네 덕분에 여행 가운데 어떤 병도 발병하지 않았으며 다만 내가 데리고 있던 스패니얼 개가 여행 가운데 얻은 열병으로 죽었을 뿐이다.

며칠 뒤 파크스 경이 중국으로 떠났다. 그가 출발하고 난 뒤 나는 조선에서의 삶이 무엇을 의미하는가를 쉽게 깨닫게 되었다. 서울 주차 미국 영사인 푸트[4]의 부인과 제물포에 있는 독일과 스페인 여성이 선상에 있는 유일한 여성들이었다. 제물포에는 10여 명의 유럽인과 미국인들이 살고 있으며 서울에는 약 10명 정도가 살고 있었다. 제물포에는 일본 영사관을 제외하고는 모두 임시 건물들이다. 일본인 거류지에는 이미 목조 상점들이 들어선 거리가 서너 개에 이르렀으며 그곳에는 아주 간단한 종류의 일본 상품들이 진열되어 있었다.

나의 숙소는 일본인 거류지에서 단 한 채밖에 없는 2층집의 위층이었다. 앞의 창문을 통해서 바다의 전경이 내다보이며 마루 건너에 집주인과 그의 친구가 살고 있었다. 해안 바깥쪽으로는 이 지역의 모든 쓰레기들이 멀리 떠내려갔다가 조수에 의해 다시 밀려오곤 했다. 거리는 진흙투성이어서 발목이 빠지고 신작로는 언덕의 중턱을 잘라 내며 지나갔다.

초가집으로 이루어진 두개의 촌락이 일본인 거주지와 맞닿은 외곽에 형성되어 있는데 영국인 거주지의 상당 부분을 차지하고 있으며 외국인 촌락에서 일자리를 찾으려는 원주민들이 여기에 기거하고 있었다. 이 초가집들은 조선의 보통 빈민촌보다도 불결했다. 왜냐하면 남자들은 가족이 없이 와서 여러 달 동안 돼지 같이 우글거리며 살면서 1~2달러만 벌어도 만족했기 때문이다.

물이 빠진 바다는 눈앞에서 사라져 버리고 몇 마일 안에 뻘 밖에는 아무것도 보이지 않는다. 갯벌에는 물이 빠지면서 이루어진 줄이 교차되어 있고 여기 저기 한두 개의 조그만 섬들이 점찍은 듯이 있을 뿐이다. 이 섬 가운데 하나에 일단의 화폐 주조자들이 모여들어 조선의 위조 화폐를 만들어 낸다. 조선 화폐는 멕시코 달러와 약 170 : 1 정도이며 영국의 1파딩[5]에 해당하기

---

4) 푸트(Lucius H. Foote : 1826~?) : 미국의 해군이자 외교관. 캘리포니아주 재판관, 칠레 주재 미국 영사를 역임한 바 있으며 1882년에는 조선 주차 초대 미국 공사로 부임해 한미수호통상조약 비준서를 교환했다. 그 뒤 그는 조선에서의 신분 유지가 어렵게 되자 공사직을 사직했다.

5) 1파딩(farthing)=1/4페니(penny).

때문에 그 이익은 결코 크지 않다. 사실상 위폐는 그들의 목숨뿐만 아니라 얼마 안 되는 조선의 철광석 매장량마저 위태롭게 한다.

만조가 되면 이 지역은 매우 아름답게 보이며 이때 증기선이 들어오는데 방문객들은 초입부터 즐거운 인상을 받게 된다. 영국영사관이 자리 잡은 작은 언덕에서 보면 개성의 뒷산이 아련히 보인다. 개성은 여기서 40마일 떨어져 있으며 바다나 해안의 어느 쪽으로 가더라도 먼 거리이다. 언덕 양쪽은 급격한 경사를 이루고 있으며 많은 칡, 백합, 불두화 나무 등이 만발해 있고 여러 종의 우아한 초롱꽃이 몇 십 종의 다른 꽃들과 함께 어울려 피어 있다.

주변 언덕은 꽃들로 만발해 있다. 각시붓꽃, 으름덩굴 그리고 야생장미 등이 특히 예쁘다. 오랫동안 계곡에서 전에 들은 바 있는 백합을 열심히 찾아 그것이 무더기로 피어 있는 곳을 겨우 발견했다. 야생 모란도 흔히 눈에 띈다. 가로변은 볼레나무 향기로 달콤한 냄새가 가득하다. 자귀나무의 가벼운 꽃송이가 한꺼번에 물결처럼 흔들린다. 하늘색의 용담뿌리도 이른 아침 풀 속에 박혀 있다. 노랑, 빨강의 백합들이 핑크빛 조팝나무와 서로 아름다움을 뽐내고 있고 다양한 종류의 싸리나무 꽃은 어디에나 피어 있다.

상해와 견준다면 이곳은 마치 꽃의 낙원과 같다. 나무의 종류와 수도 풍부하다. 난쟁이참나무, 작은소나무, 꽃이 만발한 밤나무, 오리나무, 느릅나무, 너도밤나무, 옻나무, 스무나무, 감나무 등은 아주 흔한 종류들이다. 오동나무, 개오동나무 등도 자주 눈에 띈다. 오갈피나무와 느티나무 등도 상당한 규모로 피어 있다.

꽃을 빼어 놓으면 마음을 줄 곳이 그리 많지 않다. 즐거움을 찾을 만한 일이 늘 있는 것도 아니다. 나는 영사관의 소형 배로 소풍을 자주 가고 싶었지만 조선의 선원들은 노를 젓는 훈련을 가르치기가 매우 힘들며 배가 출발하면 그들은 상상을 초월할 정도로 신경질을 부린다. 배를 사용할 경우 배를 약 200~300야드의 진흙탕에서 끌어내어 물가에 두는 등 몇 시간 앞서 준비를 해야 한다.

배의 도구들은 도둑에 대비해서 따로 보관해야 한다. 제방은 거친 돌로 느슨하게 쌓아 만들었고 어느 배라도 정박할 수 있도록 되어 있다. 때로는 태풍으로 배들이 위험에 빠지기 때문에 그럴 때는 파도로부터 멀리 배를 끌어올려 두어야 한다. 배가 정박지에서 멀리 떠내려가 완전히 사라져 버린다면 다른 외국의 배들도 그 경우 마찬가지겠지만 모든 가능성은 사라져 버린다.

승마에도 역시 많은 장애가 있다. 말구종을 일일이 가르쳐야 한다. 편자공을 상해에서 데려올 때까지는 편자 박는 일이 불가능하다. 구종들의 꾀병은 항상 있는 일이기 때문에 마구를 바꾸거나 수리할 가능성은 전혀 없다. 서울을 다녀오는 일을 제외하면 나귀를 탈 일이 없다. 산책로가 아름답기 때문에 나귀가 없어도 별로 문제되지 않는다.

언덕은 기복이 적고 그 경사면은 나무나 풀로 덮여 있으며 서울 뒤편의 산들을 향해 층층이 쌓여 있다. 언덕 사이의 좁은 계곡에는 나무숲 사이로 농가들이 보이며 계곡 중심에는 벼농사를 짓고 있다. 논은 계단식으로 되어 있으며 좁은 편자 모양을 이루고 있다. 그 궁형은 산능선까지 솟아 있고 그 기반은 해변으로 이어져 있다. 물이 없는 곳에서도 면화, 옥수수, 기장, 콩, 들깨가 쌀농사에 적합하지 않은 언덕 아래 부분의 이상한 모양의 밭에 가득 심어져 있다.

중국에서 한쪽에서 다른 쪽으로 물을 퍼 올리는 양수차 대신에 조선에서는 논에 물을 대는 데 훨씬 더 간단한 기구가 이용되고 있었다. 이것은 삼각대로 지탱하며 긴 손잡이와 큰 삽이 달려 있다. 작업하는 사람은 그 삽을 가능한 적절한 각도로 물속에 집어넣은 다음 물속에 있는 삽의 손잡이를 밑으로 누르고 갑자기 약간 밀어서 위의 논으로 물을 퍼낸다. 그 뒤 반동에 의하여 삽은 원위치에 놓인다.

이 나라의 볼품없는 장면으로서는 내륙으로 흐르는 바다의 한 지류가 간조로 커다란 뻘밭을 이루고 있는 모습이다. 이 표면의 따분한 획일성을 깨뜨리는 유일한 모습은 몇 채의 초가집뿐이다. 이 집들은 바닷물로 소금을

논에 물대는 모습

만들어 내는 염전 주변의 좀 높은 지역에 새워져 있다.

봄에 조선에 자주 나타나는 물새의 수는 매우 많다. 마도요, 중부리도요새, 흑꼬리도요, 청다리도요, 백로, 덤불해오라기, 해오라기 등이 해변이나 논 또는 산 능선에 나타난다. 오리는 어느 곳에서나 볼 수 있다. 도요새는 매우 적다. 나의 짧은 경험으로 판단하건대 제물포를 통과하는 작은 철새의 수는 내륙보다 훨씬 적다고 말할 수 있다. 인천만의 반대쪽에 철새 무리들이 줄을 지어 날아가고 있는데, 해안에서 조금 떨어진 지부의 등대가 결과적으로 철새들이 모이는 매우 좋은 장소가 되었다는 사실은 어느 정도 예상치 못했던 일이다.

해안 어업은 매우 제한되어 있어 간조 때마다 뻘밭에는 많은 고기들이 남아 있다. 이때 사람들은 바구니를 들고 이리 저리 산책하면서 고기를 집어 담기만 하면 된다. 4월에는 시장에 생선이 흔하게 유통된다. 일본인들이 좋아하는 도미, 큰 참새우, 청어는 매우 적은 양만 구입할 수 있다. 그런데 청어는 최근 산동의 해안을 떠나 조선쪽으로 오기 때문에 중국 범선이 황해도 해안에서 청어를 잡고자 대규모로 온다고 한다. 이들은 생선을 건조시키고자 그곳에 상륙할 수 있지만 그들과 조선 사람들 사이에 어떤 거래도 허가되지 않았다.

그 무렵에 내가 이곳 바다에서 놀란 일 가운데 하나는 믿을 수 없을 만큼 큰 고기를 보았다는 사실이다. 두 개의 비슷한 물체가 좀 떨어진 곳에서 동시에 보이지 않았더라면 나는 하마터면 바다뱀이라고 소리칠 뻔했다. 그러나 유감스럽게도 그것은 단순한 바다 사자였는데 크기는 물속에서 희미하게 보인 것이지만 매우 크게 보였다.

어느 날 저녁 민어과의 물고기가 내는 이상한 소리를 들으며 플라잉 피쉬호 선상에서 식사를 하고 있을 때 또 다른 미스터리가 해결되었다. 그 소리는 해안에서 자주 들었었는데 무슨 까닭인지 전혀 단정할 수 없는 그런 소리였다. 한두 가지의 수수께끼들이 제물포에서 꾸준히 제기되었다.

부산이나 원산에서는 거의 상상할 수도 없는 조수가 왜 서해안에서는 그렇게 심하고 북쪽으로 갈수록 더 증가하여 제물포에서는 간만의 차이가 30피트나 되는데 이것은 왜 그럴까? 황하의 막대한 양의 물이 양자강과 일본 서쪽을 통과하는 대만 해류의 일부에 의해서 북쪽으로 이끌려 들어가서 그렇게 되는 것은 아닐까? 조수 현상이 강한 것은 부분적으로 이 얕은 바다에서 수분이 계속 증발하기 때문일까?

외항에서의 조수가 12시간 가운데 7시간 동안 만조가 된다는 것은 다소 주목할 만한 사실이다. 해안에서 멀리 떨어진 곳에 비슷비슷한 높이로 여러 암반들이 솟아 있는 이유도 명확하지 않다. 사실상 둥근 언덕과 여러 높이로 된 섬들은 일정한 간격을 이루면서 바다 위로 솟아 있는데 이 사슬처럼 이어진 바위섬은 마치 신기루를 보는 것 같다.

어느 화창한 날 아침 만조 때 안개가 서려 있는 것을 보았는데 그 안개의 경계선의 구분이 확연했다. 안개는 월미도 주위를 미끄러지듯이 지나 거의 내 발끝을 거쳐 언덕 쪽의 거주지를 가로질러 가는데 그 두께는 300야드가 넘지 않았다. 안개는 갑자기 순식간에 왔다가 5분 정도 머무르다 사라졌다.

6월 어느 화창한 오후에 나는 주변 경치에 흠뻑 취해 바위에 걸터앉아 있었다. 구름은 한 점도 없었고 하늘은 신기하리만치 파란색이었다. 자리에서 일어나 바다에서 바로 솟아 있는 작은 언덕의 아래쪽을 따라 꽃을 찾아 다녔다. 그 언덕은 나와 바다 사이에 있었으며 300야드도 되지 않는 언덕을 한 바퀴 돌고 있는데 어두운 밤이 되었다. 나는 조선 사람 한 명과 같이 있었는데 별 어려움 없이 숙소로 돌아 올 수 있었다.

그러나 태양이 채 지지도 않았는데 40야드 전방을 볼 수 없을 정도였다. 내가 생각하건대 이 갑작스러운 안개는 아마 간조 때 광활한 땅의 표면이 태양에 그대로 노출되기 때문에 생긴 것이 아닌가 여겨진다. 이러한 상황에서 증발 현상은 매우 활발해질 수밖에 없고 뒤이어 갑자기 밀려드는 조수에 따라 기압이 갑자기 형성되어 이런 종류의 안개를 만드는 것은 아닌가라고 나는 생각했다.

사방에 관심거리가 많기 때문에 조선이 개항되고 있는 이 싯점에서 여러 측면의 정보들을 외부 세계가 알아보려 하지 않았다는 사실을 나는 유감으로 생각하지 않을 수 없다. 지금까지 얻을 수 없었던 사실들을 수집하면서 반드시 여러 가지의 과학적 지식들을 사용해야 한다. 그러나 영사관 직원은 상업적인 문제를 제외하고는 관여할 수가 없다. 만약에 과학자가 상공회의 소가 규정한 관례를 따르면서 바깥의 직위에 있는 사람도 얻을 수 있는 정보를 요청할 수 있다면 그들은 관리들에게 새로운 특별한 이익을 줌으로써 혜택을 줄 수도 있을 것이며 언제인가 그들은 자신이 추구했던 것을 알게 될 것이다.

여름이 가까워지면 대부분의 지역에서 새들이 사라져 버리지만 국토는 훨씬 더 풍부한 모습을 띄었다. 가끔 조선 사람들이 작은 새끼 사슴을 팔려고 나타난다. 일반적으로 큰 뿔을 가진 종류의 부엉이들도 가끔 시장에 나온다. 그러나 부엉이는 사슴만큼 사육하기가 쉽지 않다. 이 사슴은 야산에서 화려하게 자라나는 닭의장풀과 같은 종류들을 좋아한다.

그러나 내가 얻으려고 애써 노력했던 두 가지 일은 허사가 되었다. 첫째로는 많은 상담과 상당한 돈을 들여 인삼 몇 뿌리를 구입했지만 그것을 심자마자 이내 시들어 버렸다. 나중에 알고 보니 뿌리가 없었다. 둘째로는 꿩을 얻으려고 상금을 걸고 서울에도 알리고 공적인 도움도 요청했다. 그러나 꿩이나 그 알을 얻을 수 없어 유감스러웠다. 꿩은 영국으로 수출될 만큼 가치가 있었기 때문이었다. 나는 수출을 목적으로 꿩을 구입하려 했다.

시간이 지남에 따라 무역에 나쁜 징조를 피할 수 없었다. 우선 콩을 대량으로 구입했는데 재포장 작업이 활기차게 진행되는 모습을 보는 것은 즐거운 구경 거리였다. 해안에 널려 있는 넓은 돗자리에 콩을 붓고 가마니를 비운 다음 단단한 가마니에 재포장하기에 앞서 나무로 된 약 두말 정도의 그릇으로 양을 측정한다. 인부들은 그 작업을 즐거워하기 때문에 다른 어떤 일보다 이 일을 훨씬 활기차게 한다.

콩의 수급이 떨어지기 시작할 때면 뼈의 거래가 시작되며 서울의 도살업자들과 주민들은 과거에 못 쓰는 물건이라 생각하고 버렸던 것들이 돈이 된다는 사실을 알고 놀라게 된다. 그러나 얼마 뒤 뼈의 공급이 줄어들게 되면 수출업자도 크게 감소한다. 아주 경제적인 일본인조차도 조선에서 무역을 하는 것이 결코 돈벌이가 못된다고 생각할 정도이다.

많은 일본 무역업자들이 조선에서 사업에 실패했다. 또한 이 지역에서 사업을 하는 몇 안 되는 유럽인들은 자신들이 수입하는 상품에 대한 은화 지급이나 현물 지급 방법이 어렵다고 불평한다. 더욱이 구리 화폐의 가치 하락으로 현행 동전의 수령이 어렵게 됨으로써 무역에 새로운 장애가 나타나고 있다.

6월에 시작하는 극심한 장마로 중국인과 일본인의 건강은 심하게 나빠진다. 나의 하인 가운데 두 명이 죽었고 서울에서도 애스톤(W. G. Aston) 씨의 하인도 한 명이 죽었다. 말라리아 열병과 황달은 널리 만연하고 있으며 폐결핵 환자들은 놀라운 속도로 증가한다. 수입된 개들도 갑자기 죽어 버린다. 내가 데리고 있던 네 마리의 개 가운데 두 마리는 처음 두 달을 넘지 못하고 죽었고 다른 두 마리는 가을까지 다른 곳으로 보내야만 했다.

여름 장마로 한강이 불어나는 정도는 거의 믿어지지 않을 정도이다. 서울과 제물포간에 하루 이틀 정도 서신이 완전히 두절된다. 비가 얼마나 불었는지 궁금해서 나는 비가 그치자마자 말을 타고 서울로 갔다. 나는 우회 도로를 이용해 오후 3시쯤 서울에서 7마일 떨어진 강둑에 도착했다. 마지막 마일 정도 되어서 언덕 아래쪽을 지나가는데 때로는 나귀의 배까지 물이 차오르기도 했다. 상당한 고생을 한 뒤에 나룻배를 발견하고 약 40여분을 타고 가다 보니 나는 평평한 풀밭의 중심에 있는 높은 대지 위에 얹혀 있었다.

그러나 이곳의 물도 6~7피트의 깊이가 된다. 잠시 뒤 나는 30여 명의 사람들과 함께 다른 배를 탔는데 배를 움직이는 유일한 도구는 선미에 있는 무거운 노뿐이었다. 3~4명의 승객들이 노 젓는 사람을 도와주었다. 제방까지 약 300야드를 어렵게 천천히 다가간 뒤 물을 건너려고 열심히 노력한 끝에 우리는 3/4마일이 조금 넘는 아래 쪽 둑에 배를 댔다. 이 배로 말미암아 지체된 시간이 꽤나 길어 나는 오후 7시 30분까지도 서울에 도착하지 못했다.

이러한 여행의 불편함도 겪어야 하고 제물포에서 생활하는 것처럼 어떤 편안함도 없지만 때때로 서울에서 생활하는 것은 크나큰 즐거움이었다. 애스톤 씨는 서울에서 조선 사람 집을 이용하여 총영사 업무를 보면서 유럽 생활과 거의 같은 환경을 만드는 데 성공했다. 담의 일부를 헐어 내어 더 많은 햇빛이 정원에 들어오게 하고 일부에 잔디를 덧씌움으로서 집은 매우 아름다운 정원을 지닌 분위기를 느끼게 되었다.

이 정원에는 야생 사과나무, 오동나무, 산사나무, 라일락 관목 등이 화려하게 피어 있다. 방문객으로서 들은 얘기이긴 그렇게 아름다운 집에 결점이 있다고 생각할 수는 없다. 그러나 내가 그 집에서 살아보고 난 뒤에야 이 집의 전체 구조가 유럽인에게는 얼마나 어려운가를 알게 되었다. 방들을 연결시켜 주는 복도나 통로가 없기 때문에 식당에서 응접실까지 가려면 넓은 마당을 가로질러 가야만 한다.

창고로 가려면 소풍을 가야 할 지경이다. 연료 창고는 조금 가깝다. 하인들의 방은 20야드에서 100야드까지 거리가 다양하다. 안채와 하인들이 기거하는 구역 사이에는 많은 건물들이 있으므로 벨이 없을 경우에는 시중드는 하인 없이 지내거나 아니면 스스로 그들을 찾아나서든가 해야 한다.

이 영사관으로 들어가는 데에는 다른 큰 결점이 있다. 그것은 영사관이 이 도시의 주요 도로의 하나인 대로 오른쪽에 나 있는 작은 도로 가에 있다는 것이다. 길 양옆에는 오물이 가득한 도랑이 흐르며 길은 너무 좁아서 두 마리의 나귀가 동시에 만나면 도랑 속에 처박히는 것을 면하기 힘들 정도이다. 영사관에서 이용하는 우물은 이러한 도랑과는 상관없지만, 다른 수원에서 충분히 공급되고 있다. 집안에는 우물이 없고 화제에 대한 준비도 안 되어 있다.

천연두에 걸린 아이들은 골목에 죽 늘어서 있는 오두막집의 문간 밖에서 부모들이 간호한다. 위생 문제에 신경을 쓰는 사람들이 볼 때 사실상 많은 종류의 병의 요인들이 영사관 대문에 대기하고 있는 셈이 된다. 그러나 다행히 그러한 것들을 무시하는 것이 병에 대한 예방책으로서 기능하게 된다. 단지 그들이 그 병의 하나에 감염되었을 때 비로소 그들에게 주의가 쏠리게 된다.

습관은 이러한 생활의 불편함을 감소시켜 준다는 것은 의심할 나위도 없다. 그러면서도 사람들과 친숙해지게 되면 빈민 계층이나 노비를 제외한 부녀자들이 은둔하며 살아가는 이유를 충분히 이해하게 된다. 한번은 여행 가운데 몇몇 부녀자들을 우연히 만났다. 그들은 언덕의 능선에서 가마를 세워놓고 밖으로 나와 있었다. 외국인을 보자 처음 생각으로는 가마에 다시 들어가는 것이었지만 그것이 불가능하자 아무렇지도 않은 척하면서 처음 맞닥뜨렸을 때의 혼란은 간 곳이 없고 당황함을 거의 보이지 않았다.

농사를 지을 때 시골 아낙네들은 논에서 남편을 도와 치마를 무릎까지 걷어 올리고 논물 속에서 하루 종일 일을 한다. 그러나 남자들과는 거의 얘기를 나누지 않고 될 수 있는 한 그들로부터 떨어져 있다. 내가 본 것 가운데 그들이 즐기는 휴식은 몇몇 여자들이 어느 봄날 늦게 그네를 타는 것이 유일한 것이었다. 그날은 대부분의 남자들이 인근 마을의 장에 간 날이어서 아무도 방해받지 않는 날이었다. 그러나 방해꾼이 보이자마자 그들은 집으로 뛰어 들어갔다.

여자들이 겸손한 것은 당연한 것이고 남자들의 예의바름은 일본에서 온 방문객들을 놀라게 하기에 충분했다. 그들은 아무리 더운 날씨에도 바지와 저고리를 입은 채 일을 한다. 이러한 겸손의 자세가 어디서 유래되었는가를 아는 것은 흥미 있는 일이다. 중국에서도 그랬듯이 최근 몇 세기 동안 그러한 겸손이 어디에서 연유된 것인지를 아무도 알 수가 없다.

1880년 제노아 공작[6]이 조선을 방문했을 때 일어난 사건 기록들과 그 느낌을 보여준 놀랄 만한 일들을 수집하는 사람들이 많이 있다. 여러 날 동안

---

6) 제노아 공작(Duke of Genoa) : 본명은 피사니(Vittor Pisani)로서 그가 조선에 온 것은 1880년 8월 1일이었다. 그는 이탈리아의 선박 비앙카 포르지아가 난파했을 당시 조선이 구조해 준 것을 동래 부사에게 사례했으나 거절당했다. 그 뒤 그는 원산을 방문하여 원산 부사에게 통상 교섭을 요구했으나 성공하지 못하고 돌아갔다.

그네

공작은 어느 동쪽 해안에서 당국자들과 대화하고자 노력했으나 헛수고였다고 한다. 그 동안 그는 배에서 목욕도 하고 낚시도 했다. 마침내 관리가 왔는데 대화를 하러 온 것이 아니라 그의 행동의 무례함을 질책하러 온 것이었다. 사실은 그의 행동 때문에 주민들은 며칠 전부터 집을 떠나질 못했었다. 유럽인의 자존심을 손상하는 그러한 충격을 그는 아마도 좀처럼 주체할 수가 없었을 것이다.

뜨거운 날씨에 옷을 입는 것이 가능하도록 하려고 그들은 버들가지나 대나무로 만든 느슨한 장치를 만들어 냈다. 그것은 몸과 팔에 아주 잘 맞고 옷이 피부에 접촉하지 않도록 해준다. 이런 방법으로 그 기구는 옷이 땀으로 젖는 것을 방지해 주고 냉기의 위험으로부터 몸을 보호해 준다.

제 6 장 여행 준비와 조선의 개관

9월초에 나는 어떤 지방으로 여행하라는 지시를 받았는데 그곳이야말로 내가 오랫동안 가보고 싶었으나 언제쯤 가 볼 수 있을지 자신 없었던 곳이었다. 조선의 여덟 개 지방 가운데에서 남부와 중부 지방을 이때쯤에 벌써 답사했었다. 도쿄 대학의 독일인 교수인 곳체[1] 박사는 조선 정부로부터 특별한 지원을 받아 조선의 지질을 조사하고 있었는데 그는 벌써 남부 지방에 있는 제법 알려진 강과 시골구석을 샅샅이 뒤지면서 장기 여행을 한 적이 있었고 당시는 동부 쪽 길을 택해 북부 지방으로 가고 있었다.

당시 주한 미국 공사관에 예속된 해군 장교 푸크[2]와 버나도[3] 씨도 조선의

---

1) 곳체(Karl Gottsche) : 독일의 지리학자. 칼(Karl Moritz Gottsche)의 아들로 알토나에서 출생. 자연과학 특히 고생물학을 전공함. 1878년 뮌헨대학에서 박사학위를 취득하고 1880년 8월 4일 이후 키일대학 강사로 활동. 1881년부터 1884년 부활절까지 정부로부터 일본 도쿄제국대학의 교수직 제안을 받고 제직함. 신문 보도에 따르면 1884년 4월 1일자로 한국에 있는 독일 공관을 초빙을 받아 한국의 사용가능한 지하 자원 보유 상태를 조사하였으며 1884년 4월 독일 브레멘 지리학회의 권유로 1884년까지 일본의 남방에 위치한 보닌도를 탐색했음.

2) 푸크(George C. Foulk : ?~?) : 미국의 해군. 해국사관학교를 졸업하고 중위로 임관되어 아세아함대사령부에 소속되어 일본에서 근무했다. 그는 일본어에 유창했으며, 이때 일본 여인과 결혼했다. 조선 주차 초대 공사 푸트(Lucius H. Foote)가 현역으로 귀임하자 그의 후임으로 1885년 1월부터 1886년 6월까지 조선 주차 임시 대리 공사로 활약했다. 그러나 본국 정부의 냉대로 공사직을 수행할 수 없게 되자 공사직과 해군직을 사직하고 일본

중부 지방에 대해서는 많이 알고 있는 사람으로 알려졌다. 그러나 유럽인으로서 아직까지 가장 멀리 가본 북쪽 지방은 평양이었는데 이곳은 서울과 조선의 북서쪽 국경 사이의 중간 지점에 위치해 있다.

제물포에서 자본이 유일한 조선 회사도 이곳 평양 사람들로 구성되었으며 그들이 말했던 것을 미루어 보아 북부 지방에서 더욱 확실한 무역 전망을 기대할 수 있을 것 같았다. 그런 문제에 관해 질문을 받은 그들은 평양에 있는 조선 상인들이 외국 무역을 갈망하고 있다고 말하면서 동양의 상인들은 외국 무역에서 얻은 이익에 관해서는 전혀 무지한 상태이므로 언제인가는 이익이 남을 만한 이 지방의 자원을 개발할 필요성이 있다고 덧붙여 말했다. 콩과 짐승 가죽은 아주 흔했고 그 지방에 있는 가축은 조선의 다른 어느 지방 것보다 질이 훨씬 좋았다.

만약 그 말이 사실이라면 그것은 대단히 중요한 것이었다. 왜냐하면 중부 지방의 소들은 대단히 훌륭하여 사람들은 아주 가파른 곳을 제외하곤 주로 쟁기를 끌거나 무거운 짐을 나를 때는 황소를 이용했기 때문이다. 젖소는 낙농에 쓰지 않고 단지 들에서 거름을 나르는 것과 같은 경미한 일에나 사용되었는데 이는 조선 사람들이 우유 짜는 방법을 모르기 때문이었다. 따라서 소 무역에 조금만 관심을 기울여 조선산 황소를 중국 시장에 공급한다면 상당한 수지가 있을 것 같았다. 왜냐하면 중국의 소들은 조선산에 견주어 등치가 작기 때문이다.

장사가 되는 또 다른 자원으로는 북부 지방에 위치한 산림이었는데 이는 북경과 이웃 지방의 건축 자재로 공급하는 것이 가능했다. 만약에 그들이 묘사한 것이 사실이라면 이 숲은 무한대의 자원이며 태평양 맞은편 연안이

에 귀화했다. 그 뒤 니코에서 의문의 시체로 발견되었다.

3) 버나도(John B. Bernadou) : 본시 스미소니언박물관 소속의 무관이었으나 1883년 9월에 조선 주차 미국 공사관의 무관으로 파견되어 주로 광산 탐사의 임무를 맡았다. 갑신정변 당시에는 일본 거류민의 탈출을 도와준 덕분에 일본 정부로부터 포상을 받았다.

나 아무르강 강변의 소나무 숲과 견줄 만했다.

금, 은, 구리 광산은 여러 곳에 있는데 조선 정부는 기근과 어려운 시절에 대비해 천연자원을 비축해 두려고 대부분의 광산을 폐쇄시켰다. 금광이 있다는 이야기는 오래 전부터 믿질 않았지만 장진에 있는 은광과 갑산, 강계의 구리 광산은 틀림없는 것 같았다. 이에 대해서 조선 북부 지방은 정말 탐내 볼 만한 매력적인 곳이다. 왜냐하면 과거 로마 가톨릭 신부가 변장을 하고 이곳을 방문한 것 이외에는 어느 유럽인도 이 지역의 2/3가량은 탐사를 해본 일이 없기 때문이다.

불행히도 그때 나는 통역 없이는 일하기가 곤란했지만 마침 중국어도 잘하고 어느 누구보다도 조선에 정통한 하인을 두고 있었다. 당초에는 그의 부인이 거의 절망적인 가슴앓이 병을 앓고 있었으므로 그가 동행할 수 없을까 나는 걱정했다. 그 부인이 거의 포기 상태까지 되었을 때 나는 더 이상 일을 그르칠 수 없다고 생각했다. 그래서 그가 내게 손을 써 달라고 호소해 왔을 때 실수로 어떤 중간 단계의 처방도 없이 강한 겨자씨 연고를 쓰라고 주었다.

그것을 계속 사용했는지 아닌지 모르지만 이틀 뒤 그 부인은 다시 좋아졌으며 그가 없는 동안 친척들이 아내를 돌봐 줄 것이라고 말했다. 그는 고향이 북쪽 끝이었으므로 다시 고향을 찾아가 볼 수 있다는 것만으로도 무척 기뻐했다. 나는 그가 당분간 부인과 떨어져 있는 것에 개의치 않을 것이라고 느꼈다. 왜냐하면 그 여자는 남편을 때리고 꼬집어서 얼굴을 망가뜨렸기 때문이다.

바로 이 무렵에 그는 우연히 그가 한 몇 가지 일이 예부의 인정을 받아 공직에 오르게 되어 희고 긴 도포 위에 얇은 초록색 옷을 입고 갓 밑에 공직을 표시하는 작은 모자를 쓸 수 있는 영예를 부여받았다. 이러한 명예를 얻게 되자 정신이 이상해졌는지 아주 유능한 하인이었던 그는 곧 게으름뱅이로 변했고 기회가 있을 때 마다 돈벌이만 생각하고 자기보다 직위 낮은 사람을 학대했다.

여행을 위해 몇 가지 사전 준비를 해야 했다. 그 가운데 가장 중요한 것은 하인들이 입을 방수복을 구입하고 말에 실을 짐들을 싸는 것이었다. 이를 위해 조선에서 만든 기름종이가 아주 유용했으며 단 몇 실링에 어깨에서 발까지 덮을 수 있는 코트를 갖춰 입을 수 있었는데 옷은 아주 가볍고 부피가 얼마 안 되도록 작게 접을 수 있었다. 단 한 가지 불편한 점이라면 일단 옷이 찢어지기만 하면 째진 틈이 빠르게 늘어나 바늘로 꿰매어 보았자 소용이 없었다.

새 옷은 밝은 노란색이며 자못 그림과 같았다. 약간 재질이 떨어지는 방수복은 같은 종류의 종이로 만들어졌는데 이 종이는 학생들이 먼저 공책으로 사용한 뒤 기름을 묻혀 재활용을 한 것이었다. 이러한 종류의 방수복을 입은 모습은 글씨본처럼 큰 글씨로 쓰여 있는 초등학교 교과서를 뒤집어 쓴 것 같았다.

조선의 예부는 나를 보호해 주려고 여행증명서를 발급해 주었는데 이것을 조선 관헌에게 제시할 경우 어디든지 통과가 가능할 뿐 아니라 내가 서울에서 지불한다는 조건으로 어음을 발행할 경우 필요로 하는 액수의 돈을 빌릴 수가 있었다. 이러한 편의 제공으로 나는 많은 양의 돈을 가지고 다닐 필요가 없었으며 여행 가운데 필요한 돈이 얼마가 될는지 그리고 서울에서 통용되는 돈이 다른 지방 어디에서나 유통 가능한지에 대한 이런저런 걱정을 덜어 주었다.

그 당시 수도 서울에서 사용하던 화폐는 통상 5가지 종류였다. 커다란 동전 화폐는 그 값어치가 떨어져 2개의 조그만 동전 화폐보다 가치가 적었는데 정부의 노력에도 불구하고 결국 사용이 매우 제한되었다. 나의 일행 가운데에는 키가 크고 건장한 병사이 한 명 있었는데 그가 내 대신 총을 가지고 다니면 좋을 것이라는 생각이 들어 특별히 요청하여 찾은 사람이었다. 우리 일행이 출발하자마자 그는 내 총을 조랑말 위에 얹어 놓았으므로 애초에 내가 의도했던 그의 필요성이란 것이 아주 빗나간 것이었다.

여행이 어떠했는지 좀 더 상세한 설명을 하기에 앞서 먼저 조선의 형태를 개략적이나마 소개하는 것이 좋을 것이다. 조선은 원산과 조선만 사이에 가장 좁은 부분은 최북단 남쪽으로 내려온 곳에 너비가 2°밖에 안 되지만 흔히 반도로 불린다. 조선의 면적은 대략 9만 평방 마일로서 잉글랜드, 스코틀랜드, 웨일즈를 전부 합친 것보다 약간 크며 북위 34°~43° 사이에 위치하고 있으며, 위의 영국 지방과 같이 위도 위에 8° 이상에 걸쳐 있다.

동해안에는 일본해가 있고 서해안에는 황해가 닿아 있으며 남쪽으로는 조선과 일본군도를 가로지르는 조선해협이 있다. 동해안과 서해안은 아주 상반된 특성을 띄고 있다. 동해안의 강은 집수량이 전국의 1/4에도 못 미치는 유역에 위치하고 있다. 동해안은 아주 아름답고 섬이나 항구도 거의 없으며 간만의 차도 별로 없다.

서해안은 무수히 작은 많은 작은 섬들이 본토와 앞에 널려 있어 잘 구분이 안 되며 썰물 시에는 바닷물이 빠져나가 거의 1마일 정도에 이르는 갯벌이 모습을 드러낸다. 물결이 거세고 진흙 둑이 갈라져 생긴 해협인지라 그 폭이 좁기 때문에 나룻배를 이용하지 않고서는 그 수많은 섬에 거의 접근할 수 없다. 해안선의 만입이 전 서해안에 걸쳐 수없이 형성되어 있으나 쓸 만한 항구는 몇 곳이 안 된다.

그 가운데 제일 좋은 항구로서는 황해도 남쪽에 위치한 루퍼항[4] 금강 앞바다의 고군산열도, 반도 서남쪽의 목포항을 꼽을 수 있다. 겨울이 되면 서해안의 강들은 얼어붙는데 밀려오는 파도는 커다란 얼음덩이를 부수어 강물 쪽으로 떠밀어 올린다. 위도상 서해안보다 2° 위에 위치한 동해안 항구들은 부동항으로서 겨울 내내 사용이 가능하다. 조선의 동해안이 부동항이

4) 아마도 지금의 강화만 일대를 뜻하는 것으로 보임.

라는 잇점 때문에 북쪽 러시아가 호시탐탐 이곳을 노리고 있다는 소문이 나돌았는데 실제로 러시아 항구는 겨울 기간의 4개월 이상이 얼어붙어 사용이 불가능했으므로 조선의 동해안을 선점하여 이곳을 태평양 진출의 전진 기지로 이용하려 했다.

조선의 내지를 설명하기란 비교적 용이하다. 조선의 북쪽 지역 전체는 원산과 황해를 잇는 좁은 목에 이르기까지 수많은 산을 묶어 놓은 것과 같으며 중부 지역에 이르면 산은 더욱 높아진다. 산을 따라 남쪽으로 더 내려가면 동해안이 일렬로 나타나며, 서쪽 방면에는 여러 개의 계곡으로 나뉘어져 있다. 황해도의 산들은 거의 화성암으로 이루어진 것들로서 조선의 다른 산과는 형성 과정이 매우 다르다.

남단 끝에 위치한 두 도에는 언덕이 바다 쪽으로 밋밋하게 뻗어내려 오면서 나무나 숲이 없는 거대하고 평평한 평야를 형성하고 있다. 조선의 주요한 강들은 남쪽과 서쪽의 바다를 향해 흘러 들어간다. 남해안 쪽으로 낙동강이 흐르고 서해안 쪽으로는 영산강, 금강, 한강이 있으며, 큰 지류로서 임진강도 있다. 거대한 압록강이 만주와 조선 사이의 경계를 이루며 흐른다. 압록강의 원류를 이루고 있는 백두산의 반대편 등성이에는 두만강의 원류가 흐른다. 이 강은 조선과 중국의 국경선 끝까지 흐르고 있으며 나머지 5마일은 조선과 러시아를 가로지르며 이어진다.

이것이 개략적으로 본 조선의 모습이다. 지금(1887) 조선의 인구는 약 1천만 명으로 집계되었는데 북쪽의 산악 지대보다 남쪽 저지대의 인구 밀도가 물론 높았고 어떤 지역의 과잉 인구는 이따금씩 발생하는 전염병으로 억제되었다. 이와 같은 재앙으로서는 작년(1886) 중부 지역에서 발생한 전염병 같은 것을 예로 들 수 있겠는데 당시 서울과 인근 도시에서 발생한 콜레라로 말미암아 두 달 사이에 10만 명가량이 죽었다.

북부 지역을 답사하는 길로 내가 제안했던 코스는 우선 서울에서 출발하여 대로를 따라 변방 도시인 의주까지 가는 것이며 의주부터는 동쪽을 향해 몇 개의 산을 넘어 강계에 이르고 강계부터는 동해안에 있는 원산으로 직행하는 것이었다. 서울에서 의주까지 그리고 원산에서 서울까지 이르는 길은 중국의 지도상에 잘 표시되어 있었으나 조선의 북부 지역을 관통하는 길은 제대로 표시되어 있지도 않으며 사람들이 다닌 흔적도 별로 없다. 대략적으로 말해 서울에서 의주까지는 350마일, 의주에서 원산까지는 500마일 그리고 원산에서 서울까지는 170마일 정도의 거리였다.

제 7 장 서울의 외곽 지역

조선의 날씨는 언제나 화창하고 쾌적한데 9월이 특히 더 아름답다. 그러나 아침의 화창함도 나귀의 짐을 꾸리는 것을 감독하는 일로 다소 시들해졌다. 준비물, 침구, 총, 탄약, 하인 등 모든 소지품들을 준비하는 데에는 12마리의 나귀가 필요했다. 모든 말들은 씨말들이었고 상당수는 서로 초면이었다. 짐을 실은 뒤라 하더라도 다른 종들끼리 서로 물어뜯는 것을 막는 것은 몹시 힘든 일이었다. 오랜 여행을 하는 동안 짐은 가벼워졌고 나귀 한 마리의 짐이 130파운드가 넘지 않았다.

가장 큰 어려움은 균형 잡히게 짐을 분배하여 싣는 것이었다. 비록 대부분의 나귀가 대략 비슷한 무게를 지고 있긴 했지만 각 짐들은 좌우가 균형 잡히도록 두 부분으로 균등하게 나누어야 했다. 결국 나귀가 지고 있는 모든 짐들을 내려 신중하게 다시 검사를 했다. 요리사가 요리를 할 목적으로 많은 숯을 어림잡아 추가했으나 그의 항의에도 불구하고 이를 내렸다. 마침내 짐을 모두 싣고 나귀 일행이 출발한 것은 대략 오후 8시 30분경이었다.

통역자인 김 씨는 가장 편안한 자리를 차지했다. 영국 여인들의 가방과 아주 비슷하게 생긴 두개의 커다랗고 말쑥한 버들가지 바구니에 김 씨의 옷가지와 여행에 필요한 것들이 담겨 있었다. 이들은 나귀 양옆에 가죽 끈을 매고 그 위에 침구 종류와 솜을 넣은 겨울 옷가지들을 놓았다. 김 씨는 너무 뒤로 기대어 앉았기 때문에 그의 발은 말의 뒷다리 뼈 사이에 융기한 부분에 닿을 정도였다.

그는 긴 담뱃대로 대단히 만족한 듯 담배를 피우면서 가끔 그의 초록색 외투를 펼치기 위해 손을 움직였다. 중국인 요리사는 아주 다른 모습을 하고 있었다. 늘 걸음걸이가 이상하게 되는 신체적 결함에 시달리고 있는 그는 뒤에서 여러 번 밀어야 끙끙대며 감자나 의복 등으로 울퉁불퉁하게 된 자리로 올라가 앉았다.

마부는 말에게 줄 여물을 구입한 뒤에 가자고 요구했다. 길거리에서는 콩의 소매 값이 비싸고 또 그러다가는 시간이 지체되기 때문이었다. 그러나 그들이 가지고 가는 작은 양일지라도 나귀가 운반해야만 하는 짐을 더욱 무겁게 만든다는 생각이 들었다. 나는 애스톤(W. G. Aston) 씨 부부의 집을 떠나면서 작별 인사를 했다.

약 3주 뒤 위원에서 나를 만나 편지를 전해 주기를 약속하고 나는 듬직한 사냥개 샘과 중국산 말에 올라탔다. 샘은 약 2피트 10인치의 키에 튼튼하고 굉장히 건장해 보이는 녀석이었다. 나는 그와 함께 여러 곳을 다녔다. 그가 어디를 가든 나는 그에게 신세를 진다. 만약 나와 함께 늘 다니지 않았더라면 번번이 갈아입는 유럽풍의 옷이나 소도구에 그토록 익숙하지 않았을 것이다.

우리는 영사관에서 이 도시의 서쪽 문으로 통하는 힘든 오솔길을 쭉 따라갔다. 우리는 양쪽 도랑 사이를 따라 걸어가면서 때로는 도보 여행자가 지나가도록 길을 비켜 주기도 했다. 양쪽 옆에는 진흙으로 된 낮은 오두막집이 있는데 가마니로 문을 대신한 입구를 제외하고는 창문이나 통풍구가 없었다. 모든 문간에는 남자가 앉아 입에 담뱃대를 물고 있었다. 또 어떤 사람들은 손에 애를 안고 있었으며 몇몇 아낙네들은 머리에 초록색 외투를 쓰고 있었고 장님은 긴 막대로 길을 더듬으며 가고 있었다.

이런 모습들은 이제 우리에게 익숙해진 한 폭의 그림과 같았다. 길 저쪽은 훨씬 더 분주했다. 시골 사람들과 도시인들, 관리와 구종들, 나귀와 소

등이 바삐 움직이고 있었다. 이러한 것들이 어울려 비록 규모는 작았지만 인간의 삶의 모습이 범석을 떨고 있었다. 나는 이러한 모습들을 보리라고는 생각하지 않았지만 한두 곳을 제외하고서는 늘 그런 모습을 볼 수 있었다.

중국의 도시를 모방해서 지은 성문은 포문들이 연이어 있는 이중 처마 지붕을 가진 탑으로 덮여 있다. 그 성문을 몇 백 야드 지나 우리는 중국으로 통하는 대로로 들어섰다. 이내 중국의 사신을 환영한다는 의미를 새긴 영은문을 바라보면서 우리는 잠시 역사적 사실을 회상했다. 육로인 이 길로 중국에 가려면 4,000리가 넘는다. 지금은 해상로를 이용하느라 중국인들은 이 길을 이용하지 않지만 지금까지도 북경으로 가는 조선의 사절단은 이 길로 여행한다. 조선 사람이 사용하는 "리"(里)는 중국의 "리"보다는 조금 더 긴 것 같고, 3리는 약 1마일에 해당된다.

서울의 진입로를 가로막고 있는 200야드의 언덕길을 넘는다는 것은 지긋지긋했다. 작은 도로를 만드는 기술자가 부족하고 그밖에 몇 가지 이유 때문에 북쪽에서 서울로 들어오는 마차 수송 수단은 거의 불가능했다. 사정이 나쁜 길의 길이가 얼마 되지 않는 데도 짐의 고통이 그토록 심하다는 것이 이상했다. 그러나 서울로 들어오는 4대문 가운데에서 두 곳은 그렇지 않지만 다른 두 곳에는 대문밖에 이런 식의 장애물이 있어 힘도 부치고 돈도 떨어진 사람들로 하여금 잠시 쉬어 가게 만든다.

이 협곡을 지나 서울을 마주 보고 있는 언덕의 비탈길은 좌우로 전나무가 빽빽한 길로 바뀌었다. 길옆에는 중국의 사신을 위한 휴식처로 지어진 건물이 있었다. 그들이 조선을 방문할 때면 많은 경비가 필요했는데 그 흔적은 서울에서 국경까지 도로 전 구간을 통해 드러나고 있었다.

바다와 한강 입구 쪽의 서해안에는 낮은 언덕으로 나뉜 평야가 펼쳐져 있었으며 야산에는 무덤이 가득 들어서 있었다. 말의 편자 모양으로 뒤쪽에 흙이 쌓여 있고 평석이 주변 땅보다 높이 자리 잡고 있는데 이들은 모두가 지점을 표시하는 것이다. 누구의 뼈가 묻혀 있는지 말해 주는 비명도 없이

다만 어떤 경우는 회색의 문무상과 말 모양을 한 석상들이 무덤을 지키고 있었다. 무덤들은 깨끗하게 정리되어 있으며 주변의 덤불과 참나무, 단풍나무를 배경으로 두드러지게 돋보였다.

동쪽으로는 세 개의 암벽으로 이루어진 삼각산이 계곡을 내려다보고 있다. 이곳은 나라가 위태로울 때 왕의 피난처가 되는 곳이다. 이곳에는 쌀과 간장이 비축되어 있으며 승병들이 지킨다. 평시에는 천시 받고 억압받는 승려들이 왜 그러한 위기에 동원되는지는 알 수 없지만 그것은 엄연한 사실이며 많은 사원들이 헌신하는 장소로 이용된다. 이러한 요새들을 둘러싸는 담은 가장 가파른 산등성이까지 이어져 있어 멀리서도 보인다.

6마일 밖에는 다양한 곡식을 심은 골짜기를 가로질러 길이 나 있다. 참깨, 들깨, 담배, 고추, 면화, 콩, 아주까리, 쌀, 메밀 등도 역시 재배되고 있으며 지붕 위에는 집을 무너뜨릴 수 있을 것만 같은 큰 호박이 자라고 있다. 도로 교통은 거의 소와 나귀에 의존하고 있다. 마부들은 그 위에 땔감을 싣고 도시로 간다. 국내산, 외국산 솜옷을 실은 2~3열의 나귀가 지나가기도 한다. 도보로 가는 행인들은 대체로 얼마 안 되는 짐을 새끼줄로 묶어 등에 지고 나른다. 대나무로 물건을 나르는 중국식은 찾아볼 수 없었다.

여름 동안 나는 제물포에서 대나무로 짐을 어떻게 나르는가를 짐꾼들에게 가르쳐 주려고 지부로부터 약간의 대나무를 수입했었다. 그러나 중국에서는 사람이 막대기에 두 바구니를 나르는데 조선 사람들은 두 사람이 대나무 하나로 바구니 하나를 나르기를 고집했다.

결과적으로 네 사람이 한 사람의 짐을 나르는 것이 되었으며 서로 보조를 맞추어야 하기 때문에 사실은 더욱 늦은 셈이 되었다. 어깨에 짐 지기를 싫어하는 것은 가벼운 가마를 나를 때도 역시 나타났다. 가마꾼들은 막대를 손에 쥐고 가며 더 힘이 많이 드는 부분은 팔로 의지한다. 무게의 작은 일부만이 어깨뼈 아래를 지나가는 가죽 끈을 등에 매어 든다.

이러한 길에서는 몇 채의 가마를 이용한다. 가마는 가볍기는 하지만 가마꾼들은 자주 쉬어야만 하며 기회가 있을 때마다 땅에 가마를 내버려둔 채 막걸리 한 사발을 마시려고 주막집으로 들어간다. 어떤 경우에는 두 사람의 가마꾼을 보충하기도 한다. 그들은 때때로 가마 밑의 막대기 하나를 밀어 넣고 20~30야드나 그 무게를 메고 간다. 한 쌍의 가마꾼이 다른 쪽으로 교대하려면 가마에 심한 동요를 주지만 이렇게 교체하는 것이 여행을 훨씬 더 빠르게 한다. 그들이 길에서 여러 번 쉼에도 불구하고 결국 나중에 보면 우리보다 훨씬 빠르다는 것을 우리는 알았다.

고양 외곽 몇 마일쯤 되는 길에 매우 아름다운 작은 단풍나무와 라일락 숲이 있기에 우리는 한낮에 그곳에서 휴식을 취했다. 마을을 지나가는 냇물의 둑은 여러 곳이 나뭇단으로 보수했고 들판에 급수하는 일본제국의 급수관은 홍수에 노출된 계곡의 모습을 실감나게 보여주고 있었다.

이 지역은 마을이라기보다는 오두막집들을 모아 놓은 것에 불과했으며 오두막의 대부분은 사람과 짐승에게 음식을 제공하는 장소일 뿐이었다. 한 쪽에서는 나귀의 짐을 다시 묶고 다른 쪽에서는 그들에게 줄 콩을 샀으며 한 쪽에서는 쇠죽을 끓이고 있고 다른 쪽에서는 마부들이 식사를 했다.

여행자들을 위한 준비라는 것은 없었다. 한 사람이 와서 그가 필요한 것을 주문 받으면 요리가 다 될 때까지 한 시간 정도 기다렸다. 사람이나 나귀나 마찬가지였다. 한 시간 쯤 지나자 콩이 완전히 익었다. 그 펄펄 끓는 여물을 통에 쏟아 넣고 약간 찬물을 부어 열을 식힌다. 콩, 물 그리고 잘게 썬 밀짚이 한데 섞여 일종의 뜨거운 죽이 되면 나귀들이 그것을 먹었다.

가축들도 이와 똑같은 방법으로 사육하는데 그 음식물을 먹고 잘 자라는 것이 분명했다. 중국의 나귀는 그 혼합식에 좀처럼 얼굴을 들이대려고 하지 않았다. 아마도 그들은 그 뒤 구보 연습을 하도록 명령받는 것을 두려워하는 듯했다.

나귀가 식사를 마치자 마부는 계산을 했다. 각자가 자신들의 값을 지불하자 주인은 현금을 세어 보았다. 계산을 하는 동안 담뱃대를 꺼내든 그들은 작은 담배 부스러기들을 쑤셔 넣고 불을 붙인 뒤 2시간 30분의 시간이 지난 뒤에야 행진을 다시 시작했다. 나는 중국에서 한낮의 휴식 시간에 소비되는 시간을 겪어 본 적이 있기 때문에 조선에서는 시간을 낭비하거나 하려고 하는 것을 용납하지 않았다. 3주를 겪고 난 뒤에야 나는 식사 시간을 1시간 25분 정도로 줄이는 데 성공했다. 그러나 이런 결과도 나귀와 마부에게 필요한 것을 명령하러 사람을 미리 보내지 않고는 달성될 수 없는 것이었다.

고양의 뒤에는 360피트나 높은 나무에 가득한 꽃들이 만발했고 그 가운데에는 예쁜 투구꽃도 있었다. 그러한 많은 대중적인 꽃들을 보니 영국의 꽃들이 머리에 떠올랐다. 쑥부쟁이도 불만했고 조밥나물, 카밀레꽃, 국화도 불만했다. 여러 종의 싸리나무와 향유도 만발했으며 건너편 산 밑에는 어디서나 보는 시골집의 꽃밭이 있었다. 국화과의 식물들, 맨드라미, 참제비고깔속 등이 그곳에는 피어 있어 초가집은 화창한 기운이 만발했다.

갑자기 비바람이 쳐 우리는 처음으로 피난처로 들어갔다. 날이 점점 저물어 가자 우리는 애스톤 씨가 조금 전에 발견했던 두 개의 커다란 석상 쪽으로 서둘러 가지 않을 수 없었다. 그 석상은 반신상이며 둥근 옥석을 재료로 원래의 그 자리에 조각되었으며 전나무 숲의 한 가운데 서 있었다. 석상이 조각된 바위는 아래쪽으로 금이 가 있으며 큰 틈이 벌어져 있다. 그러나 세월이 남겨 놓은 그 상처는 이 걸출한 유적의 모습을 크게 손상하지 않았다.

나무들 꼭대기에 두 개의 커다란 머리가 보였고 한쪽은 사각형의 돌 모자를 쓰고 있었고 다른 한쪽은 둥근 돌 모자를 쓰고 있었다. 모자 모양을 본 애스톤 씨는 그 석상이 남자와 여자의 특징을 나타낸 것이라고 추측했다. 바로 그 자리에서는 그 의미를 바로 설명들을 수 없었지만 그 뒤에 들은 바에 따르면 그 석상은 조선왕조가 개국한 뒤인 1398년에 세워진 것이라고 한다.

이런 종류의 석상들을 조선 사람들은 미륵이라고 부른다. 이것은 중국의 미륵이나 부처와 같은 것들이다. 그 이후 들은 바에 따르면 조선 사람들은 대부분의 석상과 그 기원을 알지 못하는 인간 모양을 한 괴상한 바위의 조각도 미륵이라 부른다. 푸크(G. C. Foulk) 중위는 1884~1885년 겨울 동안 서울에서 근무를 한 미국인인데 그는 친절하게도 조선에서 가장 큰 미륵의 사진을 나에게 주었다.

그것은 충청도에 있는 은진 미륵으로서 서살벌이라고 하는 평야의 끝에서 있는데 높이가 63피트나 된다. 푸크 중위의 말에 따르면 평야의 한족 끝에 있던 절벽이 산사태로 무너진 뒤 남아 있던 뾰족한 바위에 이 미륵을 조각한 것이 틀림없다고 한다. 그는 그것을 15마일 밖에서 보았는데 절벽을 배경으로 등대처럼 서 있었다고 한다. 승려가 그에게 은진 미륵에 대해 말한 것과 그 지점의 위치로 보아 미륵 주위의 물리적 변동이 있었음이 틀림없다고 그는 믿었다.

이에 관한 전설을 들어보면 고려의 어느 시대에 시골 아낙이 산등성이에서 땔감을 줍고 있었는데 갑자기 높고 뾰족한 바위가 땅에서 솟아났다. 은진의 사또가 이를 서울에 보고한 다음 그 돌에 부처의 상을 조각하려고 하자 조정이 이를 허락했다. 은진 미륵의 이상한 이중 모자는 조선의 전통과 상징이라는 두 개의 의미를 고도로 암시하는 것이라고 어느 유명한 동양학자가 나에게 지적한 바 있다.

직사각형의 평석과 늘어뜨린 장식들은 고대 중국의 의식에서 볼 수 있는 정장용 군모 가운데 하나를 연상시키면서도 중심 기둥의 배열은 확실히 인도식의 탑우산에서 시사 받은 것이다. 손의 위치, 특히 양미간 사이의 표시[1]는 그것이 부처에서 유래되었다는 것을 결정적으로 증명한다. 더욱이 은진과 파주는 모두 지난날 14세기 말에 불교가 소개된 백제[2]의 땅이었으며 그 이후 계속해서 그 유적물의 숫자가 많고 아름답기로 유명한 곳이었다.

---

1) (원저자 주) 우르나(urna) : 32 나한의 하나로서 모든 부처는 이 표지로 부처임을 확인함. (역자 주) 부처의 이마에 있는 점을 의미하는 것으로 보임.

2) 필자는 고려를 백제로 잘못 안 것 같다.

제 8 장 경기도 북부 지역의 여행

미륵불을 통과한 뒤 약 2시간이 지나자 비가 걷히기 시작하여 우리는 가로수가 있는 긴 도로로 들어서 파주로 향했다. 도중에 보니 사람이 도로 위에 누워 있었다. 그는 상당히 무감각하게 보여 나귀몰이꾼이 간단히 검사해 보니 그 사람은 단지 술로 죽은 것임을 알 수 있었다. 다소의 어려움을 겪으며 그들은 그 사람을 도로 옆으로 옮겨 놓고 혹시나 깨어나기를 기대하면서 파주로 길을 재촉했다.

파주에서 나는 현감의 객사에서 숙박했다. 시간이 늦었음에도 불구하고 내가 목욕과 저녁 식사를 했음을 알자 그는 많은 부하들을 데리고 나를 방문했다. 그는 내가 넓은 마당을 사용할 수 있도록 해 주었다. 방은 아주 깨끗하게 청소되어 있었으며 강화도산 화문석을 깔았다. 같은 재질로 만든 등받이는 검은 색과 붉은 색을 기본으로 썼으며 중국의 커다란 병풍을 두름으로써 실내 장식은 완성되었다.

현감은 객사의 방이 누추함을 사과했으나 그럴 이유가 없었다. 왜냐하면 조선 사람의 개념에 따르면 더 이상 필요한 것이 없었기 때문이었다. 그는 얼마간 나와 함께 머물면서 몇 달 전 만난 적이 있는 애스톤(W. G. Aston) 씨의 안부를 물었다. 그는 내가 오랫동안 머물기를 바라면서 돌아오는 길에도 들려 오래 머물기를 간청했다. 그가 보기에는 내가 계획하고 있는 여행이 성사될 것 같이 보이지 않았다.

그는 담배 몇 대를 피운 뒤에 창문 밖의 좁은 선반에 놓여 있는 가마에 올랐다. 하인들이 서둘러 들어오더니 위험한 자세에서 그 의자를 들어 올리면서 큰소리로 외쳤다. 횃불 든 사람, 담배물부리를 든 사람 그리고 윗사람을 위해 사소하게 할 일이 있거나 아무 할 일도 없는 사람들의 호위를 받으며 현감은 그의 숙소와는 떨어져 있는 넓은 건물의 또 다른 곳으로 소란스럽게 떠나갔다.

9월 28일, 나의 나귀가 출발한 것을 본 뒤에 나는 목사의 초대를 받아 그를 방문했다. 나는 그의 방을 더럽히지 않으려고 슬리퍼를 신고 들어가다가 댓돌 옆에 벗어 놓았다. 그 곳에는 이미 7~8켤레의 슬리퍼가 가지런히 정돈되어 있었다. 그는 입구에서 나를 맞이하며 내가 지난밤에 잠을 잔 곳과 같이 꾸며진 작은 방으로 데려갔다.

단지 7~8명의 하인들만이 그 방 안으로 들어갔으며 나머지 사람들은 목소리가 들릴 만한 거리 밖에 남아 있었다. 그는 나에게 바닥에 앉을 것을 권한 뒤에 놋쇠로 만든 대통과 유리 물부리가 달린 장죽을 권했다. 놋쇠의 불쾌한 맛을 막아 주는 긴 대나무를 통해 빨려 들어오는 담배의 맛은 순했다. 일꾼들이 피운 담배와는 달리 그 담배는 정교하게 썬 것으로서 궐련처럼 말아서 피우는 것이 아니라 그대로를 대통에 넣고 피웠다.

통역인 김 씨는 어떠한 경우에나 단정한 사람이었다. 손을 모으고 시선을 아래로 내린 채 그는 잠시의 머뭇거림도 없이 중국어와 조선어로 통역했다. 그는 목소리에 어떤 굴곡도 없이 자동 인형보다 더 정확하게 통역했다. 앞으로 갈 길이 멀었기 때문에 이번의 면담은 짧았다. 나는 그의 호의에 감사를 표시한 뒤에 신을 신고 집주인에게 작별 인사를 했으며 그는 계단 위에서 나를 전송했다.

파주를 벗어난 처음 몇 마일은 울퉁불퉁한 숲길을 통과했다. 주변에는 인가도 없고 길에는 여행하는 사람도 거의 없었다. 파주에서 약 8마일 떨어져 있는 임진강 근처에 이르니 작은 마을이 나타났다. 임진강은 폭이 약 300야드 정도 되고 깊이가 50피트 정도 되는 깨끗한 강이었다. 이 강에서는 무게가 50파운드 되는 고기를 잡을 수 있다고 한다. 물살은 그리 빠르지 않았으며 이 지역으로부터 15마일 위까지만 항해할 수 있을 뿐이라고 한다.

여섯 척의 큰 도선이 사람과 말을 건네주었는데 강 건너편에는 보다 많은 배가 있었다. 파주 쪽의 둑은 양물푸레나무와 다른 나무들로 빽빽하게 들어차 있는 것과는 달리 오른쪽 둑에는 아무 것도 없고 낮았다. 강을 아래로 내려다보니 몇몇 토루가 멀리 강안의 끝에까지 있는 것이 보였다. 토루들은 16세기 말엽에 일본이 침입한 시기[임진왜란]에 쌓은 것이라고 한다. 멀리에 또한 다른 강과 합쳐지는 곳 근처의 삐죽이 나온 절벽에 커다란 고분이 위치하고 있었다.

들판에서는 농부들이 벼를 베고 있는 중이었다. 벼의 추수는 어느 일정한 시간에 시작되는 것은 아니어서 이 기간의 얼마 동안에는 농사일이 거의 없었다. 관북 지방에서 온 몇 십 명의 지친 나그네들이 과거 시험을 보려고 서울로 가고 있는 중이었다. 과거는 며칠 사이의 과정으로 시행된다. 그들은 각기 긴 지팡이를 짚고 있었고 등에는 가죽 끈으로 붙들어 맨 한 두 개의 물건을 지니고 있었다. 아무 것도 없이 여행하는 사람들도 있었다. 여행 중인 관리들은 숙소와 음식을 찾으려고 했다. 그들이 숙소를 찾는 데는 거의 비용이 들지 않았다.

우리는 이 관리들보다 더 재미없는 무리들을 본적이 없다. 아마도 부분적으로는 피곤한 탓이겠지만 그들은 아무 말도 없이 걷고 있었다. 그들과는 아주 다른 입장에 있는 사람은 시험관인데 그는 향시를 열고자 서두르고 있었다. 그의 가마와 우리 일행은 아주 빈번하게 서로 마주쳤기 때문에 우리는 공손하게 미소를 지을 수 있을 만큼 친숙한 사이가 되었다. 학생들이 슬프게 보이는 것과는 달리 그들은 밝게 보였으며 대화를 갈망하고 있는 것이 명백했으나 그도 역시 여행 중이었기 때문에 대화는 불가능했다.

여행객

나귀를 타고 우리와 같은 방향으로 여행하고 있는 조선의 여인은 우리와 10여 차례 앞서거니 뒤서거니 했지만 그의 모습을 볼 수 있는 기회를 한 번도 주지 않았다. 온종일 외국인과 거의 나란히 여행하는 그러한 비정상적인 시련에 노출된 그의 사회적 지위에 대해서 우리는 동정심을 금할 수 없었지만 그렇다고 해서 동정심을 표현할 수도 없었다.

우리가 큰 시장에 있는 읍인 장단에 도착한 한낮 조금 전에 나는 곧 그곳의 수령을 방문했다. 그 관리는 파주에 있는 그의 동료 관리보다 더 나은 상태에서 살고 있었다. 그는 매우 친절하게 나에게 방과 점심 식사를 내놓았다. 나는 나귀몰이꾼과 같은 여관에서 식사를 하고자 나귀의 출발을 재촉하고 싶었지만 그럴 수가 없었다. 주민들이 나에게 약간의 호기심을 가지고 있었기 때문에 나는 방의 창을 열어 놓고 창턱에 앉아 점심을 먹음으로써 구경꾼들에게 커다란 즐거움을 주었다.

장단 너머에 있는 어느 낮고 메마른 언덕을 지나 우리는 동서를 가로지르는 긴 계곡으로 들어섰다. 그 계곡으로 깊이 들어가면 송도에 이르는 산길에 이르게 된다. 그때는 말라 있었지만 얼마 전에 일어난 계곡의 범람으로부터 전답을 보호하려고 여러 곳에 노력한 흔적이 보였다. 농지의 경작은 밭보다는 논이 더 많다는 점에서 특이했다. 그 밖에도 율무라고 하는 작물이 한두 개의 밭에서 재배되고 있었으며 골짜기의 저지대의 다소 건조한 모래땅에는 엉성한 원추 모양의 기장이 넓게 덮여 있었다.

이보다 훨씬 더 흥미 있는 광경은 인삼 밭이다. 그곳은 모두 높은 담으로 둘러쳐 있고 그 위로는 파수꾼이 이 귀중한 약초를 감시하는 원두막이 보인다. 8월에 이 인삼밭을 둘러보았던 애스톤 씨는 이런 글을 남겼다.

> "삼은 3월에 뿌린 씨앗에서 자란다. 모종은 날씨에 따라 북쪽을 빼놓고 잘 차단된 3~4피트의 갈대 이엉으로 울타리를 엮어 태양 광선과 비를 피할 수 있도록 덮어놓았고 똑바른 석판으로 구획을 나누었으며 주변 땅의 수준보다 봉긋이 솟은 묘판 위에 씨를 심는다. 이 울타리 사이에 는 사람이 걸어 다닐 수 있는 만큼의 공간을 남겨 두고 줄을 지어 있다. 재배한 지 첫해나 이듬해의 인삼은 겨우 2~3인치 크기이며 잎도 2개밖에 없다. 이 기간 동안에는 자주 옮겨 심는다. 4년이 되면 줄기는 약 6인치 정도로 크며 6년근이 되기까지 손을 대지 않는 것이 보통이지만 5년째가 되면 강하고 왕성한 뿌리

는 이미 완숙기에 이른다. 썩은 잎의 풍부한 옥토는 유일하게 사용되는 인삼의 거름이다."[1]

이 작물은 전적으로 왕의 인가를 받은 소수 농부의 손으로 재배되며 왕실의 재정은 주로 이 약재의 전매에 의존하고 있다. 해당 부서의 관리가 산정한 1884년의 인삼 수입은 4억 4,500만 냥인데 대략 50만 달러가 된다.

송도 교외는 약간 넓었다. 성문 바로 바깥쪽의 거리에서 질그릇과 접시의 거래가 활발하게 이루어지고 있었다. 성문 안쪽에는 어떤 활동의 조짐도 없었으며 "보급품"이 떨어진 나와 나의 개를 쫓던 많은 소년들도 점차로 팽이치기하는 곳으로 되돌아갔다. 내가 받은 현감의 숙소는 성문에서 약 2/3마일 정도 거리에 있었는데 수령은 몇몇 하인과 함께 나에게 아주 편안한 방을 보여 주었다. 방은 나귀가 짐을 부리기 시작한 바깥에 있었다.

하인들과 아랫사람들이 우선 방으로 몰려 들어오더니 마당에 사람들로 가득 찼다. 마당을 정리하는 것이 필요하여 나는 하인에게 마당이 정리되기 전까지는 짐을 풀지 알도록 경고했다. 그러나 그 경고는 너무 늦었다. 왜냐하면 나의 비누통이 어떤 사람의 눈에 띄자 노획물로 그것을 집어 가 버렸기 때문이었다. 그 물건을 녹였을 때 그것이 은제가 아니라는 것을 그 남자가 알고 낙심하는 장면을 생각하는 것으로 어느 정도는 위로가 되었다.

물건의 손실이 즉각적으로 발견되었다 하여도 그 수령이 나의 재산을 변상하기에는 그가 너무 무력했다. 그의 옷은 그의 상관의 옷과 거의 정확하게 같았으나 이제 그 두 사람의 옷의 차이는 이곳저곳의 다른 관리의 숙소에서 처음 보았을 때보다 더 뚜렷했다. 옷의 일반적 효과는 아주 인상적이다. 거의 겨드랑이까지 닿는 심홍색 소매는 사각의 오렌지색 어깨받이 위의 길고 푸른색 관복 속으로 끌려들어 간다.

---

1) (원저자 주) Aston, *Corea : Bluebook*, No. 1, 1885.

원두막

모자에는 윗부분이 둥글고 낮으며 청색의 비단 벨벳의 커다란 장미꽃 모양의 술이 달려 있다. 신발은 매우 큰데 거친 솜을 뭉쳐 만든 닳아빠진 버선 때문에 발의 크기에 비해서 더 커 보였다. 그러나 신발창이 두꺼워서 느리고 약간은 위압하는 듯한 걸음걸이로 걷는 것이 다소 당당해 보였다.

팽이 놀이

내가 씻기를 마치고 옷을 갈아입을 때쯤 수령이 찾아왔다. 그의 태도는 아주 친절했으며 나의 소지품이 그에게는 분명 이상야릇한 것으로 보였을 터인데도 그것에 대해서는 어떤 호기심도 내색하지 않으면서 얼마 동안 이야기를 했다. 그는 떠나면서 내일 아침에 자신은 왕릉을 참배하고자 출발해야 하므로 그의 방문에 답방하는 수고를 하지 말도록 부탁했다. 나는 그가

도자기(1)

송도의 주위 환경을 얕보면서 이야기하는 것을 알고 실망했다.

지금은 폐허가 되었지만 가 볼 만한 가치가 있는 유일한 곳이라고 그가 말한 그 궁궐은 14세기 말에 마지막 왕조가 붕괴되고 수도가 서울로 옮겨가면서 파괴되었다. 송도는 전에 최고의 고려자기의 제조 장소였으나 수도가 이전한 뒤로 상업이 쇠퇴하였으며 새 왕실을 따를 것을 거부한 도공들은 점차로 도자기 굽는 일을 그만둠으로써 도자기에 관한 지식은 이제 끊어졌다.

서울로 되돌아간 그해 겨울에 나는 송도 근처의 큰 무덤에서 출토된 몇 점의 도자기를 구입하는 데 성공했다. 이것은 36개를 한 벌로 하는 것의 일부였는데 그 대부분은 도기에 상감을 하고 그 위에서 유약을 바르는 방법으로 제조된 것이었다. 청자를 주의 깊게 조사한 어떤 양반이 묘사한 것처럼 그 주요 양식은 점토 위에 어떻게 상감하느냐의 문제이다. 그 상감 위에 계

도자기(2)

속해서 응용된 유약을 덧칠하여 표면을 반들반들하게 만든다.

청자는 약간 불그스레하며 투명하지 않은 점토로 만들며 여느 동양의 도자기처럼 세 개의 지주(支柱)가 있는 가마에서 견디었다가 나온 것으로 보인다. 그리고 적어도 몇 가지 예에서 볼 때 그 지주는 불투명한 석영의 작은 파편이었을 것이다. 그 파편은 아직도 청자의 일부분에 부착되어 있다. 보다 더 작은 조각들 가운데 하나에는 중앙에 빛을 내는 장식이 있는데 그것은 일련의 석영이나 자기의 불규칙한 흰 파편으로 만든 것으로 보인다. 굽기 전에 이 석영이나 자기를 점토 속에 넣으면 유약이 덮여 있다 하더라도 그것이 표면 위로 투영된다.

송도는 서울의 수비를 위한 4개의 커다란 군사 주둔지 가운데 하나이며 나머지 세 곳은 강화, 수원, 광주이다. 그 마을의 지휘관이나 수령은 유수라

여인의 나들이

고 부른다. 그는 도관찰사와는 독자적으로 그의 지방을 통치한다. 최근의 보고서에 따르면 송도는 남자 19,610명, 여자 10,260명의 인구에 7,000가구가 살고 있다고 한다. 그러나 개발된 땅의 지역은 그토록 많은 인구에 견주어 작은 것 같다.

송도는 바다에서 약 20마일의 거리에 위치하고 있으며 조수를 이용하면 육로보다는 수로로 서울에서 빨리 도착할 수 있다. 이곳은 조선에서 가장 중요한 곳 가운데 하나이다. 그러나 그 중요성은 여전히 지방적인 한계를 벗어나고 있지 못하며 얼마동안 조선의 밖으로 뻗어 갈 것 같지는 않다.

제 9 장 황해도 지방

9월 29일(기압 29.82)[1)]

나의 중국산 나귀들은 이미 녹초가 되어 있었다. 한 마리는 등에 상처가 낫고, 또 한 마리는 절름발이가 되어 쓸모없게 되었다. 나는 구종과 함께 병든 나귀를 서울로 보냈는데 나중에 알게 되었지만 그 구종 녀석은 주막 주인, 나귀몰이꾼, 그리고 나에게서 도둑질을 하려고 이틀을 기다려 온 놈이었다.

병든 나귀들을 대신해서 무엇인가를 달리 구해야 할 필요가 있었으므로 나는 몇 마리의 조선 나귀들을 가져와 살펴보았다. 그 가운데 한 마리는 키가 열 뼘은 될 만큼 작은 몸체에 작은 머리와 발, 그리고 놀랍게도 강한 뒷다리를 가진 씨말로서 시골길을 빨리 달리고 소리도 지르며, 자신의 주인인 19세 소년이 겨우 따라갈 정도로 날랬다. 나는 그 녀석이 마음에 들었다. 그 말에 맞게 장비를 줄이는 것이 어려웠지만 말고삐에 여러 번 매듭을 매고

1) 이 당시의 기압 산출은 오늘의 방식과 달랐다. 당시의 기압은 아네로이드 기압계를 사용했다. 이는 요즘과는 달리 금속의 팽창을 이용하여 기압을 측정하는 방법이었다. 필자가 기압의 기록에 이토록 치밀했던 것은 기압이 곧 고도로 환산될 수 있으며 이는 다시 그의 궁극적 관심이었던 금광 채굴의 1차 자료가 되기 때문이었다. aneroid란 말은 그리스어로서 액체를 쓰지 않았다는 뜻이다.

장비들을 정교하게 꾸림으로서 끝내 안장을 앉힐 수 있었다.

그 종마는 결코 할 일이 많지 않았다. 왜냐하면 나는 시골길을 제외하고는 언제나 걸었기 때문이다. 그러나 일행을 따라잡아야 하거나 다른 마을로 나를 데려다 줄 때마다 그 종마는 소리를 지르며 최고 속도로 달렸으며 자기보다 우수하고 큰 짐승들이 잠자코 있어도 싸우고 싶어 안달이었다. 다소 피곤할지라도 언제나 웃으면서 말하고 자신의 욕구에 앞서 나귀의 욕구를 돌보는 것을 결코 잊지 않는 주인의 기분을 그 나귀는 잘 맞추는 것 같았다.

나귀 문제를 해결한 나는 언덕 기슭의 가까이 있는 성내의 옛 궁궐의 유적을 보려고 나의 요구에 따라 개성 유수가 보낸 두 명의 병사들과 출발했다. 그 건물들의 기초를 추적하고 알아본 결과 건물 어느 것도 남아 있지 않았으나 중국에 있는 여느 관청 건물과 같은 설계도로 지어진 것 같았다. 길이 150보, 너비 50보가 되는 석조 포장도로는 본전을 향하여 올라가더니 명백히 인위적인 초승달 모양의 언덕을 이루고 있었으며, 이 언덕이 대지의 후면을 이루면서 커다란 봉분을 감싸고 있었다.

조각품이나 어떤 종류의 비석도 보이지 않았다. 석조물의 대부분이 체계적으로 배열되어 있고, 잡스러운 것이 하나도 없는 것으로 보아 건물이나 다른 목적으로 운반된 것이 분명했다. 궁궐을 돌아 넓은 호두 과수원을 지난 우리는 성벽에 붙은 작은 문에 이르렀다. 그 문을 지나니 북경로로 가는 내리막길이 펼쳐 있었다. 언덕 비탈의 주변에는 감자밭들이 드문드문 있고 계곡에는 두세 개의 인삼밭들이 보였다.

여기서부터는 자연경관이 크게 달라 보였다. 지금까지의 언덕들은 거의 전부가 붕괴된 화강암으로 이루어져 있었으면 표면의 토양은 폭우에 쉽게 씻겨 내려가 산허리는 헐벗고 진한 적색을 띄었다. 그러한 하상을 이루고 있는 부드러운 모래를 따라 강물이 흘러가고 있었으며, 개간된 계곡으로 둘러싸인 눈앞의 나지막하고 밋밋한 언덕은 멀리 보이는 산들과 강한 대조를 보여주었다.

그러나 송도 뒤에 있는 산길로 들어서자 전나무, 떡갈나무, 단풍나무로 가득 찬 높은 산들이 앞을 가로막았다. 맑은 물이 자갈 위로 흐르고 있었고, 꿩들은 우거진 쑥 덤불 속에서 보금자리와 먹이를 찾고 있었다. 멀리 보이는 마을에는 통행인들이 거의 눈에 띄지 않았으며 마가 곳곳에서 자라고 있었다.

경작을 하려 했던 산허리에는 계단식으로 정리를 하지 않고 비탈 그대로에서 흙이 비에 씻겨 내려갔으나 다른 곳에는 그런 흔적을 찾아보기 어려웠다. 우리는 언덕을 따라 한낮의 휴식처를 찾아 내려가다가 언덕의 능선을 지나 또 다른 계곡 위로 올라가기 시작했다. 뒤를 돌아보니 멀리 떨어진 언덕 위의 높은 곳에 아름다운 빛깔의 물체가 보이는데 아마도 그것은 우리가 길가에서 조각들을 보았던 수정인 것 같았다. 그것은 훌륭한 이정표가 되고 있음에도 불구하고 마을 사람들은 그것이 무엇인지에 관해 아무런 관심도 없었다.

갑작스러운 소나기로 우리는 급히 금촌으로 향하게 되었다. 그곳에는 중국의 사신이 휴식 장소로 사용하는 여러 개의 큰 건물들이 우뚝 서 있었다. 두 개의 하천을 건너서 반 마일쯤 더 간 뒤에야 우리는 자신들이 황해도 지방에 이르렀음을 알았다. 이곳은 꿩들이 가장 살기 좋은 곳으로 알려져 있는데 그 명성이 소문과 다르지 않음을 수 있었다. 이곳은 주로 역암들로 구성되어 있어서 지질학상의 형질은 매우 달랐다. 여기저기에 자갈밭이 있었으며, 조선의 전장을 관통하고 있는 대간에서 뻗어 나온 수많은 산맥들이 바다와 대로 사이를 달리고 있었다.

동쪽으로는 잘 정지된 넓은 평야가 있었으며 그 너머에는 다시 산이 높이 솟아 있었다. 이 지방의 해안에는 멀리에서 중국 거룻배가 빈번하게 드나들면서 청어잡이를 하고 있었다. 중국의 선원들은 생선을 건조시키고자 상륙할 수 있었으나 원주민들과 의사소통은 없었다. 이곳에 중국의 어민들이 어로 행위를 한다고 해서 조선의 주민들이 그들로부터 얻을 수 있는 이득이라고는 아무 것도 없었다.

꿩 사냥을 위해 잠깐 쉬다 보니 우리가 밤을 보낼 휴식처인 평산에 도착하는 것이 늦었다. 나는 이곳의 관아와 이웃하고 있는 몇 개의 방들이 내가 사용할 수 있도록 비어 있음을 알았다. 이곳의 수령은 서울에 있는 가족을 방문하고자 출타 중이었으므로 그의 숙소에서 내가 머무르게 되었다. 방이 크고 깨끗했으나 취침 시간이 되자 방은 온통 해충의 소굴로 변하여 잠을 이룰 수가 없었으며, 말라리아에 걸릴는지도 모른다는 두려움 속에 그 밤을 보냈다.

9월 30일(기압 29.75)

평산을 떠나자 눈에 들어온 첫 번째 모습은 도시를 내려다보는 언덕 위의 회색 성벽이었다. 성벽에는 넝쿨식물이 우거져 있었고 여러 곳이 무너져 있었다. 성안에는 야생 관목과 나무들이 뒤엉켜 있었고, 성안의 중앙에는 인위적으로 흙을 북돋우어 놓았고 그 주변에 해자를 팠으며, 숲 사이로 몇 개의 길이 보였다.

나는 왕릉을 지나고 있다는 것이 두려워 더 이상 답사를 할 수가 없었다. 통역자인 김 씨가 서둘러 앞으로 나갔다. 몇 마일을 더 걸어간 뒤에야 우리는 기이한 초목들이 우거진 평산은 언덕의 참호였거나 아니면 피난처였으며 유사시를 대비해서 양식과 기타의 필수품을 저장해 두는 곳이라는 것을 알았다. 그러한 장소에 물이 있을 가능성이 없다는 말에 나는 더욱 놀랐다.

우리가 먼저 가야 할 곳으로 향하는 도로는 가옥이 밀집한 촌락을 통과했으며 그곳을 지나니 빨간 사암이 깔려 있었다. 거의 10마일에 걸친 계곡의 토양은 비옥했으며 강의 제방 위에 있는 수직 틈새는 마치 풍적 황토의 틈새처럼 보였다. 계곡은 짙은 전나무와 각종 나무로 덮여 있는 언덕으로 둘러싸여 있었다. 경관은 아주 매혹적이었으며, 아름다운 산줄기가 뻗어 내려와 길을 감싸고 있는 서쪽의 풍광은 특히 아름다웠다.

계곡을 조금 벗어나니 점심 휴게소 가까이에 있는 계곡에는 무덤의 비석들이 촘촘히 서 있었다. 가까이 가서 살펴보니, 땅위에 서 있는 비석들은 크기와 형상이 놀랍도록 균일한 대리석이었다. 이 묘지들은 수가 증가하여 농토를 잠식하고 있었다. 물이 똑똑 떨어지는 모습이나 연석으로 만든 담배의 댓통과 같은 장식품들로 미루어 볼 때 이곳은 지질적으로 많이 다른 곳임을 알 수 있었다. 산허리 위로 멀리 탄광의 입구들처럼 보이는 길이 있었으나 저녁에 알아보니 이곳에는 석탄이 매장되어 있지 않다는 것이 공인되었다. 나는 신열로 몸이 너무 쇠약해 있었으므로 탄광을 직접 조사할 수 없었다.

길가에는 꿩들이 많았는데, 여행객들로부터 들은 바에 따르면 다음 달이면 더욱 많아진다고 한다. 내가 본 꿩은 두 종류였는데 그 가운데 하나는 퓨크라시아종의 꿩과 비슷했다. 나로서는 여기나 어떤 다른 곳에서도 보통 고리가 달린 꿩들 외에는 어떤 것도 보지 못했다.

화조도를 믿을 수 있다면 조선에는 7~8개 종류의 꿩이 있는데 어느 것은 매우 아름답고 어느 것은 영국에서 흔히 볼 수 있는 꼬리 없는 새와 같다. 조선의 꿩은 중국의 꿩보다 꼬리에 훨씬 섬세한 초록색의 탄력 있는 깃털을 가지고 있다. 암컷들은 특히 크며 수컷처럼 약 42온스의 무게가 나가지만 10월이 되어서야 부화하는 새끼들은 참으로 볼품이 없다.

석회석 계곡을 빠져나오니 질편하게 경작되는 낮고 완만한 전답으로 경관이 바뀌었다. 강의 제방 가까이에서 황토의 흔적들을 다시 볼 수 있었고 언덕을 따라 둥그렇게 마모된 많은 돌무더기들이 있었다. 그 언덕은 멀리 떨어져 있었으므로 이런 둥근 표석들이 얼마나 있는지를 헤아리기 매우 어려웠다.

서흥은 1천 가구가 사는 도시였으나 여느 도시와 다를 것이 없었다. 현감이 나를 찾아와 오랫동안 머물다가 돌아간 뒤에 나에게 매우 탐스러운 배를 선물로 보내 주었다. 이곳에는 과일이 매우 부족했다. 바다 건너 중국의 지부에서는 이 무렵이면 포도, 사과, 배가 많이 나오는데 여기서는 작고 단단한 것 외에는 살 수가 없었다.

조선에서 유명한 과일인 감은 서흥의 북쪽에서 결코 볼 수 없었으며 주민들은 호두, 밤, 잣, 은행, 겨울 버찌 등에 만족하는 것처럼 보인다. 그 뒤에 나는 서리 낀 아침에 신선하게 딴 다래의 맛이 서양 다래 맛과 비슷하다는 것을 알았다. 시장에서 산 것은 그만큼 맛이 없었다. 이 넝쿨 식물은 빽빽한 잡초 속에서 찾아야하기 때문에 따기가 매우 어려운 과일이다.

10월 1일(기압 29.62)

온종일 우리는 폭이 2~3마일로 넓어진 계곡을 따라 서쪽으로 나아갔다. 한 두 개의 하천이 교차하는 곳도 있었고 때때로 강줄기를 따라 길이 열려 있었다. 150~200가구의 마을들이 산재해 있었다. 콩과 기장 등 농작물은 대부분 수확이 끝났으며 남쪽의 경치와 그 날을 영광스럽게 한 누런 도요새가 나타나지 않았더라면 그 시골의 여행은 단조로웠을 것이다.

마지막 5마일 북쪽으로 여행한 우리는 해가 지기 2시간 전에 약 400여 가구가 살고 있는 봉산에 도착했다. 중국의 사신을 위한 웅장한 휴게소가 그 도시 밖에 있었으며 도시는 대부분의 다른 도시들보다 훨씬 가난하게 보였으나 현감을 위한 커다란 건물과 향교, 그리고 왕족의 위패를 모신 사당이 있었다. 이 건물들은 중요하게 취급되어 이정표가 설치되어 있었다.

유럽 여행객들이 그 도시의 중국 지명과 조선 지형을 기억해야 하는 부담이 있기 때문에 다른 곳의 지명을 소개해 주는 것이 바람직하지 않다는 양해를 구했다. 특히 그 지명들이 아주 작은 마을에까지 적용되었기 때문에 지도를 보면서 자기의 위치를 확인하고자 하는 사람에게 지명은 아무런 도움이 되지 않았다.

봉산은 가난한 도시여서 오두막집과 수리를 하지 않은 관청이 대조를 이루고 있었다. 가난하다고는 하지만 현감이 나를 방문했을 때 옷을 잘 입은 50~60여 명의 남자와 소년들, 그리고 빈둥거리는 사람들이 관청에 함께 들어왔다. 식객이 이렇게 많다는 것은 그들이 얼마나 가난한가를 잘 보여주는 숫자였다. 봉산에서조차 이런 말직들이 200명 이상이 되는데 이는 같은 등급의 도시에 비해서 적은 숫자라고 한다.

관찰사와 그의 부하들이 살고 있는 부나 목에 있는 벼슬아치의 숫자는 아마도 최소한 봉산의 3배는 될 것이다. 그러나 각 지방의 수령에게 붙어 있는 벼슬아치를 낮게 잡아 200명으로 친다 하더라도 332개 군현에는 6만 6천 400명의 관리가 있다. 그들은 상인과 노동자들에 부과되는 세금으로 먹고 살며 대다수의 경우에는 지방 수령의 종자를 부풀리는 역할만 할 뿐이다. 지방 수령의 본부에 근무하는 사람 외에 보다 낮은 직위에 임명된 관리들까지 포함한다면 그 전체는 군역을 전적으로 책임지고 있는 산업 노동 계급에 비교될 만큼 방대한 숫자가 될 것이다.

봉산의 현감은 68세의 노인이었으나 나이에 견주어 활동적이었다. 대부분의 관리들은 양반 계급에 속하는 서울 출신이었다. 그들은 3년간 임지에서 근무할 때 일반적으로 가족과 떨어져 있으며 가능할 때마다 가족을 방문한다. 우리가 가는 도중에 들른 북부 지방의 많은 고을에서는 이런 이유 때문에 수령들이 자리에 없었다. 한 도시의 수령들은 1년 가운데 5개월 동안 자리를 비운다고 한다. 이런 빈번한 부재의 자연적인 결과로 그 재임 기간의 모든 작업이 상임 벼슬아치에 의해 수행된다는 것이다. 이런 사람들 가운데 대부분이 자기 일에 정통할 수 있으나 정직하지 않을 때에는 너무 많은 부패를 초래한다.

10월 2일(기압 29.73)

봉산을 떠나는 길은 갑자기 300피트 높이의 가파른 비탈길이었다. 이곳은 의주에서 서울로 가는 길의 가장 가파른 부분이다. 대체로, 그 길은 논으로 된 계곡의 중간을 가로질러 있었고 그 논의 배수가 도로의 상태를 악화시키고 있었다. 장마철에는 이곳을 지나갈 수 없으나 지난 가을과 겨울에는 마차들이 지나다닐 수 있었다.

황주를 향하는 내리막길의 첫 부분은 이 길을 더욱 아름답게 해주는 숲을 통해 있었다. 전나무, 떡갈나무, 단풍나무, 오리나무, 서나무, 위령선, 다래 넝쿨, 사철나무로 기어 올라간 칡넝쿨, 겨우살이 다발, 진달래 언덕, 우람한 느티나무, 긴 줄기의 오갈피나무가 우거졌고 아름다운 냇물과 고요한 속에 딱따구리 소리와 꿩이 내는 소리, 그리고 회색 다람쥐의 바삭거리는 소리가 지친 여행객이 갈망하는 매력적인 전경을 보여주고 있었다.

숲은 약 2마일 길이로 뻗어 있고 숲을 지나면 북쪽으로 향하는 산의 정상에 또 다른 성채가 나타났다. 인근에 있는 언덕은 녹색을 띤 돌로 이루어져 있었으며 그것들을 풍상에 깎여 타원형의 덩어리로 쪼개진 것같이 보였다. 성채가 있는 언덕에 올라 그 밑의 성문을 지나 작은 마을 밖으로 1마일 반쯤의 오르막길을 지나니 3마일 너비의 평야가 전개되었으며 그 너머에 황주가 위치하고 있었다.

황주는 너비가 130야드나 되는 강의 북측에 자리 잡고 있었다. 강의 제방은 돌로 보강되어 있었으며 성은 뒤편 언덕의 상당 부분을 감싸고 있었다. 이 성 안에는 나무꾼들이 손도 대지 않은 숲이 있었다. 성은 산의 정상까지 뻗어 있었으며 드문드문 세워진 망루가 선의 단조로움을 깨뜨렸다. 먼 거리에서 본 것처럼 그 모습은 매우 아름다웠다. 나루터를 건너 고을을 내려다볼 수 있는 높은 곳에 위치한 현감의 아문에 이르기까지 아름다움은 이어졌다. 마을의 상업 지구는 분리되어 있었다.

황주와 해주의 두 도시에는 관찰사와 현감의 관저가 있으며 황주와 해주의 첫 글자를 따서 이 도의 이름을 황해도라고 지었다. 황해도와 평안도의 관리들은 민간 통제권과 군사 통제권을 함께 장악하고 있기 때문에 다른 도의 같은 직급보다 더 강력한 권한을 누리고 있다. 그들은 군사 통제권을 보유하고 있기 때문에 군복을 입고 푸르고 사치스런 구슬로 장식된 둥근 모자를 쓰고 있다.

내가 이 지방의 부관들을 방문했을 때 몇몇 관리들이 배석하고 있었는데 나는 그들에게서 이곳의 해안에 관한 정보를 몹시 얻고 싶었다. 그들은 나를 도와주려는 것처럼 보였으나 이곳으로부터 대동강 어구에 접근하기는 매우 어렵다는 것을 나에게 확인시켜 주었다. 해안을 탐사하려면 평양에서 출발하는 것이 더 용이했다. 평양에서 강물을 따라 내려가면 밤에 야영을 하는 괴로움도 피할 수 있었다.

방에는 여러 가지의 작은 유럽의 사소한 물건들이 있었으며 그 가운데에는 시계도 있었다. 우리가 정확한 시간을 물어 보면 그는 지체 없이 알려주었으며, 이상하게 들릴지 모르지만, 그 시간은 우리의 시간과 분까지 맞았다. 이 일은 황해도에서 시계의 판매를 간절히 원하고 있는 업자들에게 좋은 선전이 될 수도 있었다. 시간이 너무 늦어 나는 그의 정중한 식사 초대를 받아들일 수가 없었다. 나는 기대했던 대로 모처럼 자유스럽게 된 마부들을 감독하려고 밖으로 빠져 나왔다. 그들은 내가 예상했던 대로 마음껏 취할 수 있는 곳으로 가고 없었다.

한 관리가 나의 여권을 검사하려고 뒤따라오면서 내가 그 도시를 자세히 보는 것을 방해하느라고 애썼다. 그런 경황에도 언뜻 살펴본 바에 따르면 장사가 될 만한 것이 없었으며, 거리가 한두 개밖에 없기 때문에 몹시 혼잡했다. 그 도시에는 3천 가구가 살고 있었으나 그들을 충분하게 수용할 건물이 없었다. 황주로부터 10마일을 가는 동안에 본 마을들은 내가 조선에서 본 다른 마을과 차이가 있었으며 좋은 토양과 풍부한 농작물은 재배할 수 있는 낮은 평야로 구성되어 있었다.

냇물이 흐르며 하상을 쓸어 내려갔기 때문에 눈에 잘 띄지 않았다. 모든 집들은 겨울바람을 이겨낼 수 있도록 다소 움푹 들어간 곳에 건축되어 있었다. 목화와 기장, 그리고 옥수수를 기르는 넓은 밭에는 나무란 단지 몇 그루밖에 볼 수 없었다. 저녁녘에 우리는 황해도와 평안도의 경계선을 이루는 작은 산등성이를 지났다. 우리가 중화에 도착한 것은 어두워진 한참 뒤였다. 아마도 이 사실은 나의 마음속에서 사라진 장소의 모든 회상들을 설명해 줄 수 있을는지도 모른다.

10월 3일(기압 30)

중화를 떠난 뒤 몇 마일 동안 작은 오르막길이 있었으나 어제와 다름없이 평야의 등성이에 이를 때까지 변화가 거의 없었다. 산등성이 위에는 무덤이 더러 있었다. 이날은 추석이어서 무덤 주위에는 아낙네와 아이들이 무리 지어 있었다. 여인들의 통곡하는 소리가 들렸지만 사람들의 일반적인 모습은 소풍 나온 휴일의 행락객들의 모습이었으며 모두가 옷을 잘 입고 있었다. 그들은 나를 별로 주목하지도 않았다.

길은 곧게 대동강으로 내려가고 있었다. 모든 마을 밖에 있는 길옆에는 가로수 대신에 너비 40야드의 작은 숲이 덮여 있었다. 이따금 우리는 저명한 관리들을 위해 세워진 송덕비를 지났다. 대로를 지나 우리는 길거리에 기와를 입힌 비각을 살펴보았다. 대동강에 이르기에 앞서 우리는 흙탕물이 흐르는 개울 위에 아치형 교각으로 된 다리를 건넜다. 그 하천은 내가 조선에서 본 유일한 흙탕물이었으며 다리는 희귀한 모습을 하고 있었다.

이 지점에서 강은 두 개의 지류로 나뉘는데 각각 너비가 300야드가 넘었다. 어느 사람이 중앙에 있는 섬으로 건너고 있었고 제방에는 여러 사람이 서 있었다. 그 도로는 1마일에 걸쳐 강을 따라 가다가 강 건너의 평양과 접하는 넓은 모래사장으로 갑자기 들어섰다. 많은 행인들이 모래판을 가로질러 건너가고 있었으며 검은 옷을 입은 사람도 눈에 띄었다.

검은 옷을 입은 사람은 반갑게도 곳체(K. Gottsche) 박사였다. 그는 동부지방으로부터 산을 넘어 나보다 이틀 먼저 평양에 도착해 있었다. 우리는 서로 이름이나 알고 있는 정도였지만 매우 반가웠다. 왜냐하면 어느 곳에서도 유럽인의 얼굴을 보기란 어려웠기 때문이다. 내가 온다는 소식을 들은 곳체 박사는 나를 마중 나와 있었다. 우리는 함께 평양 시내로 들어갔다.

나귀를 태울 수 있도록 한쪽 켠의 판자를 열도록 되어 있는 나룻배를 타고 우리는 대동강을 건넜다. 작은 고기잡이배를 타고 있는 어부들이 다가왔지만 성 밑에 있는 선착장에는 사람들이 없었다. 시내에 들어서니 추석 명절이어서 가게들이 모두 닫혀 있고 도시는 텅텅 비어 있었다. 곳체 박사와 나는 선착장에서 조금 떨어진 곳에 숙소를 얻었다. 나의 숙소는 선착장에서 조금 더 가까웠다. 건물이 비어 있었으므로 방해하는 사람도 없었다. 다른 곳에서처럼 그렇게 외국인에 관심을 보이지 않는 것이 놀라웠다.

내가 도착 뒤 1시간이 미처 못되어 평양의 부윤이 나를 방문했다. 그는 서울의 외부에 형제가 있었으며 나는 그를 조금 알고 지내는 터여서 그것이 우리를 친근하게 만들었다. 평안감사가 우리를 받아 줄 것인가를 물었더니 그가 우리를 기쁘게 맞을 것이라는 말을 듣고 그에게 경의를 표하기 위해 통역관 김 씨와 함께 그를 방문했다. 내가 온다는 기별이 없었던 터라 나를 맞이해주는 그의 태도가 어떨까 의심하고 있는데 잠시 뒤에 솟을대문이 열리고 감사가 계단 위에서 나를 기다리고 있었다. 그는 나를 내실로 안내한 뒤 술과 담배를 권하면서 영국이 해외에서 점유하고 있는 식민지에 대해 관심을 가지고 물었다. 그는 조선의 장래에 관해 몇 가지를 묻더니 평안도의 무역 역량에 관해서도 물었다.

그러더니 평안감사는 갑자기 대화를 바꾸어 곳체 박사와 조선 정부와의 관계라든가 그의 여행 목적에 관해서 물었다. 그리고 그와 같은 뜻으로 평안도의 자원, 무역, 인구 등에 대한 질문을 들으면서 나는 매우 괴로웠다. 그는 나의 여행 목적에 대해 경계하는 눈치였으며 예의에 벗어난 모습을 보이면서 자신의 국가의 모든 것을 비방했다.

평안감사는 어떤 무역의 존재도 인정하지 않으려 했다. 그의 말에 따르면 대동강도 운항에 아무런 쓸모가 없으며, 광산들도 가치가 없다며 거의 3천년의 역사를 가진 이 도시에 관심을 둘 만한 것이라고는 하나도 없으며 도자기, 청동 등 어떠한 상품도 구매할 가치가 없는 것들이라고 그는 말했다.

제 10 장 평 양

역사적으로 평양과 관련하여 연상되는 아주 흥미로운 것들이 있다. 중국의 주왕조 초(기원전 1122년)에 상왕조의 저명한 대신이었던 기자는 많은 추종자들과 함께 중국을 떠나 조선에 정착했다. 그는 문명의 원리를 조선에 전래한 공로자로 추앙받고 있으며, 그가 살았다고 하는 평양에서는 거의 신성시되고 있다. 존경과 사랑으로 그가 추앙받고 있다는 사실은, 어떤 방식으로든 그를 언급하고 있는 중요한 문의 현판과 공공건물들을 볼 때 명백히 알 수 있다.

평양은 삼국(고구려 · 신라 · 백제)이 고려 왕국으로 통일된 10세기 말엽에 멸망한 고구려의 수도였으며, 1592년 왜군의 침략[임진왜란]으로 함락되었다가 수복된 사실은 지극히 중요한 의미를 담고 있다. 이여송이 거느린 명의 원군이 도착하자 왜군은 2년에 걸친 격렬한 전투를 치른 뒤에 퇴각하지 않을 수 없었다. 이러한 승리는 기대 밖의 일이었기 때문에 조선 사람들은 그 승리를 주로 군신의 음덕으로 돌렸다. 군신이 대군과 함께 나타나 왜군에게 공포심을 불어넣었다는 것이다. 전국 도처에 군신을 기념하여 사당이 세워졌고, 이여송은 구세주의 대우를 받았다.

3세기 뒤에 평양은 비극의 현장이 되었는데, 더욱이 놀라운 사항은 몇 년이 지난 뒤에야 부분적으로나마 알려졌다. 미국의 범선 제너럴 셔먼호는 가능하면 그 곳에서 무역을 하기 위해 항구에 머물렀다. 며칠 동안 그 배는 방해를 받지 않고 도시에서 바라볼 수 있는 영역 안에 정박할 수 있었다. 그런데 아직까지 확인되지 않은 몇 가지 이유 때문에 그 배는 공격을 받아 배 위에 있던 모든 것이 불타 버렸다. 죽은 이들 가운데에는 영국 국교회의 선교사인 토마스[1]라는 사람이 있었다.

조선의 도시는 대체로 사방이 언덕으로 둘러싸인 곳에 위치해 있다. 낮은 평지에는 상업 지역이 있고 보다 높은 곳에는 관공서가 주재해 있다. 그러나 평양은 대동강의 둑에서부터 대동강으로 빠져들어 가는 지류의 골짜기를 내려다 볼 수 있는 언덕의 꼭대기에까지 뻗어 있다.

북쪽 면에는 언덕이 다소 가파르며 그 언덕의 꼭대기를 따라 도시가 둘러싸여 있다. 서쪽으로는 강 아래로 시야가 넓게 펼쳐져 있고 남쪽과 남동쪽으로는 강둑 위에서 멀리 산들에까지 뻗어 있는 장대한 평야가 있다. 동쪽에는 도시를 내려다 볼 수 있는 다소 낮은 언덕이 있고 그 기슭에 대동강이 흐르고 있다.

내가 도착한 뒤 다음 날 아침, 곳체 박사(K. Gottsche)와 나는 기자의 묘를 방문했다. 북문 밖으로 난 큰 길 근처에 부분적으로 숲이 우거져 있는 언덕 위에 작은 길이 있었다. 우리는 낮은 문을 지나 무덤을 둘러싸고 있는 울타리 안으로 들어갔다. 8~10개의 돌계단에 이르는 작은 길 양편에는 전나무가 자라고 있었고 그 위의 단에는 세 쌍의 석상이 있었다. 첫 번째 것은 손에 서판을 쥐고 있는 사람의 석상이고, 두 번째 것은 머리에 투구를 쓰고 손에 철퇴를 들고 있는 부인의 석상이며, 세 번째 것은 양의 석상이었다.

---

1) 토마스(崔蘭軒 : Rev. Robert J. Thomas : 1839~1866) : 런던 선교회 소속의 목사. 런던대학 신학과를 졸업한 뒤 상해, 지부 등지에서 선교하다가 조선의 천주교 박해 소식을 듣고 조선 입국을 결심. 1865년 백령도에 상륙해 2개월을 지낸 뒤 중국으로 돌아갔다. 1866년 제너럴 셔먼호를 타고 왔다가 피살되었으며, 1932년 그를 추모하기 위해 그가 죽은 곳(평양)에 조왕교회가 건립되었다.

그 석상 너머에 약 4피트 높이의 흙무덤이 있었는데, 그 앞에는 표면에 "기자 묘"(箕子墓)라는 한자를 새긴 비석이 놓여 있었다. 그 뒤에는 서기 1595년이라는 연대가 적힌 또 하나의 한자 비문이 있었는데, 거기에는 기자의 무덤에 있던 비석의 첫 글자가 서기 1533년의 군사 점령 동안 상실되어 이 비석은 원래의 비석이 더 이상 손상되는 것을 막아 보자는 희망에서 원래의 비석 뒤에 세우게 되었다는 취지가 적혀 있었다.[2] 그 곳의 관리인이 보수에 필요한 기부금을 청하기 위해 다가왔다. 다른 사람을 전혀 볼 수 없었고, 그 곳은 아주 고요했다.

이 무덤을 떠난 후, 우리는 최근에 지은 군신의 사당[관왕묘]을 방문했다. 우리는 신발을 벗은 다음 그 곳을 맡고 있는 한 관리의 안내를 받아 건물 안으로 들어갔다. 방들은 아주 정갈했고 화려하게 꾸며 있었다. 군신과 그의 친구들인 유비와 장비의 화상이 사당 중앙에 있었고, 안뜰을 돌아서 펼쳐 있는 두 벽면에는 군신과 그의 친구들의 생애에 일어난 여러 사건들을 나타내는 일련의 프레스코화가 그려져 있었다.

사당 중앙의 제단 위에 있는 페르시아의 청동 제구들은 중국의 황제가 보내 온 것들이라고 한다. 사당의 바깥에는 약 50피트 높이의 보통의 절간에 있는 당간이 있었는데, 그것은 기둥과 나란히 닿아 있는 두 개의 석판을 관통하여 세 개의 걸이 못으로 떠받쳐지고 있었다.

우리가 방문한 또 다른 건물 안에는 왜군으로부터 평양을 재탈환한 조선의 장수와 중국 장수의 초상이 걸려있었다. 안뜰을 둘러싸고 있는 벽에는 도시를 습격하는 왜군의 프레스코 그림들이 있었는데, 그것은 전투의 유적지를 매우 정확하게 묘사하고 있었다. 그 그림에는 전투에 참여한 보다 걸출한 관리들의 초상화도 있었다.

---

2) 1533년에는 중국의 군사 점령을 받은 사실이 없다. 아마도 1636년의 병자호란을 오기한 것이 아닌가 생각된다.

이러한 사당 이외에도 공자의 사당이 있었는데 그 안에는 공자와 그의 제자들의 위패만 있었다. 그리고 또 하나의 사당에는 기자 시대 이전에 조선에 문명의 관념을 들여온 신화적인 존재인 단군이 모셔져 있었다.

집에 돌아왔을 때, 내가 아침에 답례로 방문했던 평양 부윤으로부터 심부름꾼이 와 있었다. 그 심부름꾼은 아주 무표정한 얼굴로 똑바로 서서 단조로운 말투로 부윤의 말을 전했다. 그는 선물을 가져왔던 것 같았으나, 나는 그 가운데 어떤 것은 받을 수 없다고 그에게 설명했다. 그 선물은 종이 몇 묶음, 담배, 달걀 몇 개라는 것을 나중에 알게 되었다. 내가 평양에 있는 동안 하루에 두 번씩 이 사람은 안부를 물으러 왔고 그 때마다 똑같은 방식으로 부윤의 말을 정확히 전달했다. 이 도시에서 언급할 만한 어떤 무역 품목을 찾아내는 것이 참으로 어렵다는 것이 이상했다.

나의 요구에 따라 부윤은 내가 자기나 청동제의 골동품을 사고 싶어 한다는 것을 모든 상점 주인에게 알렸지만, 나는 그 어떤 종류의 것도 구입할 수가 없었으며 상점과 노점들에는 그러한 종류의 것들이 전혀 없는 것처럼 보였다. 비단과 면제품조차도 아주 초라하게 보이는 상점에 숨겨 있었고, 팔려고 내놓은 것들은 가장 일반적인 품목들뿐이었다. 짚신, 담배, 담뱃대, 바구니 모양의 모자 등이 가장 눈에 띄는 판매 품목들이었다. 아닐린 염료와 바늘은 상점마다 있었고, 셔츠 감과 빅토리아[3]산 무명은 수요가 많았다.

그러나 수요 물품의 대부분은 생선, 양배추, 무, 곡식, 곶감, 잣, 호두, 생강, 다래와 같은 식품들이거나 빗, 향나무, 종이, 담배쌈지, 가위, 자물쇠, 고철이나 놋쇠, 부싯돌, 잇꽃과 같은 잡화들이었다. 그 외에 상당히 드물지만 성냥, 거울, 옻칠한 부젓가락과 사발과 같은 일본 제품도 있었고, 만주산 면직물과 유리 사발처럼 국경을 건너 수입된 물품들도 조금 있었다.

---

3) 빅토리아(Victoria) : 오스트레일리아 동남부의 주.

서울에서처럼 사실 여기에 있는 모든 것은 극도로 단순한 주민 생활상을 입증해 주었으며, 소매 이외에는 어떤 종류의 매매도 이루어지지 않고 있다는 것을 보여주었다. 사람들은 가난했지만 전혀 궁핍해 보이지는 않았다. 조선의 어느 곳에서도 거지는 볼 수 없었고 심지어 기근이 만연한 곳에서조차도 거지가 없었다.

내가 알고 있는 한 사람들은 싸움에 가망이 없을 때 그들은 집을 떠나 다른 곳에서 다시 새로 시작하는 것이 통례였다. 그들은 노상에서 주민들이 친절을 베풀어 줄 것이고 새로운 곳에 도착한 뒤 몇 달 동안은 그들의 이웃들이 도와줄 것이라고 믿고 있었다. 국경을 먼저 건너 왔던 조선의 정착민들이 곡식의 씨앗과 몇 달 동안의 식량을 구하는 데 반드시 도움을 줄 것이라고 그들은 말했다.

대동계의 우두머리 몇몇이 나의 초청으로 나를 방문하여 그들이 매매할 수 있는 것을 설명했다. 그들은 지나치게 공손하여 내가 앉아 있는 방의 문지방을 넘어오려 하지 않았다. 그러나 그들은 나의 질문에 기꺼이 대답했다. 그들의 말에 따르면, 그 지방으로부터의 연간 가죽 공급량은 1만장을 넘지 못하며 외국산 피륙의 약 3,000장 정도만이 한 해에 그 도시로 수입되는데, 그 가운데 10% 정도가 국경을 넘어 온다는 것이다.

브랜드 브러더 앤드 라이스 상사가 최고의 상표로 인기가 있었다. 가죽 외에 그 지방에서는 옥양목, 솜, 삼베, 콩, 원면이 생산되었다. 누에는 뽕나무잎으로 키운다. 고치는 붉은 색과 흰색의 두 가지였는데 흰색이 더 비쌌다. 흰 고치는 1캐티에 600냥 정도였다.[4] 철은 대동강 변의 개천에서 산출되었고, 구리와 납은 함경도의 갑산에서 산출된다고 곳체 박사가 알려 주었다.

부윤의 몇몇 부하 관리들은 우리의 대화를 듣고 있었지만, 내가 어떤 정

4) (원저자 주) 1캐티는 1/3파운드이며, 1달러는 85냥이다.

보를 얻는 것을 저지하려는 것처럼 보이지는 않았다. 방해가 되는 주요 장애는 정보 제공자들이 보여준 극도의 겸손이었는데, 그러한 겸손으로 그들은 질문에 대답하는 것 외에는 어떤 말도 하려 하지 않았다. 관리들로부터 나보다는 정보를 더 잘 얻었던 곳체 박사가 나에게 알려준 바에 따르면, 3년 전에 실시된 인구 조사결과, 평안도의 인구는 88만7천480명인데 이들 가운데 40만 2천526명만 여성이라고 한다.

양성간의 불균형은 남성이 4만3천074명이고 여성이 3만2천864명인 평양 지역에서보다 훨씬 더 크다는 것이다. 이러한 차이에 대해 내가 들은 유일한 설명은 여자 아이들이 어린 시절에 병이 들었을 때 남자아이들과 똑같이 돌보지 않기 때문이라는 것이었다.

10월 5일

관찰사가 나를 찾아와 오랫동안 머물면서 내가 가지고 있는 이국적인 물건들에 많은 관심을 보였다. 그는 특히 서양 가죽 제품의 뛰어난 솜씨에 놀랐고 그것이 사용되는 용도의 수를 거의 믿으려 하지 않았다. 그는 가격에 대해 물었고 내가 그에게 보여준 조그만 물건들의 가격에 몹시 놀랐다. 마침내 그는 억누르고 있었던 느낌을 말했다.

"조선은 매우 가난한 나라입니다. 조선에는 돈도 제품도 없습니다. 우리는 외국 물품을 살 만한 여유가 없습니다."

물론 나는 그에게 조선의 무역을 발전시킬 수 있기를 바라는 인상을 주었다. 그러나 그는 내가 말한 것에 거의 관심을 두지 않고 다소 침울한 채 가버렸다.

그가 떠난 뒤, 나는 기자의 영정이 모셔 있는 시외의 조그만 사당을 보려고 김 씨와 함께 출발했다. 영정은 보통 건물 안에 있었고 햇수가 아주 오래된 것처럼 보이지는 않았다. 기자의 영정은 오늘날의 관을 쓰고 흰색의 길고 품이 넓은 겉옷을 입고 있는 모습이었으며, 여러 가지 점에서 70세 된 보통의 조선 사람과 아주 닮은 모습이었다. 사당의 바깥에는 우물이 있었으며, 그 근처에는 3천년 전 쓰이던 서체의 한자로 새겨진 명판이 있었다. 나는 나중에 이것이 "기자의 토지도량법을 표시하는 기념물"을 의미한다는 것을 알았다. 나는 불빛이 없어 현장에 있는 비문을 읽어볼 수가 없어 우물이 왜 이 곳의 명소 가운데 하나가 되고 있는가를 생각하며 떠났다.

저녁이 되어서야 나는 명판이 있는 곳으로 가면서 통과했던 여러 교차로와 둑들은 기자가 들여온 것으로 알려진 토지도량법의 기준과 체계를 의미한다는 것을 알게 되었다. 정(井)이란 글자는 중국어로 동시에 우물과 고대에 토지가 평가되는 구획을 나타낸다. 토지가 네 개의 교차선으로 9등분되어, 여덟 집에서 외각의 토지를 하나씩 차지하여 경작하고 가운데 토지는 나라를 위해 공동으로 경작되었다.[5] 그러나 우물을 본 것이 토지도량법에 대한 나의 생각에 의문점을 갖게 만들었다. 그래서 나는 조선에서의 기자의 업적을 입증하는 그 기념물을 면밀히 검토하지 못한 것이 후회스러웠다.

사당을 떠나 나는 강둑으로 걸어 제너럴 셔만호가 불탔다고 하는 섬의 반대 지점에서 점심을

기자의 기념비

5) 9분정전법을 의미함.

나룻배

먹었다. 2-3명의 조선 사람들에게서 들은 이야기에 따르면, 배가 처음 평양 앞쪽에 도착했을 때 당시의 관찰사[6]는 식량은 보내 주었지만 무역은 허락하지 않았다는 것이다. 10일 이상을 기다린 후, 배는 몇 가지 설명되지 않은 이유로 조선 사람들에게 발포했고, 그 배는 공격을 받아 강에 침몰되었다. 그 배는 밤에 불붙은 부선의 공격을 받아 불길에 휩싸이게 되어 모든 사람이 배 안에서 죽었다.

도시를 향해 강둑 위를 걸어가다 나는 우연히 나루터를 발견했다. 대략

6) 평안도 관찰사 환재 박규수(朴珪壽 : 1807~1876)를 의미함.

40여 척의 거룻배들이 강둑을 따라 정박해 있었는데, 대부분의 배들은 멍석을 만드는 갈대를 싣고 있었다. 선원들이 휴식하는 집들이 물가에 있었으며, 아주 많은 선원들이 한가하게 빈둥거리고 있었다. 나는 뱃주인과 이야기를 나누려고 한 거룻배로 갔다. 이내 너무 많은 사람들이 배 위로 몰려들어 뱃주인은 배가 괜찮을지를 걱정했다.

그는 매우 사교적이었으며 나의 질문에 청산유수처럼 대답했다. 그는 3일마다 강을 오르내리고 있었다. 그의 말에 따르면, 간조 때 강어귀의 어떤 부분들은 물의 깊이가 무릎 높이밖에 되지 않는다는 것이다. 그러나 얕은 곳에 10피트 정도의 물이 차는 만조 때와 여름 홍수 때에 13-14피트 정도 선체가 물이 잠기는 배는 도선사의 도움을 받아야만 강을 오를 수 있었다.

알고 보니 그는 제물포에서부터 나와 아는 사이였으므로, 그의 친구들의 소개를 받았다. 사람들이 싸우기와 돌팔매질을 좋아하기 때문에 평양은 위험한 곳이라고 나는 알고 있었지만 적대감을 전혀 찾아 볼 수 없었다. 매년 어떤 정해진 때에 싸움을 할 수 있는 허가가 내리면, 대략 3일 동안 읍내 주인과 시골 사람들 사이에 석전이 벌어진다. 만일 사람이 죽으면, 그 사람의 죽음은 불가피한 사고로 여겨지고 당국은 그 사고에 신경을 쓰지 않는다. 한번은 나의 통역자인 김 씨가 머리에 돌을 맞아 두 달 동안 몸져 누워있어야 했는데, 그의 두개골에는 크게 움푹 팬 자국이 아직도 남아 있다.

내가 평양에 머문 지 이틀째 되는 날, 나는 그들의 돌팔매질에 관해 다소 알게 되었다. 나는 한가로이 강으로 높이 돌을 던지고 있었는데, 근처에 있던 서너 명의 사람들이 다가와 그들과 내가 서로 맞붙어보자는 것이었다. 그러한 행위는 내게 매우 비동양적인 것이라는 생각이 들게 했으며, 그것은 또한 적대적인 감정이라기보다는 오히려 그들의 우호적인 감정을 나타내는 것이었다.

평양을 설명하면서 이곳 여성들의 머리 장식에 대해 말하지 않으면 공정치 못한 것이 될 것이다. 가난한 사람들은 거대한 바구니 모양의 모자를 매

거리의 풍경

우 좋아하는 것처럼 보였다. 여성들의 모자는 큼직했고 그것을 제자리에 유지시키는 데 두 손이 필요했다. 내가 재 본 모자의 칫수는 길이가 3피트 반,

넓이가 2피트 반, 깊이가 2피트 반이었다. 이러한 모자를 쓰지 않을 때 여성들은 하얀 면사포를 쓰거나 서울에서처럼 머리 위에 걸쳐진 푸른 소매가 달린 장옷 대신에 긴 웃옷을 입었다. 그리고 아마도 더 어울리는 옷 때문인지 남쪽 지방의 여성들보다 더 아름다워 보였다.

제 11 장 황해도 · 평안도의 풍물

10월 6일(기압 30.03)

관찰사는 원금으로 지불해야 하는 내 어음을 기꺼이 받아 충분한 현금으로 바꿔준 다음 문 앞까지 나를 배웅했다. 전날 밤 마부들에게 미리 선불을 주었지만 그들은 모두 불만이었으며 떠날 준비도 되어 있지 않았다. 마구간에서 그들은 찾아내야 했는데 대부분이 서울을 떠나는 것에 계속 짜증을 냈다.

오전 9시가 되도록 통역 김 씨는 보이지 않았으나 우리는 계속 길을 가고 있었다. 성문 밖에서 1시간을 기다린 뒤에야 나타난 김 씨는 아무런 사과도 하지 않았다. 그러나 나는 관찰사가 다른 물건들과 함께 우리에게 보낸 약간의 담배를 착복하느라고 그가 늦었다는 것을 알 수 있었다. 나는 그가 돌아온 것을 칭찬해주었다.

매우 이상하게도 정오가 되어 갈 무렵, 우리는 말을 탄 여인이 우리와 동행하고 있음을 발견했다. 그때 그는 조선 여인들의 손에서는 볼 수 없었던 하얀 우산을 가지고 있었다. 그는 우리가 평양에 머무는 기간만큼 평양에 머물러 있었다. 평양에서 그가 머문 기간이 우리와 똑같은 것이 너무 이상에서 나는 김 씨에게 그녀에 대하여 뭔가 아는 것이 있는지 물어 보았다. 그러나 김 씨는 그가 전혀 낯선 여인이라고 대답했다.

도시에서 약간 떨어진 지점에서 나는 들판에 똑바로 서 있는 두 개의 커다란 석판을 발견했다. 석판이 서 있는 곳으로 걸어가면서 나는 석판이 과거에는 커다란 깃대를 꽂는 데 사용되었음을 분명히 알 수 있었다. 그러나 핀이 통과하는 판석의 구멍들이 12피트나 떨어져 있었기 때문에 판석은 균형이 잡히지 않은 모양이었다. 그리고 나중에 나는 그 돌들이 몇몇 조선 지도에 표기될 정도로 중요하다는 것을 알았다.

평양에서 서울 가는 길에서 조금 벗어나면 금산 곧 "황금 언덕"이 있었다. 사금 채취는 가치 있는 일이지만 정부가 금지시켰다. 나라 전체가 풍화 화강암으로 이루어져 있으며 몇몇 지역은 바위의 다른 성분들과 완전히 분리된 운모 편암과 장석으로 이루어져 있었다. 낮은 지대의 넓은 들에는 벼가 자라고 있었으며 곡식은 잎마름병에 걸려 있었다.

나의 사냥개 샘은 여행에 많은 부담이 되었다. 상하이에서 개들에게 잘 걸린다는 병인 약간의 부스럼이 제물포에서 샘에게 발병하더니 곪기 시작했다. 나는 곪은 부위를 도려내고 몇 개의 뿌리를 뽑아냈지만 나머지를 치료하기에는 너무 깊이 퍼져 있었다. 샘이 곪은 부위 때문에 너무 많이 괴로워해 나는 평양에서 튼튼한 바구니를 하나 사 그 안에 샘을 넣고 묶었다.

그러나 조랑말이 샘을 넣은 바구니를 싣자 까무러칠 정도로 놀랬다. 그리고 샘이 너무 발버둥을 치는 바람에 말 등에 실은 바구니가 떨어질 것 같았다. 그래서 우리는 서너 사람에게 그 바구니를 운반하도록 했는데, 통증과 불편이 개를 사납게 만들었기 때문에 그들이 샘을 보고 놀라는 것은 당연했다. 2마일마다 거의 한 번, 샘은 끈을 물어뜯거나 짐꾼들에게 으르렁거리며 뛰어올랐다.

우리가 채 10마일도 가기 전에 짐꾼들 가운데 한 명이 달아났다. 그래서 나는 다른 짐꾼을 구하려고 어느 시골집으로 들어갔다. 그날은 청명한 가을 날씨였으며 들판에서는 곡식을 수확하고 있었다. 그 시골집에는 앉아 담배를 피우고 있는 여섯 명의 성인이 있었다. 약간의 어려움은 있었지만 그들 가운데에서 몇 마일 짐을 들어줄 짐꾼 한 명을 구했다.

몇 마일 쯤 왔을 때, 개의 무게 때문에 바구니에 구멍이 나 바구니는 몇 개의 고리버들 가지만 얽힌 구멍만 남았다. 바구니가 너무 망가져 반나절 이상의 여행은 불가능했다. 따라서 우리는 약 700호 정도의 도시인 수안에서 머물렀다. 마을 사람 가운데 하나가 야생 조류를 찾는 데 나를 데려갔다. 그러나 대부분의 마을 사람들이 내 행동에만 관심을 너무 가졌기 때문에 조류를 잡는 것은 불가능했다. 겨우 능에 한 마리밖에 못 잡았지만 그것으로 충분했다.

마을의 관리는 서울을 가고 없었다. 아마 그가 없어 마을 사람 여섯 명이 저녁에 담배를 피우자는 내 초대에 응했던 것 같다. 마을의 촌장도 그들 가운데 한 명이었다. 그들은 내가 그들에게 묻는 화제에 대하여 상당한 정도 이해에 도움이 되는 실증적 사례를 들어 주었다. 그들의 답변에서 어떤 통계적인 정보를 얻기는 어려웠으며 나에겐 더 혼란을 주었다.

작물에 따라 묘[1]에서 생산되는 수확량에 대하여 묻자, 그들은 묘로 측량되지 않은 땅은 소 두 마리가 하루에 경작할 수 있는 면적으로 나타낸다고 답했다. 어떤 해에는 비 때문에 수확량이 50% 정도 밖에 안 되며, 풍작인 해는 한 묘에서 생산되는 수수의 수확량은 짚을 포함해 소 15~20마리가 운반해야 할 정도이다. 기장의 수확량은 짚을 포함해 소 20~30마리가 운반해야 할 정도이다.

허름하게 싸놓은 수수의 수확량은 약 50마리의 소가 운반해야 할 정도이며, 쌀의 수확량은 소 30마리가 운반해야 할 정도이고, 노란 콩의 수확량은 소 15마리가 운반해야 할 정도이며, 푸른 콩의 수확량은 소 10마리가 운반해야 할 정도이다. 곡물 한 꾸러미의 양은 쌀 6파인트,[2] 수수 2파인트에서부터 노란 콩 1펙,[3] 푸른 콩 1/5펙까지 다양하다.

---

1) (원저자 주) 1묘=1/6에이커.
2) 1파인트(pint)=0.57리터. 미국에서는 0.47리터임.

면제품을 살펴보면, 길이 12패덤,[4] 폭 2뼘 크기의 천이 600냥, 길이 10패덤에 폭 1뼘 반 크기의 만주 비단은 450냥이었다. 그 당시의 화폐 가치는 1달러에 850냥이었다. 황소는 8~9천 냥, 암소는 7천 냥에 팔린다. 나는 실제로 통용되는 특별한 도량형 단위가 없는 나라에서 때때로 사용되는 복잡한 도량형을 단지 보여주고자 이 메모를 기록한다. 이 메모에서처럼 도량형을 통계학적인 수치로 계산해 보려는 것은 내 능력 밖의 일이었으며, 나는 결국 곡물 비교표를 작성하는 데 실패했다.

10월 7일(기압 29.93)

비단을 싣고 서울로 향하는 14대의 마차 행렬이 수안 외곽을 지나가고 있었다. 비단은 특히 바지나 버선을 만드는 데 쓰는 비싼 천이다. 마차를 호송하는 남자는 매우 건장한 사람이었는데 스스로를 지키고 물건도 보호할 수 있는 사람들이 차출되었음이 분명했다. 그 모험은 내 여행의 어느 부분보다 아주 거창하고 가치 있는 일이었다.

길을 얼마 못 가 우리는 다리를 보수하고 있는 한 무리의 사람들을 우연히 만났다. 약 100여 명이 작업을 하고 있었는데, 일부는 교각을 세워 고정시키고 있었으며, 일부는 교각 위에 가지와 덤불로 다리 상판을 놓고 있었으며, 몇몇은 흙으로 상판의 틈새를 메우고 있었다. 조선 사람들은 항상 협동하여 일하는 것을 좋아하는 것으로 보이며, 많은 사람들이 노래를 흥얼거렸다. 흙을 운반하는 사람들은 끈이 묶여 있는 약간 큰 삽으로 바구니에 흙을 던져 넣고 있었다.

7~8명이 무리 사이에서 삽질을 했다. 한 사람이 삽을 강 언덕에 꽂으면 끈을 당기는 사람들은 느린 노래에 맞춰 삽을 끌어 바구니에 흙을 담았다.

---

3) 1펙(peck)=9.092리터. 미국에서는 8.801리터임.
4) 1패덤(fathom)=183cm.

바구니까지 도달되는 흙의 양은 영국의 일꾼 한 명이 한 삽을 푸는 양과 거의 비슷했다. 사람들이 서로 보조를 맞춰 일하기 때문에 작업은 당연히 느렸다. 다리 보수는 마을의 평상적인 가을 일 가운데 하나였으며 평양에서 의주로 가면서 대체로 작은 규모의 비슷한 광경들이 눈에 띄었다.

정오쯤에 우리는 석천에서 잠시 멈췄는데 길이 통과하는 마을로부터 반 마일이나 떨어진 곳에 거주하는 현령이 나를 방문했다. 그는 몇몇 부하들만 대동하고서 매우 단출하게 왔는데 상당히 우호적이었다. 그러나 내가 몇 마디 질문을 던지자 그는 냉담하고 의심스러워하는 태도를 보였다. 오후에 갈 길이 멀기 때문에 우리는 보통 때 보다 짧게 쉬었다. 그러나 사람과 말이 적절한 휴식이 필요할 정도로 지친 증세를 보였기 때문에 점심시간을 아낀 것은 나중에 아무런 이득이 없었다.

여전히 화강암이 많이 보였지만 간간이 석회암도 있으며, 한 지역에서는 푸른 이회토도 보였다. 안주로부터 40리(13마일) 밖에서 우리를 맞이하려고 현감이 보낸 사람들을 발견했다. 지나온 대부분의 길보다 교통이 더 좋지 않았다. 여러 마리의 황소가 속이 빈 통나무에 꿀을 채운 짐을 싣고 지나갔는데 꿀을 나르는 방식이 몽골의 운송 방식과 같다고 할 수 있다.

우리가 목적지에 도착하기 전에 밤이 되었는데 작은 마을조차 보이지 않았다. 그러나 대부분의 사람들이 6시 30분쯤에 이미 집으로 돌아간 것과는 달리 그릇 세공인들은 여전히 열심히 일을 하고 있다는 것은 주목할 만한 일이었다. 우리의 아문 도착은 심각한 혼란을 야기했다. 친절하게도 평안도 관찰사가 현령들에게 여행하는 내게 모든 친절을 베풀라고 편지를 썼기 때문에 내가 오고 있다는 것이 알려져 있었다.

그러나 그들은 내가 하루에 40마일의 먼 길을 갈 수 있다고 예상하지 않았기 때문에 내가 머물 숙소가 아직 정리되지 않았다. 집안의 하인들이 집기를 닦고는 재빨리 나가자마자, 다른 하인들이 들어와 마루에 아름다운 돗자리를 깔았다. 그들이 가져온 돗자리로 감싼 조그만 베게는 밖에 서 있는 남자에게 저항할 수 없는 유혹이었다. 그는 방안으로 들어와 그 베개를 가지고 다시 나갔다. 그가 베개를 가지고 나가는 것은 본 것은 나뿐이었다. 마당에 사람들을 모을 때까지도 나는 베개를 가져간 자를 가려내 달라는 부탁을 받고 싶지 않았다.

나의 짐을 실은 조랑말이 들어온 뒤 관찰사와 현령의 부관들이 도착했다. 몇 분의 손님이 더 도착하자마자 나는 손을 씻고 식사를 시작했다. 접시를 치울 시간이 거의 없었으며 짐꾼들이 먹다 남긴 술병이 벽 쪽에 널려 있었다. 나는 두 명의 지방 관리를 방 끝에 마련된 적당한 자리로 안내했는데 그들 가운데 한 사람은 너무 비천했다. 술을 마시게 하는 것 외에는 아무 것도 그를 만족시킬 수 없었다. 그가 너무 신경질적이어서 나는 그를 방해하고 싶지는 않았지만 내 술병이 염려되었다.

잠시 뒤, 중국에 대해서 좀 아는 그의 동료가 중국과 외국인에 대하여 이야기를 시작했고 나는 베개를 훔쳐간 사람에 관해서는 까맣게 잊고 있었다. 내가 그에게 돌아갔을 때, 그는 인사차 일어나다 술병을 엎었다. 그는 매우 당황스러워 했으며 나는 그와 친구의 갑작스런 죽음을 깊이 동정했다. 친구의 죽음은 내 방문객의 의복을 엉망으로 만들었다.

10월 8일(기압 29.99)

이른 아침에 나는 도시의 성벽 위에 있는 전망대를 방문했는데 그곳에서는 도시 주변이 한눈에 들어왔다. 그 전망대는 도시에서 볼만한 장소라고들 하는데 그 명성은 전쟁의 신의 삶과 『삼국지』에 등장하는 다른 영웅들을 묘사한 몇 점의 벽화 때문에 얻어진 것이었다. 이런 종류의 장식은 오랜 시간에 걸쳐 똑 같은 방식의 평판으로 공신들에게 경의를 표시하려고 백성들이 돈을 들여 만들었다고 한다. 범인들이 돈을 함부로 쓰면 사치금지법에 따라 구속되기 때문에 그들의 집이나 옷을 함부로 살 수 없을 정도로 소비 양식이 매우 제한되었으며, 오히려 도시를 꾸미는 일에 자신들의 돈을 쓰는 것을 감사하게 생각했다.

전망대 북쪽에서 바라보면 청천강 계곡의 훌륭한 경관이 보이는데 얕은 강물이 안주에서 몇 마일 떨어진 바다로 흘러간다. 전망대 좌우로는 산마루 아래를 따라 판판하고 7~8피트 정도의 깎아지른 듯한 성벽이 가로지르고 있었다. 중요한 길이 통과하고 북쪽에서의 공격이 어려우며 산마루에 있는 협곡의 초입에 자리 잡은 성채는 평양과 의주 사이 안주에 가장 중요한 군영을 제공했다. 그러나 안주에는 그곳을 지휘하는 장군과 휘하에 300명이 병사만이 숙영하고 있었으며 그들은 봄·가을에만 훈련을 했다.

몇 번의 공식적인 방문을 마친 나는 조랑말을 타고 여름 홍수의 정도를 가늠하게 하는 모래밭을 가로질러 강폭이 약 150야드쯤 되는 지점에서 나룻배로 강을 건넜다. 건너편 강둑에서 약간 떨어진 곳에는 가난한 시골 마을이 있었지만 박천 남쪽에 있는 능선을 넘자 매우 아름다운 계곡이 나왔다.

도시의 상업 지역은 폭 200야드 정도 되는 아름다운 강의 제방을 따라 형성되어 있었다. 범선들은 제방 가까이 끌어올려 있었으며 한창 성업 중인 시장은 번창하는 듯한 외형을 풍겼다. 그러나 상업은 매우 작은 거래로 제한되어 있었다. 빅토리아산 잔디, 셔츠 감, 삼베 천, 철, 토기 그릇, 아닐린 염료, 축우 10여 마리 정도가 중요한 거래 상품이었으며 나머지는 말할 필요가 없다. 선착장에 군중들이 모여 있음에도 불구하고 사람들은 매우 질서가 있어, 나를 밀치려 하지도 않았으며 어떤 나쁜 감정도 나타내지 않았다.

우리는 나룻배로 강을 건너서 가산으로 향했는데, 그곳은 행정 단위를 고려하지 않는다면 마을 보다 조금 큰 도시에 불과했다. 현령은 자리를 비웠으나 나는 미리 마련된 깨끗한 숙소를 얻었으며 죄수 한 명이 시중을 들었다. 그 죄수는 중국인 선주를 속이려 했던 어떤 무역 거래로 잡혀 왔다. 연안에서 중국과 조선이 어떠한 상호 거래를 하고 있다는 것에 관해서는 이것이 내가 들은 유일한 사례이다.

오후에, 나는 현령의 대리인이 표범과 호랑이를 핑계로 만류하는 사냥을 가려 했다. 아무도 나와 동행하려 하지 않아 애를 먹은 뒤에야 몰이꾼으로 17세가량의 소년 몇을 구했다. 그리고 그들과 함께 사슴이 숨어 있을 것 같은 산마루를 올라갔다. 그러나 몰이꾼들은 무용지물이었으며 자포자기한 상태에서 1천 피트나 되는 산꼭대기를 올랐다. 그곳에서는 바다와 안주강 어귀가 잘 보였다.

다른 길로 내려오면서 나는 마을 사람들이 우리를 찾으려고 언덕 위에 모여 있는 것을 발견했다. 우리가 계곡의 바위 부분에 이르자 그들은 약간 푸석푸석한 표석으로 형성된 굴속에 호랑이 두 마리가 있다고 소리쳤다. 내가 호랑이가 나타날 것을 크게 우려하자 몰이꾼들은 나에게 굴로 가서 호랑이들을 쏘라고 재촉하면서 자연스럽게 나를 굴 입구로 데려갔다.

그들은 내게 총을 쏘라고 말하고 기다리면서 약간의 덤불로 덮여 있는 동굴 입구에서 한 녀석이 딸기나무 줄기를 뜯어냈다. 많은 사람들이 지켜보고 있었기 때문에 내가 아무런 행동도 취하지 않고 집으로 돌아올 수는 없었다. 그곳에는 피할 곳이 아무 것도 없었기 때문에 보다 신중한 행동이 필요했다. 그래서 내가 동굴 속으로 총을 쐈을 때 사냥감이 뛰쳐나올 경우를 대비해 나는 몰이꾼들이 커다란 바위 뒤로 숨도록 했다.

나는 동굴 안에 짐승이 없거나 만약 있더라도 그 안에 가만히 있기를 바랐다. 그들은 나에게 더 이상 어떻게 하라고 요구하지 않았으며, 나는 산에 있는 호랑이를 놀라게 하여 내쫓으려는 마을 사람들의 재치와 호랑이 굴이라고 믿는 토굴 입구에서 딸기 열매를 먹는 소년들을 보고는 상당히 놀라워하면서 집으로 돌아왔다.

10월 9일(기압 30.05)

길은 아주 그림 같은 계곡과 울창한 숲 그리고 어떤 것은 높이가 1천 피트 되는 언덕을 통하여 꼬불꼬불하게 나 있었다. 도중에 우리는 덕망 높은 학자라고 새겨진 어느 기념비를 지나갔다. 이 비석의 높이는 땅에서부터 약

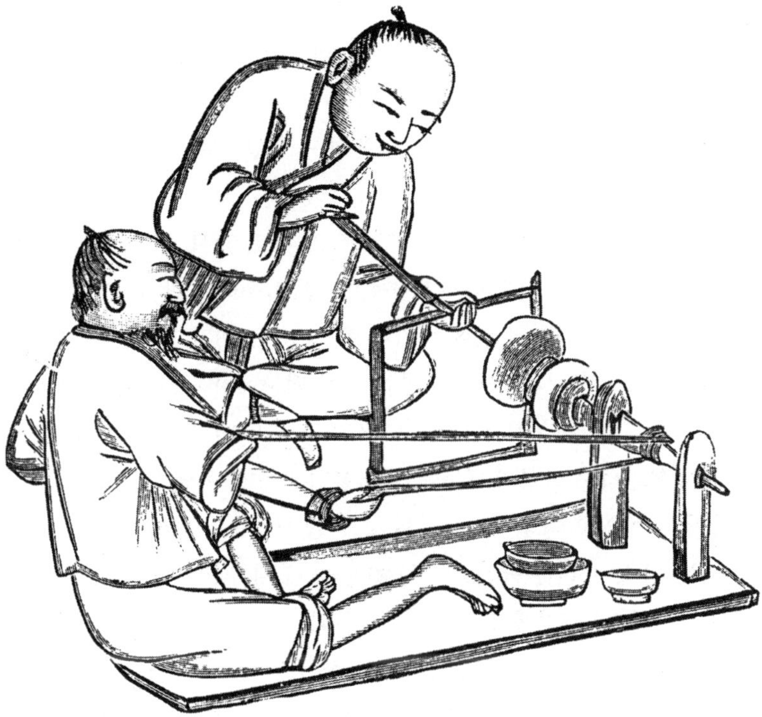

유기 공장

30피트 정도 되며 이발소 간판처럼 채색된 세 개의 축으로 구성되어 있었다. 꼭대기와 가지는 잘려 나갔으며 정상에는 약 20피트 길이의 나무에 새긴, 꼬리가 갈라진 용을 나타내는 조각이 놓여 있다. 악어를 닮은 머리에서부터 매달려 있는 끈에까지 조그만 놋쇠 종과 나무로 된 물고기가 달려 있었다.

우리는 가산에서 80일 마일 떨어진 납천이라 불리는 조그만 마을에 도착했다. 그곳에서 나는 담배를 들고 먼지를 뒤집어 쓴 험상스럽고 이상한 행색의 예술가와 우연히 마주쳤다. 그 지방은 많은 놋쇠공들의 거주지였다.

그들이 사용하는 구리는 평안도의 북동쪽으로 멀리 떨어진 강계에서 가져오는데 이곳 사람들이 구리 수공업을 집착하는 이유는 알 수 없었다. 한 장인이 말하기를 자신의 가족은 여러 세대에 걸쳐 납천에서 구리수공에 종사해 왔다고 한다. 나는 그들이 놋쇠 제품의 우수성으로 유명함을 나중에야 알았다.

우리가 중간 휴식을 취할 정주에 도착하기 바로 앞서, 나는 우리와 같이 여행하고 있는 조선 여인을 다시 발견했다. 전날 우리는 반나절만 여행했기 때문에 이 일은 한 가지로 밖에 해석이 안 되었다. 내가 김 씨에게 왜 부인을 데려왔냐고 묻자, 그는 자신의 북쪽 여행 덕분에 아내가 의주에 사는 자신의 친척 집을 방문할 기회를 얻었다고 대답했다. 바로 며칠 전에 그는 여인을 전혀 모른다고 했었기 때문에 그의 설명은 다소 이상해 보였다.

시장이 열려 있고 약 100여 마리의 소가 살 사람을 기다리고 있는 정주에 잠시 머문 뒤에, 우리는 곽산으로 향했다. 이 도시가 마주한 언덕은 도시의 해안선을 따라 몇 마일에 걸쳐 분명한 경계를 제공해 주었다. 도시에는 예전 숲의 모습이 여전히 남아 있었으며 물 한 방울 구할 수 없는 곳에 건설되었다. 언덕이 주봉과 다소 떨어져 솟아 있었기 때문에 언덕 뒤편에서 도시를 한 눈에 보려고 나는 주 봉우리의 정상으로 올라갔다.

바다 쪽으로는 곽산의 봉화대를 지나 신하들이 무릎을 꿇고 있는 것 같이 바다에 모여 있는 바위 띠까지 뻗어 있다. 그리고 그곳 주민들의 말처럼 암석의 능선은 수도를 바라보고 있었다. 내가 알기로는 그 때가 썰물이었는데 제물포에서처럼 완전한 썰물일 때에는 뻘이 끝없이 펼쳐졌다.

언덕의 위치에 대한 얘기는 다른 때 많이 들었던 것 가운데 하나였다. 모두가 조선 사람들의 삶에 자연의 영향이 얼마나 큰지를 보여준다. 조선 사람들은 아름다운 풍경만 즐기는 것이 아니라 자연과 그들의 국왕 사이에 조화가 필요하다고 느낀다. 왕궁은 산을 뒤로 하고 언덕을 굽어보아야 한다. 백성들이 왕에게 경의를 표하는 것은 극히 자연스러운 일이며, 만약 백성들이 경의를 표하지 않는 곳에 왕궁이 세워졌다면 터를 잘못 선택한 것이었다. 모든 관공서의 터를 선택하는 데도 같은 논리가 적용된다. 그래서 대부분의 도시는 1마일이나 그 이상 떨어져 두 부분으로 나뉘는데, 한 쪽이 언덕을 등지고 자리하면 다른 쪽은 높은 길 근처에 세워졌다.

10월 10일(기압 30.26)

지도에서 보면 이 지방의 도로는 바다의 가장자리처럼 보이지만 길 위에서 정주를 바로 볼 수 있는 곳은 사실상 정주에서 몇 마일 남쪽에 위치하고 있다. 우리는 곽산을 마지막으로 이 길에서 벗어났다. 이러한 날씨에 아름다운 언덕과 계곡들을 통과하는 여행은 매우 유쾌하며 이 날의 여행은 특히 즐거웠다.

우리가 머물렀던 선천에서는 현감이 모든 주민들의 외출을 금지시켰으며 보조는 맞지 않았지만 화려하게 차려입은 20여 명이 거리를 통과하는 동안 나를 호위했다. 말을 모는 소년이 내 말에 박차를 가하는 바람에 말은 소리를 내고 씩씩거리며 시내를 달렸다. 고삐를 쥐고 있던 소년도 말 옆에서 함께 달렸다. 하인들은 달려 나가 거리에 나다니는 사람은 누구든지 때렸다. 한 두 명이 개에게 물렸으며 이 요란스러운 상황에서 우리는 현감의 집에 도착했다.

모든 조선 사람들이 정중했지만 현령의 태도는 보다 더 정중했다. 그가 나를 위해 준비한 방은 기분 좋을 정도로 깨끗했으며, 그는 나에게 좀 더 머물라고 간곡히 권유했다. 그러나 좀 오래 머물기에는 일정이 너무 많이 지체되었다. 그는 내가 자신의 관할 구역 내에 있는 동안 자신의 하인과 동행하라고 권했으며 많은 다정한 말로써 나의 여행을 독려했다. 도시 외곽의 궁터가 바라보이고 작은 정자가 서 있는 평평한 초원에서 현감의 경호원들과 헤어졌다. 나는 이곳과 이곳의 환경에 대한 즐거운 인상을 가득 담은 채 길을 떠났다.

활터

약 3마일쯤 가다가 우리는 한 소년을 만났다. 서로 오랫동안 알고 지내는 사이인지 그는 우리를 돌아서 말을 모는 소년에게 다가갔다. 그에 대해 알아보니, 그는 세 명의 고아 형제 가운데 한 명이며 의주에서 평양으로 형제를 찾아가고 있었다. 내 소유물들, 특히 샘의 매력이 그의 마음을 바꿔 놓았다. 그는 더 먼 여행을 하기 전에 우리와 함께 의주(50마일)로 돌아왔다. 그는 열세 살에 돈 한 푼 없는 완전한 외톨이었지만 지치거나 배고픈 어떤 기색도 보이지 않고 말 옆에서 총총히 걸었다.

이때까지 샘은 매우 귀찮은 존재가 되어 있었다. 어떤 바구니도 며칠 이상 샘을 지탱하지 못했으며, 샘은 자신의 몸을 묶고 있는 줄을 두 개나 물어뜯었다. 사람들이 샘을 운반하는 것을 너무 두려워했으며, 어떤 경우엔 사람들이 자신들의 의지와 상관없이 강제로 샘을 운반한다는 것을 알고 더 이상 샘을 운반하려는 것을 포기했다. 그러나 다행스럽게도, 충분한 휴식으로 샘의 염증은 가라앉았으며 두 개의 커다란 경결 외에 상처는 나았다.

오후에, 우리는 지도에 표시되어 있지는 않지만, 뒤편에는 시원한 그늘이 있는 숲이 뻗어 있는 동림이라 불리는 성으로 둘러싸인 도시에 도착했다. 마을 뒤의 숲은 2마일 정도 이어졌으며 특별히 하명 받은 관리가 책임지고 보호했다. 관리가 사는 곳이 도시에서 멀리 떨어져 있어 우리는 무너져 가는 주막에 만족해야 했기 때문에 철산에서의 숙박은 매우 좋지 않았다. 나는 이런 경우에 긴요한 선천 현감의 몸종을 돌려보낸 것이 다소 후회스러웠다.

10월 11일(기압 30.15)

아침에 우리는 웨일스 풍경 같은 언덕과 시내를 지나갔다. 그러나 우리가 의주까지의 중간인 모리친(Mawli-fjin)[5] 근처의 넓은 계곡에 도착할 때까지 경작하는 땅은 거의 없었다. 나는 아름다운 광경에 익숙해진 뒤에야, 보통 몇 마일 정도 되는 평평한 땅이 매우 드물다는 것을 알았다. 의주로 가는 마지막 산등성을 오르는 것은 예기치 않은 멋진 경험이었다. 산 아래에는 몇 개의 마을이 있고 일단의 여행객들이 움직이고 있었다.

정상에 도달했을 때, 눈에 비친 첫 번째 광경은 길 위로 뻗어 있는 보리수, 자작나무, 다른 나무들로 형성된 신선한 푸른 숲이었다. 숲을 떠나면서 사

---

5) 지명의 발음에 대해서는 제29장의 각주 1번 참조.

람들은 화려한 붉은 단풍 능선이 산마루를 따라 해안까지 뻗어있음을 깨달았다. 그 광경은 놀랍도록 아름다우며 봄의 진달래보다 더 사랑스러운 가을 단풍의 정수라고 입을 모아 말했다.

일반적인 관습과는 달리, 길은 얼마간 언덕을 깍은 단지를 따라 꼬불꼬불 나 있었으며, 마침내 의주의 광경이 펼쳐졌다. 폭 5마일의 골짜기를 가로질러 압록강 옆으로 도시가 서 있는 낮은 구릉으로 연결된 큰 길을 달려갔다. 멀리 있는 제방 위로 서쪽과 북쪽 시야에는 보이지 않는 산맥에서 여러 개의 훌륭한 산들이 우뚝 솟아 있으며 강물은 넓은 은광처럼 빛나고 있었다.

날이 너무 저물어서 우리는 오래 지체할 수 없었다. 나는 의주가 성으로 둘러싸인 도시임을 알고서 굶주린 나귀들이 도착하기 전까지 성문을 열어 놓으라고 병사를 재촉했다. 김 씨는 자신의 말 위에 올라탄 뒤에, 내가 머물 곳을 알아보려고 서둘러 갔다. 길이 매우 좋지 않았기 때문에 어둠 속에서 주위는 끝이 없어 보였다.

어둠 속으로 성벽이 어렴풋이 보이자, 나는 매우 기뻤다. 아무도 보이지 않았기 때문에 나는 나를 보려고 여섯 명이 몰려온 성문에서 얼마동안 기다렸다. 그런데 갑자기 하루 종일 조랑말 옆에서 따라오면서 나를 도와준 어린 녀석의 목소리가 침묵을 깨뜨렸다. 그는 나에게 존경을 표시하지 않는 사람들을 큰 소리로 꾸짖었다. 사람들은 감쪽같이 사라졌으나 그는 만족하지 못하고 오랫동안 계속 중얼거렸다.

마침내 눈앞에 흔들거리는 등불이 보였다. 나는 매우 정중하게 호위를 받으며 어딘가 아주 격조 있는 숙소로 안내되었다. 마침내 그 곳에서, 나는 지난 10일 밤 동안 견디기 어려웠던 성가신 해충들을 피할 수 있었다. 내가 성문 앞에 그렇게 오랫동안 기다려야 했던 이유가 밝혀졌다. 내가 보낸 병사가 내 여권을 빠뜨려서 사실을 설명했지만 이방이 그 병사와 나를 인정하지 않았다. 그래서 그 병사는 자신의 책임을 생각하면서 관아에 앉아 담배를 피우고 있었다.

연날리기

김 씨 역시 사라졌는데 아마도 자신의 친척을 방문하러 간 듯했다. 그리고 나는 내 말이 도착할 때까지 성문을 떠날 수가 없었기 때문에 한 시간 이상 소년을 기다렸다. 이 일은 총명하고 어린 부랑아에 대해 이미 내가 느끼고 있던 관심을 높이는 계기가 되었다. 우리는 그가 거리에서나 오는 도중에 항상 웃고, 농담하고 그 상황에서 끝까지 남아 있는 것을 보았다.

가난한 사람들은 스무 살이 넘어서도 댕기 머리를 올려 상투를 틀지 못하는 일이 허다하다. 그러나 일단 결혼한 사람들은 전체 생활 방식이 바뀐다. 장난도 사라지며, 모든 생각이 담배에 집중되어 있는 것처럼 보였다. 3피트나 되는 담뱃대를 빨기 위해 얼굴 근육에 계속적인 긴장을 주기 때문에 심지어는 얼굴도 변했다.

제 12 장 한만 국경의 풍경

대부분의 조선의 도시와 비교해 볼 때 성안에 살고 있는 인구로서는 의주의 인구가 많은 편이다. 성안의 모든 대지에는 건물이 들어서 있고 성 밖의 교외 지대도 넓은 편이다. 그러나 아무리 낮게 잡는다 할지라도 성안에 살고 있는 의주의 인구가 3천에서 1만 가구라는 것은 믿을 수 없다. 상업적으로나 정치적으로 의주는 언제나 중요한 장소였다.

중국으로 가는 도로 위에 위치한 의주는 인삼 무역의 보급소였으며 의주 상인들은 그 인삼 수출을 거의 독점하고 있었다. 여기에는 정기적으로 열리는 한중 업자들의 품평회가 있었으며 중국에 파견되는 사절단들이 여기를 통해 북경으로 갔으며 중국에서 조선으로 오는 사절도 가끔 있었다.

똑같은 방식으로 조선에서 신경으로, 그리고 신경에서 조선으로 지나가는 모든 군대들도 의주의 길을 택했다. 위치가 압록강의 어구에 있기 때문에 이 나라의 심장부인 백두산으로부터 뗏목을 타고 압록강을 따라 내려오는 목재의 보관소가 여기에 있다. 현재도 의주는 조선 사람들이 중국인을 만나거나 중국으로 들어가는 유일한 출구이지만 때대로 북경에서 서울로 파견되는 사절을 제외하면 중국인들은 조선으로 나오는 것이 금지되어 있다. 그러나 육로를 통한 두 국가 사이의 왕래가 방해받을지라도 1875년까지 두 국가 사이의 국경선 사이에 존재했던 너비 약 40마일의 중립 지대가 두 나라의 관계를 갈라놓을 수는 없었다.

그 당시 두 민족 사이의 유일한 무역은 공식적인 감독하에 매년 세 번씩 개최되는 품평회에서 이루어졌다. 무역업자들은 해가 뜰 때부터 질 때까지 장사를 하다가 어두워지면 국경선 안으로 물러갔다. 중립 지대에서는 무역을 할 수도 없고 국경을 넘어갈 수도 없기 때문에 이 규율을 어기는 사람은 가혹한 처벌을 받았다.

그러나 시간이 지나면서 많은 사람들이 이 풍요로운 무인 지대에 정착하다 보니 법과 권위를 확립하는 것이 필요했다. 따라서 중국은 그 이웃 나라와 평화를 유지하고자 지난날에 물러났던 땅의 점유를 재개했고 이에 따라 국경선이 변경됨으로써 두 민족 사이의 교통에 대한 제한이 다소 완화되었다. 조선 사람들은 통행증만 있으면 중국에서 상품들을 수입하고 만주에 마음대로 여행하면서 그곳으로부터 상품을 기지고 나올 수 있다.

그러나 이러한 상거래는 상호 교환적인 것이 아니었으며 오히려 중국인들은 우월한 항해술과 홍정을 통해 의주 이북의 강 위에서 사실상 무역을 독점하고 있었다. 조선 사람들이 압록강의 상류에서 얻을 수 있는 유일한 이해 관계는 여름에 홍수로 의주까지 떠내려 오는 목재에 국한되어 있는 것 같았으며 중국이 고기잡이 권한을 명시적으로 보유하고 있었기 때문에 조선의 사공들은 단지 약간의 고기잡이만을 할 수 있었다.

사공들은 거의가 산동 출신의 중국인들이었으며, 그들은 조선의 강안에 상륙할 수 없게 되어 있다. 그러나 그러한 금지 조치는 그 넓은 압록강변에서 지켜지지 않고 있으며 심지어는 의주에서도 지켜지지 않고 있다. 거래되는 수화물들은 대부분이 도자기와 소금이라고 한다. 그러나 나는 몇몇 지역에서 중국의 정착민들이 어떻게 해서든지 배로써 식량 공급을 하고 있다는 것을 알았다. 위에서 내려오는 화물들은 주로 목재, 광물 그리고 모피들이었다.

강 건너 중국의 바쁜 도시에서 바라보니 조선이 너무 오랫동안 실시한 쇄국정책이 이상하게 느껴졌으며 40년 동안 로마 가톨릭 선교사들이 조선에 들어오려고 헛되이 노력했던 사실들이 머리에 떠올랐다. 그들이 겪은 가장 큰 어려움은 의주를 통과하는 것이었는데 죽음을 무릅쓰고 선교사들을 조선으로 데려오려던 안내인들이 왜 의주의 위에 있는 강의 나룻배를 이용하지 않았는지 우리는 의아했다. 왜냐하면 그곳에서 고기잡이배를 타고 건너면 어느 누구의 눈에도 띄지 않기 때문이었다.

내가 도착한 다음날 아침에 나를 방문한 부윤은 내가 중국으로 들어가는데 어려움이 있는 것 같다고 말했다. 나는 북경에 통행증을 신청했지만 서울을 떠날 때까지도 그것은 도착하지 않았다. 따라서 그런 상황에서 내가 중국으로 들어가는 것은 불가능할 것이라고 그가 말했다. 그는 내가 북부지방에서 조선을 횡단할 수 없다고 강조하면서 가까운 길을 통해 서울로 돌아가라고 권고했다.

부윤의 전체적인 태도와 어조는 자신이 외국인들을 좋아하지 않는다는 것을 분명히 했고 나에게 보인 공손함은 그가 관찰사로부터 받은 지시 때문이라는 것을 보여주고 있었다. 나는 평양의 북쪽 도처에서는 관찰사의 편지가 외부가 발행한 여권보다도 더 효과적이라는 것을 알았다.

부윤이 떠난 뒤 나는 주목할 만한 무역 품목을 발견하기를 바라면서 강가로 걸어 나갔다. 나는 제방에서 약 150야드 떨어진 곳에 놓여 있는 작은 배들을 세어 보니 모두 19척이었다. 먼 쪽에서 중국의 배 여러 척이 강을 따라 내려가고 있었고 다른 배가 그 뒤를 따라가고 있었다. 의주 쪽에서는 아무것도 없었다.

상업이라고는 절인 고기를 나르는 사람들이 전부였고 지방에서 하는 일이란 여남은 명의 아낙네들이 주인의 옷을 빠는 것이 고작이었다. 심지어 목재조차 보이지 않았다. 내가 본 것 가운데에는 길이가 8피트에 직경이 2.5피트나 되는 약간의 통나무들이 좋아 보였으나 많지는 않았다. 작은 건물의 세관이 있었지만 책임자는 세관 업무에 대해서는 아는 것이 전혀 없다고 고백했다. 중국식과 유럽식이 혼합된 2층의 벽돌 건물은 정부의 창고라지만 그곳에는 아무 물건도 없었다.

무역이 어려울 것 같다고 체념하면서도 나는 중요한 상인들에게 나를 소개해 줄 것을 부탁했다. 의주의 토박이인 김 씨는 곧 나를 상인의 집으로 데리고 갔다. 그 상인은 깍듯이 나를 대접해 주었다. 주인은 대가족을 거느린 55세의 사람이었는데 식사를 함께 하려고 몇몇 친구들이 모여 있었다. 나를 무척 반갑게 맞이한 주인은 함께 식사를 하자고 권했다.

손님들은 모두가 독상을 받았다. 메뉴로는 돼지고기와 쌀밥, 된장, 채소 그리고 반주가 곁들였는데 간단하기는 했지만 내가 조선의 어느 곳에서 먹어 본 것보다도 호화로웠다. 식사하는 방은 길이가 약 30피트이며 마당을 향해 반쯤은 열려 있었으며 나무로 된 마루에는 구경꾼들이 모여 앉아 있었다. 벽에는 한문을 쓴 족자가 걸려 있었고, 작은 유리 조각을 통해 밖을 내다 볼 수 있었다. 이와 같은 희한한 장식물 이외에도 몇 개의 낮은 탁자와 목재 선반으로 구성된 가구가 있었다.

모든 동향을 구체적으로 보고하기로 되어 있는 부윤의 부하가 와 있는데도 주인은 거침없이 자기가 하고 싶은 말을 하고 있었다. 그는 지방 무역이 낙후한 원인은 항구를 외국 무역에 개방한 탓이라고 말하면서 해마다 열리는 국경 무역에서는 거래가 감소하고 있다고 말했다. 중국과의 주요 무역은 가죽, 종이, 면화, 천 그리고 해삼이었다.

약 1만 달러의 값어치가 되는 비싼 모피들이 상업적인 여행객들에 의해 내륙으로 들어왔다가 직접 중국으로 수출되었다. 무역은 대체로 물물교환의 형태였다. 영국의 와이셔츠 감들이 때때로 의주로부터 서울로 내려가는 것은 그러한 원인 때문이었다. 그러나 조선의 섬유가 우수하기 때문에 토산품보다 영국의 상품들은 열세에 빠져 있다.

나는 담배를 몇 대 피우고 영국에 관한 많은 질문에 대답한 뒤 부윤을 답방하기 위해 떠났다. 부윤은 쇄국의 장벽을 허무는 것을 싫어하는 본심을 숨기지 않았으며 개항과 같은 변화가 조선에 어떠한 영향을 가져다 줄 것인지를 납득하려 하지 않았다. 의주에서 중국과 무역이 진행되고 있고 내가 알기로는 수익이 서울로 올라가고 있었다.

부윤은 그 내막을 빌미 삼아 담당자를 부르더니 내가 알고 싶어 하는 내용들을 물어 보았다. 그 담당자는 자신의 영원한 상전 앞에 나타나 머리를 마루에 조아린 채 무릎을 꿇고 그 수익의 내용은 기록된 바 없으며 아무도 그 내용을 모른다고 대답했다. 부윤이 나의 질문 내용을 미심쩍어 하는 것이 분명하자 나는 흔해빠진 얘기를 몇 마디 더 나눈 뒤에 떠났다.

10월 13일

이른 아침 나는 나룻배를 타고 만주로 건너가려고 시도했다. 이 지점의 강폭은 매우 넓고 3개의 지류를 이루고 있었다. 첫 번째 지류는 너비가 약 200야드였으며 얕았다. 그 건너에는 너비가 1/3마일 되는 모래섬이 있는데 부분적으로 경작되고 있었다. 그 섬 건너편에 강의 본류가 흐르고 있는데 너비는 같으나 깊이는 20~25피트 정도였다. 그 너머에 중강이라는 섬이 하나 있었다. 그 섬에 오르니 중국 상주 관리가 의주로 돌아가라고 요구했다. 그들은 우리의 상륙을 허락하지 않았다. 그 관리의 집을 방문한 뒤에야 나는 상륙을 포기했다.

나는 주린청에서 그 관리로부터 여권을 받으리라는 희미한 기대를 가지고 있었는데 이미 그 문제에 관한 편지가 그에게 급송되어 있었다. 나는 오직 자기의 의무만 수행하는 그 관리에게 불평을 털어놓는 것이 부질없는 짓이라고 생각했지만 그들의 태도에 몹시 당황했다. 나는 이 사건이 어이없는 성격의 행정이었기 때문에 더욱 괴로웠다. 왜냐하면 나의 직무는 중국에 거류하는 것이었으며, 내가 조선에 파견된 것은 잠정적인 임무였기 때문이었다.

나는 중국의 가까운 도시인 안동으로 가는 배를 찾았으나 찾기 어려워 다시 강을 건너와 이쪽 강변에서 어떤 방법을 찾지 않을 수 없었다. 나루터를

여자 악사

건너는 동안에 나는 비단 줄에 말총과 미늘이 달린 낚시를 사용하여 고기를 잡고 있는 어부들을 보고 놀라지 않을 수 없었다. 선창에는 길이가 3피트나 되는 녹용 꾸러미들을 든 두 사람이 중국으로 건너가려고 배를 기다리고 있었다.

나는 이런 종류의 사슴뿔을 일찍이 본 적이 없다. 그 뿌리로 미루어 보건대 그것은 홍록의 뿔이었다. 그 강은 밑으로 가면서 너무 넓어져 6~7마일을 걸어 내려갔다. 안동의 모습은 의주보다 나을 것이 없었다. 강물은 제방보다 약 12피트 밑에 흐르고 있었으며 강 건너 안동까지의 너비는 최소한 2마일은 되는 것 같았다. 제방의 왼쪽에 있는 넓은 평야는 지난 여름에 상당히 범람했다.

안동은 100담[1)]의 짐을 실을 수 있는 배들의 집결지로서는 최적의 장소였다. 반대편 연안에 흩어져 있는 중국인들의 오두막집의 숫자는 대단히 많아 보였다. 조선의 주택과 비교해 볼 때 중국의 집은 훨씬 더 훌륭했다. 망원경으로 바라보니 주린청에는 26채의 벽돌집이 보였으며 안동의 성안에는 몇백 채의 가옥이 있다고 한다.

안동은 중국이 새롭게 개발한 정부의 4개 신시가지 가운데 하나이다. 거대한 거룻배들은 해안에서 30마일 떨어져 있는 타구산이나 두 도시의 중간에 있는 100가구 정도의 마을인 밀쿠친에서 짐을 하역한다고 한다. 다른 신시가지인 관천, 화연 그리고 통화는 강보다 훨씬 높은 데 있었다.

1) 1담(擔)은 대략 60.5kg임.

제 13 장 한만 국경의 풍물

10월 14일(기압 29. 93)

나는 압록강 북쪽 기슭에 접해 있는 새롭게 개방된 지방에 가고자 하는 희망을 차마 포기할 수 없었다. 그러나 나는 혹시라도 여권이 나올지도 모른다는 생각에 많은 시간을 의주에서 낭비할 수 는 없었다. 그래서 나는 내가 떠난 뒤에라도 여권이 나올 수 있도록 부윤과 업무를 조정했다. 병든 조랑말을 기운찬 말로 교체하고 말의 짐을 조금씩 줄였다. 그러나 서울에서 출발할 때 겪은 어려움들이 다시 의주에서도 되풀이되었다.

출발을 앞둔 혼란의 와중에 두 명의 젊은 조선 사람들이 나를 찾아왔다. 그 조선 사람들은 자신이 신교로 개종했고 우장에서부터 영국 선교사들을 잘 대접하며 여행한 적이 있었다고 말했다. 그들은 매우 예의가 바른 사람들이었다. 나는 그들 가운데 한 사람에게 김 씨의 저택에 있는 나를 찾아오도록 설득하려고 노력했다. 그러나 불행하게도 필요한 준비를 하기에는 충분한 시간이 남아 있지 않았다. 김 씨는 버림받을지도 모른다는 위험을 알지 못한 채, 그의 부인과 부모에게 작별 인사를 했고 큰 곤경에 빠졌으면서도 마부들에 미리 돈을 주려고 세부 사항을 준비했다.

의주에서 우리가 출발하는 날에 3개월에 한번 씩 열리는 시장이 열렸다. 상당한 수의 사람들이 이미 도시에 모여 있었고, 다른 사람들은 다른 길로 오는 중이었다. 그러나 나는 시장에서 기념품으로 가져갈 만한 것을 찾지 못했다. 나는 서울 근방에 있는 것들에 훨씬 못 미치는 가축들에 크게 실망했다.

서울에서 총영사의 부담으로 교환한 어음 대신에 부윤은 나에게 그 지방에서 쓸 수 있는 돈을 마련해 주었다. 그 돈은 남쪽 지역에서 사용되는 가치가 폭락한 화폐보다 훨씬 우량한 것들이었다. 그가 서울에서 매년 상당한 양의 돈을 보내올 때마다, 그가 구해야 했었던 나의 어음은 현금 수레가 필요할 정도로 많은 돈이었을 것이라고 나는 생각했다. 그러나 그는 그의 송금을 당연히 오래 전에 보냈어야 하는 것이라고 말했고 따라서 몇 달 동안 내 어음은 송금을 받지 않아도 되었다.

그의 금고의 열악한 상황 때문에 그는 단지 3만5천 냥을 나에게 줄 수 있었다. 나는 그 총액을 언제 갚아야 할지에 대해 그의 비서와 의논했다. 최근에 화폐 가치가 같은 작고 순수한 화폐로 엽전을 바꾼다는 칙령이 공포되었다. 그러나 그 가치의 차이가 너무도 잘 알려져서 곧 시장 가치로 어음이 발행될 것이라고 나는 생각했다. 그 비서도 이에 대해 동의했다.

그러나 내가 도시를 6마일 정도 벗어났을 때, 나는 말을 탄 배달부를 만났다. 그 배달부는 내가 받은 현금을 어음으로 바꾸어 달라고 요청하는 부윤의 편지를 가지고 있었다. 부윤은 왕의 칙령이 공포될 때까지 두 종류의 화폐의 가치 차이를 알지 못했다. 나는 항의했지만 쓸데없는 일이었다. 나는 그가 심각한 손해를 입는 것을 원치 않았고 그래서 왕의 명령에 대한 그의 순종을 기억하며 어느 정도의 돈을 기쁜 마음으로 갚았다.

나와 나의 강아지 샘을 의주까지 바래다주었던 소년은 우리와 작별하는 것을 못내 아쉬워했다. 그는 서울까지 우리와 동행하지 못하는 것을 매우 걱정했다. 그러나 나는 그 소년이 지쳐 있었고, 친구도 없는 곳으로 남아야 한다는 것이 걱정스러웠다. 그래서 나는 마부들이 가는 도중에 소년의 양식을 제공하겠다고 제안했음에도 불구하고 우리와 함께 있고 싶어 하는 그 소년의 간청을 들어주지 않았다. 나는 그 소년을 떠나보내면서 그를 위로할 수 있는 돈이 현재 하나도 남아 있지 않았다. 소년은 평양으로 다시 출발하지 않는 한 어떤 즐거움도 남아 있지 않은 것처럼 보였다.

나는 그때 마부가 되려고 하는 사람이 내가 타는 말의 소유자인 친구와 동행하고 싶어 한다는 것을 알았다. 그 친구는 세상에 다른 친구도 전혀 없었고 살림살이도 전혀 없는 사람이었다. 그 가난한 사람은 너무나 자주 굶어 많이 약해져 있었기 때문에 여행을 할 만큼 신체가 건강하지 못했다. 그러나 그는 그의 친구와 같이 갈 수 있도록 허락해줄 것을 끈질기게 부탁하기에 나는 그가 따라 오도록 허락하였다. 그 대신에 어떠한 일이 있어도 그가 먹을 것은 그가 준비하도록 했다.

나는 어쨌든 김 씨의 부인을 일행에서 떼어버린 것이 기뻤다. 우리가 김 씨의 아버지 집을 지나갈 때, 그 여자는 김 씨가 입고 있는 깨끗한 흰 코트를 길거리에 내던지면서 울지도 않고 작별을 고했다. 그러나 나는 곧 그의 집에 또 다른 사람이 나타난 것을 보았다. 그 당시 그는 의주 세관의 관리로 일하던 사람으로 의주에서 동쪽으로 몇 백 마일 떨어진 친구를 방문하려고 가던 중이었다. 실제로 그가 첩자였다거나 빈둥거리는 사람이었다고 말할 수는 없지만 그는 우리와 서울까지 동행하면서 가는 길 내내 이야기를 나눴다.

나는 그런 기회가 없었더라면 배우지 못했을 많은 세관 업무를 배울 수 있는 기회를 가지게 된 것을 행운이라고 생각했다. 점차로 나는 그가 많은 조선 사람들처럼 질문에 답하는 훌륭한 기술을 익혔다는 점과 기회가 주어진다면 아주 미비한 일에서부터 탁지부의 광범위한 계획에 이르기까지 그의 재간이 발휘될 것이라는 것을 알게 되었다.

길을 가던 도중에, 우리는 한 시골 사람을 만났다. 김 씨가 그에게 말을 걸자 그 가난한 사람은 얼굴이 빨개질 정도로 웃었다. 잠시 뒤 김 씨가 나에게 다가와 내가 그 남자의 특징을 아느냐고 물었다. 나는 그 남자에 대해 특별히 아는 것이 없다고 대답하자 김 씨는 저 사람은 파란 눈을 가졌다고 말했다. 김 씨는 이 문제로 놀림을 받았다. 이것이 내가 겪은 파란 눈에 대한 유일한 경험이었다. 그러면서도 몸집은 너무나 다양했다.

내가 만났던 관리들 가운데 일부는 만주형이었고, 어떤 사람은 뻣뻣한 구레나룻을 가진 사람들이었으며, 일부는 옛날 영국의 목사 겸 지주의 얼굴 유형과 같이 둥글고 불그스레한 얼굴을 가지고 있었다. 또 일부는 유태인과 똑 같았다. 일반인의 얼굴 유형은 그렇게 다양하지 못했다. 그러나 일반적으로 동양의 여러 나라에서 얼굴 유형을 구분하는 것보다는 유럽인들의 얼굴 유형을 구별하는 것이 더 쉬웠다.

의주를 떠난 뒤 몇 마일 동안 우리는 시장을 향해 가는 몇몇 사람들을 만났지만 시장의 중심을 벗어난 길에서부터는 사람들이 거의 없었다. 사람이 거의 살지 않는 좁은 계곡은 광대한 압록강 유역으로 이어져 있었다. 의주 근처에서 우리는 한두 개의 자갈 둑을 지나쳤다. 그 구릉들은 화강암과 반암을 함유한 석회암과 운모편암으로 구성되어 있었다. 길은 갑자기 눈에 띄게 좁아져서 짐을 실은 조랑말 두 마리가 겨우 지나갈 만큼 좁아졌다.

시냇물을 만날 때를 제외한다면 도로의 사정은 좋은 편이었다. 그러나 그러한 길의 상태는 길을 인위적으로 만들어서라기보다는 토양의 자연스런 성질 때문이었다. 계속해서 좁은 계곡과 시냇물이 이어졌고 사람의 그림자 하나도 볼 수 없었다. 곡식은 거의 없었다. 의주 남쪽 지역보다는 좀 더 널리 인디안 옥수수, 담배, 대마가 작은 밭에서 경작되고 있었으며, 메밀을 포함한 일반적인 곡물들은 가끔씩 재배되었다. 그러나 구릉의 전반적인 상태를 볼 때, 농사를 짓기에는 적합하지 않았다.

가파른 경사면에 덤불을 제거하면 흙이 전혀 남아 있지 않았다. 폭우가 흙과 바위들을 씻어 버리기 때문에 계곡도 산의 경사면보다 나을 바가 없었다. 계단식 경지에는 비의 피해를 막을 만한 어떤 장치도 없기 때문에 사람들은 흙을 찾아 점점 더 높은 곳으로 올라갔다. 점점 더 올라갈수록 농지 사정은 더욱 인상적이었다. 300~400피트 높이의 산 정상에 있는 20평방 야드

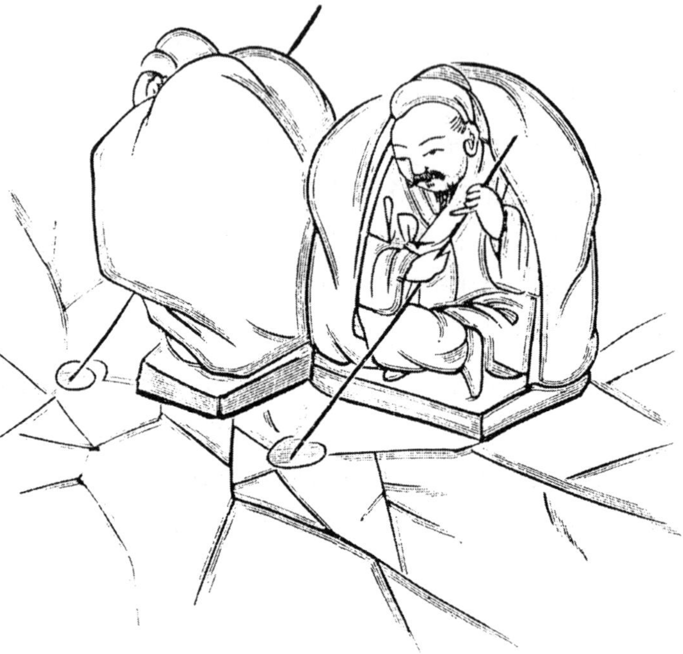

얼음 낚시

의 배추밭이 우리를 조금 놀라게 했다.

의주에서 60리 떨어진 오강에서 우리는 이른 아침에 출발한 이후 처음으로 압록강과 다시 만났다. 24척의 중국 선단이 천천히 강을 따라 거슬러 올라가고 있었고 배의 앞에는 수많은 오리들이 날고 있었다. 강은 흐르지 않은 듯이 보였으며 수면은 잔잔했다. 험준한 산으로 둘러싸여 산의 형상을 가슴에 간직한 듯한 배들은 몇 마일에 걸쳐 넓게 퍼져 있었다. 그 자체로 한 폭의 평화로운 그림이었다.

짧은 거리 동안 길은 강의 둑을 따라 이어졌다. 여름철 홍수로 말미암아 나무 가지들이 강기슭에 남아 있었는데 그 높이가 40피트나 되었다. 길의 표지가 자연스럽게 사라져 버렸다. 우리는 눈에 잘 띄지 않는 돌과 자갈에 채여 넘어질 뻔한 길을 1~2마일 헤맨 뒤에 우리가 가던 길로 되돌아가야만 했다. 우리는 길도 없는 언덕을 헤쳐 나갔다. 조랑말에 짐이 무성의하게 묶여져서 가파른 경사에 이르자 말 위의 짐들은 말의 머리나 다른 방향으로 이리저리 옮겨졌다.

상황은 더욱 악화되어 사방이 기분 나쁠 정도로 어두워졌다. 그 때 사람의 목소리가 근처에서 들리면서 횃불을 가진 몇몇 사람이 주위에 나타났다. 그들은 우리가 하루 묵으려고 했던 마을의 수령이 보낸 사람들이었다. 그 수령은 밤이 되어 우리가 늦어진다고 생각하고 우리가 어려움에서 벗어나는 것을 돕도록 사람들을 보낸 것이었다. 그 마을은 열 가구 정도의 작은 마을이었지만 우리를 위해 훌륭한 집에 편안하게 지내도록 깨끗한 돗자리를 마루에 깔아 주었다.

10월 15일(기압 29.90)

올해의 첫서리가 마을 근처의 몇몇 물웅덩이에 내렸다. 우리는 서리를 보면서 무척 반가워했다. 왜냐하면 서리가 내리는 것은 의주로 통하는 길에서 밤을 끔찍하게 만들었던 해충을 사라지게 하는 좋은 징조였기 때문이다. 분말살충제, 석탄 기름 그리고 소위 살충제라 불리는 온갖 것들은 내 잠자리를 보호하는 데 완전히 실패했을 뿐만 아니라 심지어는 부분적으로도 귀찮은 해충들을 박멸하는 데 실패했다.

작은 동물에 숨어 있던 벌레들이 모든 틈새에서 나에게 기어오르자 바닥보다 조금 높은 여행용 침대를 가져오지 않은 것을 나는 몹시 후회했다. 그러한 일을 겪은 뒤에 아침에 상쾌하게 일어나는 것은 큰 기쁨이었으며 산의 맑은 공기는 건강한 몸을 충분히 보장해 줄 것처럼 보였다. 건강하지 못한 사람들을 위해 내 방에는 다음과 같은 집주인의 글이 걸려 있다.

“만병 통치약 : 새해 첫날에 복숭아 나뭇가지를 걸어 놓는다.”

조선에 과일 나무가 없다는 것은 매우 놀라운 일이다. 그 약에 대한 특허를 가진 사람이 황해의 북쪽 해안과 정반대 지역인 동해안의 남쪽 해안에서 잘 자라는 과일 나무를 도입하여 그의 동료들이 이익을 얻기를 바랐을지도 모른다. 담배와 포도가 북위 40°선에서 전세계적으로 볼 수 있다는 법칙이 있지만 조선에서는 담배에만 그러한 법칙이 유효한 것으로 보인다. 배, 사과, 복숭아 등과 같은 여러 과일들은 지부와 상해 사이의 윤택한 지역에서 자란다. 나는 땅에 떨어진 몇 개의 사과를 제외하고는 안주를 떠난 이후로 과일을 본 적이 없다.

창성으로 향하는 길은 강을 따라 1~2마일 동안 이어졌다. 다시 산으로 둘러싸인 계곡이 시작되었다. 산은 전 날 우리가 본 것보다 훨씬 높았기 때문에 비과학적인 경작의 결과는 훨씬 더 심각했다. 그 지역에는 비와 서리에 의해 끊임없이 암석들이 떨어져서 25~30피트 높이의 빙퇴석 같은 거대한 돌무더기가 마을 전체를 뒤덮고 있었다.

경작이 가능한 평평한 곳에서는 농부들이 바위와 돌무덤들을 치우려고 황소들 사이에 특별한 끌채를 달았다. 거의 1천 피트 높이까지 황폐한 상태가 이어졌고 그 위로 산림 지대가 형성되어 있었다. 박달나무나 다른 나무들과 무성한 덤불들이 산 중턱이 벌거숭이가 되는 것을 막고 있었다.

그러한 산림 가운데 가장 높은 산등성이에서 나는 삭주 수령의 하인 10여 명가량을 만났다. 그들은 내가 수령의 관할 구역으로 들어왔을 때, 나를 맞이하려고 기다리고 있었다. 그들은 마을이 7 마일 넘게 떨어져 있어 수령이 나를 마중 나올 수 없는 데 대해 미안하게 생각한다는 내용과 내가 그의 하인들의 도움을 받기를 희망한다는 내용의 편지를 가져왔다. 그러나 사실상 하인들의 호위는 하인들이 길이나 거리에서 만나는 사람들을 계속해서 몽둥이로 쫓아 버렸기 때문에 매우 불편했다.

말을 탄 사람들은 내가 지나갈 때까지 말에서 내려 길 한쪽에 서 있어야 했고, 어느 누구도 내 면전에서 담배 피우는 것이 허락되지 않았다. 심지어

100야드 떨어져 있는 사람도 "담뱃대를 내려놓아라!"라는 호통소리를 들었으며 하인들은 약 400야드 떨어져서 말을 타고 있던 사람에게도 멈추도록 했다. 몽둥이 사용에 관해 나는 하인들에게 남자, 여자, 아이들을 막론하고 괴롭히지 말라는 나의 바람을 매우 심각하게 강조했지만 나의 그러한 훈계에도 불구하고 마을에 가면 늘 그런 일이 생겼다.

하인들이 사람들과 싸우지 말라는 명령을 받아들였다는 데 대해 놀라움을 느끼며 나는 그 원인을 알고 싶었다. 그리고 나는 내가 하인들에게 수없이 "치지 말라"(Don't beat)라고 소리를 지름으로써 "치지 말라"(Fij-fij-mal-a)는 별명을 얻게 되었다고 믿었다.

우리가 점심을 먹으려고 멈추었던 곳은 아주 조그마한 마을이었다. 그러나 수령의 배려로 우리를 위해 모든 것이 준비되어 있었다. 조랑말의 먹이를 삶았고 사람들의 저녁이 준비되었다. 나를 위해 아름다운 돗자리와 베개가 방안에 준비되었다. 마지막으로 두 명의 소년이 각각 훌륭한 조선식 저녁 식사와 내 뒤에 설치할 병풍을 들고 서둘러 왔다. 병풍은 바람이 틈새로 들어오지 못하도록 방의 주벽의 맞은편에 세워졌을 때를 제외하고는 아무런 쓸모가 없음에도 불구하고 공적인 여행의 도구로써 매우 훌륭한 가구 가운데 하나이다.

오후에 그 지방의 날씨는 점점 더 거세졌고 마을의 인적도 점차 드물어졌다. 강바닥과 이어진 또 다른 완만한 비탈길을 따라 우리는 아름다운 산림들과 양치류가 우거진 산등성이의 정상에 올랐다. 단풍나무들은 매우 아름다웠고 단풍나무 가운데서 도 참나무, 개암나무와 자색 수술에 꽃잎은 하얀 개암나무와 같은 관목들이 잘 자랐다.

산 정상을 따라 1마일 정도 이어지는 길에 올라서니 창성이 훤히 내려다보였다. 나를 비롯한 마부들은 그 풍경에 깊은 인상을 받으며 길가에서 시간을 보냈다. 그러는 사이에 날이 저물었다. 사람들이 길을 찾기 위해 거대한 갈대 횃불을 준비할 때 날이 저문 것이 오히려 다행이었다. 단조로운 하루가 끝나고 아름다운 햇살은 산들 사이에 서 횃불들의 묘한 전경으로 이어졌다.

창성에 들어오자마자 우리는 모든 집 앞에 세워져 있는 작은 기름 컵 안에 거친 심지로 구성된 조그마한 램프를 보았다. 아무도 보이지 않았지만 그곳의 모든 사람들은 이방인들을 위해 환영 준비를 한 뒤에 숨어서 지켜보고 있었음이 분명했다. 창성 근처에는 압록강의 첫 여울이 있다.

의주로부터 이 지점에 이르기까지 항해는 어떤 어려움도 없었다. 마을을 벗어나면 강의 깊이는 300~500피트 정도 된다고 사람들이 말했다. 물론 그들의 측정 수단은 엉성했지만 강이 폭이 400~500야드의 폭이 된다는 사실은 믿을 만하다. 여름철에는 평소보다 약 40피트 정도 수면이 올라간다.

제 14 장 평안도 기행

10월 16일(기압 30.07)

현감은 아주 기꺼이 조선의 장래 전망에 관해 이야기해 주었다. 그러나 그는 그의 모든 동지들처럼 모든 것이 백성들의 뜻에 따라 이루어지기보다는 정부가 주도하기를 기대했다. 가난한 농민들이 자신들의 가족을 부양하기에 겨우 충분한 식량만 가지고 있더라도 조선의 처지를 개선할 수 있을 것이라는 것이 그에게는 불합리한 것으로 보였음에 틀림없다. 아마도 그는 농민들이 식량과 의복을 가지고 있다면 그것으로 부족할 것이 없을 것이라고 생각했을 것이다. 평양 북부의 온 지역에서는 비단이 직조되고 있다. 그러나 나는 사람들이 비단을 직조하는 데 고치를 사용할 줄 안다는 말을 그에게서 듣고 놀랐다.

그곳을 떠날 때 그는 나에게 약간의 비단과 차를 억지로 떠맡기려고 했다. 나는 모든 차를 두고 서울을 떠난 이래로 한 컵의 차도 마시지 못했다. 그래서 나는 차를 선물로 받음으로써 선물에 대한 나의 규칙을 어겼다. 그러나 나는 그가 왜 자신의 집에서 아침 음료로 차 대신에 뜨거운 생강차를 나에게 주었는지를 의아하게 생각하지 않을 수 없었다. 차는 조선 사람의 집에서 흔하지 않은 것이지만 이웃에 살고 있는 중국인들은 예외 없이 차를 좀 가지고 있다고 설명해 주었다.

마을 바깥의 봉화대 언덕 아래로 창성으로 가는 동쪽 길이 나 있었다. 망보는 사람의 오두막과 정상에 있는 봉화대들이 해안에서처럼 강을 따라 서로 보이는 곳에 위치하고 있다는 것이 나의 주의를 끌었다. 그러나 해안이나 국경에서 평화롭다는 것을 대궐에 있는 왕에게 알려주기 위해 매일 밤 전국에 걸쳐 언덕마다 봉홧불을 피우는 것이 사실인지를 확인할 수 없었다.

몇 마일을 걸은 뒤에 우리는 다시 강가에 이르렀다. 둑 위에 있는 한 낚시꾼이 무게가 7~8파운드 되는 고기를 잡은 이야기를 재미있게 해주었으며 강에서 방금 잡은 2파운드가량 되는 일종의 흰 송어를 나에게 팔았다. 얼마를 더 가니 담배를 피우고 있는 몇몇 조선 사람들과 이야기를 나누면서 누에고치에서 비단을 풀어내고 있는 중국인 뱃사공을 만났다.

강의 한쪽 둑 편에는 잘 지은 집들이 올라가고 있고 사람들이 풍족한 반면에 다른 쪽에 있는 사람들은 기껏해야 입에 풀칠할 정도의 생활을 영위하며 진흙으로 만든 오두막에 살고 있는 이유를 분명하게 말해 주는 모습이 나의 기억 속에 매우 생생하게 남아 있다.

강 위에 삐져나와 있는 또 하나의 아름다운 산림이 곧 나타났다. 강물은 굉장히 맑았고 흐름이 다소 빨랐지만 둑에서 100야드 안에 있는 강바닥의 모든 돌을 분명히 볼 수 있었다. 물의 흐름이 빠른 것은 둑이 굽어 있고 강폭이 700야드 정도로 좁기 때문이었다. 주로 여름 홍수로 생긴 3마일 거리의 모래 위를 다소 지루하게 걸은 뒤에 우리는 휴식할 만한 곳에 이르렀다. 그곳에 사는 사람들은 고기잡이로 생업을 유지하고 있었다. 두 사람은 낚싯대를 가지고 있었고 나머지는 둘러앉아 담배를 피우고 있었다. 우리가 앉아 식사를 하고 있을 때, 마을의 소년들이 다소 호기심을 보이며 우리 주위에 몰려들었지만 무례하게 굴지는 않았다.

계곡이 협소해 완전히 시야를 가로막고 있었기 때문에 주위의 고장에 대해서는 전혀 알 수가 없었으므로 오후에 나는 능선을 따라 길을 떠났다. 내가 위주의 동쪽에서 보았던 것처럼 능선은 매우 가팔랐으며 단지 한 사람만이 걸을 수 있을 정도로 길은 좁았다. 야생 동물들이 다니는 길 위에는 수많은 덫이 놓여 있었다.

덫은 석궁의 원리로 되어 있는 것처럼 보였지만 나는 그것을 면밀히 살펴보지는 않았다. 관목 숲이 두터운 언덕에 수없이 많은 덫이 있었기 때문에 그것들을 피하는 데 온 주의를 쏟았다. 관목 숲을 벗어나자 아마도 노루인 듯한 짐승 한 마리를 처음 보았다. 나는 꿩이 있을 법한 곳을 내게 가르쳐 준 마을 사람들 덕분에 저녁 식사 전에 꿩 사냥을 했다.

10월 17일(기압 29.97)

강으로부터 떨어져 나온 길은 1천 피트 높이의 산마루로 점차 오르막이 되어 있었다. 도중에 우리는 바구니 세공품으로 만들어진 고기 잡는 도구를 많이 보았다. 그것은 강 상류 어귀나 물을 인위적으로 가두어 놓은 곳에 설치되어 있었다. 이때는 분명히 담배를 수확하는 계절이었다. 그늘에서 잎을 말리기 위해 일정한 간격으로 설치된 가롯대 위에 약 12피트 높이로 엽연초가 널려 있었다.

거대한 도수관의 일부를 닮은 기묘한 건조물이 비탈의 기슭에 세워져 있었다. 그것은 길이가 500피트 정도로서 큰 비탈에 가설되어 있었으며 밑 부분에 큰 입구가 있었다. 이것은 거대한 물독을 굽는 데 쓰는 가마라는 것이었다. 열을 낭비하지 않으려고 이런 방식의 가마를 채택한 것이다.

이곳에서 나는 세 가지 새로운 산업 형태를 목격하게 된 것이 신기했다. 왜냐하면 그 곳은 주민이 드문드문했고 일하는 사람을 거의 볼 수가 없었기 때문이다. 압록강에 이른 뒤 길을 따라 400가구가 살고 있는 벽동에 위치한 언덕 기슭 아래를 지나갔다. 노동의 흔적이 보이는 마을과 계곡 사이에는 1천 피트 이상의 능선이 가로놓여 있었다. 벽동의 모든 사람들은 이방인들을 보기 위해 함께 모여 있는 것처럼 보였다.

그러나 우리는 이미 긴 하루의 여행을 했기 때문에 그 마을이 위치해 있는 언덕을 오르지 않고 또 하나의 언덕을 넘어 서둘러 평창으로 갔다. 그 곳에서 우리는 열네 마리의 조랑말을 먹이는 데 익숙지 않은 그 마을에서 엄청난 댓가를 지불했다. 다행히도 한 사람을 먼저 보냈고 그곳에 있는 모든 요리 냄비는 조랑말의 먹이를 준비하는 데 사용했지만 말과 사람 모두에게 식사가 충분하지 못했다.

오후에 또 하나의 고갯길에 이르렀는데 1천 피트가 넘는 첫 번째 고개였다. 위주를 떠난 이래로 사면에 있는 언덕들은 높이가 매우 균일한 것처럼 보였으나 내륙으로 들어감에 따라 점차 높아졌다. 1천 피트에서 1천 300피트로 갑자기 높아지는 것은 주목할 만한 현상이었다. 고개를 올라오면서 사람과 말이 모두 피곤해 보였으며 우리가 중턱에 이르기도 전에 어둠이 찾아왔다.

우리는 아직은 10마일은 더 여행해야 했으나 근처에는 집이 한 채도 없었다. 마부들은 목이 쉬도록 소리쳐 횃불을 든 사람들을 불렀으나 아무런 응답이 없었다. 그들은 어둠 속에서 흐트러진 돌과 바위 위를 비틀거리며 걸어갈 뜻이 없었다. 고통스럽게 3마일 정도를 더 간 뒤에야 불빛이 보였으나 그들은 횃불을 든 사람들이 늦은 것을 비난하지 않았다.

그토록 황량한 고장에서 이러한 횃불 조직이 있다는 것은 놀라운 일이었다. 매 마일마다 건장한 사람들이 갈대 다발을 쥐고 기다리고 있었으며 우리가 도착하자마자 곧 그들은 출발해 다음 교대인에 이를 때까지 우리의 길을 밝혀 주었다. 그들이 한 일에 대한 아무런 댓가도 지불되지 않은 것처럼 보였기 때문에 우리는 여관에 도착하자마자 마지막 일행에게 넉넉히 보수를 주라고 지시했으나 한 사람도 찾을 수가 없었다. 내가 할 수 있는 방법이라고는 적절한 사람에게 전달되기를 희망하며 여관 주인에게 돈을 맡기는 것이었다.

10월 18일(기압 29.82)

어제 40마일을 행군한 것은 조랑말 가운데 두 마리에게 너무 힘든 일이었기에 두 마리의 황소를 빌려 짐을 옮겨 실어야 했다. 대개 조랑말들은 바깥의 마구간에 몰아넣기 때문에 그것들을 볼 수가 없었으나 여기에서는 조랑말들을 안마당 주위에 있는 헛간에 넣었다. 약간의 비와 눈이 내린 때문에 땅이 진창이어서 조랑말들은 누워 있을 수가 없었으며 머리 위의 서까래로부터 배 밑을 통해 달아 올려 있는 새끼줄에 얹혀 체중의 일부를 덜 수가 있었다. 밤에는 소처럼 언제나 두꺼운 짚 멍석으로 몸을 감싸기 때문에 새끼줄로 살갗이 까지거나 상처가 날 위험은 없었다.

우리는 나룻배를 타고 두만강이라 불리는 폭이 100야드 정도 되는 강을 건너 2시간 반 정도 걸은 뒤 또 다른 골짜기(기압 27.78)에 이르렀다. 양편의 언덕으로 시야는 아직 가로막혀 있었다. 맞은편 비탈을 내려가는 도중에 나는 우연히 다래를 발견했다. 다래는 언덕에서 야생하며 구스베리를 다소 닮은 감미로운 푸른색의 과실을 맺는 덩굴 식물이다.

아래로 멀리 떨어진 길 위에 있는 일본인들을 내려다보니 손에 미치는 곳에 화려한 축제가 열리고 있었다. 나는 지난 이틀 동안 그들에 관한 이야기를 여러 번 들었다. 그들은 육로를 통해 동쪽으로 서쪽으로 사는 도중이었다. 나는 그들이 본 것에 대해 무언가 알고 싶어 열매 따던 손을 멈추고 서둘러 내려갔다. 불행히도 우리는 서로를 이해시킬 수 있는 방법이 거의 없었다. 그러나 나는 그들이 함경도 북쪽의 희주 근처에서 장대한 풍경을 본 것을 기뻐하고 있다는 것을 헤아릴 수 있었다.

오후에 우리는 마침내 잿빛의 돌 언덕과 좁은 골짜기를 빠져 나왔다. 연속된 언덕과 골짜기들 때문에 우리는 주변의 지역 전체를 볼 수가 없었다. 매일 매일 경치는 거의 비슷했으며 언덕은 벌거숭이였다. 골짜기에는 압록강의 둑을 따라 몇 마일에 걸쳐 쇄석들이 쌓여 있었다. 아름다운 산림의 모습은 거의 예외 없이 변화무쌍했다. 그러나 오늘 여관 밖에서 점심을 먹으면서 나는 벼랑에 높이 너울거리는 붉은 조각들을 보았다. 처음에 나는 그것이 가을의 낙엽 더미라 생각했다. 그러나 나는 그들이 바위라는 여관 주인의 말이 옳았다는 것을 망원경으로 확인할 수 있었다.

계곡의 입구에서 몇 마일을 더 나아가자 거대한 문처럼 골짜기를 가로질러 서 있는 두개의 바위 덩이가 있었다. 그 바위는 아주 단단하여 나무들이 뿌리를 내려 깊게 갈라진 틈을 만들어 내는 것 이외에는 세월이 바위에 아무런 영향을 미치지 못한 것 같았다. 바위의 수직 벽에 풀이나 이끼도 없는 네댓 개의 계단 모양의 단구는 거의 인위적인 조화를 이루고 있었다.

골짜기 너머 좀 떨어진 곳에 넓고 낮게 펼쳐져 있는 언덕이 있었는데 그곳은 노루를 사냥하기에 아주 좋은 곳이었다. 얕은 시냇물 둑 근처의 평지에는 우리가 위주를 떠난 이래로 본 두 번째로 만나는 마을인 초산이 있었다. 나는 사냥도 하고 위주에서 통행증을 받으려고 하루를 휴식하자고 했다. 나는 그곳에서 매우 편안한 거처를 찾을 수 있어 기뻤다. 벽에는 그의 직무와 관련된 여러 가지 쪽지들이 붙어 있는 것으로 보건대 나에게 배정된 방은 분명 세금징수원이 묵었던 곳이었다.

그러한 쪽지들을 통해서 이 지역에는 7,262가구가 거주하고 있고 그 가운데 1,311가구는 돈이나 곡물로, 3,722가구는 담배로, 그리고 2,229가구는 숯으로 세금을 낸다는 것을 우리는 알 수 있었다. 그러한 통계를 통해 나는 이곳의 고용 조건을 알 수 있었다. 매우 훌륭한 고용인 하나가 나에게 가르쳐 준 바에 따르면 지난 10년 동안 1천 가구가 읍에서 5마일 떨어진 곳에 있는 압록강 건너 중국 쪽으로 이주했는데도 이곳은 여전히 번창하는 모습을 보여 주고 있으며 인구는 여전히 증가하고 있다고 한다.

저녁에 현감이 나를 찾아와 정중하게 안부를 물었다. 나는 매우 다정하게 응대하며 내가 초산에서 적어도 하루를 보냈으면 좋겠다고 말하자 그의 얼굴은 아주 침통해 졌다. 그는 방금 막 일본인 몇 명을 대접한 것에 관해 무언가를 중얼거리면서 그런 일을 반복해야 한다는 것에 기가 막힌 듯했다.

나는 자신이 달갑지 않은 손님이라는 것을 알고서 다소 초조해졌다. 나는 사냥을 하려면 이 마을에 머물지 않는 것이 좋겠지만 가능한 한 사냥할 수 있는 곳 근처에 머무르고 싶다고 다시 한 번 말했다.

내가 오로지 원했던 것은 노련한 사냥꾼이 가장 좋은 사냥터로 나를 데려다 주는 것이었다. 불행히도 나는 사냥감이나 사냥꾼도 없다는 그의 말을 믿었다. 그러나 이틀 뒤 나는 사실이 그렇지 않다는 이야기를 들었다. 저녁에 그는 그의 수하를 보내어 내가 머무르는 것이 편하다면 그곳에 머무르라고 했다. 그러나 나는 그런 마음 내키지 않는 권유를 거절하고 조랑말과 고용인들이 몹시 휴식이 필요했지만 지체 없이 떠나기로 결정했다.

10월 19일(기압 29.82)

마을에서 100야드 이내에 있는 길 양편의 옥수수 밭에서 야생 오리들이 떼 지어 날아올랐다. 물론 나는 총에 장탄을 하고 있지 않았다. 그러나 날이 거의 밝았기 때문에 오리들이 내려앉은 들판까지 어려움 없이 쫓아갈 수 있었다. 이 오리들은 내가 보았던 첫 번째 오리였고 그 수는 놀라울 정도로 많았다. 이렇게 지체하는 동안 나는 옛날의 관리들에게 경의를 표시하려고 마을 외곽에 서 있는 비석을 만드는 데 사용하는 아름다운 흰 대리석을 볼 수 있는 기회를 가졌다. 나는 언급할 만한 가치가 있는 어떤 것도 보지 못했지만 이 대리석들은 순백색이었다.

압록강에 이르렀을 때 우리는 소금을 실은 중국 범선 몇 척이 둑에 정박하고 있는 것을 발견했다. 중국어로 말하는 것을 듣고 기뻐한 선원들은 그들의 무역독점권을 설명했다. 조선 사람들은 가난해서 범선의 한 척 값인 30타엘(Tls)을 결코 마련할 수 없다는 것이다. 이 배들은 길이가 길고 폭은 좁으며 두 사람만이 탈 수 있었다. 배들은 대개 8~10척의 선대를 이루어 항해했고 선원들은 필요할 때면 서로 도왔다.

초산 주위의 모든 산들은 벌통으로 가득 차 있는 것처럼 보였다. 속이 빈 통나무로 만들어 돌이나 나무로 엉성하게 받쳐 있는 벌통은 언덕 여기저기에 하나씩 놓여 있었으며 집 근처에는 전혀 없었다. 꿀의 산출은 매우 적어 대개 3~8컵 정도밖에 되지 않았으며 벌통은 무수하게 많았지만 밀랍은 1캐티[2]당 100~150냥도 받지 못한다고 한다. 불행히도 꿀을 채우는 데 사용하는 통나무는 꿀을 몹시 빨리 상하게 하는 것 같았다. 아마도 부분적으로는 꿀을 덮어 청결하게 하는 통나무나 종이가 없기 때문에 그런 것 같았다.

한낮이 되었을 때, 우리는 매우 훌륭한 곡물 창고가 있는 구역을 발견했다. 세금은 물품으로 징수하고 있었다. 날씨가 자주 나빠 곡물을 중앙으로 보내는 데 어려움이 있기 때문에 이러한 건물들은 운송 중인 종자의 일시적인 보관과 종자의 안전한 보관을 하려고 세워져 있다. 촌장은 정부의 관리에게 곡물을 인계할 때까지 완전히 징수하여 안전하게 보관하는 책임을 맡고 있다.

마을은 매우 넓게 흩어져 있었고 인구도 매우 적었으나 다른 마을에서와 마찬가지로 돼지를 조심스럽게 돌보고 있었다. 돼지는 대체로 낮 동안 집 바깥의 기둥에 다리가 묶여 있었으며 운이 나쁜 돼지는 집 바깥의 시궁창 위에 세워진 우리에 갇혀 있었다. 그러나 그렇게 돌봄에도 불구하고 밤에 야생 동물들이 돼지를 채어 갔다. 중국 북동쪽과 만주 지역에 흔히 있는 이리가 조선에 없다는 것은 이상한 일이다. 내가 알고 있는 한 조선에는 이리가 없다. 그러나 호랑이와 곰은 마을에서 돼지와 개들을 끊임없이 잡아가고 있었고 가끔 읍내까지 들어오기도 했다.

오후에 우리는 경작하기에는 너무 가파른 좁은 골짜기를 통해 압록강으로 내려갔다. 도중에 건넌 시냇물에는 송어들이 가득 차 있었다. 이 지점(기압 29.72)의 압록강은 폭이 500야드 정도 되었으며 풍문강이라는 지류와 연

2) 1캐티(catty)= 1/3파운드임.

결되어 있었다. 우리는 풍문강을 따라 몇 마일을 더 가 위원에 도착했다. 위원은 전체가 화산 지역인 것처럼 보였으며 화산의 분화구 같은 큰 분지에 자리 잡고 있었다. 그 건너편에는 원뿔 모양의 언덕이 있었고 근처의 계곡과 시내의 바닥에는 석회암이 발견되었다.

나는 여기에서 내가 바라던 대로 곳체(K. Gottsche) 박사를 만났다. 그는 위원과 평양 사이에 있는 산맥을 가로질러 왔다. 그는 대동강 가까이의 개천에서 본 철광석을 격찬했으며 대단히 많은 지질학적 표본과 화석들을 수집해 놓고 있었다. 한 동안 그는 하인이 딸린 한 조선 사람과 함께 여행했다. 그 주인의 행동거지는 물론 그 하인이 주인에게 보이는 존경심이 특히 곳체 박사의 주의를 끌었다. 그러나 위원 근처에 이르렀을 때 서로에 대한 두 사람의 태도가 바뀌었다. 그 하인은 실은 위원까지 한 죄수를 이송하는 임무를 맡고 있는 포졸이었다.

제 15 장 압록강 연안의 모습

위원 현감은 서울의 영국 영사관 근처에 그의 거처를 가지고 있었는데, 이 작은 인연으로 그는 나를 오랜 친구로 대해 주었다. 비록 그 마을이 아주 작고 그의 지위가 하찮은 것이라 하더라도, 그는 초산의 현감이 돈이 없어 내게 꾸어 줄 수 없다던 약간의 자금을 내게 빌려주겠노라고 약속했다. 그가 1천500전(약 4파운드)을 나에게 빌려주었으나, 어려움이 없었던 것은 아니다.

이 일이 해결되자 현감은 유럽과 영국 및 영국령, 러시아, 곳체 박사, 그리고 많은 다른 대상들에 대한 질문을 나에게 끈질기게 퍼부었다. 나는 나의 통역관이 나를 대신하여 그 나름의 대답을 했는지의 여부를 몰랐으나, 나중에 독일은 영국의 속국이었다고 내가 말한 것으로 잘못 전달되어 그가 깊은 인상을 받았다는 말을 곳체 박사로부터 들었다.

나는 위원에서 나에게 오는 편지를 받아 보고 싶었으나, 배달부가 도착하지 않았으며 그가 언제 올는지도 확실하지 않았다. 따라서 나는 곳체 박사에게 내가 받은 신문과 다른 모든 것을 선물했다. 나는 묵은 신문과 함께 차 한 상자를 보내려고 찾아보니 그것이 없어져 무척 낭패스러웠다. 그 차는 창성의 현감이 나에게 선물한 것으로 조선 사람들은 마치 차를 끓이듯이 뜨거운 물에 넣어 마시는 생강차였다.

이곳에서도 나는 만주로 여행하는 데 필요한 여권을 얻는 것을 포기해야만 했다. 내가 압록강의 건너편에 있는 마을에 관해 들었던 얘기들은 나로 하여금 더욱 그곳에 가고 싶어 하도록 만들었다. 이 무렵에 나는 밀림이나 사냥에 관한 얘기는 다 잊어버리고 있었다. 이곳에는 신기한 일도 많았다. 이를테면 강에 이름이 없이 다만 바다로부터의 상대적 거리에 따라서 단순히 제1강, 제2강 등으로 부르고 있었다.

10월 20일(기압 29.55)

현감은 벽지에 거주하는 불편이 없도록 나에게 하인을 딸려 보내겠다고 말했다. 나는 그 이전이나 그 이후에도 그보다 더 훌륭한 하인의 보살핌을 받아 본 적이 없다. 나는 과거에 조선의 하인이 지적이고 능동적일 수 있다고는 결코 생각하지 못했지만, 이번 일로 그들에 대한 나의 평가가 매우 잘못되었다는 것을 알았다. 우리가 위원을 떠날 무렵의 그곳은 더 가난해지고 있는 듯이 보였다. 인구는 더 줄었고, 주민들은 더 나태하게 되었다. 비록 밭에서 농작물이 추수를 기다린다 하더라도 일하는 사람이 없었다.

어떤 사람은 그의 아내에게 짐을 지게 하고 자기는 황소를 끌고 가는 것만으로도 생색을 냈으나 그 정도로 일하는 사람도 드물었다. 아침에 우리는 커다란 언덕을 넘어 남북을 넓게 내려다 볼 수 있는 능선을 가로질러 갔다. 그러나 큰 산은 눈에 들어오지 않았다. 뒤에 우리는 압록강 아래로 5마일 경사져 있는 넓이가 150야드인 동내강을 만났다. 이 강은 우리가 찾아가고 있는 강계로 지나가는 것이었지만 저녁이 되니 강의 모습은 사라지고, 길은 곧 언덕으로 이어지면서 굽어졌다.

10월 21일(기압 29.24)

드디어 언덕은 다소 높아지기 시작했다. 아침에 올라간 긴 고개는 이전보다 적어도 500피트 정도 더 높은 곳으로 우리를 끌어올렸다. 탈곡기로 쓰이는 물레방아가 자주 눈에 띄었다. 그 작동 원리는 지난 겨울에 강원도에서 보았던 것과 같은 것들이었다. 커다란 나무 기둥이 회전축으로 돌아가고 있고, 한쪽 끝에는 돌만큼이나 무거운 나무공이가 매달려 있으며 다른 쪽에는 커다란 물받이가 달려 있었다. 그 물통에 물이 가득 차면 물의 무게가 그것을 내리 눌러 물이 쏟아지면 물통이 가벼워지면서 그 반동으로 공이는 곡물 위로 떨어졌다.

이 물레방아를 지키는 사람이 없을 때면 새들이 모여 모이를 쪼고 있었다. 그런데 모이를 쪼아 먹는 방법이 매우 흥미 있으리만큼 영리했다. 까치와 까마귀들은 공이가 내려치는 힘에 의해 밖으로 튀어 나간 곡물을 쏘아보다가 낚아채려고 공이가 들어 올라가는 순간을 기다리고 있었다. 벌써 썰매와 썰매를 끌 개들이 땔나무를 운반하는 데 이용되고 있었다.

눈이 마당에 쌓일 때면 썰매는 곡물이나 장작을 운반하는 일반적이 수단이 되었다. 썰매는 짐을 싣는 가벼운 틀과 그것이 앞으로 나아가도록 작용하는 두 활주부로 구성되어 있는데 그 구조에서 가장 중요한 것은 두 활주부가 같은 각도로 가능한 한 가깝게 있도록 하는 것이다.

정오경에 우리는 나룻배로 강계강의 오른쪽 둑으로 건너 잠시 쉰 뒤에 강계로 향하는 험난한 길로 접어들었다. 40리에 이르는 길은 강의 가장자리에 있는 미끄러운 바위로 덮여 있었다. 나는 도저히 말을 타고 갈 수가 없었다. 그러나 중국인 요리사는 비록 말 등에 있는 자리가 매일 불안해 보였고 시종 매달려 있는 것처럼 보이기는 했지만, 그것을 잘 조절했다. 비가 억수같이 쏟아지더니 곧 날이 어두워졌다.

나는 길을 따라 조랑말과 한동안 보조를 맞추었다. 그러나 조랑말이 물에 빠지면 끌어내야 했는데 나는 더 이상 그 일을 할 수가 없었다. 결국 나는 강계(기압 28.85)까지 억지로 걸어 들어가 횃불을 든 구조대를 보내어 그들을 데리고 왔다. 마부와 하인들은 흉측한 몰골로 도착했다. 마부는 눈물을 흘리고 있었고, 중국인은 짐을 부리고 저녁 준비를 하기에 앞서 약간의 휴

물방앗간

식을 요구했다. 기간이 흐르자 모든 것이 정돈되었다.

그러나 그 날은 운수가 나쁜 날이었다. 몇몇 조선 사람들이 부실하게 포장해 놓은 나의 가죽 띠를 누군가 용케도 들고 가 버렸다. 이 가죽 띠와 비누 곽은 이번 여행에서 도둑맞은 유일한 물건들이었다. 나의 작은 휴대용 나침반은 알 수 없는 어떤 이유로 제대로 작동되지 않아 남북을 뒤바꿔 가리키고 있었다. 나는 그것을 고치려고 온갖 노력을 다 했다. 물론 나의 여행 일지에는 나침반에 따르지 않고 제대로 방위를 기록해 놓었다.

그러나 내가 강계에 도착했을 때 나의 이론은 깨져 버렸다. 내가 기록하지 않았던 언덕에서 나는 남북을 착각했던 것이다. 결국 나침반이 맞았고 내가 틀렸다는 것을 나는 고백하지 않을 수 가 없었다. 나는 자신의 실수를 발견하고 몹시 부끄러웠다. 이웃에 있는 집이 왜 남향이 아니라 북향으로 되어 있는지에 대한 김 씨의 설명이 아주 쓸모없게 되었다.

10월 22일(기압 28.78)

아침 내내 쉬지 않고 비가 내려 나는 사냥하러 나갈 수가 없었다. 그곳의 현감은 어려운 걸음에 동행하기로 하고 수행원과 담뱃대도 없이 가야 한다는 요구에도 그는 나의 조건에 동의했다. 그러나 비 때문에 모든 것을 중단해야 했고 나는 어떤 자책감도 없이 하루 동안 휴식을 취할 수 있었다. 현감은 내가 도착한 이후 곧 나를 찾아와 오랫동안 머물다 돌아갔으며, 다음날 아침 내가 답례로 방문했을 때에도 짧은 시간이지만 나와 함께 갔다. 지식에 대한 그의 욕망은 끝이 없었다.

그때까지만 해도 나는『휘타커연감』에 정통해 있었기 때문에 지구상에 있는 어떤 나라의 군대 · 무역 · 인구에 관한 통계에 대하여 어떤 문제도 적절하게 대답할 수 있었다. 그러나 강계의 현감을 만나고서는 그 책의 증보판이 필요하다는 것을 느꼈다. 결국 나는 그동안 내가 만나 괴로움을 끼쳤던 많은 관리들에게 어떤 동정을 느끼기 시작했다. 왜냐하면 조선에는 휘태커[1]와 같은 인물이 없어서 자신에 대한 정보를 얻을 수 없었기 때문이었다.

현감은 그의 관할권 내의 주민들에게 거짓 없는 관심을 가졌던 것으로 보

---

1) 휘태커(Joseph Whitaker : 1820~1895) : 영국의 저명한 출판업자로서 『신사월보』(1856~1859), 『서점』(1858), 『휘태커연감』 등을 출판함.

였으며 조선이 천연 음료의 부족으로 고통스럽다고 불평했다. 차는 값이 비쌌고 물이 말라 버려 갈증을 풀지 못하기 때문에 그들의 정신 상태는 공격적이고 범죄적이었다. 그는 부족한 것을 공급하려고 일종의 산사나무의 마른 잎으로 만들어진 차를 만들어 냈다면서 그에 대한 나의 의견을 물었다. 이 차는 싫지 않은 맛이 있었고 아마도 해롭지도 않은 것 같았다. 그러나 이것은 너무 맛이 없어서 일반의 선호를 얻지 못했고 마음을 끌지도 못했다.

환경에 대한 주민들의 다양하고 가능한 생활 향상을 이야기하면서 나는 조선의 돼지가 신비할 정도로 크다는 사실을 지적하고 종자를 개량하려면 영국의 돼지를 들여오는 것이 좋겠다고 제안했다. 내가 영국에서 사육되는 돼지에 대하여 신중하게 설명하자, 그는 매우 당황했다. 왜냐하면 조선의 돼지는 스패니얼[2]과 같은 크기였는데 이를 증식하는 방법이 그에게는 믿을 수 없는 것이기 때문이다. 그러나 그는 조선의 돼지를 증식시키려는 생각으로 들떠 있었으며, 가능하다면 외국의 가축을 도입 할 수 있도록 도와 달라고 요청했다.

강계에서 인상적이었던 일은 현감의 수행원 가운데 여성들이 있었다는 점이다. 내가 답례로 그를 방문했을 때 그는 단지 몇 명 안 되는 남자 수행원만을 데리고 있었으며, 일반적으로 조선의 관아에서 일하는 소년들은 한 사람도 없었지만, 얼굴을 가리지 않은 대여섯 명의 여성들이 있었다. 내가 더욱 당황한 것은 그가 그들의 미모를 어떻게 생각하느냐고 나의 의견을 물었다는 점이다. 그 소녀들은 현감 자신만큼이나 나의 답변을 듣고 싶어 하는 것처럼 보였다.

다행히 그들의 모습에 대해 좋게 말하기란 쉬운 일이었다. 왜냐하면 그들

---

2) 스패니얼(spaniel) : 몸높이 약 46~61cm, 몸무게 15~30kg의 중형견으로, 주로 조렵견 혹은 애완견으로 사육된다. 역사는 아주 오래 되었고, 기원은 확실하지 않으나 대개 스페인에서 영국을 거쳐 유럽 여러 나라에 소개된 것으로 추정된다. 14세기 후반에 영국 · 프랑스에서 수렵용으로 이용된 뒤 주로 조류 사냥용으로 많이 길렀다.

은 키가 크고 몸집이 우아했을 뿐 만 아니라 그들 스스로도 몸을 잘 관리했으며 천연두 자국이 없었기 때문이었다. 그들은 분명히 내가 보았던 조선의 여성들 가운데서 최고의 미인들이었다. 나는 여성이 은둔하여 살아가는 이 나라에서 그들이 저토록 바깥 세상에 나와 일할 수 있다는 것을 이해할 수 없었다. 그러나 그들은 훌륭한 가정의 여성이었으나 어떤 정치적 사건으로 말미암아 그들의 신분을 상실하고 결국 이 먼 지역으로 추방되었다는 것이라고 생각했다.

이웃 촌락에서 벌어지고 있는 놀이가 무엇인지를 묻자, 현감은 나와 동행하기를 자청했다. 나는 그의 신발이 언덕을 넘는 데에 적절치 않다고 생각되어 신발이 괜찮겠느냐고 물었다. 그는 난처하게 웃으면서 기꺼이 나에게 사냥터를 보여주고자 멀리라도 갈 수 있다고 말했다. 또한 그는 집에 그의 하인들을 남겨 두고 가마를 타지 않은 채 동행하는 데 동의했다.

1천 세대를 수용하고 있는 마을이 두 강의 합류점으로 형성된 모퉁이의 절벽에 형성되어 있었다. 그곳에 중심 거리는 없었으나, 가게와 상점들이 어느 때보다 많은 거래를 하고 있다는 흔적이 보였다. 동쪽 연안에 있는 원산은 항구인데 이곳으로부터 한랭사나 셔츠 천과 같은 외국 상품이 수입되었다.

소금은 의주에서 육로로 들어오고 중국 도기의 일부는 육로로 일부는 수로로 들어 왔다. 함경도의 부싯돌, 평안도 성천의 램프 기름을 담는 돌 단지, 동쪽 연안의 단천의 철, 원산의 해초와 생선, 그리고 다른 지역으로부터 많은 잡동사니들이 들어온다는 것은 그 지역 나름대로 교환해 줄 수 있는 어떤 생산물이 있다는 것을 입증해 주었다.

이곳의 산물로는 목화, 삼베옷, 의약 상품으로 쓰는 녹용, 인삼, 구리 등이 있었다. 초산과 강계 사이의 산들은 산삼으로 유명하며 그 값은 많은 남자들이 여름 내내 산삼을 찾는 데 소비하도록 유혹한다는 것이다. 그러나 그 약초가 가지고 있다고 알려진 영험한 속성은 순수한 인생을 사는 사람들의 눈에만 띈다고 하며, 시장에는 결코 과잉 공급되지 않는다. 조선에 대하여 면밀하고 올바른 정보를 가지고 있던 푸크(G. C. Foulk) 씨가 본국에 보낸 보고서에 따르면, “이러한 종류의 산삼은 한 뿌리 씩 팔리며 그 가격은 아주 좋은 물건의 경우 거의 2천 달러에 이른다.”고 한다.

조선의 북쪽에서 잘 알려진 강계의 구리는 그 지역에서 생산되는 것이 아니라, 지난날 강계에 속해 있었으나, 지금은 희주에 있는 진목면이라는 곳에서 생산되는 것으로 밝혀졌다. 그곳의 광산은 깊이가 350피트이며 몇 백 명의 광부들이 고용되어 있다. 강계읍에는 두세 군데의 구리 세공 공장이 있었는데 식기와 그 밖의 항아리를 만들어 선반에 아름답게 진열해 놓았다.

나는 다시 자금의 대부가 필요했는데 현감의 도움으로 1만 5천 냥을 구했다. 그 자금은 다음 해의 세금의 일부로서 미리 징수해 두었던 것이라고 그는 말했다. 오후 내내 억수 같은 비가 쏟아졌기 때문에, 강계에서 나와 만나기를 바랐던 곳체 박사는 아직도 길을 나설 수 없었기 때문에 나는 다시 그를 만날 기회를 잃었다.

10월 23일(기압 28.73)

밤에 나의 사냥개 샘이 없어졌다. 나는 누군가가 그 녀석을 훔쳐 간 것이 아닌가 걱정되었다. 한참을 찾아본 결과 괴물 같은 그 큰 개를 보고 싶은 동네 아주머니들이 김 씨에게 뇌물을 주었으며, 뇌물을 먹은 김 씨가 그들에게 샘을 보여주기 위해 데리고 나갔다는 것을 알았다. 늘 그렇듯이, 하루를 쉰 뒤에 출발하려니 어려움이 더했다.

그러나 그 현의 다른 지역에서 조랑말과 남자들을 모으는 소동과 요란함에도 불구하고, 우리는 7시 40분에 떠났다. 그동안의 휴식은 강계에 도착했을 때 오랫동안 걸어 지쳐 있던 두 마부에게 분명히 좋은 일이었다. 우리는 8일 동안 710리(235마일)를 갔기 때문에, 쉬고 싶다는 그들의 요구는 정당했다. 하루에 100리를 가지 못하는 한 그들은 완전히 그 일을 그만두려는 것처럼 보였지만, 놀랍게도 그들은 그보다 20리를 더 초과해서 가고서는 몹시 피곤해 보였다.

지금까지 강계를 떠난 뒤 한 사람이 순무를 너무 먹어 고통이 없어질 때까지 길가에 누워서 기다린 것을 제외하고는 조선 사람이나 조랑말들은 중간에서 쳐지지 않았다. 이런 탈은 흔히 일어나는 일이어서 그는 동료로부터 어떤 동정도 받지 못했다. 그의 동료들은 다음날 출발에 앞서 그들과 합류하리라고 확신하면서 그토록 아파하는 동료를 뒤에 두고 길을 떠났다.

그 날은 출발할 무렵부터 안개가 너무 짙어 앞이 보이지 않을 정도이더니 비가 온 뒤에는 눈마저 내렸다. 모두가 의기소침해 있었으므로 길을 서두르도록 권유한다는 것은 불가능했다. 비가 오면 조선 사람들의 삼베옷을 흠뻑 젖으며, 체온으로써 그것을 말린다. 더구나 갓까지 망가진 채 비옷을 지급받지 못해서 폭풍우를 만난 사람의 침울한 심정을 헤아리기란 어려운 일이 아니었다.

어떤 관리는 그러한 상황에서도 가만히 있기보다는 무언가를 할 것이다. 그 첫 번째로 해야 할 일은 돈이나 힘, 또는 부정한 수단에 의해 모자를 입수하는 것이다. 그들은 남들이야 어떻게 생각하든 별로 힘들이지 않고서도, 돗자리 한 장, 유지 한 장, 또는 그들의 몸에 비를 맞지 않도록 하는 어떤 것을 모으기가 쉽다. 그러나 신발은 어찌 해 볼 도리가 없다. 발을 감싸고 있는 무명천은 비를 맞으면 흙투성이가 되어 형체도 없이 망가져 발을 더 이상 보호해 주지 못한다.

우리는 정오가 되어서야 구세주를 만난 듯이 휴식 장소를 찾았다. 그곳은 강계에서 약 13마일 떨어진 작은 마을로서 몇 채의 오두막집이 있었다. 가장 큰 집의 주인은 우리가 편안하게 쉴 수 있도록 하려고 분주했고, 나의 질문에 따르면서 끈기 있게 앉아 있었다. 그가 매년 내는 세금은 약 1천 냥(약 3.6실링)인데 그 가운데 일부는 곡물로 대납하며 나머지 네 냥은 가옥세라고 한다. 곡물세의 계산 기준은 쌀이며 단위는 되인데 25되가 1부셸[3)]이다.

쌀되의 크기는 고정되어 있다. 주막에서 식사하는 사람은 얼마를 먹든 그릇으로 계산한다.

오후가 되자 날씨가 개어 우리는 쉬지 않고 꾸준히 나아갔다. 기압은 북풍으로 아주 많이 올라갔는데 그 날 해질 무렵에는 27.47에서 멈췄다. 마지막 10마일의 노정은 거의 인적이 없고 나무가 무성한 골짜기를 따라 시내의 둑으로 구부러져 있었다. 그 골짜기는 너무 후미진 곳이어서 우리가 들어갈 수 있는 마을이 있을 것이라고 생각할 수 없었다. 그러나 녹아서 질퍽거리는 눈길을 따라 몇 시간을 싸운 뒤에야, 우리는 마침내 산 속에서 헤매고 있다는 것을 알았다.

강둑의 둘레에 드리워진 나무는 산기슭을 따라 몇 백 피트 뻗어 있었고 우리 앞에는 원시림이 눈으로 깊게 덮여 있었다. 우리는 숲지대 아래에서 휴식 장소를 찾았다. 전체가 3~4호의 농가에 불과한 마을에서 쉴 곳을 찾기는 좀 어려운 일이었다. 우리를 처음 본 농부는 우리가 들어가는 것을 꺼리는 기색이었으나, 어찌 달리 방법이 없다는 것이 분명해지자 호의적으로 우리를 맞아 주었다.

10월 24일(기압 27.84)

기압은 밤에 1/3인치만큼 올라갔다. 날씨는 좋고 맑았지만 아침에는 바람 한 점 없이 매우 추웠다. 숲의 변두리에는 아주 많은 입목이 드리워 있었으며, 30피트 높이에 껍질이 벗겨진 나무들은 그들이 겪는 계절을 말해 주었다. 무릎 깊이의 눈으로 발이 땅에 닿지 않아 갈 길을 더욱 더디게 만들었다. 우리는 앞길을 막는 덤불과 나무들을 치우며 앞으로 나갔다. 몇 백 피트를 올라가면서 우리는 영락없는 나무꾼 신세였다.

3) 부셀(bushel) : 곡물의 단위. 1부셀=8갤런.

그러나 처음에 우리는 이렇게 쓰러진 몇 백 그루의 나무들로 말미암아 이 곳을 통과할 수 없고 그것은 자연의 섭리라는 것을 알지 못했다. 그렇게 큰 나무는 그들이 넘어질 때 곁에 있는 나무에 거의 해를 끼치지 않았다는 것은 놀라운 일이었다. 그 나무들 가운데 가장 큰 것은 느티나무로서 주변의 모든 나무를 압도할 뿐만 아니라, 중국 명조의 왕릉인 영릉의 묘당 기둥으로 쓰기에 적합했다.

박달나무, 포플러, 그리고 전나무는 평범한 나무들이었으며, 진홍색 열매가 달린 물푸레나무도 많았다. 몇 십 그루의 묘목들은 담비의 다리 노릇을 하고 있었으며 모든 다리에는 함정이 설치되어 있었다. 그러나 그 함정은 모두 비어 있었으며 눈 위에는 사람이나 짐승 또는 다람쥐 등의 발자국도 보이지 않았다. 산이나 기타 여러 가지의 이유가 개똥지빠귀들의 비상(飛翔)을 방해하기에 충분했지만 우아하게 동북쪽으로 날아가고 있었다. 이러한 새들을 제외하고는 어디에도 동물의 흔적이 보이지 않았다.

비탈길은 매우 가팔랐다. 약 2천 피트를 오른 뒤에야 우리는 소나무를 제외한 모든 다른 나무들을 우리 스스로 제거하면서 올라왔음을 알았다. 머리에 이고 있는 거대한 눈은 나무의 가지를 옆으로 늘어뜨리고 있었으며 그런 상태에서 서로가 기대고 있었다. 처음에 본 그들의 보잘것없는 줄기는 우리가 그 높이를 낮은 것으로 오해하도록 만들었다. 그러나 내가 솔방울을 잡으려고 했을 때야 그 높이가 30피트 이상인 것을 알았다. 나는 몇 개의 열매를 따서 큐[4]로 보냈더니 그것은 구상나무의 열매임이 판명되었다. 정상 근처의 모든 지대의 나무는 전체적으로 전나무였고 그 근처는 관목들이었다.

4시간 20분을 산행한 뒤에 우리는 정상(기압 24.80)에 이르렀다. 전경은 나무와 양쪽의 산등성이로 아주 답답했지만 서남쪽으로 아름다운 정상이

---

4) 큐(Kew) : 런던 서쪽에 있는 리치몬드의 주택 지구.

보였다. 너무 추워 오랫동안 머뭇거릴 수 없어 우리는 곧 서둘러 얼음이 언 시내를 가로질러 산의 반대편으로 넘어 갔다. 다리라고는 가로 걸쳐져 있는 소나무의 줄기뿐이었으며 시내의 넓이가 넓어짐으로써 이 다리들은 점점 더 위험스러워 보였다. 마부와 하인들은 조랑말에 매달리거나 등에 타고 시내를 건너갔으며 나도 그들의 방식대로 했다. 나무줄기에 눈이 쌓여 다리에 발을 디딜 곳을 알아볼 수가 없었다. 마침내 나는 발을 헛디디는 바람에 눈더미에 떨어졌다. 골이 너무 깊어 추락을 피할 수가 없었다. 나는 소총을 찾을 겨를이 없었으며, 겨우 찾고 보니 긁혔거나 구부러지지 않았으면 총구가 눈으로 채워져 있었다.

약 1,000피트 아래로 내려 왔을 때 작은 빈터에 있는 유일한 집이 나타났다. 조선사람 일행은 거기에 먹을 것이 있기를 바랐으나 인간이나 동물을 위한 어떤 것도 없었다. 추위는 더욱 심해졌다. 우리는 소나무·포플러·박달나무를 지나서 많은 오두막이 있는 작은 마을에 다다랐다. 그러나 사람들은 찌들어지게 가난해서 우리 일행이 머무는 것을 달갑게 생각하지 않았다.

우리가 몇 마일을 더 가서야 마을(기압 26.42)이 나타나 그 곳에서 우리는 밤을 보냈다. 추위와 피로에 지친 하인들은 식사 준비와 나의 물건을 푸는 일을 하기에 앞서 잠간 쉬어야겠다고 말했다. 실제로 추위가 너무 심해 문밖에는 한 사람도 얼씬거리지 않았다.

10월 25일(기압 26.58)

바퀴벌레가 나의 방구석에 떼 지어 기어 다니고 있었다. 나는 나의 가방에서 한 파인트나 되는 바퀴벌레들을 몰아냈다. 구두 속에도 있었고 어느 곳에나 여남은 마리씩 잡을 수 있었다. 다행히도 지붕이 낮았던 덕분에 나의 침상으로 천장에서 떨어졌을 때 큰 하중을 느끼지 않았다. 그렇지 않았더라면 나는 바퀴벌레의 벼락을 맞아 몸에 멍이 들었을 것이다.

그 마을은 사슴이 많기로 매우 유명했기 때문에, 나는 이 마을에서 하루를 보내고 싶었다. 그러나 나는 함께 갈 사냥꾼을 찾기가 불가능하다는 것을 알았다. 그 마을에는 단 한 사람이 있었는데 그는 부상으로 몸이 부자유스러웠다. 그는 지난 여름에 한 친구와 함께 곰을 쫓다가 다친 얘기를 들려주었다. 그 곰은 그들에게 달려들어 한 사람을 죽였고 다른 한 사람은 친구의 생명을 구하려다 그 자신을 잃을 뻔하였다. 추위는 상당히 누그러졌지만, 강은 여러 곳이 얼어 있었다. 황소가 끄는 썰매는 통상적으로 들판에서 집으로 곡식을 나르는 데 사용되었다. 그들은 곡식을 완전히 휘둘러서 탈곡했다.

그 곳으로부터 냇물을 따라 10리를 더 내려오니 우리는 장진 탄광으로 더 잘 알려진 오만동의 은 광산에 도착했다. 사용되지 않고 있는 용광로가 길가에 있었으며 20~30채의 오두막이 당시에 고용된 사람들의 숫자가 얼마나 되었던가를 보여주었지만 지금은 일하는 사람이 하나도 없었다. 갱의 입구로 들어가자 갱목과 함께 끌채들이 줄지어 있었고 더 낮게는 갱목과 나란히 배치된 발코니가 언덕 쪽에 몰려 있었다. 발코니의 크기는 너비가 4피트에 높이가 4피트 6인치 정도였다. 두세 개의 작은 끌채들이 다른 곳에 밀어 넣어 있었고 한 개는 아주 깊은 곳에 박혀 있었다.

우리는 그것에서 더 알아볼 것이 없었기 때문에 장진(기압 26.77)으로 떠났다. 우리는 그곳 외곽에서 현감의 일행을 만났다. 그들은 그의 거처까지 우리를 수행했는데 담뱃대와 나무로 만든 트럼펫을 가지고 있었다. 그 마을은 단지 150가구로서 거래할 만한 어떤 징조도 보여주지 못하는 아주 작은 마을이었다. 모든 주민이 안마당에 모여 있는 것으로 보였다.

잠시 뒤에 군중 속의 한 남자가 다가와서 나의 충고를 듣고 싶어 했다. 그는 내가 지난날 아침에 보았던 탄광의 소유주로서 한때는 아주 잘 운영되었으며 300명을 고용한 적도 있다고 말했다. 그러나 커다란 암벽이 갑자기 떨어져 그들의 도구들은 쓸 수 없게 되었다고 그는 말했다. 그는 화약의 질을 시험했었으나 적절치 않아 광맥을 찾는 데 실패했다.

끌채는 거의 400피트 깊이까지 들어갔으나 모든 자본은 고갈되었다. 그는 광산 사업에 10만 냥(약 1천 300달러)을 소비했다. 내가 무엇을 충고할 것인가? 나는 곳체 박사가 여러 날 머물 터인데 그가 훌륭한 충고를 해 줄 것이라고 대답했다. 광산의 소유주는 아주 만족스러워 하면서 군중 속으로 돌아갔다. 대여섯 명의 남자들이 다가와 가장 열정적으로 충고를 듣고 싶어 했다. 그들은 아주 가난하다고 말했다. 그들은 어떻게 하여 더 잘 살 수 있는가? 나는 그들의 말이 진실이라는 것을 의심하지 않았다.

조선의 어떤 곳에서도 나는 가난이 그토록 만연하고 있는 징조를 보지 못했다. 그들이 나의 대답을 기다리고 있을 때 군중들의 얼굴에 나타난 열정적인 표정은 그들의 호소를 뒷받침했다. 그들은 거의 전적으로 식량을 보리와 감자에 의존하고 있었기 때문에 나는 그들에게 가장 좋은 곡물을 종자로 하되 종자는 이웃마을과 교환하여 쓸 것과 자신의 종자만을 같은 밭에 심지 말라고 말했다. 그들은 단지 눈이 세 개 달린 감자 조각을 한 뿌리로 심고 보리는 아주 엷게 뿌린다는 것을 나는 알았다.

나를 데리러 왔던 현감은 서울 출신의 모든 관리의 일반적인 통치와는 그 유형이 예외였다. 그의 집은 땅이 비옥한 경상도였기 때문에 이 지역 주민의 빈곤이 더욱 두드러지게 보였다. 그는 주민들의 삶에 관심이 있는 것처럼 보였으며 내가 그에게 좋은 종자를 보내 줄 수 있다면 그들에게 나누어 주겠다고 약속했다.

어떤 일본인이 장진을 방문했었는지 물어 보았더니, 그는 어떤 유럽인이나 일본인도 거기에 온 적이 없을 뿐만 아니라, 중국인조차도 여기에 발을 들여놓은 적이 없다고 대답했다. 그는 최근에 그의 거처가 불타 버렸기 때문에 나를 누추한 곳으로 데리고 온 것을 사과했다.

장진을 떠날 때 우리는 삼수강의 주요 부분과 연계된 지류를 가로질러 건넜다. 희주와 장진의 상대적 위치가 대부분의 지도들에서 잘못 나타나 있었고 이 두 지역은 강계 동쪽의 두 도로의 중요 지점에 위치하고 있기 때문에 이를 바로잡아 설명하자면, 삼수의 남쪽 440리, 희주(또는 희천)의 남쪽 270리, 강계의 동남동쪽 190리, 갑산의 남서쪽 340리, 함흥의 북쪽 340리에 위치하고 있다.

평균 너비가 120야드인 이 강의 주변에 있는 마을을 돌아 우리는 날이 저문 이후에도 꾸준히 걸어갔다. 경관이 완전히 막혀 버린 시내의 둑에 올라가니 촌락은 거의 보이지 않았고 큰 산도 전혀 볼 수 없었다. 탈곡을 위해 어디서든 사용되는 방법인 물방아가 물가에 있었는데 이는 강의 높은 부분과 연결된 수로를 통하여 공급되는 수력으로 돌아가고 있었다.

낮에 지나갔던 나무다리들은 수직 대신에 예각으로 구성된 교각으로 지탱되고 있었다. 냇물 중앙에 있는 다리의 높은 부분은 물이 흐르는 방향으로 기울어져 있었고, 강변에 닿는 곳에서는 조금씩 낮아졌다. 우리가 밤에 머문 곳은 아주 특이하리만큼 널찍했다. 건물은 진흙을 빚어 통나무 사이를 매웠으며 방들은 높고 칸막이가 설치되어 있었다. 안마당은 튼튼한 울타리로 둘러싸여 있었고 편의 시설은 우리 일행 모두뿐만 아니라 주인의 가족까지 쓰기에도 충분했다. 이러한 모든 편의 시설과 함께 조랑말에게도 헛간을 제공했는데 숙박료는 약 18달러였다.

10월 26일(기압 26.94)

기압은 밤에 0.38도 올라갔지만, 낮에는 극심한 안개가 없어지면서 풀리기 시작했다. 이 전 달처럼 눈은 약 4인치 정도 쌓였고 강의 여러 군데에 얼음이 얼어 있었다. 비록 바람 한 점 없다 하더라도 남자들은 추위로 매우 고통스러워 하다가 한낮에 날씨가 풀리자 매우 즐거워했다. 식사가 주막에 준비되었는데 추운 날씨를 배려한 것처럼 보였다.

방의 맞은편에는 그 집의 여자들이 쌀밥 짓는 방식으로 귀리로 밥을 지어 남자들의 식사를 준비하고 있었다. 곡물을 씻고 요리하는 데에는 많은 양의 온·냉수가 필요했으며, 밥을 지으려고 커다란 가마솥을 준비하여 물을 끓였다. 아궁이로 지나가는 불로 데워진 뜨거운 공기는 땅으로부터 약 5피트 정도 올라가면서 밥을 지었으며 남자들은 그 위에 걸터앉아 식사를 했다.

저마다 독상을 받은 25명의 손님들이 이곳에 모여 있었다. 식사의 편안함과 식사를 제공하는 흥미 있는 방식은 나에게 깊은 인상을 주었다. 편안함이나 사교성이 없이 길거리나 주막 입구에 서 있는 동안 같은 계층의 남자들이 그들의 식사하는 모습을 바라보는 것은 중국이나 이곳이나 마찬가지였다.

오후가 되자 날씨는 온화해졌으며 경치도 다소 변했다. 우리는 강의 상류로 올라갔기 때문에 그 흐름의 속도는 그리 빠르지 않았다. 양쪽에 있는 평지는 점점 넓어졌지만 고원을 둘러싸고 있는 산들은 나타나지 않았다. 대마는 아직 잘리지 않은 채 서 있었고 귀리는 눈 속에 담아 있었다. 하루 동안에 본 네 번째의 작은 마을에 도착했다.

그곳에서 나는 왜 대마와 귀리를 수확하지 않았느냐고 물었더니 감자와 배추를 거두어들이기 전에 눈이 보통 때보다 더 빨리 내렸기 때문이라고 그들은 대답했다. 땅에 쌓인 눈 때문에 모든 일은 정지되었던 것이다. 3월이나 5월에 남자들은 다시 일을 시작했다. 그러나 그때까지 그들이 필요하다면 장작을 패거나 또는 여행객들이 다니는 길을 다듬는 일 이외에는 아무 일도 하지 않는다.

사람들은 그런 날씨에 자신의 복장이 맞지 않는 것에 대하여 몹시 투덜댔다. 맞는 부분이라고는 손목 부분에서 팔꿈치에 이르는 소맷부리뿐이었다. 몸의 보온이 엉망이었다. 웃옷은 허리까지 느슨하게 늘어져 있었고 목 부분은 열린 채 끈과 단추로 매어 있었다. 중국인들에게는 매듭이나 고리를 대신하는 방법이 잘 알려져 있지 않았다. 겨울에는 차가운 산바람이 불어오기라도 하면 노인들에게 그것은 흔히 죽음을 의미했다. 그럼에도 불구하고 제혁업자와 짐승의 가죽을 다루는 직업을 천하게 여기는 편견 때문에 그 흔한 가죽 재료로써 맵시 있는 외투를 만들어 입지 않는다.

부엌

우리가 머문 집의 가족은 이 지역에서 5대째 살고 있었지만 그 밖의 대부분의 이웃들은 최근에 이주해 온 사람들이었다. 그들은 자신들이 가지고 온 재산만이 자기들의 모든 것이라는 편견에 사로잡혀 있는 것처럼 보였다. 그들은 훗날 기근을 초래했던 추수의 실패를 크게 불평했다. 그러나 그들의 앞날이 어떠하리라는 것이 뻔히 보임에도 불구하고 어떤 남자도 수확한 곡물을 집으로 옮기려고 하지 않았다.

설피를 만들고 사용하는 것에 대한 설명만이 눈이 내렸음에도 불구하고 일을 해야 하는 끔찍스러운 상태에 대한 느낌을 그들에게 심어 주는 것처럼 보였다. 그렇게 일하기 싫어하는 사람들이 무엇 때문에 그들의 고향을 버리고 이 황무지로 이주해 왔는지를 이해할 수 없었다.

10월 27일(기압 26.68)

오전에 우리의 노정은 강의 상류를 따라 남쪽으로 계속 내려갔다. 눈은 거의 1피트 깊이로 쌓여 있었고 4일 동안 쉼 없이 계속되던 눈의 번쩍이는 표면은 눈(eye)을 아주 피곤하게 만들었다. 정오에 삼수강 유역의 마을에 들어가서야 우리는 처음으로 24일에 넘었던 산맥의 경치를 볼 수 있었다.

마을의 폭은 약 2마일 정도였으며 외관이 분명한 큰 통나무집들이 산재해 있었다. 서쪽으로는 봉우리가 점차적으로 높아졌으며 남동쪽에는 2~3천 피트 높이의 몇 개의 아름다운 봉우리가 있었다. 얼음이 없는 강은 거의 없었으며 때때로 목초지를 둘러싸고 있는 분지로 나뉘어 있었다.

지난 3일 동안 나의 아네로이드 기압계는 눈부신 활약을 했다. 예를 들면 우리가 꾸준히 올라가고 있는 동안, 26일 오전 7시 30분에는 26.94, 정오에 26.49, 오후 2시에 26.64, 오후 4시에 26.47, 오후 5시에 26.55를 각각 가리키고 있었다. 날씨는 내내 구름이 끼었으나 바람은 없었다. 그러나 우리가 25일에 삼수강을 지나갔던 때로부터 28일에 두 세 개의 강의 발원지라고 주장했던 산을 넘을 때까지 사흘 반나절 동안 꾸준히 올라가던 아네로이드 기압계는 그제야 26.77에서 26.52로 떨어졌다.

주요 강줄기로부터 멀지 않은 거리의 시내에 두 세 개의 사금 광산이 있었다. 장진의 현감은 그의 관청을 증축할 기금을 얻고자 그들 가운데 하나를 자기에게 불하해 달라고 조정에 요청했다고 한다. 광산이 가동되고 있지 않은 곳의 대부분이 다 그렇듯이 이 사금광에서 생기는 수입이 적지 않다고 한다. 다른 한편으로 30명의 남자들이 일하고 있는 방영광탄광은 그들의 식량을 가까스로 해결 할 정도의 은을 생산하고 있다고 한다.

몇몇의 남자들은 꿩을 사냥하러 나갔다. 그들은 눈가리개를 씌운 매[해동청]를 팔뚝에 얹힌 채 가져왔다. 매는 두 가지가 있는데 하나는 송골매였고 다른 하나는 대략 송골매와 같은 크기인데 머리 밑에 하얀 줄무늬가 있으며 검은 색 날개 밑에 하얀 무늬가 있었다.

해가 넘어가기 바로 앞서 우리는 산중에 위치하고 있는 지저분하고 작은 우리의 목적지에 도착했다. 싱싱한 황소 가죽이 있기에 나는 개 먹이를 얻을 수 있다는 희망을 가졌으나 소는 10월 3일 행사 때 도축했기 때문에 가죽을 제외하고는 아무 것도 남아 있지 않았다.

제 16 장 원산으로 가는 길

10월 28일(기압 26.52)

우리는 바로 아름다운 전나무 숲으로 갑자기 들어섰다. 그곳에는 가늘고 긴 나물들이 빽빽이 들어서 있었다. 이 숲을 지나 참나무 숲을 몇 백 피트 내려간 뒤 조금 더 나아가니 우리는 청진과 함흥 사이의 지방 경계 분리를 표시하는 석벽의 좁은 관문에 이르렀다.(기압 26.10) 황소들이 겨우 지나갈 통로를 남겨 놓고 짐을 부리고 있었다. 그것들이 혼잡을 피우는 사이에 잠시 지체하면서 동해안을 따라 뻗어 내려가고 있는 절벽의 능선을 바라보았다.

그 능선이 너무 아름다워 우리는 넋을 잃고 그 산을 내려왔다. 여울의 바닥에 깔린 자갈을 포함한 모든 것들은 이곳이 산맥의 반대편과는 전혀 지질이 다름을 말해 주고 있다. 우리는 참나무 숲을 지나 잠깐 걸은 뒤 전혀 새로운 지방에 이르렀다. 급경사로 된 내리막길을 내려가니 그곳에는 눈이 없었으며 작은 마을이 나타났는데 지붕은 자작나무 껍질을 돌멩이로 눌러 놓았다.

마을 주민의 말에 따르면 이곳의 열다섯 가구가 내는 세금은 8천 냥 정도이며 그밖에 가구마다 석 냥의 가옥세를 납부한다고 한다. 오후에 우리는 높이가 500피트 되는 또 다른 산등성이를 넘어 바다와 평야가 있는 함흥과 그 평야를 에워싸고 있는 암벽의 봉우리들을 만날 수 있었다. 경사지를 내려오면서 우리는 3명의 노인들을 만났는데 그들은 우리가 머물러 가려고 했던 마을의 어른들로서 우리를 마중하러 왔다고 말했다.

그들과 몇 마디의 대화를 나눈 다음에 나는 꿩이 어디에서 많이 나타나는지를 물었다. 그들은 곧 지나가는 젊은이를 불러 꿩이 많은 곳을 물어 보았다. 그 청년은 깊이 생각하지도 않고 우리를 데리고 산마루로 데려갔다. 감자밭을 지나는 등 한 시간쯤 지나서야 우리는 지난 2주 동안에 본 것보다도 더 많은 꿩 떼를 볼 수 있었다.

내가 묵을 숙소는 오두막집으로 매우 안락했다. 천장과 벽은 깨끗하게 도배했고 바닥에는 돗자리가 깔려 있었으며 나의 소지품들을 보관하기에 충분한 공간이었다. 저녁에 노인들이 나와 이야기를 나누고자 왔다. 그들은 송구스러워 자리에 앉으려 하지 않았으나, 일단 환담이 시작되자 나의 담배를 무척이나 피워 보고 싶어 했다. 그들의 말을 들어보니 마을은 상당히 자치적인 것 같았다.

마을의 장로들 가운데에는 세 계급이 있는데 마을 사람들에 의해 선출되는 존위와 좌상과 그 지방의 수령에 의해 임명되는 사임이 있었다. 존위는 가능한 한 마을 사람들 사이의 분쟁을 해결하며 토지세를 내리도록 힘쓰고 있었다. 또 관료들을 기념하려고 세우는 비석의 건축비도 결정한다. 좌상은 다리와 도로의 보수를 보살피고 사임에게 마을 사람의 사망과 출생을 알려준다. 사임은 성책이라 부르는 장부에 주민 대장을 기록하는데 그 가운데 하나는 현감이 보관한다.

우리가 머물렀던 집의 안방은 서당으로 사용되었는데 학생들은 한 달에 50냥의 학비를 내고 그 외에 선생님의 의복과 음식비, 돗자리, 벽과 창의 도배지 등 시설비를 지불하고 있었으며 지필묵의 값을 제공했다. 그 결과 주민의 약 10%가 한자를 쓸 수 있으며 그것은 평소 학문에 필요한 유일한 문자로 간주되었다.

한글을 익히는 데는 별다른 어려움이 없었다. 사람들은 매우 가난했고 수확량이 부족해 겨울을 보낼 걱정을 하고 있었다. 가족이 많은 사람들은 이미 쌀을 모두 소비하여 삼수강의 고원 지대로 이주 준비를 하고 있었는데 약간의 돈으로 먼 길을 간다고 했다.

10월 29일(기압 29.54)

산동네를 떠나 우리는 하상에 둥근 돌이 깔려 있는 냇물을 따라 동쪽으로 갔다. 많은 사람들이 무 수확을 하느라 들판밖에 나와 있다. 수확된 무는 우마차로 운반되었다. 소에 마구를 씌우지는 않았지만 소의 목덜미에 걸린 멍에에 손잡이가 달려 있었다. 우리가 함흥에 가까워질수록 마차의 형태도 변했다. 돌이 많은 도로에서 사용되는 마차 바퀴에는 마차가 전복되지 않도록 하려고 바퀴통 밖으로 약 20인치 정도 돌출된 부분이 설치되어 있었다.

여름 홍수로 당한 피해가 여러 곳에서 보였다. 하상은 경작지 수준으로 솟아올라 있었고, 폭우가 쏟아진 후의 계곡 물은 곧바로 제방 위로 범람했다. 평야의 일부는 모래와 돌로 메워져 경작할 수 없게 된 곳이 있었다. 우리는 출발한 지 얼마가 지난 뒤에 나를 마중하려고 함흥 부사가 보낸 몇 사람들을 만났다. 그는 친절한 안부 편지와 함께 약간의 식사를 미리 여관에 마련해 두었기에 나는 정중히 사례했다.

함흥에 가까워질수록 평야는 제방에 의해 홍수로부터 잘 보호되어 있었다. 거기에서도 무 수확의 계절이어서 사람들은 무를 뽑고 마차에 싣느라고 몹시 바쁘게 움직이고 있었다. 내가 들은 바에 따르면 함흥 외곽에는 길이가 5리(1.5마일)나 되는 다리[1]가 있다기에 거대한 토목공사를 자세히 살펴

---

1) 만세교(萬歲橋) : 반룡산 낙민루 아래에 있는 함흥 명승의 하나로 조선 역대 군주들의 만수무강을 기원한다는 뜻에서 태조가 만세교라 이름지었다. 1905년 러일전쟁 무렵에 퇴각하던 러시아군이 방화해 소실시키자 일본공병대가 1906년 목조로 가교에 착수, 1908년 준공했으나 이 역시 1928년의 대홍수로 유실되어 1930년에 철근콘크리트조로 다시 건설한 긴 교량이었다. 함흥의 풍속 다리 밟기[답교]가 있는데, 정월대보름날에 이 다리를 밟

보고자 했으며 그 다리가 왜 필요한지를 알 수 없었다. 그러나 함흥에 도착하여 다리를 가리고 있는 제방을 돌아 살펴보니 그것을 1.5마일이 아니라 단지 400야드에 불과했다. 교각이 홍수에 떠내려가 사람들이 보수하느라고 열심이었으며 나귀와 마차들은 물을 건너야 했는데 깊이는 무릎 높이를 약간 넘을 정도였다.

다리는 성벽 가까이에 있었다. 성문을 지나 우리는 한국에서 본 적이 없는 거대한 마차 행렬을 보았다. 우리는 그들이 지나가도록 길을 비켜서야 했다. 우리가 기다리며 서 있는 동안 우리를 마중하려고 구종들이 다가왔다. 마부는 손님을 모시는 데 매우 익숙하여 그렇게 지나치게 친절하지 않아도 좋다고 말할 정도였다.

도시에 들어서자 우리를 안내하려고 또 한 사람이 왔다. 우리가 나타나자 돗자리를 깔고 급히 발을 쳐 집안을 깨끗이 했다. 물건을 서둘러 치운 자리에는 쓰레기가 남아 있었다. 사람들의 무리가 안뜰로 몰려들어 왔으나 우리를 맞이해 주는 사람은 아무도 없었다. 따라서 나는 그 사람에게 짐을 풀지 말라고 말하고 여관을 찾기 시작했다. 잠시 뒤 한 젊은이가 하인을 데리고 거만하게 걸어 들어오더니 흔히 관청의 대청마루에 자리 잡고 있는 의자에 앉았다.

내가 먼저 안부를 묻고 잠시 기다렸더니 그는 자신이 서울의 외부에서 일한 서기였으며 나를 마중하려고 보낸 판관의 아들이라고 말했다. 나는 그에게 당황하지 말라고 부탁하고 나의 안내인이 잘못하여 이곳에 데려왔으니 잘 아는 여관이 있으면 소개해 달라고 부탁했다. 그는 이곳에 머물러 달라고 요청하면서 나를 위해 특별히 준비된 방들 가운데 하나를 가리켰다.

나는 그에게 앉아 얘기나 좀 나누자고 요청했다. 그는 앉는 것을 사양하

으면 한 해 동안 건강하며 재액을 멀리한다고 한다. 이 날에는 남녀노소가 이 다리를 거닐면서 호두 · 잣 · 호콩 · 엿 등을 사는 풍습이 전해 오고 있다. 길이는 500미터 정도이다.

지 않았으나 잠시 뒤 돗자리를 보내드리겠다고 말했다. 나는 그럴 필요가 없다고 거절하면서 다시 내가 묵을 여관을 알아 달라고 부탁했다. 그러자 그는 매우 신경질을 부리며 자리 아버지가 나를 편안하게 해 드리고 싶어 하니 이곳에 머물러 달라고 요청하면서 안뜰에 있는 군중을 내쫓고서 돗자리와 발을 가지러 보냈다.

길에서 나를 위해 마련해 주었던 점심 식사라든가 나를 마중하려고 보낸 사람, 그리고 그들이 가지고 온 안부 편지로 볼 때 함흥 부사가 우호적인 사람임을 알 수 있었으며, 아들의 모든 무례함은 그 아들 탓이지 그 아버지의 탓이 아니라고 믿었기 때문에 부사의 마음을 상하게 하기보다는 차라리 그곳에 묵기로 결정했다. 그 아들이 먼지 쌓인 자리를 떠난 뒤에 나는 그를 다시 만나지 않았다.

나에게 준 방들은 세금 징수를 맡고 있는 관리가 사용하는 것들이었다. 여러 가지 쪽지들이 벽에 붙어 있었는데 어떤 것은 전체 도(道)의 세금에 관한 것이었다. 내가 판단하기에 세금의 일부분은 부사가 사용하는 것 같았고 일부는 그의 아전이, 또 일부는 서울의 재정 담당관이 사용하는 것 같았다. 세금 가운데에서 약간은 현물로 지불하고, 또 약간은 현금으로 지불했으며 그 비율은 다음과 같다.

부사 : 쌀 39,345피컬[2)]
아전 : 쌀 7,205피컬
재정담당관 : 8,742피컬

곡물세 이외에 아마도 아마포인 듯한 옷감을 위한 세금이 있는데 이를 현금으로 계산하면 1,591,645냥(1달러는 600냥임)이다. 그런데 그 징수원의

---

2) 1피컬(picul)=60.25kg

봉급[연봉]은 39만200냥(650달러)이었다.

저녁에 나는 예의가 정중한 신사인 판관의 방문을 받았다. 그는 내가 예정보다 앞서 도착하여 미처 방을 준비하지 못해 더러운 것을 사과했다. 나는 몇 마디 대화를 나눈 다음 외부에서 써 준 편지를 믿고 약간의 돈을 가불해 줄 수 있는지를 물었더니 그는 쾌히 응낙하면서 다음날 아침 일찍 그 돈을 준비하겠노라고 약속했다.

10월 30일(기압 30.04)

현금을 오랫동안 기다려도 오지 않기에 나는 사람까지 보냈으나 구하지 못하고 나귀를 먼저 출발시켜야 했다. 그들이 떠난 뒤 나는 이 도시의 몇 곳을 살펴보았다. 이 도시는 도(道)의 수도임에도 불구하고 3천 호 정도이며 그 수준의 모든 도시들이 모두 그렇듯이 커다란 종을 설치해 두었다는 점 이외에는 별로 눈에 띄는 것이 없었다. 이럴 경우에는 성 위에 종각을 짓고 그곳에 종을 달아 놓는다. 도시는 북부 지방에서 흔히 볼 수 없을 만큼 안락해 보였다. 여성들은 머리에 밝은 색깔의 리본 형식의 장신구를 착용했고 남성의 경우 모피로 된 토시와 귀마개를 착용하고 다녔다.

단천에서 많은 철이 채광되어 판매되고 있으며 이 지방의 특산물로서는 매우 섬세하게 보이는 아마천이 있다고 했다. 검은흙으로 빚은 약간의 짧은 실린더가 모든 진열대에 상품으로 진열되어 있는 것이 나의 호기심을 끌었다. 내가 들은 바에 따르면 이것들은 흑연으로 마든 것으로서 마차의 차축의 볼트를 위한 소켓트로 사용하면 윤활유를 칠 필요가 없다고 한다.

내가 진열대를 돌아보는 동안 현금이 준비되었다고 심부름꾼이 알려 왔다. 나귀들은 한 시간 전에 떠났기 때문에 나는 현금을 가져갈 방법이 없었다. 그러나 심부름꾼은 돈을 되돌려 가져감으로써 그의 주인을 불쾌하게 만들 수는 없었기 때문에 온갖 애를 쓰더니 나귀 한 마리를 구하여 선발대가 기다리고 있을 주막거리까지 엽전을 나르도록 주선해 주었다.

길이가 단지 400보밖에 안 되는 다리를 건넌 뒤에 우리는 넓은 평야에 들어섰다. 들판에서는 콩을 수확하고 있었다. 많은 사람들이 길 위에 오가고 있었지만 그들에 아랑곳하지 않고 야생 거위가 엽총의 사정 거리 내에서 모이를 먹고 있었다. 그러나 불행하게도 나는 나귀에 총을 실어 보냈기 때문에 거위를 한 마리도 잡지 못했다.

정평에서 나는 관리로부터 매우 공손한 마중을 받았다. 그는 원산으로부터 온 한두 명의 유럽인들을 만났던 아름다운 기억을 간직하고 있었다. 그의 가마는 표범 가죽 대신에 그때 유럽인들로부터 받은 적색 담요를 깔고 있었고 그때 얻은 하찮은 두세 개의 유럽산 물건을 매우 소중하게 간직하고 있었다. 마을 주변에는 사금광이 있었지만 당분간 가동되지 않고 있었으며, 수지도 맞지 않는다고 주민들은 말했다. 가끔씩 보이는 동해와 바다를 향하여 깎아지른 듯한 능선 사이에는 거의 부서진 화강암으로 이루어진 몇 개의 낮은 구릉이 있었다. 많은 골짜기에 작은 규모의 금광이 있었지만 거의가 폐광이었다.

오후가 되자 길은 더욱 아름다웠으며 언덕은 원추의 모습을 이루고 있었고, 골골 마다 절터가 남아 있었다. 땅거미가 진 뒤에도 우리는 한 시간 반 동안 거위와 오리가 모여 사는 곳을 걸어갔다. 그들의 날갯짓 하는 소리와 우는 소리로 미루어 볼 때 몇 천 마리는 됨직 했으나 날씨가 어두워 사냥을 할 수 없었다.

우리가 묵어야 할 곳은 끔찍스러울 정도였지만, 저녁에 요리사는 나에게 편안한 식사를 제공했다. 그는 밥을 먹지 않고 통나무에 앉아 있기에 무슨 일이 있느냐고 물었더니 집이 몹시 그립다고 대답했다. 3일 동안 그는 아무것도 먹지 않았다. 그러나 다른 중국인은 그에게 어떠한 동정도 보이지 않았다.

내가 그에게 용기를 주려 했지만 그는 와락 울음을 터뜨리더니 눈물을 숨기려고 어둠 속으로 사라졌다. 불쌍한 그 사람은 약 55세의 절름발이였다.

그는 훌륭한 마부는 아니었지만, 요리감을 구하려고 덫을 놓으러 가는 이외에는 말 등을 떠나지 않았다. 부분적으로는 신체적 특성 때문에 한국인들 사이에 조롱당했으며 그래서 더 슬퍼 보였다.

10월 31일(기압 29.75)

마부의 말에 따르면 요리사는 계속 단식을 하고 있으며 아무 것도 입에 대지 않는다는 것이다. 나는 그가 탈진할까 걱정스러웠으나 억지로라도 먹이는 길밖에는 달리 도리가 없어 그렇게 했다. 우리가 넘어온 나지막한 언덕 위에서 우리가 함흥에서 수레바퀴를 만드는 데 사용하는 흑연광의 노두를 볼 수 있었다. 그러나 채광한 양이 매우 적은 것으로 미루어 보건대 그 부근에서 또 다른 광맥을 찾았음이 틀림없었다.

우리는 사금을 채취하는 하상에 도착했다. 우리가 그 뒤에 안 바에 따르면 그곳은 영흥을 유명하게 만든 사금광이었다. 이곳에서 채광된 금은 원산을 거쳐 일본으로 수출되었다. 사금광은 언덕 꼭대기에까지 뻗어 있었으며, 아래로 내려올수록 하상은 계곡까지 아무렇게나 파헤쳐져 있었고 냇물은 천과 돌멩이로 어지럽혀 물밑이 보이지 않을 정도였다.

영흥 가까이에는 목재 다리가 놓여 있는 두 개의 강이 있었다. 그곳에서 우리는 장례 행렬을 만났다. 약 20명의 사람이 장대로 어설프게 연결하여 관을 메고 있었고 상여의 앞에 있는 장대 위에 서서 크게 송가를 부르는 선소리꾼의 소리에 따라 상여꾼들은 발을 맞추어 걸어갔다.

장례는 한국에서 일반적으로 아주 조용하게 치러지기 때문에 전에도 나는 단 한번 장례 행렬을 본 적이 있다. 그런데 이번에 내가 본 장면은 정식의 장례가 아니라 제물포의 외국인 거류지로부터 이장하는 모습이었다. 상여꾼들은 선소리꾼의 선창에 맞추어 합창하는데 그 소리는 1마일 밖에까지 퍼져 나갔다. 내가 목격한 대부분의 경우 한두 명이 상여를 운반했고 상주의 행렬도 없이 무덤으로 옮겨가 매장했다.

영홍은 비단 무역의 주요 중심지로서 알려져 있지만 내가 알아본 바에 따르면 이웃 마을의 여성들이 자신들의 집에서 작은 양만을 생산하기 때문에 한 가구에서 두세 조각만 생산되고 있었다. 내가 거기에 머물고 있을 때 여성들은 모두 무를 거두어들이려고 들판에 나가 있는 것과는 달리 남자들은 별일 없는 듯이 바라보거나 담배를 피우고 있었다.

영홍에서부터는 길에 멋진 오리들이 지천으로 깔려 있었다. 나는 요리사 때문에 서둘러야만 했지만, 큰길로 들어서기에 앞서 매우 멋진 사냥을 했다. 마부들은 나의 총사냥에 대해 대단한 관심을 보였다. 내가 총을 쏠 때마다 여행객들은 발길을 멈추고 사냥하는 모습을 지켜보았으며, 사냥이 끝나면 곧 사냥 솜씨에 대해 왁자지껄한 토론에 들어갔다.

11월 1일(기압 29.95)

추수 뒤에 비가 온다는 것은 결코 즐거운 일이 아니었는데, 이곳은 더 심했다. 볕에 말리려는 볏단들이 제방에 쌓였으며 마을이 온통 지푸라기 썩는 냄새로 가득했다. 들판에 보이는 사람들은 별로 없이 한두 사람이 쓰러진 볏가리를 세우려고 애쓰고 있었다. 그들은 논 위에 있는 볏단보다 더 젖은 도롱이를 쓰고 작업을 하고 있을 뿐 그밖에는 사람이 보이지 않았다.

몇 마일 더 가니 원산이라는 표지판이 처음으로 나타났다. 노변에 서 있는 두 개의 표지판에는 외국인들은 이 장소를 넘어 지나갈 수 없다고 쓰여 있었다. 그러나 외국인의 이동의 자유는 1883년의 조약[3]으로 보장되었기 때문에 이 표지는 이미 효력을 잃고 있었다. 개항지로부터 50리가 아닌 100리 이내에서는 외국인들은 여권 없이 자유롭게 여행할 수 있었다.

시간이 흐를수록 비는 더욱 쏟아졌다. 점심을 먹은 뒤에 나는 나귀를 타

3) 한국과 일본 사이에 인천 · 원산 · 부산에서의 외국인의 통행에 관한 치외법권을 규정한 『한국간행리정협정약서』, 1888년 7월 25일)를 의미함.

지 않은 채 원산으로 길을 재촉했다. 나는 약 두 시간 걸은 뒤에 강가에서 죽을 곤경에 빠지게 되었다. 잠시 뒤에 정신을 차리고 보니 어떤 사람이 나를 떠메고 강을 건너고 있었다. 나와 바다 사이에는 전나무와 모래가 띠처럼 가로놓여 있었다. 이곳의 바다는 우리가 알고 있는 대양의 바다와 같지 않다는 것을 나는 알지 못하고 있었다.

나중에서야 나는 바다의 소리와 조수 형태가 영국인이 느끼는 것과 다르다는 것을 알았다. 이곳의 조수의 높낮이는 단지 몇 인치에 불과했으며 따라서 이곳에는 해변도 없고 그리고 끊임없는 바다의 울림도 없었다. 유일하게 들려오는 소리는 거의 들리지 않을 만큼 부드럽게 모래에 부딪치는 철썩거림뿐이었다.

아직도 원산에 도착했음을 알리는 어떠한 표지도 없더니 작은 언덕을 돌자마자 나는 자신이 그 도시에 도착해 있음을 알았다. 어떤 도시가 깨끗한 도시라고 불릴 수 있는 권리를 가지고 있다면 그 도시는 원산이다. 일본인들의 고급 주택들, 넓은 거리, 도시를 가로지르며 흐르는 하천, 그 앞에 있는 바다, 그리고 다른 도시와의 비교해 볼 때 이 도시는 나에게 무척이나 깨끗하게 보였다.

그러한 주택에서 숙박한다는 것은 내가 즐기기에 너무나 큰 축복이었으며 그 축복은 현실로 드러났다. 가장 좋은 여관에 들어갔더니 나의 개 샘이 바닥을 더럽힐 수도 있기 때문에 주인은 개를 집안에 들어오지 못하게 했다. 그러나 샘은 내가 말 상대를 할 수 있는 유일한 유럽 출신 친구였으므로 나는 잠시 얘기를 나누다가 장화를 신은 사람들과 더러운 발을 가진 개도 묵을 수 있는 다른 여관을 찾아갔다.

나는 베커[4] 씨가 그 인근 어디엔가 있다는 소리를 들었기 때문에 원산에

---

4) 베커(Alois Ritter von Becher) : 한국 이름은 백거. 제17장에 등장하는 Becker 씨와 동일 인물인 것으로 보아 철자는 Becker가 맞는 것으로 보인다. 그는 조선-오스트리아수교 전

서 그를 만나고 싶었다. 그는 내가 작년에 패터슨(Paterson) 씨와 함께 방문한 적이 있는 은광산의 작업을 감독하려고 지난 봄에 한국에 왔다. 그러나 그들은 납 이외에는 어느 것도 생산하지 못했으므로 보다 풍부한 광산들을 찾아 다른 곳으로 떠났다. 매우 다행스럽게도 그는 내가 원산에 도착하던 바로 그날 여행 가운데 우연히 돌아왔으므로 우리는 우리들이 경험한 기록들을 비교할 수 있었다. 기회가 닿지 않는 여건에서 옛 친구를 만난다는 것은 무척 즐거운 일이었다.

이곳의 세관원인 라이트[5] 씨의 친절함을 대하니 더욱 즐거웠다. 모처럼 영국 여성을 만나 말을 나눌 수 있었던 것도 기뻤고 의자에 앉아 식사를 할 수 있다는 것도 정말 즐거웠다. 의자에 앉아 식사하는 것의 즐거움이 어떤 것인지를 실감하지 못하는 분이 있다면 7주 동안 방바닥에 앉아 식사하며 고생한 다음에 정찬 식탁에 앉아 식사를 하면서 소감을 물어 본다면 나의 느낌을 이해할 수 있을 것이다.

권위원이었으며 당시 그의 직업은 해군 제독이었다.

5) 라이트(T. W. Wright) : 묄렌도르프의 추천으로 1883년 1월에 원산 세관장으로 부임함.

제 17 장 원산의 모습

300여 명의 인구 가운데 약간은 중국인이거나 유럽인이고 대다수는 일본인인 원산의 외국인 거류지는 원주민 부락으로부터 약 1마일 정도 떨어져 있다. 우연히도 내가 도착한 그 다음날 시장이 서게 되어 있었으므로 라이트(T. W. Wright) 씨는 좁은 오솔길로 장이 서는 곳까지 나를 안내했다.

어떤 가게에서는 여우 가죽이나 너구리 가죽, 영양 가죽 같은, 내가 다른 곳에서는 보지 못했던 물건들을 팔려고 내놓고 있었다. 물고기와 해초, 삼베옷과 종이, 곡류 이외에도 그 지방의 주산물처럼 보이는 많은, 다른 곳에서나 필요한 와이셔츠 감, 한냉사, 아닐린 염료, 바늘, 성냥, 등유 등의 외국 상품들이 많이 있었다.

당시 원산항의 총무역고는 26만4천459달러에 불과했고 수입액은 그중 약 2/3인 16만57달러였으나 1886년에는 총무역고가 97만8천153달러에 이르렀으며 수입액은 78만5천179달러까지 올라갔다. 수출의 부족을 메우기 위해 세관에 보고되지 않은 상당량 이외에도 약 8만 달러어치의 금이 1884년에 수출된 것으로 알려졌다. 1886년의 세관통계표에는 금 수출이 50만3천296달러까지 늘어난 것으로 나타난다. 이상하게도 그 기간 동안 통계표에 증가한 것으로 나타난 주요 수출 품목은 물고기 · 보리 · 옷 · 짐승 가죽들뿐이었다.

시장을 나와서 우리는 총을 들고 교외로 나가 바닷가 근처에 있는 몇 군데 연못에서 금빛 오리를 사냥했다. 그런 다음에 내가 지난날에 제물포에서 만난 적이 있는 중국인 영사를 방문했다. 그는 매우 편안하다고 느끼는 일본식 주택에서 살고 있었지만, 그는 아무도 돌보아 줄 사람이 없는 영사라고 불평했다. 중국인 거주 지역이라고는 하지만 그곳에는 중국인 거류민도 아무도 없었고 그와 함께 있는 몇 명의 하인들을 제외하고는 다른 어느 곳에서도 중국인은 없었다.

나는 그곳 사람들의 생활 조건에 대해 라이트 씨와 오래도록 이야기를 나누었다. 그는 함흥과 원산 사이의 해안 전역에 걸쳐 내린 계속된 비 때문에 일어난 기근에 대해서는 잘 알고 있었지만 함흥 북부의 고원 지대 주민들을 위협하는 훨씬 더 심한 빈곤에 대해서는 모르고 있었다. 강계와 청진의 곤란에 대한 이야기를 듣자마자, 그는 청진에 약간의 오스트리아산 귀리와, 강계에 돼지 두 마리를 곧 보내겠다고 제안했다.

그러나 그는 원산에서의 매우 좋은 돼지를 이웃마을의 현감에게 빌려주었더니 잡아먹지 않고 돌려받은 경험이 있기 때문에 돼지가 어떤 쓸모가 있을까에 관해서는 회의적이었다. 결국 돼지 한 쌍을 내륙까지 보내는 일은 너무 어려운 것이어서 보내지 않았으나, 귀리는 창진에 급송되었다. 몇 달 뒤 나는 그곳 현감으로부터 보내 준 물건을 대단히 고맙게 여기고 있으며 귀리는 종자용으로 배포될 것이라는 내용의 편지를 받았다.

11월 3일(기압 29.88)

조선의 세관장은 친절하게도 내가 떠나기에 앞서 덕원에서 나를 찾아왔다. 나이는 굉장히 많았지만, 그의 모습은 아주 깔끔했고, 나는 그를 고향의 노마님처럼 아주 우아하게 보이도록 만드는 살결을 감싸고 있는 여러 겹의 흰색 한랭사 옷으로 그의 세련됨을 고양시키는 운치에 경탄하지 않을 수 없었다. 나는 여행길에 안전을 비는 많은 인사를 받았다.

그곳에 대한 많은 즐거운 기억들을 회상하며 나는 원산을 떠나 서울로 향했다. 도로는 거의 정남향이었으며 바다와 바다 사이의 좁은 험한 길을 가로지르고 있었다. 거리가 거의 200마일에 이르므로 반도라는 이름으로 불리기에는 근거가 충분하지도 않은 것 같으나 이와 같은 나의 반론에도 불구하고 조선은 항상 그렇게 여겨져 왔고 아마 앞으로도 그렇게 여겨질 것이다.

바닷가에 인접한 논을 가로질러 걸은 뒤에 우리는 화산암으로 보이는 바윗돌이 있는 언덕에 갑자기 들어섰다. 안변에서 그리 멀지 않은 우리의 휴게소로 가는 협곡에 절의 스님들이 운영하는 유명한 제지 공장이 있었다. 내가 들은 바에 따르면 재료가 독특한 것 같았으나, 라이트 씨가 훗날 보내 준 견본을 보니 꾸지나무의 껍질임을 알게 되었다.

주막에서 우리는 여행자들이 길가에 횡행하는 산적들에게 강도를 당했다는 말을 들었다. 갓을 포함하여 우리가 가지고 있는 사소한 것까지 빼앗긴 몇 사람을 만났는데, 그들은 강도짓이 극도로 잔인했다고 표현했다. 우리는 서울에서 베커(Alois Ritter von Becker) 씨에게 보내는 편지를 가지고 가던 급사도 만나게 되었다. 그는 비록 편지를 강탈당하지 않았지만 여행 경비 모두를 빼앗기고 그때까지 굶으면서 여행을 하고 있었기 때문에 아주 심한 고통을 겪고 있었다. 안변의 현감은 강도의 소문을 어느 정도 믿고 있음이 확실했다. 그는 자기의 소총병 한 명을 보내어 우리가 그의 관할 구역으로 들어갈 때까지 우리를 보호해 주었다.

언덕 사이에 있는 화산암 평원을 가로질러 걸어가는 동안에 오후가 거의 모두 지났다. 첫눈에 보기에는 평탄한 지형 같았으나 바다 북쪽으로는 길이 가팔랐다. 그 지역은 폭이 3~5마일, 길이가 약 15마일이었음에도 불구하고, 그 위에 조금이나마 경작을 해보려는 흔적들이 보였다.

그곳은 시냇물에 마모되어 제방이 거의 절벽 같았으며, 평야 전체가 산기슭의 수평면 아래로 깊이 흐르는 두 강으로 둘러싸여 있었다. 평야의 거의 중앙 부분에 길이 약 200야드의 작은 연못이 있었는데 그곳은 내가 조선에

노상강도

서 그런 종류의 연못을 본 것은 처음이었다. 해질 무렵에 평원에서 빠져나온 우리는 커다란 화강암 덩어리로 된 시내의 말라붙은 바닥을 가로질러 산기슭의 작은 마을로 들어갔다.

11월 4일(기압 29.43)

고산이라는 작은 마을은 두 곳 해안의 분수령을 이루고 있는 산맥의 기슭에 자리 잡고 있었다. 이 산맥의 좁은 길을 지나가는 동안, 강도들이 여행자를 습격하는 것이 버릇처럼 만연하고 있었다. 나의 시중을 들던 소년은 내가 가지고 있는 무기들이 이러한 위험에 대처하여 그 진가를 발휘해 주기를 바라고 있었지만, 그 소년은 연발 권총을 만져 보는 것으로 만족해야 했다. 나는 우선 권총을 주면서 탄창에 총알이 없도록 세심한 주의를 기울였다.

오르막길은 매우 아름다웠다. 떡갈나무와 탱자나무, 그리고 다른 여러 나무들의 숲을 가로질러 길이 나 있었으나 나는 그 나무들의 겨울 모습을 알아보지 못했다. 우리의 마차는 이곳의 풍속대로 황소가 끌었다. 이런 좁은 길에서 나귀의 등에 짐을 싣고 힘들여 산을 오르는 일은 다른 곳보다 힘든 일이어서 산등성이에 올라 다시 짐을 꾸려야 했다. 인부들이 암자에 들러 절을 하느라고 더 길이 늦었다. 인부들은 각기 그곳에서 수도하는 스님이 그들의 안전을 빌어 준 것을 감사하며 1인당 닷 냥씩을 시주했다.

남쪽의 내리막길은 훨씬 순탄했다. 대부분이 화강암으로 이루어진 그 산은 떡갈나무와 덤불과 관목으로 온통 덮여 있었다. 1883년에도 나는 여행 기간 가운데 몇 번에 걸쳐 이 산에서 사슴 사냥을 한다는 이야기를 들었지만, 안변 출신의 사냥꾼은 그러한 이야기를 전혀 모르고 있었다. 그는 자신이 안변 사람이지만 이 지역을 잘 알지 못한다고 조심스럽게 대답을 아꼈다. 사냥꾼들은 어느 면에서나 사냥하는 지역의 제한을 받지 않았다.

사냥꾼의 설명에 따르면 그들은 전시에는 군대에 소집될 의무가 있으며 평상시에는 한 달에 300냥과 화약 1통, 탄알 10발을 지급 받는다고 한다. 사냥꾼들은 두 부류로 나뉘는 것 같았는데, 호랑이를 사냥할 수 있는 사람과 그렇지 못한 사람이다. 소심한 사람들은 맹수의 사냥을 지체 없이 거절했다. 짐승 몰이를 하는 일은 누구나 다른 사람과 할 수 있는 것과는 전혀 다른 일이다. 그 일을 하는 사람은 소리를 질러 호랑이를 모는 일만이 자기의 일이라고 생각하고 있다.

마을로 들어서자 그곳 사람들은 원추형의 거친 모전 모자를 쓰고 검푸른 목화 옷을 입고 있었으며 불편할 정도로 어색해 보였다. 그렇지만 사냥이나 여행이 끝나면 그들은 목화로 만들 수 있는 가장 좋은 옷을 입었다. 그들은 모자와 외투를 벗고 잠방이를 허리에 걸치고 있었다. 소매는 구겨진 소맷부리 위로 팔을 둥글게 감싸주며 손목부터 팔꿈치까지 늘어져 있었다. 바지도 마찬가지 방식으로 장딴지를 둥글게 감싸주며 버선 신은 발을 짚신으로 감싸고 있었다. 그들은 옷의 부수적인 부분으로 도화선용 끈을 왼쪽 팔에 둥글게 감고 있었다.

그들은 커다란 망태기를 등에 메고 있었는데 그 안에는 탄알을 넣어 두는 두 갈래로 갈라진 두루미 부리나 양 뿔, 거북이 모양의 기름종이 갑과 가죽으로 된 화약 주머니, 부싯돌 주머니, 그리고 담뱃대와 쌈지가 들어 있었다. 부싯돌은 망태기에 담아 가로로 어깨에 걸쳐 있었는데 보기에는 단단한 물건에 부딪힐 위험이 상당히 높아 보였으나, 이러한 복장을 하고 상처를 입는 일은 드물었다.

회양에서 나는 안변 출신 사냥꾼에게 그곳에 도착한 이후에는 그가 필요하지 않을 것이라고 말했더니 그는 다소 풀이 죽은 듯했다. 그때에도 어떻게 하면 사슴을 가장 잘 잡을 수 있는지에 대해 그는 한마디의 말도 없었다. 사금을 채취한 흔적은 회양으로 가는 모든 구간에 걸쳐 무수히 보였지만 베커 씨가 나에게 이야기해 준 평강의 사금광 몇 군데는 큰길에서 약 145마일 벗어난 곳에 있다는 것을 알게 된 나는 매우 난감했다.

통역에게 자세히 물어 보니, 그는 다른 길이 더욱 안전하다고 생각되어 평강으로 가지 말라고 지시했다는 것을 알게 되었다. 들리는 바에 따르면 3천 명의 광부가 평강의 사금광에 고용되어 있다고 하기에 1885년 봄에 나는 이 보고의 진위를 조사하기 위해 일부러 그곳에 간 적이 있었다. 내가 그곳을 방문했을 때 570명의 사람들이 일을 하고 있었으며 좋은 시절은 다 지나가 버렸다고 그들은 말했다. 그들의 보고에 따르면, 그들은 간신히 굶주림을 면할 정도의 수입을 얻고 있다고 한다.

회양에서 나는 사냥과 연관된 다른 실망스러운 소식을 들었다. 돈을 아무리 주어도 사냥꾼은 한 명도 오지 않았고, 현감이 너무 아파 사람들을 구하는 데 그의 협조를 받을 수 없었다. 그러니 계속 길을 가는 것 이외에는 달리 방도가 없었다. 회양을 둘러싸고 있는 모든 지역은 화산 활동의 증거를 보여주었으며, 서울과 평강 사이의 길에는 커다란 화산암 평원이 드리워 있었다.

내가 그곳에서 본 가장 커다란 2개의 들판은 적어도 40마일이 되는 것으로 보였고 강의 침식 작용으로 명백히 보이는 몇 백 야드의 결절점은 한 곳이 보일 뿐이었다. 회양을 떠나오는 길은 낮은 언덕으로 계속 이어졌기 때문에 이야기할 만한 것은 별로 없었다. 그러나 우리가 숙박하려고 머문 마을에서는 이미 오래 전에 어두워졌음에도 탈곡을 하는 사람들도 있었다. 이 부지런한 사람들은 시남 마을의 주민이었다.

11월 5일(기압 25.80)

마을을 나서자마자, 약 14마일의 화산암 평원에 접어들었다. 이곳에서 임진강의 주요 발원천 가운데 하나인 회양강은 이곳에서 한번 끊겨져 있었고 100피트 높이의 수직 암벽을 이루고 있었다. 평면의 강도는 한 번도 경작한 흔적이 없다는 것을 보여 주었다.

이 지점에서 우리는 내가 작년 겨울에 가로질러 간 적이 있는 길에 마주쳤는데, 그 길은 금성까지 이어져 있었다. 마을을 지나 몇 마일을 더 간 뒤에 우리는 매우 작은 주막에 숙박하기 위해 들어갔는데, 나귀를 너무 가까이 메어 놓아 땅을 구르는 소리가 들리곤 했다.

11월 6일(기압 29.05)

노상에서 우리는 서울에서 외제 장총을 조작하도록 교육받은 300명의 병사를 만났다. 그들은 동료들에게 교육받은 내용을 전수하러 함흥으로 가는 길이었다. 그들의 체격은 우람했으나 행색은 매우 열악했다. 몇 사람은 황소나 암소의 등에 올라타 있었고 다른 사람들은 지친 채로 그들을 따라 느릿느릿 걸어가고 있었다.

조선에서는 호전적인 사람들이 몰려다니는 일이란 거의 없다. 내가 가지고 있던 여비가 완전히 바닥났기 때문에, 나는 금화에서 마지막으로 차용할 수밖에 없었다. 금화에서 우리는 지난 겨울에도 매우 친절한 대접을 받은 적이 있었다. 그 이후로 현감이 교체되었는데 새로 부임한 사람은 서울에 가고 없었다. 그러나 그의 이방이 나에게 즉시로 요청한 돈을 보내 왔다.

11월 7일(기압 29.61)

강원도 경계를 넘을 때, 분천 너머의 작은 길에서 두 명의 병사가 우리를 마중하고 있었다. 그들은 나를 보호하려고 파견된 사람들이었다. 그때 나는 거의 서울의 경계 내에 있었다. 지난날에 이 길을 따라 여행할 때에는 그 아름다움을 감상할 수가 없었으나 이번에는 서울의 북쪽으로 뻗은 봉우리들의 장대함에 매우 깊은 감명을 받았다. 우리가 그곳에 가까이 가면 갈수록 나는 그들에게서 더욱 큰 감명을 받았다.

11월 8일(기압 29.84)

마부들은 성문에 늦지 않게 도착하려고 결심을 하고 있었다. 우리는 가야 할 길이 26마일밖에 남지 않았지만 해뜨기 전에 출발할 수 있도록 허락해 줄 것을 간청하였다. 그 결과 우리는 오전 5시 15분에 출발했다. 그러나 우리가 맨 먼저 길을 나선 것은 아니었다. 두 사람이 벌써 아침 담배를 피우면서 길가의 퇴비 위에 앉아 있었다. 그들은 그 때를 하루 가운데 가장 행복한 순간으로 생각하고 있음에 틀림없다.

아침에는 매우 추웠다. 나는 몸을 따뜻하게 하려고 빠른 속도로 계속 걸었다. 나는 자신이 말들로부터 멀리 떨어져 있음을 알면서도 계속 서울을 향해 나아갔다. 나는 점심 식사 무렵에 영사관에 도착했다. 친구들 속으로 되돌아 왔다는 즐거움이 여행의 모든 불편함을 충분히 보상해 주는, 아니

보상 이상의 것을 해주었다.

이제 함께 6주일을 지나고 나서 우리 여행단은 해산했는데 모든 측면에서 아무런 후회를 남기지 않는 것은 아니었다. 나는 자신의 나귀에 특히 신중하다고 여겼던 한 사람에게 수행을 맡게 했는데, 급료가 지급될 것이라는 말을 들은 그는 매우 만족스럽게 기쁨을 표시했다. 1주일을 쉰 다음, 그는 내가 타던 나귀를 끌고 육로로 남동해안에 있는 부산까지 갔다. 나도 부산에 출장을 가도록 명령받은 곳이었다.

나의 요리사는 원산에 있는 동안에 느꼈던 우울증에서 완전히 회복되었다. 원산에서는 시골 사람들이 저녁 식사를 해주어 그를 즐겁게 해주었다. 그러나 통역관 김 씨의 부정은 그냥 넘어가기에 너무 컸다. 서울로 돌아온 뒤에도 그가 마부들을 강제로 갈취했다는 사실이 밝혀졌을 때 그를 곧 해했으며, 법적으로도 위태한 처지가 되었다. 자칫하면 그는 의주로 쫓겨 갈 수도 있었다. 서울에서 약간 쉬고 나서, 나는 제물포로 돌아갔다. 그리고 기선편으로 가구와 하인들을 부산으로 보냈다. 나는 상해를 잠시 방문한 뒤에, 거기에서 그들과 합류할 작정이었다.

제 18 장 갑신정변

1884년 여름에 서울-제물포 사이의 1일 서비스 제도가 시작됨으로써 조선에서의 우편제도가 시작되었다. 만찬이 홍영식 우정국 총판과 몇몇 조선 관리들과 서울 주제 외교 관리들의 대부분이 참석한 가운데 서울에 신설된 우정국의 개국을 축하하는 10월 4일에 열렸다. 만찬이 끝날 무렵 화재 경보가 울리자 왕실 경호의 총책임자인 민영익은 면전의 화재를 목격하고 자리를 떠났다.

잠시 화재를 지켜본 뒤 만찬이 다시 시작되자 민영익이 얼굴과 옷에 피를 뒤집어쓰고 돌아왔다. 나중에 보니 그는 팔 일곱 군데와 다리에 네 군데 그리고 치명적으로는 뒷머리, 목 등에 심한 자상을 입고 있었다. 나머지 조선의 관리들은 약간의 상처를 입은 채 곧 자리를 떠났고 외국 사신들도 집으로 돌아갔으며 묄렌도르프(Georg von Moellendorff)는 부상자들을 그의 집으로 옮겼다.

이 암살을 함께 주모한 우정국 총판과 두 사람의 주빈인 김옥균과 박영효는 서둘러 왕궁으로 들어가 국왕을 알현한 다음 더 안전한 거처로 옮길 것을 설득했다. 그때 왕은 일본 공사에게 서신을 보내어 180명 정도의 경호원을 왕실에 파견할 것을 요청했다. 구원을 요청하는 서신을 세 번 받은 뒤에야 다케조에 신이치로[1]는 이에 동의를 표시했고 일본 경비대가 왕실에 주둔했다.

그러는 동안에 민영익과 함께 한성 주둔군을 지휘했던 세 사람의 장군들은 왕실에 소환되어 그곳에서 살해되었다. 민태호도 죽었다. 1883년 당시 외무대신인 민영목은 청국의 영국 공사인 파크스 경(H. Parkes)과 조약에 서명한 인물이었는데, 그도 이때 참변을 당했다. 상대적으로 낮은 지위의 사람들도 피해를 당했다. 왕은 내시를 보내어 왕권에 대한 위협이 사실 인지의 여부를 조사하게 했고 내시가 사실과 다르다는 보고서를 가져왔을 때 그는 왕의 면전에서 살해되었다.

미국 공사 푸트(L. Foote)와 독일 영사 젬부쉬 대위[2] 그리고 애스톤(W. G. Aston)은 10월 5일 아침에 왕을 방문했다. 왕은 자신과 그 가족 그리고 신하들의 안전을 위해 외국인들이 왕궁에 머물 것을 제안했으나 그들은 신중히 생각한 뒤 거절하였다. 잠시 동안 왕을 알현한 뒤 그들은 돌아갔다.

이 시간에 음모자들은 그들이 대신을 살해했던 장소에 머물고 있었다. 모든 공사관에 알려지지는 않았지만 살인에 관한 소문이 백성들에 알려지자 거리는 백성들로 가득 메워졌다. 왜 일본 병사들이 왕궁의 입구를 경호하게 되었는지를 알지 못하는 군중들은 일본인들에 몹시 격분했고 어떤 지역에서는 이런 저런 이유로 심각한 상황을 초래하였다.

1882년의 사건[임오군란] 이후에 청나라는 왕권을 보호한다는 명목과 조선에서 그들의 발판을 구축하려고 서울에 군대를 주둔시켰다. 주둔군 지휘

---

1) 다케조에 진이치로(竹添進一郎 : 1842~1917) : 일본의 외교관, 한학자. 명치유신 이후 이토 히로부미의 추천으로 대장성에서 일하다가 천진 주재 일본 영사(1880), 북경공사관 서기관(1880), 조선 주차 일본공사(1882)가 되었다. 1884년 이후 정계에서 은퇴해 한문에 몰두해 학사원상과 문학박사 학위를 받았다.

2) 젬브쉬(Otto G. Zembsch : 1841~1911) : 폴렌드 포젠(Posen) 출신. 프러시아해군사관학교(1858~62)를 졸업하고 해군성에 복무(1862~79)하면서 함포 외교 시대에 통가(1879), 북경(1884), 아바나(1885~86), 리마(1866~88), 에콰도르(1888~90)에서 영사 업무에 종사함.

자인 원세개[3]는 자신이 보는 가운데 왕궁에서 무슨 일이 일어나고 있다는 사실을 알았을 때, 어떻게 행동해야 할지 당황했다. 청국 공사는 청국과 일본 사이의 마찰을 방지하려고 외국 대표부들의 조언을 받아들여 10월 5일 동안에는 아무 일도 하지 않았다.

그러나 10월 6일 오후 청국 군대의 지휘자는 왕에게 반란을 진압할 수 있는 권한의 위임을 요구했고 답신이 오기도 앞서 왕궁 입구로 진출했다. 그 결과 양국 군대간의 충돌이 일어났을 때, 이는 곧 조선군의 참여한 가운데 심한 교전으로 발전했다. 이러한 사건이 벌어지는 동안 왕은 대궐의 뒤편으로 몸을 피신했으며 일본 경비대는 자신들의 공사관으로 철수했다.

이날 몇몇 일본인들이 서울에서 살해되었으며 백성들의 흥분은 점점 고조되었다. 대다수의 외국인들은 대궐의 방어를 위한 장소로 마련된 미국 공사관에 모였다. 서울의 외국인들이 차지하고 있던 한두 채의 집들이 약탈되었지만 미국 공사관은 마당에 화살이 떨어지는 것을 제외하면 그다지 위협을 받지는 않았다.

10월 7일 아침, 일본 공사관의 처지는 매우 위험해서 다케조에는 공사관에 피신하고 있던 그의 참모와 병사들 그리고 남녀 거류민들을 제물포로 이동시키기로 하였다. 어떠한 행동도 그들이 서울을 떠나는 것을 막을 수 없는 것처럼 보였다. 그러나 두 발의 대포가 발사되고 무분별한 소총 사격을 받은 그들은 서울로 되돌아 왔다. 추운 겨울밤에 제물포로 이동한다는 것은 괴로운 일이었으며 일본공사관이 전소됨으로써 도주의 슬픔은 더욱 커졌다.

일본공사관은 겨우 몇 달 전에 완공되었으나 이번 사건으로 전소되었다. 청나라 군대의 왕실 진입으로 음모자들의 계획은 종말을 고했다. 세 지도자

---

3) 원세개(袁世凱 : 1860～1916) : 하남성 출신. 오장경의 휘하에서 성장하여 임오군란 당시 진압 책임자로 부임한 뒤 주재관(사실상 공사)로 활약하다가 청일전쟁이 발발(1894)하자 귀국. 무술정변(1898) 뒤 권력을 장악한 뒤 중화민국 초대 대통령에 취임하였다가 스스로 황제위에 올랐으나 퇴위당하고 울분 속에 죽었다.

가운데 한 사람은 청나라 장군에 의해 죽음을 당했고[4] 또 한 사람은 군중들에 의해 갈기갈기 찢겨 죽었으며[5] 나머지 한 사람인 김옥균은 일본으로 피신했다. 추종자들의 일부는 현장에서 죽었고 일부는 일본으로 피신했고 나머지는 재판 뒤에 처형되었다.

조선에서 이 사건에 관한 신뢰성 있는 통계 자료를 구하기는 힘들지만 통상적인 보고서에 따르면 3일간 지속된 정변의 기간 동안에 300명 이상의 사람들이 목숨을 잃었다. 이 숫자 가운데에서 약 30명은 일본인이며, 청국인이 30명 그리고 정변에 직접적인 역할을 하지 않았을지라도 나머지는 조선 사람들이었다. 그러나 음모의 나쁜 영향은 그들의 죽음으로 끝나지 않았다.

조선은 훌륭한 조언자가 필요할 때, 6명의 지도적 정치인[6]을 잃으면서 정치는 거의 마비 상태가 되었다. 외무대신 김홍집은 살아남은 거의 유일한 사람이었다. 이러한 위기 속에 왕이 외국 관리들에게 도움을 요청한 것은 당연했다. 국왕은 그들이 제물포로 다케조에를 찾아가 일본과 우호적인 관계를 유지하고 싶은 왕의 희망을 전달할 것을 부탁했다. 이에 동의한 그들은 10일 푸트와 젬부쉬, 그리고 애스톤이 제물포로 내려갔다.

이제 이 문제를 더 서술하려면 자연스럽게 음모자는 누구였으며 그리고 그들이 의도한 목표는 무엇이었을까? 라는 질문을 할 수밖에 없다. 첫 번째 물음은 답이 쉬울 것이다. 앞서 언급되었던 세 사람을 제외하면 주목할 사람은 서광범 하나이다. 그리고 그들의 추종자들은 일본에서 훈련을 받은 거의 40대의 군사 교관이었다. 음모의 목표는 왕비의 영향력을 약화시키고 조선의 진보적인 정책을 강화하려는 것 이상이라고 설명하기는 어렵다.

지도자들은 외국의 영향을 받았으며 그들 가운데에서 서광범과 김옥균은

---

4) 홍영식을 의미함.
5) 박영효의 형인 박영교를 의미함.
6) 이때 피살된 조정 대신은 6명이 아니라 7명이며, 그 이름은 윤태준, 한규직, 이조연, 민영목, 조영하, 민태호 등의 대신과 내시 유재현임.

상당한 능력을 갖춘 인물이었다. 그들 스스로가 일본과 조선에서 외국인들 사이에 매우 인기가 있었기 때문에 그들은 불완전한 계획을 추진하면서도 외국의 영향력을 유지한다면 그들은 권력을 장악할 수 있으리라고 계산했던 것 같다.

일본 군대에 의한 보호 요청을 왕이 받아들였더라면 이 목적은 이루어졌을 것이라는 점은 의심할 나위도 없다. 만약에 외국의 사절들이 대궐 안에 피신처를 마련해 달라는 국왕의 요청을 받아들였더라도 개화파들은 청국 군대와 조선의 백성들에게 대항하여 더 강력하게 저항할 수 있었을 것이다.

그들이 사용한 방법에 관하여 말하자면, 정치적 목적을 위한 암살이나 살인이 어떠한 모습으로 비쳐질까를 모르고 있었던 것 같다. 이 나라에서는 이런 식의 행동이 어느 대신을 몰락시키려고 늘 쓴 방법이었던 것처럼 보인다. 민영익의 아버지도 몇 년 전에 정적이 보낸 폭약에 의해 살해되다.

임오군란 당시에 왕비와 민 씨 일파를 제거하려는 대원군의 음모를 피하려고 스님으로 변장하고 시골로 피신한 적이 있었다. 1884년에도 음모자들이 보기에는 몇 년 전에 폭약을 배달하여 정적을 죽였을 때와 같은 호기를 보였던 것 같다. 그들은 그런 방법으로 민비와 민 씨 일파가 장악하고 있는 권력을 드디어 붕괴시킬 수 있다고 믿었다.

갑신정변은 조선 사람들보다는 조선에서의 일본과 중국의 입장에 더 많은 영향을 끼쳤다. 일본은 기민하게 제물포에 무장 함대를 파견했으며 일본 외무대신 이노우에 가오루[7]는 자기 나라 국민의 살해와 공사관 파괴를 문책하는 전권을 위임받아 조선에 파견되었다. 조선 정부는 이 사건으로 말미암아 입은 피해를 보상하고자 했다. 그 결과 1885년 1월 9일에 재산 손해에

---

7) 이노우에 가오루(井上馨 : 1835~1915) : 일본 메이지시대 정치가. 백작. 이토 히로부미와 함께 영국에 유학한 뒤 외무성에 들어가 활약하던 가운데 한일수호조약을 체결하고 그 뒤 외무대신, 대장대신에 올랐다.

대한 보상, 일본 정부에 대한 사과를 포함하는 내용의 조약[8]에 서명했다.

서울에서의 청국과 일본 군대간의 갈등으로 말미암아 두 나라 정부 사이에 야기된 문제점은 여전히 남아 있었다. 이 문제에 대한 감정은 너무 컸기 때문에 이노우에 외무대신은 직접 협상에 임했다. 이홍장과의 오랜 회담 끝에 1885년 4월 천진에서 양국군은 4개월 이내에 조선에서 철수하고 조선에서 어떤 반란이나 소요가 있을 경우 상대국에 사전에 통보하여 군대를 조선에 파견한다는 내용의 조약 문서[9]에 서명했다.

---

8) 한성조약(1885년 1월 9일)을 의미함.
9) 천진조약(1885년 4월 18일)을 의미함.

제 19 장 조선 왕의 이궁

서울에서 음모자들이 왕을 그들 수중에 넣었다가 전복되는 등, 정치적 소요가 일어나는 동안 군중들은 많은 건물들을 파괴했다. 파괴된 건물 가운데에는 사건이 발단된 우정국과 음모의 주도자인 김옥균의 집이 포함되었다. 서울에서 가장 뛰어난 건물 가운데 하나인 일본공사관은 대문과 주요 건물이 뼈대만 앙상하게 남았다. 폐허가 된 집들이 그 자체로서 역사를 설명해 주고 있었다.

그러나 음모자들의 가솔들이 겪은 고통에 견주면 그것은 부분에 지나지 않았다. 그 뒤를 이어 엄청난 비극이 발생하였다. 아들의 대역죄로 말미암은 부끄러움과 고뇌로, 한 훌륭한 정치가는 가족들에게 유서를 남긴 뒤 음독자살했다. 조선의 법률에 따르면 음모자의 가족 가운데 여자들은 천민이 되어 변방으로 추방될 운명에 놓여 있었다. 일부는 왕의 자비를 통해 이 운명을 극복했으나 수감되거나 친척들과 헤어졌으며 불안과 재산의 몰수 등이 기다리고 있었다.

기록에 따르면 왕궁은 왕에게 불길하다고 해서 3월 초, 그는 왕궁을 서울의 서쪽으로 옮기고[1] 그곳을 포기했다. 이러한 이동은 궁녀들과 식솔들이

---

1) 경우궁을 의미함.

왕족의 행차

참여한 가운데 신속하게 이루어졌으며 왕실의 가재를 바리바리 옮겼다. 행렬이 지나는 거리에는 사람들이 가득했다. 수많은 여자들이 그 장면을 문틈으로 지켜보았으며 거리에는 장옷을 쓴 많은 여자들이 운집했다. 색동저고리를 입은 몇 백 명의 어린이들이 남자들 팔에 안겨 이동하거나 혹은 어깨에 앉아 있었다.

행렬이 도착하기 약 30분 전에 병사들이 거리의 중심부를 정돈했다. 내시 한 두 사람은 말을 타고 갔으며 군사들은 청색과 황색 깃발을 든 채 갑옷과 투구를 입고 삼지창을 든 보병의 뒤를 따랐다. 그런 다음에 보병이 앞장선

기생

행렬이 나타났다. 관복을 입은 관리들은 호박과 홍옥수의 구슬을 달았으며 관모는 붉은 천과 공작 깃털로 장식되었다.

그 뒤에 무기와 큰 북을 든 사람과 진홍색의 갑옷을 입고 칼집을 든 장군이 뒤따랐다. 한편 그의 주위는 삼지창과 평면에 호랑이를 그린 조선의 국기가 따라갔다. 군사 장교와 80명의 경비원은 28명이 운송하는 가마를 운반했는데 그 안에는 열성조의 위패가 들어 있었다고 한다.

군사들로 구성된 다른 분대는 황금 장식의 분홍색 관복을 입고 북을 치며 지나갔고 내시와 관리 그리고 건장한 청나라 군대가 나팔을 울리며 이동했고 그 뒤에 왕은 여우 가죽으로 장식된 지붕 없는 가마를 타고 있었다. 가마는 아늑했고 햇빛과 비를 피할 수 있는 차양이 달려 있었다. 그 장면을 지켜보는 외국인들이 모자를 벗어 예를 갖추자 왕은 가마를 멈춰 답례했다. 뒤를 따르는 왕자에게도 인사를 했다. 적막함 이외에는 존경의 표시가 없었지만 왕이 지나갈 때 잠시 멈춤으로써 백성들은 통치자에게 존경을 표했다.

왕의 뒤에는 청나라 군대와 내시, 관리들 그리고 사자 가죽 모자와 양산을 포함한 막대 기장을 든 사람들이 뒤를 이었다. 왕자의 수행원은 다소 수적으로 적었으며 거의 동일한 복장이었다. 왕자의 의상은 왕과 같이 붉거나 황금색이 아니라 자주색 바탕에 금실로 수를 놓은 것이었다.

빈 가마를 인도하는 일부 병사들은 화승총으로 무장했으며 녹색 복장을 입고 있었고 그 뒤에는 머리에 종이 모자를 쓴 여인들이 따라갔다. 크고 붉은 일산과 풍물패가 나타난 것으로 보아 녹색 차광막을 친 붉은 가마는 왕비의 모친임을 알렸다. 그 뒤를 몇몇 소녀들이 말 등에 걸터앉아 뒤따랐다. 그들의 의상은 녹색, 청색 혹은 노란색의 저고리에 하얀 바지, 길게 땋은 머리에 긴 댕기를 하고 있었다.

공주도 마찬가지의 경호를 받았다. 행렬은 화승총을 든 포수, 갑옷을 입은 기병, 포송 관리, 피바디 마티니의 총[2]으로 무장한 몇몇 군사의 호위를 받고 있었다. 행렬을 방해할 만한 사건은 없었으나 어느 관리는 조랑말을 타고 가다가 나의 발치에서 낙마했다. 모자 때문에 부상을 입지는 않았지만 말에 다시 오를 가능성은 없는 것처럼 보이자 관리는 말을 끌고 갔다. 이러한 변화는 관중들을 다소 즐겁게 해주었다.

일본과의 어려운 관계가 해결된 뒤 음모자의 살해 현장으로부터 왕이 이

---

2) 제10차 러시아-터키전쟁(1877~1878)을 계기로 터키가 브리티쉬 마티니 총(British-Martini Rifle)을 모방하여 만든 장총.

동한 뒤에 상황이 평화적으로 변화한 것처럼 기대할 수도 있었으나 분위기는 전쟁의 풍문에 휩싸였다. 청나라에 이노우에 가오루를 파견한 것은 일본이 조선에서 전쟁을 일으키리라는 것을 예보하는 것이며 그렇게 될 경우에 조선은 승리자의 전리품이 되리라는 것이 일반적인 관측이었다. 몇 천 명의 서울 사람들이 이러한 공포 때문에 시골로 떠났으며 겁먹은 사람들의 가재도구가 4대문을 통해 계속 빠져나갔다.

조선 사람들의 습관은 이러한 소동에 쉽게 빠지는 경향이 있다. 대부분의 백성들은 이러한 소동에 대하여 많이 수군거렸지만 그러한 문제와 관련된 집사나 하인들에게 소문이 알려지지 않은 관청에서는 이러한 일은 거의 일어나지 않았다. 이럴 경우에 동요하는 사람들은 관리들이 그들의 집에서 이에 대하여 토론하고 있을 동안에 엿들은 집안 내의 수다쟁이와 그 집 하인들임에 틀림없다. 만약 상전이 하인들에게 물러가도록 명령했더라도 그들은 문창호지 사이로 얼마든지 엿들을 수가 있다.

문서도 비밀 보장이 안 되는 경우도 있다. 집안에 있는 집사나 하인들은 책망을 무릅쓰고라도 그의 상전이 읽고 있는 것을 어깨 너머로 보려고 할 것이다. 하인들이 그 문제를 곁눈질할 수 없을 경우에라도 그러한 중요한 문제를 결정하는 데에는 여느 때와 달리 시간이 오래 걸리기 때문에 하인들의 입과 귀를 막을 수 있는 방법은 더욱 줄어들게 된다. 이러한 소동은 심각한 사태의 빌미로 파급되며 이와 같은 일들이 실제로 국가 위기의 근원이 된다는 사실은 그다지 놀랄 일이 아니다.

이 모든 갈등과 혼란 가운데 왕은 항상 그가 계속 접촉해 왔던 외국인들을 떠올릴 시간을 가지는 것 같았다. 한번은 난동 기간 동안에 추위에 노출되고 병을 얻어 일본으로 돌아갈 수밖에 없었던 애스톤(W. G. Aston) 씨에게 국왕이 안부를 물어 보기도 하고, 다른 한편으로는 대개 조선의 가장 친근한 친구 가운데 하나로 여겨졌던 파크스 경(H. Parkes)의 죽음을 애도하는 서신을 보낸다거나 또는 국내에서 보급을 받지 못하는 외국의 신하들에게 하사품을 보내기도 하였다. 이러한 하사품들은 바로 조선의 극단적인 단순함을 보여주는 것이다.

내가 받은 하사품을 열거하면 600개의 건조된 대합조개, 곶감 여섯 줄, 자연 밤 네 부셸, 호도 네 부셸, 잣 네 부셸, 말린 밤 두 부셸, 은행 두 부셸, 돼지 두 마리, 생선 열 마리, 200마리의 해삼, 계란 400개 등이다. 조선에서 계란을 포장하는 방법은 언급할 만하다. 계란은 밀짚 꾸러미에 나란히 넣는데 새끼줄로 다시 계란을 20개씩 묶을 수 있다. 이 방법은 충격으로부터 계란을 보호할 수 있으며 손으로 들고 가거나 혹은 말 등에 실을 수도 있고 서까래에 매어 달아 놓을 수도 있다.

늦겨울과 초봄 동안 나는 2-3회의 사냥 여행을 했다. 나는 그 여행에서 종교가 조선 사람들에게 끼친 영향에 대해 평소 가졌던 생각을 바로 잡을 수 있었다. 불교는 14세기 후반부터 조선 왕조에서 금지되어 왔지만 계곡마다 절이 없는 곳이 거의 없다. 지방의 산간벽지일수록 사찰은 더욱 많다. 흔히 우리가 지나치는 절벽의 바위에는 양각한 불상이 있음을 발견할 수 있다.

언제인가 나는 가톨릭 주교와 이 문제에 대한 이야기를 할 기회가 있었다. 나는 조선 사람들의 물신 숭배에 관심을 가지고 있었다. 거의 모든 마을에 선정된 특정한 소나무에 대한 공물 혹은 산마루의 서낭당[성황당]을 지나는 여행자들의 "침 뱉기", 그리고 뱀을 꺼리지 않는 풍습, 시체를 넣은 관 위에 써 붙이는 산스크리스트 문자(부적) 등이 그것이다.

숲에 관해 말하면, 길에서는 아무것도 볼 수 없지만 단지 나무꾼과 육식 짐승만이 출입하는 언덕 사이에 넓은 땅이 있다. 숲 사이의 잡초는 초봄에 불을 질러 제거하는데 이 광경을 하루 밤에 아홉 번 본적이 있다. 이 불이 번져서 숲을 태울 때도 있었다. 이 불이 번져 가는 위험은 너무 커 사람들이 지어 놓은 움막을 태울 수도 있다.

나는 파발마의 역참을 방문하지 못한 것이 후회스럽다. 왜냐하면 그 나라의 지도에 역참을 표시하는 것이 매우 중요하기 때문이다. 역참의 바깥에서 노새를 보는 경우는 드물다. 소동이 적은 곳에서는 외부 세계와의 의사소통이 거의 없어서 심지어 수단에서 울즐리 경[3]의 세력이 파괴를 일삼았다는 보고조차 알려지지 않았다. 나는 3월 3일에 그 소식을 알았으나 4월 1일이 되어서야 그 소식은 외부에 알려졌다. 따라서 지방의 소식을 알려면 적극적으로 나서지 않고서는 안 된다.

서울에 있는 3개의 명물 가운데 하나는 작은 탑인데 그 탑의 외부에는 돌다리가 있었고 서울의 8마일 지역에는 역사적 사건을 기념하는 비석이 있었다. 서울이 이 나라의 수도가 되기 이전 현 장소에 세워졌다는 사실 이외에는 탑의 기원에 관해서는 듣지 못했다. 표면이 양각된 이 석탑의 구조에 관한 세심한 연구는 충분한 보상 가능성이 있으나 주변이 너무 지저분하여 거기에 오래 머무를 수가 없었다. 살곶이다리[4]로 명명한 돌다리는 교각 위에 거대한 넓은 돌판에 21개 얹혀 있다. 내가 알기로 이것은 조선에서 유일한 작품이라는 것 이외에는 주목할 만한 것이 못되었다.

탑은 약 25피트 높이, 5피트 넓이, 15인치 깊이의 대리석으로 되어 있으며 그 옆에는 20피트 길이, 7피트 넓이, 3.5피트 높이의 화강암으로 만든 거북이 서 있다.[5] 서울 남쪽에는 한 비석이 있는데 비석의 남쪽 면에는 청나라의 비문이 있다.[6] 이 비석의 북쪽 면에는 청나라의 태조가 조선에 침략했을 때, 현 왕조를 추인한 관대한 대우를 기록하고자 조선 왕이 세운 것으로 보이는데, 한문으로 된 긴 비문이 새겨 있다. 비문은 시의 형태로 되어 있는데 당시 청나라가 침략했던 사실과 청나라 황제의 자비심을 내용으로 하고 있다.

---

3) 울즐리 경(Garnet J. Wolseley : 1833~1913) : 영국의 병사. 세바스토폴 전투(1855)에 한쪽 눈을 실명한 뒤에도 세포이 반란(1857~1858), 영불연합군의 북경 함락(1860) 등에 무공을 세웠고, 수단의 카르툼 전투(1884)에 참전하는 등 주로 아프리카 경략에 활동했다. 원수(1894), 영국 육군 사령관이 됨(1895~1899).

4) 살곶이다리 : 한양대학교의 맞은편, 성동교 남동쪽에 있는 석교를 의미함.

5) 앞에서 언급된 탑과 여기에서 언급하고 있는 탑은 원각사 13층탑을 의미하는 것으로 보임.

6) 강동구 송파에 있는 삼전도의 한비를 의미함.

제 20 장 언 어

파리외방전교회 소속 신부들이 출판한 『한국어문법』에 따르면, 한국어는 타타르어 계열에 속하는 것으로 알려져 있지만, 어느 그룹에 속하는지가 의문이어서 이에 대한 결론을 유보하고 있다. 아울러 그 저자는 한국어문법과 드라비다어 문법 사이의 유사성을 언급하고 있다. 그 유사성은 두 언어에 보편적으로 사용되는 특정한 단어들에 기반을 둔 것이다. 그 논문의 결론에 따르면 "이 두 단어의 유사성에 대한 깊은 연구는, 인도인들의 원초적 역사의 몇몇 중요한 점들과, 아직 알려져 있지 않은 다양한 민속학적인 의문점들을 연구하는 데 아주 많은 도움이 될 것이다."

한국어는 알파벳순으로 되어 있으며 11개의 모음과 14개의 자음으로 구성되어 있다. 이것은 순수하게 음성학적이며, 한국어를 읽고 쓰는 것은 아주 쉬운 일로서 가르칠 필요가 없을 정도로 여겨지고 있다. 애스톤(W. G. Aston) 씨가 지적한 바와 같이 한글의 구조는 과학적이며, 순음, 치음, 구개음, 후음 그리고 후두음은 각각 단계별로 기본적인 특성을 지니고 있다.

11개의 모음은 영어의 a, e, o, ou, eu, i, â, ya, ye, yo, you에 해당한다. 그리고 14개의 자음은 k, m, n, p, r, s, t, tj, ng, hk, hp, ht, tch 그리고 h에 해당한다.[1] 자음 가운데 몇 개는 음절에서의 위치에 따라 다르게 읽힌다. 어두에서 s로 읽혔던 자음이 어미에서는 t가 된다. 따라서 '갓'은 kas가 아니

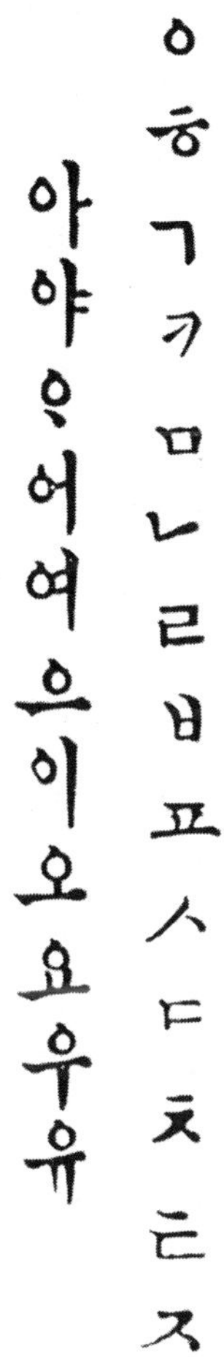

한글

라 kat이 된다. 그리고 r은 어두에서는 l로 발음되기 때문에 mar이 아니라 mal이 된다. 같은 음절에 자음이 따라오면 tark이 아니라 talk가 된다.

다른 발음 변화 가운데에서 가장 현저한 변화는 m, n, r이나 l 앞에서 k가 ng로 발음되는 것이다. 예를 들면 '목마르다'(mok-ma-ra-ta)가 '몽마르다'(mong-ma-ra-ta)로 발음된다. n이 동사의 특정한 경어로 사용될 때, p는 m으로 발음된다. 예를 들면 '입나이다'(ep-na-ita)가 '임나이다'(em-na-ita)로 발음된다.

교착어 가운데에서 한국어와 가장 유사한 것이 일본어이다. 특히 동사의 경어 형식의 사용에서 그러한데 사회적으로 존경받는 지위에 있는 사람들의 말과 그 사람들에 관한 말을 할 때나 사신을 전달할 때, 경어를 한정적으로 사용하고 있다. "그가 ……했다."라고 말하는 식의 표현에는 여러 가지가 있다.

그러므로 같은 것을 말하는 데에도 많은 방법이 있기 때문에 외국인들은 지나치게 자기를 높이거나 불필요한 자기 비하를 하는 실수를 저지르기 쉽다. 따라서 자연스럽게 모국어를 통역하는 사람들은 대화를 하면서 결과적으로 중간 경어의 방식으로 표현한다.

1) 위의 자음 가운데 d가 없고 t와 tj가 있다. 이로 미루어 보건대, t는 d(ㄷ)의 오기이며, tj는 t(ㅌ)의 오기로 보인다. 뿐만 아니라 앞의 기록들 가운데 지명을 표기하면서 쓴 fj는 tj, 곧 ㅌ의 오류로 보인다. fj란 자음은 있을 수 없으며 오식으로 보인다. 따라서 앞에 나오는 지명의 fj는 t(ㅌ)로 표기했다. 그런데 그 시대에는 ㅌ을 ㅊ으로 발음했다. 이를테면 우금티를 우금치로 읽은 경우와 같다. 부록에는 fj가 tj로 되어 있다.

한국어를 가르칠 때 주의를 기울이지 않음으로써 나타나는 가장 큰 결점은 철자법이 많이 틀린다는 점이다. 인쇄가 잘된 책에서조차도 부주의한 발언자에 의해 잘못 발음된 표현이 그대로 남아 있으며, 음절의 처음과 끝 글자가 잘못된 음절로 되어 있다. 다음절어에서는 모든 음절이 각기 다른 의미를 지닌다. 전체 단어의 의미는 구성된 음절들이 모여서 생긴다.

그러나 외국인에게는 어느 정도 음절을 구분하는 데 부주의 한다면, 줄거리를 형성하는 것보다는 음절을 합성하는 것을 잘못 알기 쉽다. "cart-horse"와 "hand-spun"은 영어를 배우는 학생들에게 쉽게 이해되는 단어들이다. 그러나 만약 같은 단어를 "car-thorse"와 "hands-pun"으로 써서 주면 총명한 학생일지라도 해독하는 데 몇 시간이 걸릴 것이다.

한글을 읽고 쓰기란 너무 쉬워 아주 경시를 받기 때문에 대개 여자들과 교육 수준이 낮은 사람들만 사용하였다. 포고문이나 재판에 관계된 일을 제외하고는 공식적인 문서에서 한글을 사용하는 일이란 거의 없다.

문학의 발달은 저조했다. 그러나 아주 작은 규모의 순회도서관이 서울에 존재하고 있다는 사실을 기록한 것으로 가치 있는 일이다. 인쇄나 서신에서 실제적으로 사용된 언어는 한자이다. 그러나 아무리 정확하게 쓴다 할지라도 작문 형식이 아주 오래된 것이다.

한자는 표의문자로서 하루아침에 이루어진 것이 아니며 오늘의 한자가 완성되기까지에는 몇 천 년의 세월이 걸렸다. 그 당시 중국은 한국에 막대한 영향을 미치고 있었는데 그 결과가 오늘에 나타나고 있는 것이다. 한자로 된 작품들 가운데 어떤 작품은 중국에서보다 한국에서 더 많이 출판되었는데, 그 작품들의 가치관에서뿐만 아니라 심지어는 옷에까지 그 영향이 미쳤다. 법정에서 쓰는 독특한 모자와 허리띠도 당나라 때(618~905 A. D.) 중국에서 들어온 것이다.

한자를 소리 내어 읽을 때, 한국인들은 일종의 멜로디를 넣어 한국어로 읽으며 우렁찬 목소리로 일종의 해석을 한다. 이는 학생들에게 구두시험의 두려움을 심어주고 싶어 하는 훈장의 존엄을 유발하는 역할을 한다. 한글 기호에 미친 한자의 영향은 중국에서 건너온 수많은 단어에서 그 증거가 나타난다. 많은 명사들이 오늘날의 광동어와 거의 같다. 다른 것들은 자음에서 변화된 것들이다. 또 어떤 것들은 마지막 자음을 첨가한 것이다. 다음 도표의 예는 아주 보편적인 변화를 잘 보여준다.

다음의 표는 대체적으로 공통되게 나타나는 변화들을 보여주고자 하는 것이다. 또한 두 언어를 어렴풋이 알고 있는 사람들에게조차도 그 유사성을 잘 알려주고자 하는 것이다. 토착적 어원에서 유래된 동의어도 중국어에서 빌려 온 것이 확실한 단어를 위해 존재하는 것을 흔히 볼 수 있다. 그러나 한 가지 확실한 예외가 있다. 내가 아는 한 가족 이름은 거의가 순수한 한자라는 사실이다.

중국어			
북경어 발음	광동어 발음	조선어	English
fu	fu	父	father
fan	fan	返	to turn
fu	fuk	福	good fortune
mu	muk	木	wood
fa	fat	法	rule
chia	ka(old form, kat)	값	price
yao	ngok	藥	medicine
pai	pak	百	100
pei	pak	北	north
i	i	億(sic)	100,000
li	lai	禮	propriety
lai	loi	來	come
liu	luk	六	six
wan	man	萬	10,000
liang	leung	兩	ounce
nü	nu	女	woman
yin	yam	암	female
nan	nam	南	south
chin	keum	金	gold
san	sam	三	three
hsin	sun	信	belief
pa	pat	八	eight
ma	ma	말	horse
i	yat	一	one

부 록

여행 체류 일지(제7장~제17장)

날짜	지명	거리	호구 수
1884년		리(里)	
9월 27일	高陽	40	280
	坡州	40	200
28일	長端	40	400
	開城	40	7,000
29일	덕천거리	50	50
	平山	50	200(?)
30일	가원탄	40	40
	서흥	40	1,000
10월 1일	금수	30	100
	鳳山	40	400
2일	黃州	40	3,000
	중화	50	700
3일	平壤	50	6,500
6일	順安	50	150(?)
7일	석천	60	400
	安州	60	3,000
8일	博川	30	1,000
	嘉山	20	400
9일	定州	60	600
	郭山	30	300
10일	宣川	50	600
	鐵山	45	300(?)
11일	마의령	50	80(?)
	義州	60	5,000(?)
14일	寧邊	50	30(?)
	청송	30	80(?)
15일	팔망원	40	40
	昌城	40	300
16일	창주	40	130
	벽단	40	200(?)

17일	碧東	50	400
	평창	20	40(?)
	우면창	50	100(?)
18일	덕창	50	30
	楚山	30	600
19일	사아단	40	15
	渭原	50	190
20일	등상	40	25
	하태장	30	60(?)
21일	고하방	70	20(?)
	江界	40	1,000
23일	모래부리	40	15
	아태개	30	7
24일	차택태	80	30
25일	장진	40	150
	덕실등	55	40(?)
26일	전우수	50	20
	구천	20	50
27일	사서	40	50
	고태수	40	40
28일	청령	35	15
	원봉리	25	52
29일	구창	35	50
	咸興	40	3,000
30일	定平	50	500
	고산	35	100
31일	永興	40	1,000
	高原	40	300(?)
	소래원	20	30
11월 1일	文川	30	(?)
	지경	15	30
	元山	35	300(외국인 호구)
3일	남산	50	80(?)
	고산	50	80(?)

4일	회양	50	220
	시난	30	40(?)
5일	창도	40	80(?)
	금성	30	200
	진모기	15	15
6일	金化	35	200(?)
	풍천	50	50(?)
7일	만세교	50	80(?)
	솔모루	40	30(?)
8일	서울	80	

역주자 참고문헌

『구한말조약휘찬』(상 · 중 · 하)(서울 : 국회도서관입법조사국, 964-65)

『기독교대백과사전』(서울 : 기독교문사, 1983)

김원모(편), 『근대한국외교사연표』(서울 : 단국대학교 출판부, 1984)

金源模, 『근대 한미관계사 : 한미전쟁론』(서울 : 철학과 현실사, 1992)

『東國歲時記』(서울 : 을유문화사, 1971)

朴大憲, 『서양인이 본 조선』(서울 : 壺山房, 1996)

『성경』

『세계대지도』(서울 : 서문당, 1985)

『세계인명대사전』(서울 : 문공사, 1973)

양재연(外), 『한국풍속지』(서울 : 을유문화사, 1971)

유홍렬, 『한국천주교회사』(서울 : 가톨릭출판사. 1962)

이선근, 『한국사 : 최근세편 · 현대편』(서울 : 을유문화사, 1961)

이중국, 「Oppert 도굴 사건의 진입로 연구」, 『논문집』(17)(서울 : 건국대학교 대학원, 1983)

이홍직, 『국사대사전』(서울 : 지문각, 1965)

『한국인명대사전』(서울 : 신구문화사, 1967)

『한국학대백과사전』(서울 : 을유문화사, 1972)

박대헌, 『서양인이 본 조선』(서울 호산방, 1996)

한국학중앙연구원(편), 『한국민족문화대백과사전』(성남 : 한국학중앙연구원, 1991)

『大人名辭典』(東京 : 平凡社, 1955)

『世界大百科事典』(東京 : 小學館, 1957)

『世界大百科事典』(東京 : 平凡社, 1957)

American English Dictionary on Historical Principles(Chicago : University of Chicago Press, 1968)

Atlas of the Encyclopaedia Britannica(Chicago : The University of Chicago Press, 1963)

Barhart, Clarence L. (ed), *The New Century Cyclopedia of Names*(New York : Appleton-Century-Crofts, Inc., 1954)

British National Bibliography, CD-rom, London, 1998.

Encyclopedia Britannica(Chicago : The University of Chicago, 1963)

Kirk, John F.(ed), *A Supplement to Allibone's Critical Dictionary of English Literature and British and American Authors*(Philadelphia : J. B. Lippincott Co., 1891)

McGraw-Hill International Atlas(New York : McGraw-Hill, 1963)

Nation, Vol. XIVI.

New Standard Dictionary of the English Language(New York : Funk and Wagnalls Co., 1914)

Oppert, E., A Forbidden Land : Voyage to the Corea(New York : Putnam's Sons Co., 1880)

Webster's Biographical Dictionary(Springfield : G. and C. Merriam Co., 1951)

Who was Who among English and European Authors : 1931-1949, Vol. 1(Detroit : Gale Research Co. Book Tower, 1978)

Who Was Who : 1929-1940(London : Adam and Charles Black, 1960)

Who Was Who : 1929-1940, Vol. III(London : Adam & Charles Black, 1960)

신복룡(역주), 『조선견문기』(서울 : 집문당, 2019); H. N. Allen, *Things Korean*

(New York : Fleming H. Revel Co, 1908)

신복룡(역주), 『대한제국멸망사』(서울 : 집문당, 2019); H. B. Hulbert, The *Passing of Korea*(London : William Heinemann Co., 1906)

신복룡(역주), 『은자의 나라 한국』(서울 : 집문당, 1999; W. E. Griffis, *Corea : The Hermit Nation*(New York : Charles Scribner's Sons, 1894)

安應烈 · 崔奭祐(역), 『한국천주교회사』(칠곡 : 분도출판사, 1979-1980; Charles Dallet, *Histoire de L'Eglise de Corée*(Paris : Victor Palme, 1874)

臧勵龢, 『中國人名辭典』(臺北 : 商務印書局, 1985)

孫平化, 『日本人物辭典』(北京 : 商務印書館, 1988)

찾아보기

ㄱ

가톨릭 선교사 142
갑신정변 9, 204
계급 185
고인돌 40
고종 5
곤도 마스키(近藤眞鋤) 9
곳체(K. Gottsche) 78
공자(孔子) 116
과거(科擧) 94
군역(軍役) 109
군현(郡縣) 109
그리피스(W. E. Griffis) 8
기생 212
기자(箕子) 114
기자 묘(箕子墓) 116
김옥균(金玉均) 204
김준근(金俊根) 5
김홍집(金弘集) 207

ㄴ

남연군묘 도굴 11
내시 94
노비제도 223
노예 223
농노제 223

ㄷ

대동단(大同團) 181
대원군(大院君) 11
데니(O. N. Denny) 11
데릴사위 148
동물숭배 108
동업조합(guild) 222
동전 38

ㄹ

랜도어(Walter Savage Landor) 6
로웰(Percival Lowell) 6
르 젠드르(LeGendre) 11
리델(F. C. Ridel) 9

ㅁ

마르코 폴로(Marco Polo) 30
매사냥 182
목화 7
무당 204
무속 200
무신론 267
물장수 126
민비(閔妃) 177
민영준(閔泳駿) 154
민영환(閔泳煥) 154

ㅂ

방병구 227
병인박해 11
보부상(褓負商) 222
보수주의 267
봉화(烽火) 119
부적(符籍) 210
북경로(北京路) 101, 124
불교 200
비구니 211
비스마르크(Otto von Bismarck) 154

ㅅ

사바틴(Seradin Sabatin) 11
산신령 201
석전(石戰) 245
성 세바스찬(Saint Sebastian) 184
속담 193
수탈 152
승려 199
승병(僧兵) 210
신목(神木) 202
신효철(申孝哲) 13

ㅇ

암행어사 180
여성 57
여인숙 87
영아사망률 265
영혼 200
오페르트(E. Oppert) 10
오페르트 사건 8
왕건(王建) 7, 29
유교 213
유배 221
유학생 194
윤태선(尹台善) 227
의상 49
의학 170, 171
이근응(李瑾應) 227
이상익(李象翼) 227
이혼 148
인종 45
임하석(林河錫) 227
입양(入養) 82

ㅈ

자연 숭배 200
장승 33
절 207
정월대보름 243
정형석 227
젠킨스(Jenkins) 10
조대비(趙大妃 47
조만영(趙萬永) 47
조바위 59
조혼(早婚) 141
종교 199
주거 129, 130

ㅊ

차(茶) 135
차꼬(着錮) 217
천문학 194
청일전쟁 26
축첩 143

ㅋ

칼(枷) 216
크린(F. Krien) 12

ㅌ

태형(笞刑) 218

ㅍ

파리외방전교회 9
포졸 215

ㅎ

하나부사 요시모토(花房義質) 20
학교 193
한글 192
한자 193
해협 33
헌종(憲宗) 47
혜종 30
혼례식 144
화폐 37

역주자 **장우영(張又永)**

건국대학교 의과대학 중퇴

광운대학교 졸업

건국대학교 정치학과 석사 과정 수료

동 박사 과정 재학

역주자 **신복룡(申福龍)**

충북 괴산 출생/ 건국대학교 정치외교학과 · 동 대학원 수료(정치학박사)/ 고등고시위원 역임/ 건국대학교 정치외교학과 교수 역임/ 미국 Georgetown 대학교 객원 교수 역임/ 건국대학교 중앙도서관장 · 대학원장 역임/ 한국정치외교사학회 회장 역임/ 건국대학교 정치외교학과 석좌 교수 역임

저서 및 역서

저서

『한말 개화사상연구』(평민사, 1987)/ 『전봉준평전』(지식산업사, 1996)/ 『한국분단사 연구 : 1943-1953』(한울, 2001, 한국정치학회 저술상 수상)/ 『한국사 새로보기』(풀빛, 2001)/ 『이방인이 본 조선 다시 읽기』(풀빛, 2002)/ 『한국정치사』(박영사, 2003)/ 『대동단실기』(선인, 2004)/ 『동학사상과 갑오농민혁명』(선인, 2006)/ 『서재 채워드릴까요?』(철학과 현실사, 2006)/ *The Politics of Separation of the Korean Peninsula 1943-1953*(Edison, NJ : Jimoondang International & Seoul : Jimoondang, 2008)/ 『한국정치사상사』(지식산업사, 2011, 한국정치학회 인재상(仁齋賞) 수상)/ 『해방정국의 풍경』(지식산업사, 2016) 외 다수

역서

『민족자결주의』(A. Cobban, *National Self-Determination*, 1968 : 共)/ 『외교론』(H. Nicolson, *Diplomacy*, 1979)/ 『군주론』(N. Machiavelli, *The Prince*, 1980)/ 『칼 마르크스』(I. Berlin, *Karl Marx*, 1982)/ 『공산주의 간부 제도 연구』(Cho Jaekwan, *A Comparative Analysis of the Communist Cadre System*, 1985)/ 『모택동자전』(E. Snow, *Red Star over China : Genesis of A Communist*, 1985)/ 『데니의 생애와 활동』(R. Swartout, *O. N. Denny and the International Rivalries in Korea*, 1988 : 共)/ 『묵시록의 4기사』(E. Penchef, *Four Horsemen : Pollution, Poverty, Famine, Violence*, 1988)/ 『한국분단보고서』(1992 : 共)/ 『현대정치사상』(L. P. Baradat, *Political Ideologies*, 1995 : 共)/ 『정치권력론』(C. E. Merriam, *Political Power*, 2006)/ 『入唐求法巡禮行記』(2007)/ 『林董秘密回顧錄』(2007 : 共)/ 『한말외국인기록』 전 23권 외 다수